문화로
읽는
세계사

문화로 읽는 세계사

2005년 3월 29일 1판 1쇄
2015년 12월 23일 2판 1쇄
2022년 3월 14일 2판 4쇄

지은이 주경철

편집 정은숙, 서상일   **디자인** 권지연   **마케팅** 이병규, 양현범, 이장열   **제작** 박홍기   **홍보** 조민희, 강효원
출력 블루엔   **인쇄** 천일문화사   **제본** J&D바인텍   **사진** 주경철, shutterstock

펴낸이 강맑실   **펴낸곳** (주)사계절출판사   **등록** 제406-2003-034호
주소 (우)10881 경기도 파주시 회동길 252
전화 031)955-8558, 8588   **전송** 마케팅부 031)955-8595 편집부 031)955-8596
홈페이지 www.sakyejul.net   **전자우편** skj@sakyejul.com
블로그 blog.naver.com/skjmail   **트위터** twitter.com/sakyejul   **페이스북** facebook.com/sakyejul

ⓒ 주경철, 2005

ISBN 978-89-5828-898-5   03900

문화로
읽는
세계사

주경철 지음

사□계절

역사를 공부하는 즐거움

역사를 왜 공부하는가? 현재 직면한 일들을 처리하고 조만간 다가올 미래에 대비하느라 한시가 급하게 마련인데, 이미 지난 과거를 되새겨 보는 게 무슨 도움이 된단 말인가?

이런 질문에 대해 이미 많은 역사가들이 제시한 타당한 답들이 적지 않지만, 여기에서 새삼 강조하고 싶은 바는 우리가 진정 인간답게 살기 위해 필요한 것이 역사 공부라는 점이다. 역사를 모른다고 사람 축에 못 낀다고 말할 수는 없다. 또 역사학에 무심하다고 해서 먹고사는 데 큰 지장은 없을 것이다. 그렇지만 진정 의미 있게 살고자 한다면 나는 어떤 존재인가, 우리는 이 세상에서 바르게 살아가고 있는가 하는 문제의식을 가지고 있어야 한다. 그런 생각 없이 하루하루 지낸다면 비유컨대 이 세상을 뜨내기처럼 살다 가는 것과 같다. 내가 내 인생의 주인공으로서 당당하고 의연하게 살아가려면 나 자신을 인식하고 우리 사회에 눈 떠야 하며, 어떤 연유로 이 세상이 오늘 여기까지 도달했는가 하는 문제에 자기 생각을 가지고 있어야 하리라. 역사학은 그런 질문들을 던지고 답을 찾는 데에 도움을 주는 학문이다.

물론 역사학이 곧바로 모범답안을 제공하지는 않는다. 그보다는 인간들이 살아온 현장으로 데리고 가서 그 세계를 바라보고 느끼고 간접적으로나마 다시 체험하도록 만든다. 인간과 사회 그리고 자연이 서로 얽혀 돌아가는 긴 연쇄를 보면 어쩌면 깊은 고뇌에 빠질 수도 있고, 어쩌면 절망과 희망을 번갈아 느낄 수도 있고, 또 어쩌면 평생 안고 갈 큰 의문에 직면할 수도 있다. 바로 그런 것들이 귀중한 경험이다. 우리에게 정말 중요한 것은 쉬운 답을 얻는 게 아니라 진지한 질문을 던질 수 있는 능력이다.

이 책은 문화의 관점에서 역사를 보고자 했다. 페르낭 브로델이라는 역사가는 이런 식으로 말한 적이 있다. 이를테면 경제사는 높은 탑에 올라가 경제라는 창을 내서 세상을 보는 것이고, 정치사는 정치라는 창을 내서 세상을 보는 것이다. 그 비유를 따르자면 문화사는 문화라는 창을 통해 세상을 보는 것일 텐데, 그렇다면 그 창은 세상을 어떤 식으로 보여줄까? 아마도 문화는 가장 폭넓고 다양한 광경을 보여주는 창일 것이다. 문화는 결국 사람들이 살아가고 생각하며 느끼는 방식을 가리키므로, 문화로 보는 역사는 인간과 사회를 가장 넓게 이해하는 틀이라 할 수 있다.

돌이켜 보면 우리가 배운 역사는 흔히 국왕과 궁정, 주요 인물들, 전쟁과 혁명, 봉기와 반란 등을 다루는 메마른 성격의 연대기적 서술이기 쉬웠다. 그런 요소들이 중요하지 않다는 것은 아니지만 아무래도 역사의 깊이와 넓이를 다 포괄하지는 못 한다. 피와 살을 가진 사람들의 구체적인 행동과 감수성, 무엇을 먹고 마시며, 어떤 옷을 입고 어떤 곳에서 살아가는가, 어떤 이야기들을 나누며 밤을 새는가, 사랑하는 사람들을 어떻게 만나며 아이를 어떻게 키우는가 하는 풍요로운 이야기들이 빠진 역사는 암만해도 생동감이 떨어질 수밖에 없다.

필자가 이 책을 내면서 특히 고민했던 일이 한 가지 있다. 그것은 우리의 중고등학교 세계사 교육 문제였다. 중학교에서는 세계사를 배우지만 고등학교의 교육 현장에서는 아마도 입시에 대한 고려 때문에 세계사 과목을 선택하지 않는 학교가 많다고 한다. 현실적으로 입시문제를 고민하지 않을 수 없는 학생들 입장에서는 공부해야 할 양도 많고 알기 힘든 낯선 내용들로 가득한 세계사 과목이 부담스러울 수 있다. 그런 점을 십분 이해한다 해도, 우리가 세계사 공부를 등한히 하는 것이 얼마나 심각한 문제인지 생각하면 가슴이 먹먹해 올 정도다. 우리가 딛고 선 현실을 보면 왜 그런지 알 수 있다.

우리나라는 아시아의 한쪽 끝자락에 위치한 작은 반도에서 외따로 살아가는 '고요한 아침의 나라'가 더 이상 아니다. 우리는 이미 온 세상을 향해 개방되어 있어 이제 세계 문화가 곧바로 우리의 삶으로 들어오고 또 우리가 세계를 향해 용맹하게 돌진해 나가고 있다. 우리는 이미 세계와 함께 호흡하며 살아가는 중이다. 우리의 많은 인재들은 더 이상 국내에만 머무는 게 아니라 세계 무대에서 활약하고 있다. 뿌듯하고 자랑스러운 일이다. 그럴진대 우리 주변 세계에 대한 명확한 이해가 필수불가결하게 되었다. 그것은 해도 그만 안 해도 그만인 여분의 일이 아니라 우리의 생존이 걸린 중차대한 문제인 것이다. 중국과 일본, 동남아시아, 유럽과 아메리카, 러시아와 중앙아시아 등 우리가 교류하고 밀접한 관계를 맺어야 하는 상대방 세계를 제대로 이해해야 한다. 그러려면 무엇보다 그런 지역들이 어떤 변화와 발전을 거쳐 현재에 이르렀는가를 공부하지 않을 수 없다. 다시 말해 세계사가 가장 중요한 기초라 하지 않을 수 없다.

이런 마당에 학생들에게 세계사를 가르치지 않는다는 것은 이해할 수 없는 우매함의 극치라 해도 과언이 아니다. 역사학이 아닌 다른 전공을 가르치는 교수들이 먼저 이런 사실들을 지적하곤 한다. 요즘 학생들이 전혀 예상치 못한 부분에서 지적 공백을 드러내는데, 그 원인을 잘 따져 보면 결국 고등학교 때 세계사 교육을 받지 않았기 때문이라는 것이다. 그런 공백을 메우는 데 어떻게든 일조해야 하는 것이 역사학을 전공하는 사람의 의무라는 생각을 늘 머리 한 켠에 간직하고 있었다. 이 책이 세계사 공부의 입문서 역할을 하여 그런 문제의 해결에 다소라도 도움이 되면 좋겠다.

원래 이 책은 청소년용 도서로 출판되었다가 이제 판을 바꾸어 일반 독자용으로 다시 내놓게 되었다. 사실 이 책은 대학교 수업에서 했던 내용들을 정리하고 풀어서 쓴 것이다 보니 애초에 중고등학생들에게는 다소 어렵지 않았을까 걱정이 되었었다. 필자로서는 이 책이 새로운 모습으로 새로운 독자들을 만날 수 있게 되었다는 데 대해 기쁜 마음을 금할 수 없다. 판을 바꾸는 기회를 이용해서 각주 및 도판의 내용과 형식에 변화를 주었고, 일부 내용을 수정했으며, 또 새로운 장을 하나 추가했다. 수고를 아끼지 않은 편집부에 감사의 말을 전한다.

역사든 다른 어떤 학문이든 '아는 것은 좋아하는 것만 못하고, 좋아하는 것은 즐기는 것만 못하다(知之者不如好之者, 好之者不如樂之者, 논어)'고 하지 않았던가. 아무리 중대한 문제의식에서 출발했다 하더라도 너무 심각한 표정 짓지 말고 즐겁게 공부할 일이다. 역사를 공부하고자 하는 독자들에게 이 책이 작은 기쁨이라도 선사할 수 있기를 바란다.

2015년 초겨울
필자

차례

지은이의 말 역사를 공부하는 즐거움 _4

I
자연에서
문화·문명
으로

1 **선사 시대** 초기 인류의 문화 _13
    ◆ 문자의 기원

2 **길가메시 서사시** 최초의 문명 이야기 _24
    ◆ 함무라비 법전

3 **이집트 문명** _37
    ◆ 이집트 상형문자 맛보기

4 **에게 문명** _45

5 **안티고네의 고뇌** 그리스의 비극과 민주주의 _55
    ◆『안티고네』중 크레온 왕과 아들 하이몬의 대화

6 **스파르타** _67
    ◆『플루타르코스 영웅전』중 '리쿠르고스'

7 **알렉산드로스** 사실과 신화 _77
    ◆『플루타르코스 영웅전』중 '알렉산드로스'

8 **헬레니즘** 코스모폴리타니즘과 인간의 원자화 _90

9 **로마의 법** 불평등의 구조화 _99
    ◆ 12표법

II

중세의
꿈과 현실,
그리고
근대의 여명

10 **로마 말 중세 초** 로마 제국에서 기독교 유럽으로 _111

11 **바이킹** _121
♦ 사가, 바이킹의 모험 이야기

12 **낙원의 역사** _134

13 **아시아에 대한 꿈** _145
♦ 사제 요한이 비잔틴 제국 황제에게 보냈다는 편지

14 **중세의 개인주의** '나'를 찾아서 _159
♦ 죄란 무엇인가?

15 **기사도** _170

16 **인쇄술** _180

17 **루터의 종교개혁** _190
♦ 세계를 바꾼 대자보, 95개조

18 **마녀사냥** _201
♦ 마녀 고문 매뉴얼, 『악마의 망치』

19 **민담과 동화** 정신분석적 접근과 역사적 접근 _213
♦ 『흥부전』, 가난한 사람들의 꿈

20 **마테오 리치 대 리마두** _223
♦ 서양인 리마두가 말하기를……

21 **베르사유** 절대주의 왕권의 연극무대 _233

III
진보와 갈등의 근·현대 사회

22 **군사 문화** 근대적 군대, 군대적 근대 _247

23 **사랑의 해방** _258
◆ 성의 평등, 고린도전서 7:1~6

24 **사랑·가정·공동체** _268

25 **음식과 욕망** _278

26 **섬** 로빈슨 크루소의 실험 _287
◆ 방드르디, 문명을 야만화하다

27 **린네와 그의 제자들** _298

28 **혁명과 포르노그라피** _306

29 **모차르트** '혁명적인' 예술가 _316
◆ 보마르셰의 '피가로의 결혼' 3막 5장 중에서

30 **옥수수와 감자, 그리고 기근** _330
◆ 조나단 스위프트의 겸손한 제안

31 **기차의 철학** 현대 문명의 상징 _341
◆ 중국인 쿨리, 철도 부설 노동자의 삶

32 **카지모도·프랑켄슈타인·에일리언** 괴물의 계보 _353

33 **노예** _365
◆ 노예의 노예, 라이베리아의 비극

34 **알코올** _376
◆ 술과 영혼

35 **나치와 청소년 문화** _387

36 **디즈니** 자본주의적 동화 주인공 _398

I

◆

자연에서
문화·문명
으로

◆

1

선사 시대
초기 인류의 문화

원숭이인가 사람인가

우리는 앞으로 '문화'라는 키워드를 가지고 '역사'를 보고자 한다. 그러나 먼저 문화가 발달하기 전의 '자연 상태', 그리고 역사가 기록되기 전의 '선사 시대'에 대해 대충 살펴보는 것도 의미가 있다. 과연 어떻게 자연 상태에서 문화가 싹틀 수 있었을까?

역사 시대와 선사 시대를 구분하는 기준은 문자가 있느냐 없느냐이다. 사람들이 스스로의 행적과 생각을 남긴 기록이 있어야만 후대의 역사가들이 그 시대를 알 수 있기 때문이다. 최초의 문자가 등장한 시기는 대략 5천 년 전쯤으로 추정한다. 그러므로 역사 시대는 약 5천 년 정도 되었다고 할 수 있다.

그렇다면 선사 시대는 어느 정도나 되는 것일까? 이 물음은 곧 지구상에 '사람'이라고 부를 만한 존재가 언제 등장했느냐 하는 문제이다. 보통 가장 오래된 인류라고 여겨지는 것은 오스트랄로피테쿠스(australo는 남방, pithecus는 원숭이를 뜻한다), 곧 '남방 원숭이'이다. 20세기 초반에 이 화석이 아프리카 남부에서 처음 발견되었을 때, 연구자들은 이것이 사람보다는

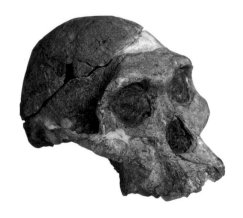

원숭이에 가깝다고 보았기 때문에 이런 이름을 붙인 것이다. 인류의 조상
에다가 붙인 이름치고는 썩 잘된 작명은 아닌 것 같다.

　그런데 이런 의문이 들 수 있다. 어느 정도면 사람이고 어느 정도면 원
숭이인가? 사실 오스트랄로피테쿠스는 뇌의 부피가 500cc밖에 되지 않아
서 그리 현명한 존재는 아닌 것이 분명하다(나는 500cc 맥줏잔을 볼 때마다 '오
스트랄로피테쿠스의 뇌 부피가 이거 하나로군.' 하고 생각한다. 현대인의 뇌 부피는 오
스트랄로피테쿠스의 약 3배이다). 연구자들은 이들이 똑바로 서서 생활했다는 점,
곧 '직립보행'을 원숭이와 구별되는 결정적인 요소로 본다. 유골의 구조를
보아도 이들이 직립했음을 알 수 있는 데다, 똑바로 서서 두 발로 걸은 흔
적이 있는 화석이 발견되어서, 이제 이들의 직립은 명백한 사실로 확인되
었다. 직립을 하면 등뼈가 똑바로 뇌를 받쳐 주기 때문에 뇌가 크게 진화할
수 있을 뿐만 아니라 두 손이 자유로워져서 도구를 사용할 수 있게 된다.

　이들이 언제부터 지구상에 존재했는지에 대해서도 여러 수치들이 제기
되지만, 흔히 교과서에서 말하는 대로 5백만 년 전으로 잡아 보자. 도대체

발자국 화석

약 350만 년 전에 동아프리카의
라에톨리라는 곳에서 화산이 폭발하여
용암이 흘러내렸다. 이 용암이
식어 갈 때에 여러 동물들이
그 위를 걸어갔는데, 그 중에는
오스트랄로피테쿠스 세 명
(어른 둘, 아이 하나)도 포함되어
있었다. 이 용암이 그대로 굳어져서
'발자국 화석'이 된 것이다.
1978년에 발견된 이 발자국 화석은
오스트랄로피테쿠스가 직립했다는
결정적인 증거로서 매우 중요한
의미를 가진다.

이것이 얼마만큼의 시간일까? 그리고 역사 시대와 선사 시대는 어느 정도
의 비율일까? 알기 쉽게 머릿속에 그려 보기 위해 이렇게 생각해 보자. 인
류의 출발점을 시계판에서 0시라 하고, 시간이 흘러 시곗바늘이 제자리로
돌아온 12시를 지금 현재라고 한다. 말하자
면 5백만 년을 12시간으로 잡는 것이다.
그러면 앞에서 말한 대로 문자가 등장
한 이후의 역사 시대가 5천 년이었으
므로 '5백만 년 : 12시간 = 5천 년 : x'
라는 식이 성립된다. 이를 계산해 보
면 x = 43.2초가 된다.

다시 말해, 지구상에서 인간이 살아

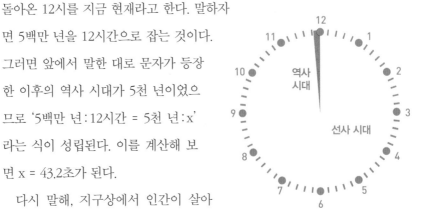

온 과거 가운데 11시간 59분 17초가 선사 시대이고 고작 43.2초가 역사 시대인 것이다! 그 40여 초 동안 이집트의 파라오로부터 시작해서 함무라비, 칭기즈칸, 세종대왕, 신사임당, 김구…… 등의 역사가 전개되었다. 물론 현재에 가까운 시대일수록 우리에게는 훨씬 더 중요하므로 시간의 길이만으로 비중을 가릴 수 있는 것은 아니다.

그 장구한 선사 시대 내내 인류가 하나의 종으로서 존재했던 것은 아니다. 곧, 오스트랄로피테쿠스가 죽 진화해서 오늘날의 현생인류가 되지는 않았다는 말이다. 하나의 종이 지구상에 한동안 살다가 멸종하고, 그 뒤에 다른 종이 나타났다가 다시 멸종하는 일이 여러 번 되풀이되었다. 이 모든 계통을 완전히 설명할 만큼 화석이 많이 발견되지 않았기 때문에 다만 몇 종의 '사람들'(예를 들면 호모 에렉투스, 호모 하빌리스 등)의 존재를 확인할 수 있을 뿐이다.

이 중 특히 주목할 만한 존재는 현생인류의 먼 친척 정도로 생각되는 네안데르탈인이다. 흥미로운 점은 이들이 약 10만 년 전쯤부터 시체를 매장했다는 사실이다. 유명한 매장지의 하나가 이라크 자그로스 산맥에 있는 샤니다르 동굴이다. 그 안에 30세 정도의 네안데르탈인 남자가 매장되어 있는데, 돌로 터를 잘 잡고 그 위에 흙을 덮은 다음 많은 꽃을 덮어 주었던 것으로 보인다.* 동물들은 죽으면 그냥 그 자리에 버려지고 만다. 오직 인간만이 죽은 동료의 사체를 정성껏 묻어 준다. 사체를 이렇게 정성스럽게 매장했다는 것은 이 시기의 사람들이 사후세계에 대한 관념을 가지기 시

* 꽃을 덮었는지 아닌지 어떻게 아느냐고 질문할 만하다. 유골 주변의 흙들을 실험실에 가지고 가서 현미경으로 들여다보니 수없이 많은 꽃가루 화석들이 발견되었다. 이것은 사람들이 아주 많은 꽃을 가지고 와서 이곳을 장식했다는 것을 말해 준다.

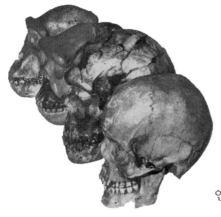

유골의 비교
앞쪽에서부터 호모 사피엔스,
네안데르탈인, 자바 원인, 고릴라.

작았다는 증거이다. 그 투박한 '원시인'도 사실은 종교인이고 문화인이었던 것이다.

네안데르탈인도 우리의 직접 조상은 아니고 현생인류 직전에 살았던 존재이다. 그런데 현생인류와 네안데르탈인의 관계에 대한 설명이 최근에 바뀌었다. 얼마 전만 해도 네안데르탈인이 완전히 멸종하고 난 다음에 현생인류가 등장했다고 보았는데, 최근의 연구 결과 두 종이 약 2만 년 정도 공존한 시기가 있었던 것으로 밝혀졌다. 이들 사이에 서로 전쟁도 하고, 심지어 성 관계를 통해 유전자도 교환되었으리라는 추정까지 하고 있다.

네안데르탈인은 지금의 우리보다 몸집이 훨씬 크고 뇌의 부피도 더 컸다. 이들은 뛰어난 사냥꾼이었다. 이들이 사냥하여 먹은 짐승은 코뿔소, 맘모스, 들소, 말, 사슴, 멧돼지 따위로 아주 다양했다. 매장 관습이 있는 것으로 보아 지능도 꽤 높았을 것으로 보인다. 이 때문에 최근에는 여러 민족의 설화에 등장하는 거인이 그 옛날 인류가 마주친 네안데르탈인에 대한 기억의 산물이 아닐까 짐작해 보기도 한다. 심지어는 네안데르탈인이 아직도 일부 살아남아 있으며, 가끔 신문과 주간지 1면을 장식하는 히말라야의 설인(雪人)이 그들이라는 흥미진진하면서도 황당무계한 주장이 제기되기도 한다.

채집과 농경, 어느 쪽이 더 잘 먹었을까?

긴 시간대를 지나 드디어 우리의 직계 조상인 현생인류(호모 사피엔스 사피엔스)가 지구상에 등장한 것은 4~5만 년 전이다. 대표적인 유골은 크로마뇽인인데, 이쯤 되면 요즘 우리가 입는 옷을 걸치고 우리에게 악수를 청한다 해도, 얼굴이 조금 개성 있게 생겼다 싶을 뿐 괴물로 보이지는 않을 것이다. 지금까지의 정설로는, 현생인류는 원래 아프리카에서 살다가 차츰 전세계로 퍼져 나갔다는 것이다.

선사 시대 대부분의 시간 동안 사람들의 생활은 사냥과 채집을 주로 하는, 이른바 획득경제 상태에 있었다. 획득경제란, 자연에 인공적인 힘을 가하는 것이 아니라 자연의 산물을 직접 얻는 것을 말한다. '인공적인 힘을 가한다'는 것이 바로 '문화'의 요체로서, 가장 대표적인 것은 다름 아닌 농사이다. 농사를 짓지 않고 자연의 산물에만 의존하여 산다고 할 때 그 삶은 어떤 수준이었을까? 혹시 항상 배고픔에 시달리지는 않았을까?

그러나 숲에서 채집과 사냥을 하는 것이 우리가 언뜻 생각하는 것처럼 그렇게 나쁜 여건은 아니다. 숲에서 얻는 식물은 무척 다양하고 풍부하다. 그리고 전적으로 이런 생활을 하는 사람들은 현재 우리처럼 자연에서 아주 멀리 떨어져 사는 사람들보다 훨씬 더 효율적으로 자연 자원을 이용할 줄 안다. 이 점은 오늘날 숲 속에서 살아가는 사람들을 관찰함으로써 확인할 수 있다. 예컨대 뉴기니의 포레족 사람들을 연구한 재레드 다이아몬드 (미국 캘리포니아 주립대학의 의대 생리학 교수이며 과학 저술가)에 따르면, 이 사람들은 걸어다니는 자연사 백과사전에 가깝다. 이들은 천여 종이 넘는 동식물의 이름을 알고 있을 뿐 아니라 각 종의 생태학적 특징, 분포, 쓰임새 등에 대해서 해박한 지식을 가지고 있다. 어느 날 다이아몬드가 포레족 사람들과 함께 숲에 들어갔는데 어떤 남자가 버섯을 따다가 구워 먹으려는 것을 보고 혹시 독버섯일 수도 있지 않냐고 물었다. 그러자 그들은 벌컥 화를 내며 이렇게 말했다. "우리가 어떻게 버섯 하나 구분하지 못한다고 생각하는가? 독버섯과 안전한 버섯도 구분하지 못할 만큼 멍청한 놈들은 미국인들뿐이다." 그러면서 그 자리에서 29가지 식용 버섯 이름과 그것이 자라는 장소를 줄줄 외워 댔다. 이런 것이 숲에서 사는 사람들의 실제 상황이다(도시에서 자란 요즘 학생들은 과연 동식물을 몇 종류나 알고 있을까?). 채집과 사냥으로 생활했던 구석기 시대 사람들이 농사를 짓고 살던 신석기 시대 사람들보다 훨씬 잘 먹고 더 건강했다는 점은 유골을 통해서 명백하게 알 수 있다. 농경이 시작된 이후의 사람들에 비해 구석기 시대 사냥꾼들의 뼈가 더 크고 튼튼한 것이다.

그러나 문제는 자연 자원만을 이용해서 사는 경우 인구가 제한될 수밖에 없다는 점이다. 구석기 시대에 1제곱킬로미터당 살 수 있는 사람 수는 0.1~1명에 지나지 않았다. 바닷가, 호수, 강 가까운 지역에서는 어업 때문에 인구밀도가 약간 더 높을 수는 있지만 그렇다고 해도 인구가 크게 늘 수는 없다. 따라서 구석기 시대 사람들은 허약한 아이나 노인들을 숲에 버렸을 것으로 보인다. 결국 구석기 시대에는 소수의 건장한 사람들만이 잘 먹고 건강하게 잘 살아간 셈이다.

이런 상태에 있던 인류가 드디어 '신석기 혁명'을 겪게 되었다. 이것은 아마도 인류가 경험한 모든 혁명 가운데 가장 중요한 혁명일 것이다.

다 알다시피 구석기와 신석기의 차이는 돌을 깨서 도구를 만들었느냐 갈아서 만들었느냐 하는 점에 있다. 이것이 시대를 구분하는 중요한 표지인 것은 사실이지만 그렇다고 그 자체가 결정적인 요소는 아니다. 정말로 중요한 사실은 돌을 갈아서 도구를 만든 점보다는 사람들이 정착해서 농사를 짓게 되었다는 점이다. 그런 점에서 보면, 곡물을 저장하고 조리하는 데에 요긴하게 쓰이며 또 제작하는 데에 비교적 고도의 기술이 필요한 토기의 제작이 석기의 변화보다 훨씬 더 중요하다.

사람들이 더 이상 떠돌이 생활을 하지 않고 마을을 이루며 한곳에 정착해 산다는 것은 인간 생활의 근본적인 변화를 뜻한다. '농사'란, 자연이 주는 선물을 있는 그대로 받아서 생활하는 것이 아니라 자연에 인공적인 힘을 가해서 더 나은 성과를 얻는다는 것을 뜻한다. 이른바 '문화'의 시작인 것이다(문화를 가리키는 culture의 본디 뜻은 '밭갈기'이다).

농경이 언제, 어디에서 시작되었는가 하는 것도 중요한 논란거리이다. 정설은 약 6천 년 전에 서남아시아의 비옥한 초승달 지역(팔레스타인에서 페르시아 만에 이르는 지역)에서 시작되었다는 것이지만, 자바나 중국이 더 먼저라는 주장도 있다.

정착과 인구 증가, 문화의 발달

신석기 시대에 농사를 짓기 시작하면서 지구상의 인구가 크게 늘어나기 시작했다. 이 점은 분명하지만, 사람들이 더 잘 먹었느냐 하는 것은 완전히 다른 문제이다. 앞에서 이야기한 것처럼 오히려 구석기 시대 사람들이 더 잘 먹고산 것이 분명하다. 농사를 지으며 살게 된 인류는 아주 단조로운 식사에 만족해야 했다. 사람들은 날이면 날마다 빵과 죽을 먹고살게 되었다. 그러니 영양이 부족하게 되고, 따라서 신체도 약골이 되었다. 게다가 이렇게 사람들이 모여 살게 될 때 일어나는 필연적인 해악의 하나는 인간 집단 자체가 늘상 병균을 보유하게 된다는 점이다. 구석기 시대처럼 사람들이 소규모 단위로 이동하다가 어떤 병이 돌게 되면 그 집단 전체가 몰살당할 수 있다. 그러나 이런 경우 병균 자체도 숙주인 사람과 함께 사멸하게 되므로 한 지역의 인구 전체가 그 병을 달고 사는 일은 없다. 그런데 인구가 어느 수준 이상 되면 일부 사람들이 죽어도 병균은 다른 숙주(사람이나 가축)로 이동해서 살아남게 되는 것이다. 따라서 신석기 시대 이후 사람들은 흔히 못 먹고 병에 걸려서 일찍 죽는 가련한 상태에 빠질 위험이 컸다. 다시 말하면, 정착 생활 이후 '집단 전체'로 보면 비교적 안정적으로 인구를 유지할 수 있지만 '개인적으로는' 언제 죽을지 모르는 불안정한 상태에 빠지게 되었다는 역설적인 결과를 낳았다.

정착, 농사, 인구 증가! 이제 인간은 더 이상 자연 속의 한 종 정도가 아니라 자연에 압박을 가하고 더 나아가서 자연을 정복해 나가는 유일한 종이 되었다. '문화'의 발달은 거스를 수 없는 대세로서 시간이 갈수록 더욱 가속화되었다. 그 결과 일부 지역에서는 아주 큰 인구집단이 정치적으로 조직화되었다. 고인돌이나 선돌과 같은 거석 문화의 유물들이 이를 보여주는 증거이다. 몇십 톤이나 되는 돌을 아주 먼 곳에서 가져다가 세우려면, 적어도 수백 명의 인력을 동원하여 일을 시킬 만한 통제력이 있어야만 한다(어렵게 생각할 것 없이 직접 실험해 보는 것이 가장 좋은 방법이다. 프랑스에서 30톤짜리 돌 하나를 옮기는 실험을 해 보니 약 300명 정도의 인력이 필요했다).

이 거대한 돌덩어리를 옮기고 세우고 하는 일을 두고 '단순무식'한 원시인들이 쓸데없는 데다가 힘을 낭비한 것이라고 쉽게 단정지을 일은 아니다. 이런 돌들의 배열을 면밀히 조사해 보면 그 뒤에 꽤 높은 수준의 문화가 뒷받침되어 있다는 것을 알게 된다. 기원전 500년에서 기원전 200년 사이의 것으로 추정되는 안내서 하나가 인도에서 발견되었다. 그 내용은 돌로 제단을 짓는 데 필요한 수학적인 해설이었는데, 피타고라스의 정리가 핵심 원리였다. 그 후 고대 문명의 여러 거석 건조물들을 조사한 결과 비슷한 원리에 의해 지어졌음을 확인하게 되었다. 그래서 한때 세계의 여러

스톤헨지

영국의 윌트셔에 있는 거석문화 유적지이다. 신석기 시대와 청동기 시대에
걸쳐서 건립되었으며, 종교 의례와 관련되어 있을 것으로 보인다.
하지만, 일반적으로 사람들이 믿고 있듯이 기독교 이전 시대 켈트족의
대표적인 신앙인 드루이드교 의식과 관련이 있는 것은 아니다.

거석 문명들(스톤헨지로부터 그리스, 오리엔트, 인도, 중국에 이르기까지)은 하나의
기원으로부터 퍼져 나갔으며, 또 그것이 모든 고대 문명의 원천이라는 대
담한 가설이 제시되기도 했다. 물론, 세계의 모든 문명이 하나의 기원에서
시작되었다는 이 가설은 오늘날 틀린 것으로 판명났으므로 여기에서 재론
할 필요는 없다. 그러나 농경의 시작과 전파 이후 세계 여러 지역에서 정
치·경제·문화적인 발전 결과가 누적되었고, 이제 문명 단계로 또 한 차례
도약이 일어날 준비가 되었다는 점을 기억해 두자.

문자의 기원

최초의 문자는 언제 어디에서 만들어진 것일까?

우리나라의 한글은 역사상 가장 최근에 만들어졌고, 만든 이들도 어느 정도 알려진, 정말로 예외적인 경우이다. 고대 마야의 상형문자는 250년경, 중국의 한자는 기원전 1200년경, 페니키아인의 알파벳은 기원전 1050년경으로 거슬러 올라간다. 가장 오래된 문자는 기원전 3200년경에 나온 것으로 추정되는 수메르 문자라는 것이 정설이었다. 그러나 1999년 파키스탄의 인더스 강 유역의 한 골짜기에서 이보다 적어도 100년 정도 이른 시기의 문자로 보이는 유물이 발견되어서 정설이 흔들리게 되었다. 고대 유적지에서 발견된 항아리 표면에 식물의 잎새 모양이나 삼지창 모양의 표시가 새겨져 있는 것이 확인되었다. 이 표시들은 항아리 안에 담았던 물건에 대한 설명이거나 다른 종교적 의미를 가지고 있는 게 아닐까 추정되지만, 현재까지 정확하게 해독되지는 않고 있다. 그런 가운데 최근 이집트의 한 무덤에서 기원전 3300년에서 기원전 3200년 사이의 것으로 추정되는 문자의 흔적이 발견되어, 이것도 최초의 문자 기록의 후보가 됨 직하다. 이 밖에 더 이른 시기의 문자가 또 발견될 가능성도 있음은 물론이다.

수메르 점토판
가장 오래된 문자로 수메르
문자가 꼽는 것이 정설이었지만
앞으로도 과연 그럴까?

2

길가메시 서사시

최초의 문명 이야기

문명이 홍수 통제에서 시작되었다?

신석기 혁명 이후 일부 선진 지역에서 '문명' 단계로 도약이 일어났다. 문명 단계로 들어섰다는 것은 도시가 만들어지고, 문자가 발명되며, 금속을 이용할 줄 알게 되고, 종교와 정치가 통합된 지배 체제가 형성되었다는 것을 말한다. 중국의 황하 문명, 인도의 인더스 문명, 유프라테스와 티그리스 강 유역의 메소포타미아 문명, 그리고 나일 강 유역의 이집트 문명이 흔히 이야기하는 4대 고대 문명이다.(매우 주체적인 역사 해석을 자랑하는 북한 역사학계에서 대동강 유역의 고조선 문명을 더해서 인류 최초의 5대 문명권으로 확대 재편했으나, 학계에서 인정을 받은 것 같지는 않다.)

왜 이들 지역에서 문명 단계로의 도약이 일어날 수 있었을까?

먼저 북극 지방처럼 너무 춥거나 열대 지역처럼 너무 더운 곳은 문명 발전의 여건이 안 될 것이고, 따라서 기후 조건이 좋은 온대 지역에서 문명이 발전하는 것이 당연해 보인다(일부 고대 문명 지역은 오늘날 물도 없고 엄청나게 더운 사막 지역이 되어 버렸는데, 이것은 그동안 기후가 변화한 결과이고 이전에는 물도 풍부하고 기후도 좋은 곳이었다). 게다가 대규모 인구집단이 정치·사회 조직을 이루며 살기 위해서는 무엇보다도 식량과 식수를 확보해야 하므로, 커다란 강을 끼고 도시가 발달하는 것도 당연한 일이다. 말하자면 최소한 이런 여건을 갖추어야만 문명이 발전할 수 있다.

그런데 사실 기후 조건도 좋고 큰 강도 있는 곳은 앞에서 든 네 곳 말고도 많이 있다. 그런데 왜 이 지역에서만 문명이 발생했는가? 이에 대한 통상적인 답은 토인비의 '도전과 응전' 이론이다. 그 주장의 핵심은 결국 치수(治水)의 필요로 귀결된다. 큰 강이 오로지 좋은 조건만 제공했다면 작은 마을 공동체 단위의 수준만 계속 유지되었을 것이다. 그런데 그 강들은 때때로 대규모 범람이 일어나서 큰 재앙을 가져오곤 했다. 이런 상황에서 살아남기 위해서는 정치 조직을 통해 많은 사람들이 동원되어 관개 치수 작업을 해야만 했다. 말하자면, 큰 강은 오로지 '좋은' 조건만 제공한 것이 아니고 '나쁜' 조건도 제공해서 사람들이 집단적인 노력을 기울이지 않을 수 없게 만들었다. 곧, 자연이 사람들에게 도전해 와서 사람들이 거기에 대응하는 여건이 되어야 문명이 발전하게 된다는 것이다.

강의 범람을 막고 홍수가 난 뒤 농경지를 재정비하기 위해서는 한 마을 수준의 작업으로는 힘들고 광범위한 지역 전체가 동원되어야 한다. 그리고 이 과정을 통제하기 위해서는 중앙의 조직이 필요하며, 또 강압에 의해 사람들을 동원하기보다 이 모든 것을 하느님의 뜻으로 돌리는 신정정치(神政治)가 확립되어야 한다. 이집트 문명의 파라오 체제가 그런 대표적인 예이다.

대개 이런 것들이 고대 문명의 발흥을 설명하는 방식이다. 아주 큰 틀에서 보면 이런 교과서적인 설명이 맞다고 할 수 있다. 그러나 조금 더 깊이 들여다보면 여러 문제점이 보인다.

예컨대 메소포타미아에 관개 시설이 만들어져 있었던 것은 사실이지만,

초기 도시국가 시대에는 그 시설을 통제하는 것이 중앙의 대규모 정부 조직이 아니라 지방의 작은 행정 단위들이었다. 실제로 메소포타미아 문명 초기의 문자 기록들을 보면, 우리의 예상과는 달리 치수와 관련된 내용은 거의 없고 목축, 토지 관리, 상업에 관한 내용이 대부분이다. 도시는 '홍수 통제 본부'라기보다는 행정과 종교, 상공업, 오락 등의 업무를 관장하는 곳이었다. 다시 말해, 중앙집권화와 관개 시설의 정비는 동시에 일어난 것이 아니라 시차를 두고 일어난 일이라는 것이다. 그렇다면, 문명의 '발전' 과정이라면 모를까 문명의 '발흥'에 대한 설명은 원래의 주장과는 차이가 나게 된다.

실제로 수메르나 아시리아, 이집트 문명에 대해서 서술할 때 놓치기 쉬운 점은 이 문명들이 매우 오랜 기간 지속되었다는 사실이다. 예를 들어 고대 이집트 문명의 초기와 후기 사이에는 3천 년의 차이가 난다. 그 시간은 고대 이집트 문명이 종식되고 난 후 현대에 이르기까지의 시간과 맞먹는다. 이런 장구한 문명을 하나의 용어나 개념으로 설명하는 것은 애초에 무리이다. 메소포타미아의 쐐기문자만 해도 박물관에 보관된 문서의 10퍼센트도 채 해독이 안 된 상태라고 한다. 이런 문서의 해독과 아울러서 고고학적 발굴이 더 진행되면 고대 문명에 대한 우리의 이해가 크게 달라질 것이다.

길가메시 서사시에 담긴 첫 문명의 모습

메소포타미아 지역에서는 최초의 도시국가들이 형성된 이후 수많은 민족의 이주와 정복이 이루어졌다. 아주 간략하게 그 흐름을 정리한다고 해도, 수메르와 아카드의 도시국가들, 바빌론 왕국의 메소포타미아 통일, 카

텔로의 돌기둥

지금은 텔로(Telloh)라고 하는 고대 수메르의 도시에서 발굴된 돌기둥 조각이다. 오른쪽에 국왕이 선두에 서서 군대를 이끌고 진격하는 모습이 보인다. 그 뒤를 따르는 군대는 창을 들고 진군하는데, 자세히 보면 그들의 발 아래에는 적들이 깔려 누워 있다.

시트족과 히타이트의 침입, 미탄니의 흥성, 아시리아의 대통일, 칼데아를 비롯한 여러 국가로 분열, 다시 페르시아에 의한 대통일 등 복잡한 변화를 겪었다. 이는 무엇보다도 메소포타미아의 지형이 툭 트여 있어서 주변의 고원 지대나 사막 지대를 통해 끊임없이 이민족이 침입해 들어올 수 있었기 때문이다. 그래서 메소포타미아 문명은 전반적으로 파괴와 건설이 반복되었다는 점, 그리고 거대한 국제사회 속에서 활발한 교류가 이루어졌다는 점을 특징으로 한다.

메소포타미아 지방에는 아주 많은 기록들이 남아 있다. 그 중에 함무라비 법전과 같은 기록은 사회의 여러 측면을 보여 주는 훌륭한 자료이다(함무라비 법전의 주요 내용은 35쪽 글상자를 참조하라). 또, 신에 대한 찬가, 영웅에 대한 서사시, 마법적인 내용이나 도시국가의 파멸에 대한 비탄을 담은 시가 등 많은 문학 작품들도 있다. 그 가운데서도 이 지역에 가장 널리 퍼져 있고 가장 오래된 서사시의 하나로, 메소포타미아 문명의 기본 경향을 보여 주는 작품인 길가메시 서사시를 보도록 하자. 큰 줄거리는 다음과 같다.

옛날 우르크라는 도시에 길가메시라고 하는 용감한 자(또는 우르크의 왕)가 있었다. 그는 3분의 2가 신이고 3분의 1이 인간이었다(半神半人). 아무도 그와 대적할 수 없을 정도로 힘이 강했기 때문에 우르크 사람들은 그가 시키는 대로 할 수밖에 없었다. 그는 젊은 남자를 잡아다가 혹사했고 젊은 처녀를 마음대로 잡아다가 자기 소유로 했다. 사람들은 더 이상 어쩔 수 없게 되자 하늘을 우러러 탄원을 했다. 하늘의 임금인 아누 신은 백성들의 탄원을 듣고 아루루 여신을 불러 길가메시와 싸워서 지지 않을 정도로 힘센 자를 하나 만들어서 지상에 보내라고 했다. 이렇게 해서 만들어진 자가 엔키두였다. 온몸이 털투성이고 머리카락을 길게 늘인 엔키두는 하루 종일 짐승들과 어울려 돌아다니며 놀았다(半人半獸).

어느 날 사냥꾼이 이 이상한 사나이를 보고는 혼비백산해서 도망갔다. 그가 길가메시에게 달려가 이 사실을 고하자 길가메시는 그 사나이가 어떤 존재인지 알아보기 위해 매우 현명한 아이디어를 내놓는다. "예쁜 여자를 한 명 데려가서 그 괴물을 만나면 여자 옷을 벗겨 봐라. 그러면 그자가 짐승인지 사람인지 금방 알 수 있을 거다." 과연! 그 괴물은 옷을 훌훌 벗어던진 여자(샴하트라는 창녀라고도 한다)를 보고는 넋을 잃고 바라보다가 갑자기 달려들어 포옹을 하는 것이었다. 그런데 한번 그렇게 되자 이제 짐승들은 엔키두가 다가가면 모두 도망가 버리는 것이 아닌가. 여자는 엔키두에게 이렇게 속삭였다. "짐승들이랑 놀지 말고 나랑 같이 우르크로 갑시다. 그곳에 행패를 심하게 부리는 놈이 있는데 그자랑 한번 싸워 보는 게 어때요?" 구미가 당긴 엔키두는 그자와 한번 남자 대 남자로 싸워 보기로 하고 우르크로 달려갔다. 마침 초야권을 행사하기 위해 결혼식장으로 가던 중 엔키두가 나타나자 벌써 꿈에서 이 일을 예감했던 길가메시는 그와 맞붙어 싸움을 벌였다. 두 호적수는 하루 종일 싸움을 해서 길가메시가 겨우

길가메시
루브르 박물관에 보관되어 있는
길가메시의 석상. 과연 신적인 영웅답게
사자 정도는 강아지 다루듯 가볍게
제압하여 목을 조르고 있다.

이겼지만 승부를 가릴 수 없을 정도
로 막상막하였다. 건달들은 싸움 끝
에 친해지는 법, 둘은 마침내 세상에
둘도 없는 친구가 되었다.

어느 날, 모험을 좋아하는 길가메
시는 엔키두를 꼬여서 신성한 숲으로
들어가 삼나무를 한 그루 베어 오자
고 했다. 이 숲에는 훔바바라는 무서
운 괴물이 있어서 신들의 나무를 지
키고 있었다. 둘은 태양신인 우투(법
과 정의를 주관하며, 샤마시라고도 한다) 신

의 도움을 얻어 훔바바의 목을 베고 삼나무를 찍었다. 그런데 사랑의 여신
이슈타르가 이 일을 죽 지켜보고 있다가 길가메시의 위풍당당한 모습에
넋을 잃고는 그에게 구혼을 하였다. 길가메시는 구혼을 받아들이기는커녕
이 여신이 예전에 수많은 남자들을 건드려 패가망신시킨 사례들을 구구절
절 이야기하면서 모욕을 주었다. 격분한 여신은 하늘의 황소를 땅으로 보
내서 두 용사를 공격하게 하였다. 길가메시는 단번에 황소를 죽이고 엔키

두는 황소의 등심을 잘라서 이슈타르 여신에게 집어던졌으나, 이것이 화근이었다. 하늘의 신들이 모여서 회의를 한 끝에 이 방자한 자들을 응징하기로 하였는데, 어떻게 된 영문인지 엔키두의 죄가 더 크므로 그를 죽인다는 결론에 이르렀다(이것은 신들의 오심이었을까, 아니면 더 깊은 뜻이 있는 것일까?). 그리하여 결국 엔키두는 목숨을 잃고 만다.

슬픔에 잠긴 길가메시는 친구의 생명을 다시 찾아오리라고 결심한다. 세계의 끝에 우트나피시팀이라는 노인이 죽음을 모르고 산다는 이야기를 들은 바가 있어서 그 노인을 찾아서 불사(不死)의 요령을 알아 오겠다는 것이다. 세계의 끝에 도달하자 아름다운 낙원이 있고 그곳에 선술집이 하나 있었다. 길가메시는 이곳에서 시두리라는 선술집 주인을 만나 휴식을 취했다. 다시 길을 떠난 길가메시는 하늘에 닿는 높이의 산과 괴물들이 가로막고 있는 동굴을 지나서 한도 끝도 없는 대양에 이르렀다. 그는 그곳을 지키는 뱃사공에게 부탁하여 바다를 건너 머나먼 섬에 도착하였고, 그 섬에서 마침내 우트나피시팀이라는 노인을 만날 수 있었다. 영생의 비밀을 알려 달라는 말에 이 노인은 수많은 세월을 살아온 자신의 이야기를 이렇게 들려주었다.

옛날에 지혜의 신인 에아가 대홍수를 피하는 방법을 가르쳐 주었다. 이 여신이 시키는 대로 그는 큰 방주를 만들고 그 안에 가족과 온갖 가축을 싣고는 7일 동안을 물 위에서 표류하였다. 그동안 이 세상에는 끊임없이 비가 오고 바람이 불고 천둥이 쳤다. 7일째 되는 날 폭풍우가 멈추자 그는 창을 열고 밖을 내다보았다. 세상은 아직 물로 덮혀 있었다.(원문을 감상해 보자. "사방은 고요한데 지붕 높이까지 물이 차올라 있었으며, 모든 사람들은 진흙덩이로 변해 있었다. 나는 주저앉아 울었다. 눈물이 나의 뺨 위로 흘러내렸다.") 그는 비둘기를 날려 보냈다. 그러나 앉을 곳을 찾지 못한 비둘기는 곧 돌아왔다. 다음에는 제비를 날려 보냈으나 마찬가지로 곧 돌아왔다. 마지막으로 까마귀를 날려 보내자 영영 돌아오지 않았다. 물이 모두 마른 것을 알게 된 노인은 가족과 가축과 함께 땅에 내려서 하늘에 감사의 기도를 올렸다. 향을 피우고 제사 음식을 올리자 이 냄새를 맡은 신들이 '음식 주변에 꼬이는 파리처럼' 몰려들었다. 이 신들 사이에 다시 논쟁이 벌어졌는데, 에아 여신이 홍수를 일으킨 엔릴을 비난하자 엔릴은 마지막 살아남은 사람인 우트나피시팀 부부에게 축복을 내려서 그들이 신과 똑같이 영생을 누릴 수 있도록 만들어 주었다. 그러자 갑자기 바람이 불어와 그와 그의 부인을 다시 태운 방주가 이 섬으로 떠밀려왔으며, 그 후 이 부부는 이곳에서 영원히 살게 되었다.

그러므로 결국 영생의 비결이라는 것은 없으며, 이 노인네는 오직 신들의 은총을 입어서 그렇게 오래 살게 되었던 것이다.

우트나피시팀은 신들이 다시 모여 또다른 사람에게 영생을 주지 않을 것이라고 일러준다. 그러나 이들 부부는 인간이 얼마나 나약한 존재인가를 깨닫게 하려고 길가메시에게 7일 동안 잠을 자지 않는다면 생명초가 있는 곳을 알려주겠다고 약속한다.

이 시험이 시작되자마자, 길가메시는 긴 여행의 피로가 몰려왔기 때문에 깊은 잠에 빠져서 여섯 밤 일곱 날을 잤다. 인간의 간교함을 아는 우트나피시팀은, 길가메시가 7일 동안 잠을 잤다는 것을 증명하기 위해 부인에게 날마다 음식을 만들도록 시킨다. 아니나 다를까, 7일 후 우트나피시팀이 길가메시를 깨웠을 때 길가메시는 자기가 잠든 것은 몇 초에 지나지 않기 때문에 시험을 다시 시작하자고 조른다. 그러다가 부패한 7일간의 음식을 보고 영생을 얻는 것을 포기한다. 이를 측은히 여긴 마나님이 이렇게 말한다. "이 젊은이를 빈손으로 돌려보낼 수는 없으니 무슨 선물이라도 주어야 하지 않겠어요?" 그래서 노인은 바다 깊은 곳에서 자라는 어떤 풀이 있는데 그것을 먹으면 젊음을 되찾게 된다는 것을 알려 주었다. 길가메시는 바닷속으로 들어가서 그 풀을 구할 수 있었다. 이제 길가메시는 우르크로 되돌아가는 여행을 한다. 도중에 밤이 깊어 하룻밤을 자고 가야 했는데 마침 차가운 샘물이 나오는 곳을 찾아 그 샘물에 들어가 목욕을 하였다. 그때 뱀 한 마리가 지나다가 그 풀을 보고는 냉큼 먹어 버렸다. 그러자 뱀은 곧 허물을 벗더니 젊음을 되찾았다.* 길가메시는 젊음도 영원한 생명도 불가능하다는 것을 깨닫고는 자기가 온 곳을 향해 터덜터덜 되돌아갔다.

이 이야기에서 가장 인상적으로 다가오는 부분은 이야기 속의 이야기 형태로 등장하는 홍수 설화이다. 고고학적 발굴에 따르면 이 지역에 기원전 2900년에서 기원전 2600년에 홍수가 몹시 잦았다는 점을 확인할 수 있는데, 이것이 당시 이 설화가 형성되는 배경이 되었을 것이다. 또한 이것이 성경의 홍수 설화에도 영향을 미쳤을 것으로 보인다. 세부 사항에서 약간의 차이가 나지만 기본적으로 노아의 홍수 설화와 거의 같은 줄거리임을 쉽게 알 수 있다. 이처럼 이 설화는 이 지역의 환경과 문명의 형성과 관련하여 아주 흥미로운 사실을 말해 주고 있다.

* 젊음을 되찾을 수 있는 풀과 뱀, 샘물, 이런 것들은 무엇일까? 자세한 해석은 신화학의 중요한 과제일 터이나 언뜻 떠오르는 것은 분명 에덴동산의 신화이다. 에덴동산의 본래 주인이라고 생각되는 뱀은 인간의 유한성을 뛰어넘는 자연의 생명 순환을 나타내는 것으로 보인다.

문명화된 인간과 운명의 자각

길가메시 서사시는 전반적으로 인간을 초월하는 운명이나 놀라운 자연의 힘 앞에서 무력하기만 한 인간에 대한 비관적 견해를 보여 준다. 길가메시는 비록 3분의 2가 신이며 그래서 보통의 인간을 뛰어넘는 존재이지만, 나머지 3분의 1 때문에 죽음을 이길 수 없는 인간의 속성을 가지고 있다. 그러나 이야기의 앞부분에서 그는 '신적인' 부분에서 나오는 자신의 강한 힘만을 믿고 타인을 못살게 군다. 그가 '인간적인' 측면을 깨닫게 되는 것은 엔키두를 만나고 나서부터이다. 길가메시는 친구의 죽음을 경험하고 또 그 자신도 죽을 수밖에 없는 존재임을 새삼스레 깨닫는다. 그리고 그 죽음으로 우정과 사랑의 소중함을 배우게 된다.

엔키두가 여인을 만나 '문명화'되는 과정도 흥미롭다. 그는 처음에 자연 속에서 짐승들과 어울려 살아간다. 그런 그를 인간 세계로 끌어들인 것은 창녀이다. 여기서 창녀는 곧 문명을 상징한다. 자연 세계로부터 그를 끌어내어 도시에서 살면서 빵을 먹도록 하는 것은, 한편으로는 '발전'이지만 한편으로는 '순수의 상실'이며 '타락'이다. 엔키두는 우정과 지혜를 얻지만 그 대신 힘을 잃고 결국 죽음을 맞게 된다.

친구의 죽음으로 슬픔에 잠긴 길가메시는 영원한 생명을 찾아 나선다. 그는 신적인 요소를 가지고 있었기 때문에 보통 사람이라면 허락되지 않았을 여행을 할 수 있었다. 그래서 신이 행한 일들을 보고 올 수 있었고 이 것을 후대에 전했지만, 그래도 영원한 생명을 얻을 수는 없었다.

여기에서 특히 흥미로운 부분은 길가메시가 세계의 끝에 이르렀을 때 만나게 된 선술집 여주인의 말이다. 시두리라는 이름을 가진 이 선술집 여주인은 길가메시를 반갑게 맞이하여 밤늦게까지 이야기하면서 그의 생각을 돌리려고 노력한다.

"당신이 찾고 있는 것은 찾을 수 없는 것이랍니다. 신이 처음 사람을 만들었을 때 사람에게는 죽음이라는 것을 주고 생명은 자기들 것으로 남겨 두었던 거예요. 그러므로 자기에게 주어진 것만큼 즐기도록 하세요. 먹고 마시며 행복하게 지내도록 하세요. 그 때문에 태어난 것 아니겠습니까?"

본디 시두리는 신화학의 계보에서 보자면 칼립소나 세이렌 유형의 인물이었다고 한다. 그러나 그 성격이 차츰 변해서 선술집을 지키는 고요한 성품의 여주인이 되었다. 시두리는 신이 창조한 것을 너무나 많이 보아 왔기 때문에 신의 가없는 인내심과 평온함이 어느 정도 몸에 배어 있는 여인이다. 그런 그녀가 권하고 있는 것은 무엇일까? 할 수 있을 때 장미를 모아라, 곧 근심걱정 잊고 신나게 살아라! 그런 것이었을까? 그보다는 영원한 생명처럼 우리가 얻을 수 없는 가치가 아니라 생로병사를 겪는 우리 인간의 삶이 가진 의미를 찾으라는 것이 아니었을까? 사는 것의 의미는 살아 있음 그 자체이므로……

수천 년 전 인류 최초의 문명권에서 전해져 오는 이 이야기는 신과 죽음, 그리고 유한한 우리 인생의 의미가 무엇인지 묻고, 슬픔과 괴로움이 가득하더라도 용기를 가지고 이 세상을 살아가라고 말해 주는 듯하다.

● 칼립소는 호메로스의 『오디세이아』에 등장하는 여신으로 오기기아 섬에 산다. 오디세우스가 귀향하는 도중에 난파되어 이 섬에 도착하자 그를 사랑하여 7년 동안 붙잡아 두었다. 세이렌은 그리스 신화에 나오는 바다 괴물인데 상반신은 여자, 하반신은 새의 몸을 하고 있으며, 아름다운 노래로 선원들을 유혹하여 죽음에 빠뜨렸다.

함무라비 법전

메소포타미아 지역에는 기록들이 아주 많이 남아 있어서 이 문명의 사회와 문화 여러 측면에 대해 비교적 자세하게 알 수 있다. 이 가운데 가장 유명한 자료는 함무라비 법전이다. 함무라비(B.C. 1792~B.C. 1750)는 주변의 많은 적들을 물리치고 메소포타미아를 다시 통일한 군주이다. 그는 이전에 수메르어로 쓰여진 기록들에서 가치 있는 여러 판결을 모아 비석에 새겨 공표하였다. 그 내용을 보면 기본적으로 가족관계 및 소유 관련 규정이 있고, 그 밖에도 직업, 채무·이자·담보 따위에 관한 사항들이 기록되어 있다. 가장 유명한 동태복수법(同態復讐法, '눈에는 눈, 이에는 이') 조항을 보면 야만의 느낌이 들지 않는 것은 아니지만(아이를 잘못 돌본 여인의 유방을 자른다든지, 임신부를 죽인 경우 살인자의 딸을 대신 사형에 처하는 것 등), 지금 기준에서 보더라도 매우 합리적인 조항들이 많다(예를 들면 137조).

몇 가지 대표적인 조항들을 살펴보도록 하자.

6. 누구든지 사원이나 궁전의 재산을 훔친 자는 사형에 처하며, 훔친 재산을 그 사람에게서 받은 사람도 사형에 처한다.

7. 증인이나 계약서 없이 다른 사람의 아들이나 노예에게서 은, 금, 남녀 노예, 소, 양, 노새 등을 구매하거나 넘겨받은 자는 도둑으로 간주하며 사형에 처한다.

128. 어떤 사람이 한 여자를 부인으로 취하되 계약을 체결하지 않은 경우에는 이 여인은 그 사람의 부인이 아니다.

136. 어떤 사람이 자기 도시를 버리고 도망가서 그의 부인이 다른 남자의 집으로 가게 되었는데 전 남편이 돌아와서 부인을 다시 취하려고 한다면, 남편이 자기 도시를 버리고 도망갔기 때문에, 이 도망자의 부인은 자기 남편에게 돌아가지 않아도 된다.

137. 만일 어떤 사람이 자신에게 아기를 낳아 준 씨받이 또는 아기를 낳아 준 신전 여사제와 헤어지려고 한다면, 그는 지참금을 되돌려주고 전답과 다른 재산의 용익권의 반을 주어서 그녀가 아이들을 키울 수 있도록 해 주어야 한다. 그녀가 아이를 다 키운 후에는 그 권리의 반을 그 아이에게 주고 그녀는 아들 한 명분의 몫을 받는다. 그리고 그녀는 마음에 드는 사람과 재혼할 수 있다.

194. 어떤 사람이 아이를 유모에게 맡겼다가 그 아이가 죽었는데, 유모가 죽은 아이의 부모 몰래 다른 아이도 맡아서 키웠다는 것이 밝혀질 경우, 이 유모의 유방을 잘라 낸다.

195. 아들이 아버지를 때릴 경우 한 손을 잘라 낸다.

196. 다른 사람의 눈을 뽑은 사람은 그의 눈을 뽑아 낸다.

197. 다른 사람의 뼈를 부러뜨린 사람은 그의 뼈를 부러뜨린다.

200. 만일 자신과 동등한 신분을 가진 사람의 이를 부러뜨릴 경우, 그의 이를 부러뜨린다.

209. 어떤 사람이 자유 신분의 여인을 때려서 그 여인이 유산하였다면 그는 5세겔의 돈을 지불한다.

210. 만일 그 여인이 죽었을 경우에는 때린 사람의 딸을 사형에 처한다.

함무라비 법전 석상
정의의 신 샤마시가 함무라비 왕에게
법률 내용을 일러 주는 모습이
새겨져 있고, 그 아래에 법률 내용이
기록되어 있다.

3
이집트 문명

피라미드는 전제정치의 산물일까?

메소포타미아 문명과 거의 같은 시기에 이집트에서도 고대 문명이 시작
되었다. 흔히 이집트 문명을 '나일 강의 선물'이라고 하는 데서 알 수 있듯
이, 이 문명도 강을 떼어 놓고 이야기할 수는 없다. 나일 강은 그 연안 지역
사람들에게 농경과 운송을 할 수 있게 해 주어서 이집트 문명의 젖줄 노릇
을 충실히 했다.

게다가 메소포타미아 지역과 달리 이집트는, 북쪽은 지중해, 동쪽은 홍
해로 막혀 있고 남쪽과 서쪽은 산과 사막으로 막혀 있어서 외부 세력에 대
해 자연적인 보호를 받고 있었다. 예외적인 경우가 아니면 외부 세력이 이
집트로 들어오는 일도, 또 이집트가 바깥으로 팽창해 나가는 일도 거의 없
었다. 이렇게 안정된 상황에서 이집트 역사는 3천 년 동안 지속되었다.

원래 이집트는 나일 강의 상류와 하류에 독자적으로 문명이 발달되어서
흔히 상(上)이집트와 하(下)이집트로 일컬어지다가 메네스라는 파라오 시
절에 통일되었다. 그 후 이집트 역사는 제국 자체는 그대로 보존되고 왕조
만이 바뀌면서 모두 31개의 왕조가 이어졌다.

피라미드

기자의 피라미드 가운데 가장 큰 쿠푸 왕의 이 피라미드는 2.5톤짜리 돌 약 230만 개를 쌓아서 만들었으며, 이를 위해 약 10만 명의 인력이 동원되었다. 인류 역사의 장대한 유산인 것은 틀림없지만, 개인의 무덤 하나를 짓기 위해 그런 엄청난 노력을 기울였다는 것은 지나치게 비효율적인 일이 아닐까? 물론 고대인들의 생각은 우리와는 달랐을 것이다.

높은 생산성을 누릴 수 있는 좋은 여건과 사회·정치적 안정성은 파라오에게 매우 강한 힘이 집중되도록 만들어 주었다. 이를 나타내는 상징물이 바로 피라미드이다. 이것이야말로 이집트를 대표하는 초대형 건조물이다. 그 가운데 가장 큰 피라미드는 기자에 있는 쿠푸 왕의 피라미드로서, 한 변의 길이가 230미터, 높이가 146미터에 이른다.

수백만 개의 거석을 날라서 그렇게 큰 무덤을 만든 까닭이 무엇일까? 또 그것을 어떻게 만들었을까? 이런 점들을 생각하다 보면 우리는 이집트 문명에 대해 다음과 같은 이미지를 가질지도 모른다. 첫째, 고대 이집트는 최악의 전제정치(지배자가 나라의 모든 권력을 장악하여 아무런 구속없이 마음대로 권력을 휘두르는 정치 체제)를 하였다. 둘째, 이집트는 종교가 모든 것을 지배하였다.

먼저 첫 번째 사항에 대해서 살펴보면 이는 사실과 다르다. 거대한 피라미드를 만들기 위해 수많은 사람들을 강제로 동원하고 채찍을 휘두르며 일을 시켰다고 생각해서는 안 된다. 사람들은 농한기에만 나와서 일을 했으며 그것도 강제 노역이 아니라 식량을 지원받았기 때문에, 아주 긍정적으로 해석하면 일종의 '영세민 취로 사업'이라고 보아도 좋다.

두 번째 사항은 그리 틀렸다고는 할 수 없다. 이집트 사람들만큼 사후세계에 커다란 관심을 둔 사람들도 흔치 않을 것이다. 이들은 언젠가 부활해서 영원한 삶을 산다고 생각했기 때문에 부활한 뒤에 대한 준비에 매우 큰 공을 들였다. 초기에는 파라오만이 영원한 삶을 누린다고 생각했다가 차츰 일반인들도 부활과 영생을 누린다는 생각이 퍼져 갔다. 그래서 죽은 사람을 미라로 만들고, 사후세계에서 살아가는 데에 필요한 물품들을 무덤 속에 함께 묻든지, 또는 그런 것들을 상징적으로 벽화로 그려 넣었다. 따라서, 고대 이집트 문명은 죽음에 집착한 문명이라고 해도 될 것이다.

죽음과 부활, 이집트 문화의 키워드

그렇다고 해서 이집트 문명이 음산하고 슬픔이 가득한 문명이라고 보아서는 안 된다. 오히려 그 반대라고 하는 것이 옳을 것이다. 이집트인들은 죽음을 피해야만 하는 것이라거나 고통스러운 것으로 보지 않고 긍정적으

하마
피라미드만 보고 고대 이집트인들이 감수성 제로인 근육질의 노예 같은 존재라는 생각이 드는가? 그들은 이렇게 귀여운 하마를 만들 수 있는 사람들이었다.

〰〰
무덤 벽화

나일 강에서 배를 타고 새 사냥 하는 모습을 화려한 색으로 그려 넣은 이 무덤의
주인은 살아 있을 때 사냥을 무척 좋아했던 것 같다. 새 사냥에 고양이도
사용되었다. 왼쪽 부분을 잘 보면 고양이가 새를 잡고 있다.
그는 내세에 부활해서도 그렇게 재미있는 삶을 계속 살 수 있으리라는
희망을 품었을 것이다.

로 받아들였다. 위의 무덤 벽화에서 우리는 그 점을 읽을 수 있는데, 이것
은 현세에서 귀족으로 살던 주인공이 사후세계에서도 배를 타고 새 사냥
을 하러 나가는 것으로 그려져 있다. 이것은 아주 밝고 화사한 색깔로 칠
해져 있으며 풍요롭고 즐거운 이미지로 나타나 있다.

　　또한 우리는 피라미드만 연상하고서 이집트 사람들을 아주 투박한 사람

들이라고 보아서는 안 된다. 훗날 기회가 되면 이집트 박물관에 가 보라(이집트 현지의 박물관도 좋고, 대영 박물관이나 루브르 박물관, 또는 다른 큰 박물관의 이집트관도 좋다). 그러면 이집트인들이 일상생활에서 사용했던 수많은 작고 섬세한 물건들을 볼 수 있을 것이다.

그 중에서도 특히 감동적인 것은 부부 조각상들이다. 아래의 부부상도 그 가운데 하나이다. 두 사람은 다정하게 함께 앉아 있다. 이들이 입은 옷은 그 시대의 정장에 해당한다. 머리에는 가발을 쓰고 목에는 목걸이로 장식하고 있다. 남자는 그 당시의 관례대로 간단한 로인클로스만 입고 있어서 상반신이 그대로 노출되어 있고, 여자는 흰색 드레스를 입고 있다. 남자는 피부색을 약간 더 짙게 채색했고(남자들이 바깥 생활을 더 많이 해서 피부가 짙다고 생각했기 때문이다), 여자는 조금 더 하얗게 채색했다. 부인의 왼팔은 남편의 어깨를 부드럽게 감싸고 있다.

이집트 부부
죽음 너머 영원의 세계로 들어가기에 앞서 부부가 함께 있는 조각상을 만들었다. 여기에서 보다시피 죽음에 임하는 고대 이집트인들의 태도는 담담하기 그지없다.

이 조각상은 무덤에 집어넣는 용도로 쓰였다. 말하자면 특이한 용도의 영정 사진에 해당한다. 부부는 나중에 이런 모습으로 부활하리라고 믿었을 것이다. 바로 그 때문에 오히려 부부의 실제 모습이 이 조각상과는 다를 수 있음을 염두에 두어야 한다. 만일 이 부부가 이 조각상을 만들 무렵 아주 늙은 할아버지, 할머니라고 해서 늙은 모습 그대로 만들었다가는 나중에 그렇게 늙은 모습으로 부활할 것이 아닌가. 그래서 무덤에 집어넣는 용도의 이런 조각상은 되도록 젊고 튼튼한 모습으로, 그리고 좀더 이상적인 모습으로 만들었다. 이제 이 부부는 이렇게 건강하고 우아한 모습으로 내세에서 행복한 삶을 누릴 것으로 확신했을 것이다. 저 멀리 그들 앞에 펼쳐진 영원한 세계의 모습을 바라보는 부부의 표정은 더없이 침착하고 담담하다.

그러나 이집트 미술이 반드시 관례를 고집한 것만은 아니다. 때로는 놀라울 정도로 사실적인 모습을 보이기도 한다. 오른쪽 작품은 아마도 실제 인물을 있는 그대로 나

사실적인, 너무나 사실적인
고대 이집트의 조각이나 회화는
대개 전형적인 모습을 띠고 있어
따따한 인상을 주기 쉽다. 그러나
때로는 이 작품처럼 매우 사실적으로
표현하는 경우도 없지 않았다.
이 '복부 비만'의 아저씨는 실제 모습도
그랬을 것이다.

타낸 것으로 여겨진다.

　늘 죽은 다음을 염두에 두고 있어서일까, 이집트인들의 세계를 생각하면 세속적인 삶 속에서도 어떤 '신성함'이 넘쳐흐르는 느낌을 받는다. 이점을 우리는 그들의 상형문자에서 읽어 볼 수 있다. 이집트의 상형문자를 신성문자, 곧 히에로글리프(hieroglyph)라고도 하는데, 이는 그리스인들이 붙인 이름이다. 이 말은 '신성하다'는 뜻의 히에로스(hieros)와 '새기다, 조각하다'는 뜻의 글루페인(gluphein)이 합쳐진 말이다. 그리스인들은 이집트의 문자를 보고 그것이 어떤 성스러움을 조각한 것이라 여겼다. 이는 이집트인들의 뜻을 가장 정확히 옮긴 것이라 할 수 있다. 이집트인들은 상형문자 기호들의 효력을 전적으로 믿었기 때문에 글자 한 자 한 자에 온 정성을 쏟았다. 위험한 뱀을 나타낼 때에는 그 글자에 칼을 꽂아서 위험을 방지하려고 할 정도였다. 이집트는 삶과 상징이 하나의 실체를 이루는 세계였다.

이집트 상형문자 맛보기

상형문자 중에 가장 유명한 것은 '생명의 열쇠' 또는 '고리 달린 십자가', 곧 안크(ÂNKH)이다. 이것은 '생명'을 나타낸다. 이집트의 현자들은 왜 생명을 이렇게 표현했을까? '안크'는 구리로 만든 거울이다. 구리는 빛을 잡아 가두는 금속이고, 제구(祭具)의 하나인 거울은 별들의 여신이자 우주적 사랑의 여신인 하토르와 관련 있는 물건이었다. 또한 이것은 샌들의 가죽끈을 위에서 내려다본 모양이기도 하다. 그러므로 이집트인들이 보는 생명은 태초의 빛을 붙잡아 둘 수 있는 힘이며, 아울러 인간 세상에서 두 발에 길을 내주는 능력이었다. '안크'는 다음과 같은 뜻으로도 쓰인다.

ÂNKH 생명

신의 눈: 그 눈에서 생명을 얻기 때문이다.
밀: 생명의 양식이라는 뜻이다.
화관, 꽃다발: 생명에 대한 찬사를 뜻한다.
돌덩어리: 생명의 견고함을 나타낸다.
염소: 거의 먹지 않고도 살 수 있는 생명력이 강한 동물이다.

이를 이용한 다음 표현을 보자. 이것은 '안크' 기호 두 개와 암소 귀 두 개로 이루어진 낱말이다. 뜻을 그대로 풀이하면 '살아 있는 귀들'이다. 그냥 귀가 아니라 살아 있는 귀란 어떤 것일까? 이집트인들은 생명이 귀를 통해 우리 안으로 들어온다고 생각했다. 귀가 있어서 들을 수 있으면 우리는 살아 있는 것이다.

고대 이집트인들에게 살아간다는 것은 귀 기울일 줄 알고 듣는 것을 배우고, 그런 뒤에 신발끈을 매서 걷고 행동하고 마침내 천상의 빛을 사로잡는 거울이 되는 과정이었다.

_크리스티앙 자크, 『이집트 상형문자 이야기』 중에서

4
에게 문명
신화에 반영된 역사

아테네의 영웅 테세우스가 조국을 구하고 왕이 된 이야기가 있다. 이야기는 에게해의 큰 섬 크레타에서 시작된다.

먼 옛날, 이 섬에서 왕을 뽑을 때 미노스는 포세이돈 신에게 부탁해서 신통력을 빌려 사람들에게 기적을 보여 줌으로써 왕으로 선출되었다. 그런데 정작 왕이 되고 난 다음에는 포세이돈 신에게 한 약속을 어기고 제사를 드리지 않았다. 포세이돈은 이를 괘씸히 여겨서 미노스에게 아주 특이한 벌을 내렸다. 왕비가 소를 보면 연정이 생기도록 만든 것이다. 어느 날부턴가 왕비는 멋진 수소만 보면 마음이 심란하고 가슴이 쿵쿵거리는 것이었다. 도저히 그 마음을 억누를 수 없었던 왕비는 그리스 세계 최고의 재간둥이인 다이달로스에게 자기 심정을 솔직히 고백하고 어떤 수가 없겠느냐고 물었다(다이달로스는 수많은 발명과 발견을 했는데, 그 중 특히 신통한 것은 생선뼈를 보고 아이디어를 얻어서 톱을 발명했다는 것이다). 다이달로스는 나무와 가죽을 가지고 진짜 소가 보아도 속아 넘어갈 정도로 정교한 암소 틀을 만들어 주었다. 왕비는 그 속에 들어간 다음 엉금엉금 기어서 사랑하는 수소

에게 다가갔다.

　사랑에 성공한 왕비는 곧 임신했고, 열 달
뒤 건강한 아들을 낳았다. 그런데 낳고 보니
아이가 이상하게 생겼다. 머리는 소이고 몸
뚱이는 사람인 것이다(그를 일컬어 미노타우로
스라고 한다). 게다가 이 아이는 식성이 별나
서 사람고기를 먹어야 했다. 남들에게 보이
기 민망해서 미노스는 다이달로스에게 미궁을 만들게 한 뒤 그 속에 미노
타우로스를 집어넣었다. 미궁은 내부가 어찌나 복잡한지 한번 들어가면
도저히 출구를 찾아 나올 수 없었다.˙ 그래서 희생자가 이 속에 들어가면
결국은 미노타우로스에게 잡아먹혔다. 문제는 미노타우로스에게 줄 인육
제공자를 쉽게 구할 수 없다는 점이었다. 그래서 미노스 왕은 그 당시 이
나라의 속국이었던 아테네에 명령하여 9년마다 7명의 선남선녀를 바치도
록 했다.

　어느 해인가 또다시 7명의 불쌍한 희생자를 선발해서 크레타로 보내야

●엄밀히 말하면, 너무나 복잡하게 길이 얽혀 있어서 빠져나오기 힘
든 곳이 '미로'이며, '미궁'은 이리저리 구불대는 통로를 따라가기는
하지만 중심부까지 외길로 되어 있는 곳이다. 그러나 이미 오래 전
(적어도 로마 시대)부터 두 낱말은 혼동하여 쓰였다.

했는데, 아테네의 왕자인 테세우스가 보기에 이것은 매우 불공정한 국제 관계라 하지 않을 수 없었다. 그래서 그는 스스로 7명의 희생자에 끼어 크레타로 가서 이 문제를 근본적으로 개선해 보고자 했다.

그런데 테세우스는 크레타 섬에 도착하자마자 국제 관계 개선보다 사랑에 눈이 멀어 버렸다. 이 나라의 공주 아리아드네와 눈이 맞은 것이다. 그런데 일이 잘 되느라고 그랬는지(물론 신화에서는 언제나 일이 잘 되게 되어 있지만), 아리아드네 공주는 미노타우로스를 죽일 수 있는 칼을 건네주고 미궁에서 빠져나오는 비법(실을 풀면서 들어갔다가 나중에 다시 그 실을 돌돌 말며 나오는 것)을 가르쳐 주었다. 사랑에 빠지면 자기 오빠를 죽이는 무기까지 그렇게 쉽게 내주는 법인가…….

그래서 영웅 테세우스는 미궁으로 들어가 미노타우로스를 죽이고 나왔다. 그러고는 자기 나라 사람들과 아리아드네를 배에 태우고 서둘러 노를 저어 도망갔다. 저녁이 되어서 이제 어느 정도 안전한 곳까지 왔다고 한숨을 돌린 곳이 낙소스 섬이었다. 이 섬에 배를 대고 사람들은 지친 몸을 누이고 잠을 잤다. 그런데 테세우스의 꿈에 아테나 여신이 나타나서 이렇게 꾸짖는 것이 아닌가. "이놈아, 너는 아테네 민족 중흥의 역사적 사명을 띠고 태어났는데, 고작 이웃 나라 공주와 놀아난단 말이냐? 당장 일어나서 빨리 배를 저어 고향 아테네로 돌아가거라."

잠에서 깬 테세우스는 자기 나라 사람들만 몰래 깨우고 아리아드네 공주는 남겨 둔 채 배를 타고 그야말로 야반도주를 했다. 업어 가도 모르게 잔다는 말이 있지만 아리아드네도 한번 잠이 들면 옆에서 삐걱거리는 소리를 내며 배가 떠나는 것도 모를 만큼 자는 모양이다. 아침 햇살에 눈이 부셔 깨어나 보니 쓸쓸한 바닷가에 아무도 없고 자기 혼자뿐. 오빠를 죽게 하고 엄마, 아버지 속을 잔뜩 뒤집어 놓고 남자와 도망쳤던 아리아드네로서는 어쩔 수 없이 이 섬에 남아 '남자는 배 여자는 항구'를 흥얼거리며 살아갈 수밖에. 그동안 테세우스는 한숨을 푹푹 내쉬며 고향 아테네 항구에 들어가고 있었는데, 여자에게 못할 짓을 하고 와서 그랬는지 아주 큰 실수를 저지르고 말았다. 자기 아버지 아이게우스와 한 약속을 감쪽같이 잊어버린 것이다. 아들을 사지로 내몬 거나 한가지였던 아버지는, 아들이 살았으면 흰 돛을 달고 오고 죽었으면 검은 돛을 달고 오라 일러 놓았는데, 정신없이 배를 몰던 테세우스가 검은 돛을 그대로 단 채 들어왔던 것이다. 낙담한 아버지는 절벽에서 바다로 몸을 던져 자살하고 말았다. 사실 신화의 구성상 이렇게 해서 아버지가 저절로 제거되어야 이야기가 부드럽지, 아들이 아버지를 살해했다든지 내쫓았다든지 하는 식으로 처리하긴 좀 난처하지 않았겠는가?

한편 아리아드네의 그 후 소식을 들어보면, 낙소스 섬에서 디오니소스 신을 만나(어떤 판본에서는 디오니소스교도와 만났다고도 한다) 행복의 극치감을 만끽하며 살았다고 하는데, 여자 버리고 도망갈 정도로 인간성 안 좋은 남자와 왕궁에서 사는 것보다는 숲 속을 뛰어다니며 술과 음악 속에서 신나게 사는 것이 백번 잘된 일이다.

신화가 역사 사실을 있는 그대로 나타내는 것은 아니지만, 역사 사실을 여러 방식으로 반영할 수는 있다. 기원전 1600년~기원전 1200년경에 크레타 섬과 펠로폰네소스 반도 남부 지방을 중심으로 에게 문명이 꽃피었다. 이 시기에는 본토보다는 에게해의 여러 섬이 더 선진적인 문화를 자랑하고 있었다. 이집트와 메소포타미아의 발전된 문명을 수입했기 때문이다. 테세우스 신화는 아테네를 비롯한 본토 세력이 크레타에 예속되어 있다가 그로부터 벗어나서 독자적인 발전을 이루어 나가기 시작한 것을 상징적으로 나타낸 것으로 볼 수 있다.

점토판에 새겨진 에게 문명의 진실

크레타 섬은 오랫동안 초기 그리스 문명의 중심지였다. 고고학적 발굴의 결과를 보면 이 섬에 상업이 무척 발달해 있어서 지중해 여러 지역과 소통하고 있었던 듯하다. 활발한 교류 때문인지 크레타는 아주 밝고 발랄한 문화 요소를 보이고 있다.

이 시대에 사용된 문자는 그 후에 사용된 알파벳과는 아주 다른 것이었다. 점토판 위에 막대기로 죽죽 그은 문자의 모양이 줄 모양이어서 이를 선문자(線文字)라고 하는데, 서로 다른 두 종류가 있어서 각각 '선문자 A'와 '선문자 B'라 한다. 이 가운데 선문자 A는 아직 완전히 해독되지는 않았으나 인도유럽어계가 아닌 것으로 추정된다. 인도유럽어계의 글자인 선문자 B는 마이클 벤트리스에 의해 해독되었다(공학도 출신인 벤트리스는 제2차 세계

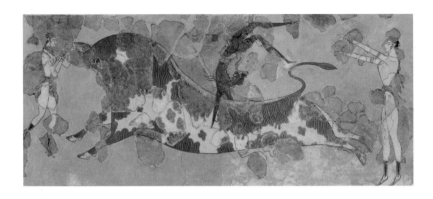

크노소스 궁전 벽화

크레타 섬의 크노소스 궁전 유적지에서 발견된 벽화에는 소의 등을 타고 넘는 곡예사의 모습이 그려져 있다. 이것이 단순히 오락용 서커스였는지, 아니면 다른 의식을 위한 것이었는지는 분명하지 않지만 밝고 발랄한 분위기를 풍긴다.

대전 때 독일군의 암호를 푸는 일을 했는데, 전쟁이 끝난 뒤에는 전공을 살려서 이 수수께끼 문자를 푸는 데 성공했다). 이러한 문자 기록이 있으면 고고학적 발굴이나 신화 해석과는 비교가 안 될 정도로 많은 정보를 얻을 수 있다.

점토판의 내용은 그 자체로는 그리 흥미로울 것 없는 평범한 기록이다. 그것은 가축과 농업, 경작지 분배, 각종 수공업과 연관된 원재료와 완제품 수급, 인력(일반인과 노예) 동원, 왕궁에 바치는 공납(이미 낸 것, 받을 것, 남은 것, 개인에게 부과된 것과 공동체에 부과된 것 따위), 군사 징집, 제사용 물품 등의 내용으로 되어 있다. 그런데, 이런 기록을 통해 그 사회를 그려 보면 다음과 같다.

먼저, 중앙에 궁정이 있고 여기에 '아낙스'라는 왕이 있어서 그가 제사를 관장한다. 이 왕을 보좌하는 서기 계층의 사람들이 기록을 관리한다. 이렇게 왕을 중심으로 하는 궁정이 통치를 한다고 하지만 모든 영토를 직접 지배하는 것이 아니라, 각 지방에 '바실레우스'라는 귀족들이 있어 그들이 통치를 한다(이때는 바실레우스가 지방을 통치하는 귀족을 일컬었지만 후대에는 왕을 가리키는 말이 되었다). 그리고 이 바실레우스들이 청동의 원재료를 관리, 통제한다. 지방민들은 바실레우스의 통치를 받는데, 이들은 문자를 알지 못하며 다만 여러 소문과 전언(傳言) 속에서 살아간다.

위에서 서술한 내용을 가지고 크레타 사회에 대해서 어떤 해석을 할 수 있는가?

위의 내용이 별다른 의미를 갖지 못하는 시시한 것들로 보일 수도 있을 것이다. 그러나 역사학적 상상력을 발휘해 보면, 이것으로 서구 역사 전체의 방향을 좌우할 아주 중요한 해석을 이끌어 낼 수 있다.

지금까지 우리는 고대 그리스 세계에 대해 어떻게 이야기했던가? 세계의 모든 고대 문명들이 강력한 중앙집권 체제에서 신정정치의 성격을 띤 제국을 이루었던 데 비해 오직 그리스에서만 '폴리스'라는 소도시 국가 단위의 사회가 이루어져 있었으며, 이것이 그리스 문명의 가장 큰 특징인 시민의 자유와 그리스적인

선문자

필로스에서 발굴된 선문자B 점토판. 이 점토판들은 적이 공격해 들어와서 불을 지르는 바람에 딱딱하게 굳은 뒤 땅에 묻혔기 때문에 오늘날까지 보존될 수 있었다.

이성을 발전시킨 터전이 되었다고 배웠다. 그런데 점토판의 내용을 토대로 유추해 보니 그리스 문명의 출발점인 에게 문명 시기의 사회 구성은 그런 설명과는 전혀 다르다. 중앙에 정치와 종교를 아우르는 상위 지배자가 있고, 이를 중심으로 전체 세계가 하나의 통합된 조직을 이루고 있다. 그렇다면 이것은 기본적으로 오리엔트(이집트와 메소포타미아) 문명과 같은 체제이다. 대규모 관개 사업을 할 필요성이 없고 규모가 작을 뿐이지 그 성격은 똑같다. 말하자면 '미니 전제주의'인 것이다. 세계의 어떤 고대 문명과도 다른 독특한 성격을 가지고 있다고 이야기해 온 고대 그리스 문명이 출발점에서는 본질적으로 똑같은 신정정치 체제였다는 점은 아주 중요한 사실이다.

그렇다면 우리가 너무나 잘 알고 있는 폴리스 체제가 형성되기 위해서는 기존 체제가 완전히 붕괴되어야만 한다. 바로 그런 충격을 준 사건은 기원전 1200년 또는 1100년 무렵으로 추정되는 시기에 시작된 도리아족의 남하이다. 북방에서 강력한 군사력을 가진 종족이 밀고 내려오면서 기존 문명권이 큰 혼란에 빠지는 것은 유라시아 대륙의 여러 문명권에서 여러 번 되풀이된 스토리이다. 멀리 거슬러 올라가면 히타이트족부터 가까이는 몽고나 만주족에 이르기까지, 북쪽에서 살던 호전적인 종족, 특히 철제 무기를 가지고 있든지 말을 잘 타든지 하는 요소들 때문에 남쪽의 문명권과는 비교가 안 될 정도로 막강한 무력을 가진 사람들이 쳐들어와서 기존 문명을 파괴하거나 지배하는 일이 빈번하게 일어났다. 도리아족의 침략도 비슷한 예이지만, 그 충격이 다른 경우와는 비교가 안 될 정도로 컸다. 그야말로 철저한 파괴 행위가 일어났던 것이다.

충격이 얼마만큼 컸냐 하면 그리스 세계가 그동안 사용했던 선문자 체계를 완전히 잊어먹고 그야말로 암흑시대로 들어가 버릴 정도였다.[*] 이민족의 침입을 받았다고 해서 어떤 문명 세계가 자신의 문자를 잊어버리는 것은 그리 흔한 일은 아니다. 그 정도로 파괴가 심해서 결국 앞에서 설명한 아낙스를 정점으로 하는 지배 체제도 완전히 사라졌다. 금속의 사용도 크게 후퇴하였고, 남은 것이라고는 지방의 바실레우스를 중심으로 하는 농업 촌락 사회뿐이었다. 말하자면 발전된 청동기 문명에서 한 단계 이전 상태로 후퇴한 것이다.

암흑 시대가 새 문화를 낳다

문자가 사라지고 난 다음 남은 것은 예전의 소문과 전언의 문화, 곧 미토스(mythos, '속삭이듯 말하다'라는 뜻의 이 말에서 나중에 myth, 곧 신화라는 낱말이 만들어졌다)였다. 그 내용은 찬란했던 시절의 대왕과 전사들의 영웅적인 행위 같은 것들이다. 그리스 신화는 이렇게 암흑시대(B.C. 1200~B.C. 750)에 사람들의 집단적인 심성 속에서 자라난 것이다.

이 암흑의 시기에 어떤 일이 벌어졌을까?

외부 세력에 밀려난 선주민들과, 심지어는 침략해 들어온 도리아족까지도 모두 일대 혼란 속에서 떠밀려가 새로운 정착지에 살 곳을 마련했다. 이 가운데 일부는 그리스를 떠나 바다를 건너 소아시아 지방까지 가서 터를 잡았다. 새로운 거주지의 형태는 이전과는 크게 달랐다. 무엇보다도 이 혼란기에 방어가 쉬운 지역을 골랐고, 규모가 작은 도시 형태를 띠었다. 이

* 그리스 세계가 다시 문자를 가지게 된 것은 몇백 년 뒤인 기원전 8세기 즈음으로, 호메로스의 작품들이 나온 시기이다. 이때에는 페니키아에서 만들어진 문자를 도입하여 독자적인 알파벳 문자로 개발해서 사용했다.

것이 바로 폴리스였다.

이전의 신정정치는 완전히 사라졌다. 왕은 겨우 상징적인 존재로만 남아 있다가 시간이 지나자 아예 사라져 버렸다. 바실레우스는 주민 생활의 모든 면을 지배했던 권력을 상실하고 오로지 종교적 기능만을 담당하게 되었다. 그에 따라 일반 시민들의 세력이 차츰차츰 커져 갔다. 이렇게 각각의 폴리스는 지금까지 그 어느 곳에서도 예를 찾을 수 없는 독특한 공동체로 발전해 가고 있었다. 그 때문에 이들은 모든 것을 새롭게 다시 규정하고 정리해야 했다. 완전히 새 판을 짜고 다시 시작하는 까닭에 정말로 '모든 것'에 대해 질문을 던지고 답을 구하였다. 우주는 무엇으로 되어 있는가, 불인가 물인가 원자인가, 이런 것들로 시작해서, 새 공동체에서 정의는 무엇인가, 어떻게 사는 것이 옳은가와 같은 인간과 사회에 대한 일들에 이르기까지 모든 측면에 대해 질문하고 성찰하게 되었다. 이런 과정에서 지혜가 길러졌다. 그 지혜를 그리스어로 소피아(sophia)라고 하며, 그것을 추구하는 사람들인 소피스트(sophist)가 등장하게 되었다.*

새로운 공동체 속에서 새로운 질서를 정립해 가는 과정에서 고대 그리스인들이 진지하게 질문하고 답하며 대화한 지혜로운 내용들은, 그 후 오랫동안 서구 문명이 발전하는 데 영감을 주었다.

---

* 소피스트들은 나중에, 본디 의미로서 지혜를 추구하기보다는 말을 잘해서 상대방을 눌러 이기는 법, 특히 법정에서 온갖 궤변으로 상대방을 어리둥절하게 만들어 놓는 법을 연구하여, 돈을 받고 그것을 가르쳐 주는 '지혜 장사꾼'으로 전락해 버렸다. 소크라테스가 소피스트들을 비판한 것도 이 때문이다.

5

안티고네의 고뇌
그리스의 비극과 민주주의

아테네 민주주의의 배경

아리스토텔레스는 '인간은 정치적인 동물(political animal)'이라고 말했다. 그러나 사실 이 말은 엄밀히 따지면 오역이다. 이때 '폴리티컬(political)'은 '폴리스(polis)의'라는 뜻이고, 결국 아리스토텔레스가 말한 본래 뜻은 '인간은 폴리스의 동물', 곧 폴리스에 속해야만 안전하게 인간으로서 존재할 수 있고 가치있는 삶을 살 수 있다는 것이다.

그리스 세계의 여러 폴리스들은 어떻게 하면 모든 시민들이 안전하고 행복하고 의미 있게 생활할 수 있는가, 그것을 보장하는 체제는 어떤 것인가에 대해 많은 고민을 했다. 폴리스마다 역사적 경험이 달라, 그 결과 서로 다른 체제를 가지게 되었다. 가장 대표적인 폴리스는 아테네와 스파르타인데, 두 나라는 아주 다른 성격으로 진화해 갔다. 스파르타에 대해서는 다음 장에서 다루기로 하고, 여기에서는 아테네가 어떻게 '민주주의'를 발전시켰는가, 그것이 문화적으로 어떻게 나타났는가를 살펴보도록 하자.

아테네의 초기 역사는 왕정의 형태를 띠고 있었다. 그러나 바실레우스라는 이름의 왕은 주로 제사를 관장하는 직위로 축소되었으며, 그나마 기원

아테네 은화

기원전 5세기에 주조된 4드라크마짜리 아테네 은화.
앞면에는 아테나 여신의 얼굴, 뒷면에는 그녀의
상징인 올빼미가 새겨져 있다. 이것을 만든 재료인
은은 주로 아티카 지방 남쪽의 순니움에 있는
국영 광산에서 채굴된 것이다.

전 800년 이전에 귀족 계층으로 흡수되었다. 그
리하여 아테네는 사실상 귀족제 시기로 들어가
게 되었다(B.C. 800~B.C. 550). 이 시기는 앞에서 말한 대로 새로운 질서를 모
색하는 엄청난 고통의 시기였다. 가장 심각한 문제는 사회의 일부 계층이
군사적, 경제적으로 너무 지나치게 우위를 차지하였다는 점이다(거의 모든
사회의 문제는 바로 부와 권력의 불평등이다). 상공업의 발달로 평민 중 일부가 큰
부를 쌓게 되고, 또 귀족들한테 토지가 집중되었다. 한마디로, '부익부 빈익
빈'상태가 심화된 것이다. 이를 가속화시킨 요소가 리디아 지방에서 들어온
화폐 제도이다. 우리가 잘 알고 있는 미다스의 신화에서 보듯이 금과 화폐
의 위력이 인간을 지나치게 옭아매는 지경에 이른 것이다.* 이후에 화폐에

---

* 디오니소스 신이 미다스 왕에게 원하는 것을 말해 보라고 하자,
미다스는 그가 만지는 모든 것을 황금으로 바꾸는 능력을 달라고
말했다. 그러나 실제 그렇게 되자, 빵을 먹으려고 하면 빵이 금으로
변해 버리고 포도주를 마시려고 하면 포도주마저 황금으로 변하여
서 배고픔과 갈증으로 죽을 지경이 되었다. 마침내는 사랑하는 딸
을 껴안자 딸마저 황금 시체로 변해 버렸다. 이렇듯 돈에 대한 지나
친 욕심은 우리의 영혼을 굶주리고 목마르게 하며, 우리의 사랑을
앗아가 버린다.

대한 강한 비판이 줄곧 나오게 되는 것도 초기의 화폐 제도가 남긴 큰 충격 때문일 것이다. 이런 사회적·경제적 변화의 가장 큰 해악은 많은 시민들이 빚 때문에 노예로 전락하게 되는 점이었다. 친하게 지내던 이웃 가족이 빚에 쪼들리다가 노예가 되어 뿔뿔이 흩어져 팔려 간다고 상상해 보라.

심각한 사회 문제가 야기되자 이에 대해 여러 가지 방안들이 제시되었다. 그 중 하나는 입법이다. 강력한 법을 통해 질서를 잡자는 것이다. 드라콘이라는 인물이 이를 주도했는데, 그가 만든 법은 좀도둑에게 사형을 부과할 정도로 엄격한 내용이었다. 좀도둑을 살인자와 마찬가지로 사형에 처한다는 것이 사리에 맞는 일인가? 이런 질문에 대해 드라콘은 이렇게 대답했다. "살인자에게 더 심한 벌을 주어야 하는데 사형보다 더한 벌이 없군요." 그러나 이런 무지막지한 방식으로 사회 문제를 해결할 수 없으리라는 것은 자명한 일이다.

그 다음에 등장한 인물이 솔론이다. 당시의 심각한 사회 문제를 처벌만으로 해결할 수 없다고 생각한 그는 사회적 중재안을 만드는 데 힘을 쏟았

솔론

고대 아테네의 초기 입법자 중 한 사람인 솔론은 '조정자'라는 별명을 가지고 있었다. 그는 계급 갈등을 완화하기 위해 하층민들에게 많은 특권을 주려고 했다. 그러나 그가 공직을 그만두자 사회 갈등이 재연되었는데, 사실 사람들 간의 '조정'을 통한 개혁이 결국 누구에게도 만족을 주지 못하기 때문이다.

다. 귀족과 중간 평민들이 모여서 함께 국정을 논의하는 400인회의와 어느 시민이라도 뽑힐 수 있는 배심원 제도를 만들고, 빚 때문에 노예가 된 시민들을 복권시켰으며 토지 소유 상한제를 실시했다. 이런 조정안이 성공했을까? 결론을 말하자면, 모든 사람이 다 불만이었다. 중재를 할 경우 대개 이런 식으로 귀결되기 십상이다. 상층은 기존 권리를 박탈당한다는 느낌을 받는 반면, 하층은 실질적으로 얻은 것이 하나도 없다는 느낌을 받는 것이다.

혼란한 가운데 정권을 불법으로 찬탈하고 독재 방식으로 문제를 해결하려는 자가 나타났다. 이것이 소위 참주이다(참주 'tyranos'는 '비합법적인 수단으로 왕이 된 사람'을 뜻한다. 여기에서 tyrant, 곧 폭군이라는 말이 나왔다). 페이시스트라토스라는 인물이 그렇게 권력을 쥐고 흔들었는데, 사실 그의 정책은 경제적 부흥과 문화적 발전을 가져와서 어떤 면에서는 선정(善政)이라고 할 만했다. 그러나 그의 아들 히피아스가 권력을 물려받은 후에는 문자 그대로 독재자가 되었다. 그는 자신에게 반대하는 힘센 가문들을 억압하였고, 그 결과 많은 사람들이 국외로 망명하였다. 이런 망명객들이 중심이 되어 참주를 몰아 내자는 운동을 일으켰는데, 그들은 이웃 나라인 스파르타의 세력을 등에 업고 마침내 히피아스 일당을 추방하는 데 성공했다.

이런 역사적 변화를 겪은 후 아테네는 본격적인 민주주의 개혁을 실험했으니, 클레이스테네스의 개혁이 그것이다. 먼저, 참주를 몰아 내는 과정에서 새로운 정치 개혁 프로그램이 등장했다. 참주 추방에 앞장섰던 사람들이 구호로 내걸었던 것이 '이소노미아'이다. 이는 '동등한 지배'라는 뜻으로서, 권력이 약화된 귀족들이 내놓을 수 있는 제안이었다. 그러나 이들의 의도는 '귀족들만의 동등한 지배'였을 뿐, 중간층 이하의 시민 계급을 권력에서 배제하려고 했다. 그러나 참주가 추방된 후 누가 실권을 잡느냐

오스트라콘

도편추방제에 사용된 도편을 오스트라콘이라 한다. 이것은 기원전 470년에 추방된 테미스토클레스의 이름이 적힌 도편들이다. 공직 활동이 신통치 않은 정치가를 시민들이 추방하는 이 제도는 과연 민주적인 것이었을까? 연구자들에 따르면, 많은 도편들이 한 사람의 글씨체로 쓰여져 있다고 한다. 다시 말해, 테미스토클레스를 몰아 내기 위해 아예 도편에 그의 이름을 쓰고 그것을 사람들에게 나누어 주는 방식으로 조직적으로 움직인 것이다.

하는 투쟁 과정에서 주도적인 인물들이 패퇴하고 정치적 혼란이 지속되자 클레이스테네스는 이참에 아예 민주적인 방식을 밀어붙였다. 그의 민주 개혁은 어떤 내용이고 그 의도는 무엇이었을까?

그가 주도한 개혁의 골자는 독재자 또는 참주가 되려는 자를 한시적으로 국외로 추방해 버리는 오스트라키스모스(도편추방제)와 부족제 개편이다. 부족제란 결국 혈연을 중심으로 하는 귀족 세력 유지의 뿌리가 되는 것이므로, 이를 손본다는 것은 기존 권력의 근거를 없애겠다는 것이다.

아테네에는 전통적으로 네 개의 부족(필레)이 있었는데, 각 부족에는 영향력 있는 가문이나 씨족들이 있어서 이들이 지배권을 행사했다. 그들이 영향력을 행사하는 구체적인 단위가 형제단(프라트리아)이었다. 클레이스테네스는 이런 구조를 완전히 새로운 방식으로 재편해 버린 것이다. 마치 오늘날 선거구의 구획을 완전히 뒤바꾸어 새로 만드는 것과 비슷하다고 할 수 있다. 클레이스테네스는 아테네 전역을 시내, 해안, 산지의 세 지역권으로 분류한 다음, 각 지역권을 10개의 하부 단위로 잘게 나누었다. 이를 '트리티스(trittys, 3분의 1이라는 뜻)'라고 한다. 그런 다음 시내의 트리티스 하나, 해안 지역의 트리티스 하나, 산지의 트리티스 하나씩을 묶어서 새로운 하나의 부족으로 만들었다. 이렇게 인위적 방식으로 짜깁기한 새로운 부족 10개가 만들어졌다(멀리 떨어져 있는 봉천동, 반포동, 돈암동을 묶어서 새로운 정치 ·행정 단위로 만들었다고 생각해 보자. 기존의 터줏대감들이 힘을 행사할 기반이 없어지지 않겠는가?). 원칙적으로 이 새로운 부족 안에서는 기존의 혈연 관계가 작동할 여지가 없었다. 그 대신 각 부족 안의 촌락이 시민 명부를 관리하게 되었다. 이 촌락을 데모스라고 한다. 새로운 정치의 중심 단위가 된 이 데모스에 대해서는 이전처럼 귀족들이 영향력을 행사할 수 없었으므로, 힘이 더욱 신장된 평민들이 데모스를 지배했다. 이렇게 귀족 대신 '평민들 중심의 데모스(demos)가 지배한다'는 뜻의 데모크라티아(democratia)가 바로 민주주의의 기원이다.

자그마치 2500년 전 일이지만 그때도 역시 현실 정치는 오늘날과 마찬가지로 교묘하고 간사한 일이었다. 그러니까 우리는 너무 순진하게 클레이스테네스를 민주투사라고 생각하고 이때의 '데모크라티아'가 오늘날의 민주주의와 같은 것이라고 판단해서는 안 된다. 클레이스테네스는 자신의 권력을 위협하는 정적들이 힘을 쓰지 못하도록 분산시키려고 했을 뿐이며, 자신을 지지하는 한에서만 평민들의 힘을 이용하려고 했다. 또 실제 결과를 보더라도 모든 평민들이 골고루 권력을 가진 것이 아니라 '시내' 지역 사람들에게 썩 유리하게 판이 짜여졌다. 그런데도 '결과적으로' 아테네가 이전에 비해 훨씬 민주적인 방향으로 나아간 것 또한 사실이다(역사는 흔히 개인의 생각과 의지를 무시하고 전혀 다른 방향으로 나아가게 마련이다). 아테네인들은 이제 이웃한 폴리스들과는 달리 훌륭한 제도를 만들었고, 이 제도 속에서 더 많은 시민들이 정당한 권리를 누리고 더 행복하게 살아간다는 자부심을 느끼게 되었다.

민주주의 학교, 그리스 비극

아테네는 정치적 발전과 더불어 그리스에서 가장 부유한 폴리스로 성장하였고(상공업이 발달한 까닭도 있지만 다른 폴리스들에 지배권 행사하여 돈을 갈취하였다), 또 문화적으로 특별한 성취를 이루어 냈다. 사실 아테네 역사 전반으로 보면 정치적으로나 경제적으로 쇠퇴하는 시점이 문화적으로는 오히려 가장 완숙한 시기였다. 이때 아테네는 철학, 문학, 조각, 건축을 비롯한 여러 분야에서 최고의 수준에 이르렀다. 후대의 역사가들과 예술사가들이 이 시기의 문화 발전에 대해 인간 사회가 이룰 수 있는 최고의 경지, 또는 단순히 아름다운 정도가 아니라 가장 이상적인 아름다움의 세계라고 표현하는 것은, 조금 과장된 면이 없지 않지만 일리가 있는 말이다.

그 가운데 그리스 민주주의의 발전과 관련하여 주목할 만한 예술 장르는 비극이다. 그 내용은 대개 보통 인간을 뛰어넘는 위대한 인물이 운명의 힘에 맞서 싸우다가 장중한 최후를 맞는 것으로 되어 있다. 관객들은 그 과정을 지켜보며 카타르시스를 느꼈다.* 그리스 비극은 한편으로 시대를 뛰어넘어 언제나 인간에게 제기되는 근본적인 문제를 다루는 측면도 있지

---

* 카타르시스는 아리스토텔레스의 『시학』 6장에 나오는 비극 이론으로서, '공포와 연민을 통해 감정을 해방하여 쾌감을 일으키게 하는 일'을 가리킨다. 이 말의 본디 뜻이 '배설', '설사'이니, 비극을 통해 영혼의 설사를 한다는 뜻이런가?

만, 다른 한편으로 그 시대의 기본 질서와 권력의 문제를 논하는 것이기도 했다.

이런 정치적인 문제가 예민하게 반영된 작품으로 소포클레스의 '안티고네'를 들 수 있다. 줄거리는 이렇다.

테베의 왕으로 군림하다가 신의 저주를 받아 몰락한 국왕 오이디푸스에게는 두 아들과 두 딸이 있었다. 두 아들은 서로 왕권을 잡으려고 전쟁을 일으켰다가 둘 다 죽고 만다. 그리하여 왕위는 오이디푸스의 처남인 크레온에게 돌아간다. 그런데 왕으로 즉위한 크레온은 오이디푸스의 두 아들에 대해 다음과 같은 조치를 내린다. 한 사람은 조국을 위해 싸운 것이므로 정중히 장례를 지내 주고, 다른 한 사람은 조국을 배반하고 싸운 것이므로 시체를 들판에 버려서 짐승들이 뜯어 먹도록 하라고. 그리고 이 명령을 위반한 자는 사형에 처한다는 엄명을 내렸다.

그러자 오이디푸스의 딸 안티고네가 국왕이자 자기 삼촌인 크레온에게 정면으로 대들면서 죽음을 무릅쓰고 오빠의 시체를 장사 지낸다. 그녀의 주장에 따르면, 죽은 자를 장사 지내라는 것은 신의 명령이며 이것은 그 어떤 인간의 법으로도 막을 수 없다는 것. 이에 대해 크레온은 조국을 배반한 자는 정당한 권리를 누릴 수 없으며, 자신은 국왕으로서 조국을 지키기 위해서 명령을 내린 것이므로 모든 시민이 이 명령을 지켜야만 한다는 논리를 편다.

안티고네는 국법을 어긴 죄로 석굴에 갇히게 된다. 그런데 국왕 크레온의 아들이자 안티고네의 약혼자인 하이몬이 아버지에게 가서 안티고네의 석방을 탄원하다가 역시 아버지와 논쟁을 하게 된다(66쪽 글상자에 원문를 옮겨 놓았다.). 그의 주장은 아버지가 신의 뜻에 어긋나는 명령을 내리고 있으며, 아울러 시민들의 의사를 억압하고 자신의 권리만을 내세우는 참주라

는 것이다. 그러나 아버지는 아들이 여자에게 빠져서 나약한 주장을 편다며 내친다.

이때 그리스 최고의 예언자인 테이레시아스가 등장하여 크레온 왕에게 신의 명령을 어기고 잘못된 인간의 명령을 강요하는 자는 멸망하게 되리라는 말을 한다. 암만해도 불길한 생각이 든 크레온이 뒤늦게 생각을 바꾸어서 안티고네를 가둔 석굴로 뛰어가 보니 안티고네는 이미 자살했고 하이몬은 그 옆에서 반쯤 정신이 나가 있었는데, 아버지를 보자 칼을 들고 공격하다가 자신을 찔러 자살하고 만다. 그리고 아들이 죽었다는 소식을 들은 왕비도 따라서 자살하는 것으로 극이 끝난다.

이 극은 소포클레스의 다른 작품들과 마찬가지로, 한 인간에게 주어진 운명의 힘이 한 치의 오차도 없이 서서히 다가오고 마침내 주인공이 그 힘 앞에서 비통하게 무너지는 과정을 그렸다. 운명은 최후의 종말을 향해 한 걸음 한 걸음 정해진 길을 간다. 아무도 이 길을 벗어날 수는 없다. 장중한

비극의 결말은 대개 피 비린내 나는 공포로 끝난다.•

앞에서 말했듯이 그리스의 비극 작품은 운명의 힘에 맞서다가 장렬히 무너지는 인간의 모습을 보여 주며, 이를 통해 인간 사회의 부조리함과 인간의 숙명적인 비극성을 나타냈다고 할 수 있다. 이런 점에 주목해 본다면 그리스 비극 작품은 어느 시대, 어느 사회의 사람이든지 공통으로 느끼는 요소들을 포함하고 있다. 이 작품이 만들어지고 난 후 2천 년이 지난 오늘날의 우리가 보더라도 충분히 공감하게 되는 것은 이 때문이다.

그러나 이런 작품들은 그 시대의 사람들에게 더욱 특별한 의미를 지니고 있었음은 물론이다. '안티고네'는, 크레온과 같이 부당한 권력을 행사하는 자들이 비극적인 몰락을 맞는다는 점을 보임으로써 은연중에 독재의 위험을 경고하는 것이다. 크레온이 죽은 자에 대한 제사를 못 지내게 하는 것은 신이 정한 법을 어기는 행위이자 일반 국민들 모두의 뜻을 강제로 억누르는 행위이다. 말하자면, 국민의 뜻을 억압하는 것은 하늘의 뜻을 어기는 것과 다를 바 없다.

• 특기할 만한 점은 그리스 비극 작품은 그런 극한 상황의 결정적 장면을 직접 보여 주지 않는다는 것이다. 왕비가 죽는 장면을 예로 들어 보자. 할리우드식 영화라면 극적 효과를 내려고 온갖 특수 효과를 동원해서 보여 줄 법하다. 그러나 그리스 비극에서는 이 모든 것을 말로 전한다. 곧, 사자(使者)가 와서 왕비가 자살했다는 사실을 다음과 같이 묘사하는 것이다.
"왕비님께선 제단 앞에 서서 스스로 자기 가슴에 칼을 받으셨습니다. 그리고는 먼저 가신 큰 아드님과 이번에 죽은 하이몬 왕자님의 이름을 크게 부르셨습니다. 마지막 숨결이 넘어갈 때 왕비님은 두 아들의 살인자인 그들의 아버지를 저주하며 가셨습니다. 쓰러지시자 두 눈에 어둠이 흘러들었습니다."
죽어 가는 왕비를 '눈을 감았다'가 아니라 '눈에 어둠이 흘러들었다'라고 표현했다.

안티고네

왕의 법을 어기고 오빠의 장례를 치르려는 안티고네. 신의 법을 어긴 크레온의
행위야말로 부당한 독재의 횡포라는 점을 역설하고 있다.

이와 관련해서 또 한 가지 주목할 점은 대부분 비극의 무대가 테베와 같은 이웃 나라, 특히 아테네에서 보기에 야만적인 국가의 궁정이라는 사실이다. 이것은 아테네가 지향하는 민주주의의 가치가 지켜지지 않는 사례를 보여 줌으로써 역설적으로 그러한 가치가 얼마나 소중한 것인가를 강조하는 고도의 수법이다. 이런 점에서 그리스 비극은 민주주의의 학교와 같은 역할을 하였다.

『안티고네』 중 크레온 왕과 아들 하이몬의 대화

크레온 : 법을 어긴 자도 존중해야 하느냐?

하이몬 : 그렇지 않습니다. 범죄자라면 존중할 것이 없습니다.

크레온 : 그러면 그 여자는 전염병에 걸린 자(범죄자)가 아니란 말이냐?

하이몬 : 테베의 시민 가운데 그렇게 믿는 사람은 단 한 사람도 없을 것입니다.

크레온 : 그렇다면 테베의 시민들이 나에게 나라를 통치하는 법을 가르쳐야 하느냐?

하이몬 : 아니 어떻게 그런 어린아이 같은 말씀을 하십니까?

크레온 : 내가 다른 사람의 뜻에 따라서 이 나라를 통치해야 한단 말이냐?

하이몬 : 한 사람에게만 속한 나라는 나라도 아닙니다!

크레온 : 국가는 권력을 가진 사람에게 속한다는 것이 이 나라의 전통이다.

하이몬 : 아무도 없는 사막 한가운데서라면 그런 군주가 되시겠지요!

크레온 : 이 녀석은 여자 편을 들어 싸우는구나.

하이몬 : 아버지가 여자라면 그렇습니다. 제가 편을 드는 사람은 아버지이니까요.

크레온 : 배신자, 아버지를 공격하고 비난하다니!

하이몬 : 아버지께서 실수를 저지르고 정의를 행하지 않기 때문입니다.

크레온 : 내가 나의 권한을 행사하는 것이 실수를 하는 것이냐?

하이몬 : 그렇습니다. 신의 영예를 짓밟는 것은 아버지의 권한이 아닙니다.

크레온 : 이 더러운 놈, 여자에게 복종하는 놈!

아버지 크레온은 독재자나 참주를 나타내고 아들 하이몬은 민주주의를 대변한다. 아버지는 국법(國法)이라는 이름으로 자신의 권력을 주장하는 반면, 아들은 신법(神法)이라는 이름으로 시민들의 의사를 내세우고 있다. 두 사람은 서로 상대방을 나이 어린 자, 어린애 같은 자, 여자에 홀딱 빠진 자 따위로 비난하며 이성이 없다고 주장한다. 결국 격정에 싸인 비극의 주인공들은 모두 파괴적이거나 자기파괴적이 되어 비참한 최후를 맞는다.

6

스파르타

대부분의 사람들에게 '스파르타' 하면 떠오르는 말은 곧 '스파르타식 교육'일 것이다. 그리고 이어서 중고등학교 시절에 겪었던 일들, 예컨대 생활 지도부 교사와 관련된 일이나 밤늦게까지 교실에 갇혀서 입시 준비를 해야 했던 일들이 떠오르기 십상이다. 그런데 대한민국의 청소년들이 진짜 스파르타 교육의 실상을 보면, 그 시절에 태어나지 않은 것이 천만다행이고 우리나라의 학교 생활은 차라리 행복한 편이라는 생각이 들 법도 하다. 물론 스파르타인들은 그들의 제도에 대해 커다란 자부심을 가졌지만 말이다.

스파르타인은 원래 기원전 1200년경에 북쪽에서 남하하여 그리스 지역 전체를 대이주의 상황으로 몰아넣은 도리아족의 후예로 알려져 있다(도리아족의 남하에 대해서는 52쪽을 참조하라). 아테네인들이 그들의 거주지에서 대대로 살아온 토박이이고 인종도 이오니아인인 것과 비교해 보면, 스파르타가 그리스 세계에서 유달라 보이는 이유도 애초부터 다른 종족이 새로운 세계에 들어와서 새로운 제도를 만들었기 때문이 아닐까 하는 생각도 든다. 이들이 자리잡은 곳은 라코니아 지방인데 그리스의 다른 지역과 달리 꽤 넓은 평야 지대였다. 아마도 스파르타인들이 이 지역에 들어와서 기존의 주민들을 노예 계급으로 만들어 지배했던 것으로 보인다(스파르타의 초기 역사는 많은 부분이 베일에 싸여 있어서 명확치 않은 점이 많다). 스파르타인은 어찌나 과묵한 사람들이었는지 지금까지도 영어의 'laconic(라코니아 지방의)'은 '과묵한'이라는 뜻을 가지고 있다.*

스파르타인들이 과묵할 뿐 아니라 무시무시한 지배자가 되지 않을 수 없었던 이유는, 그들이 지배한 주민이 그들보다 10배나 많았다는 사실과 관련이 있을 것이다. 자연히 스파르타인들은 철저한 군사 공동체를 이루며 살아야 했고, 아이들 교육도 유별나게 강한 방식을 택하지 않을 수 없었을 것이다.

아이들은 태어난 직후부터 시련에 빠진다. 부모는 갓난아이를 데리고 원로에게 데려가 검사를 받는다. 만일 아이가 건강해 보이지 않으면 원로들은 그 아이를 타이케토스 산에 갖다 버리라고 명령한다. 건강하지 않은 아이는 국가와 시민 모두에게 짐이 되기 때문에 일찍 없애 버리는 게 낫다고 판단한 것이다.

아이들은 7세까지 부모와 함께 살았다. 그러나 엄마에게 들러붙어서 징

---

* 스파르타 사람들은 어릴 때부터 최대한 말을 짧고 의미심장하게 하게끔 교육받았다. 그러다 보니 이들에 관한 이야기를 들어 보면 오히려 아주 재치 있게 말을 잘한다는 인상을 받는다. 스파르타인이 외국인과 나눈 대화를 몇 가지 보자.

외 : 스파르타에서 가장 훌륭한 사람은 누굽니까?
스 : 당신과 닮지 않은 사람이오.
외 : 스파르타인들은 뭔가를 배우려는 생각이 조금도 없소?
스 : 그렇소. 그리스인 가운데 아테네인들의 나쁜 풍습을 조금도 배우지 않은 사람은 우리들뿐이오.
외 : 스파르타의 인구는 어느 정도입니까?
스 : 적을 막기에는 충분하오.

징댄다든지 예쁜 옷을 입고 어리광을 부린다든지 하는 일은 없었다. 스파르타인들의 생각에 그런 것은 유약하기 짝이 없는 이웃 나라 아테네인들이나 하는 짓이었다. 이 나라 유아 교육의 철칙은 아이가 해 달라는 대로 해 주지 말고, 달라는 대로 다 주지 않으며, 오직 모든 일을 혼자서 해결하도록 한다는 것이다. 가끔씩은 어두운 곳에 혼자 내버려 두어서 그런 데에 익숙해지게 만들 정도였다.

7세가 되면 아고게라는 단체에 들어가서 20세까지 단체 생활을 하게 된다. 이제 본격적인 스파르타 교육이 시작되는 것이다. 헤어 스타일이랄 것도 없이 빡빡머리에 맨발로 다녀야 하는 것, 잠잘 때도 스스로 갈대를 꺾어 만든 침상에서 자는 것까지는 이해할 만하다. 그러나 조금 지나치다는 느낌이 드는 것은, 음식을 일부러 넉넉하지 않게 준다는 것이다. 모자라는 양은 자기가 알아서 훔쳐 먹되 절대로 들켜서는 안 된다.* 이것은 모두 실제 전투 상황에서 살아남을 수 있도록 평소에 연습시킨다는 의미이다. 게으른 아이들은 훈육 책임자가 아주 엄하게 질책을 하고, 선배 청년들이 매질을 했다. 질문에 틀린 대답을 하면 선배한테 엄지손가락을 물리는 벌을 받았다. 벌을 줄 때에는 연장자가 가만히 지켜보고 있다가 처벌이 다 끝난 다음에야 그 벌이 너무 약했다든지 너무 지나쳤다고 말해 준다.

플루타르코스의 기록에 따르면, 스파르타에서는 다른 폴리스에서와 달리 여자도 강한 훈련을 받았다. 여자에게 남자들과 똑같이 달리기, 레슬링(남녀가 맞대결을 하기도 했다), 투창 같은 것을 연습시킴으로써 튼튼한 아이를

---

* 스파르타 어린이들은 도둑질을 아주 철저히 연습했는데, 절대로 들켜서는 안 되었다. 어떤 아이는 여우 새끼를 훔치다가 들키게 되자 옷 속에 감추었는데, 끝내 입을 열지 않고 있다가 여우가 아이의 내장을 다 물어뜯어서 결국은 죽고 말았다.

낳을 수 있는 튼튼한 산모가 되도록 한 것이다. 게다가 군중들이 모이는 제례나 집회에서도 남자들과 마찬가지로 나체로 춤추고 노래했다. 처녀들이 나체를 드러내 보이는 것은 수치스러운 일이 아니라, 오히려 건강의 가치와 명예와 용기를 가르쳐 주는 기회라는 것이다.

결혼 의식도 매우 독특해서 여자를 유괴하여 결혼하는 것이 널리 퍼진 관습이었다. 원시 시대의 약탈혼 관습이 남아서일까? 게다가 일처다부 제도가 존재했다. 그래서 형제가 한 여성을 아내로 두고 있는 경우도 있었다고 한다. 그리고 부부 사이에 자식이 없을 경우 여성이 다른 남자와 혼외정사를 하는 것도 인정되었다(인정된 정도가 아니라 장려되었다는 편이 맞다).

청년들이 20세에 아고게를 졸업하면 다시 10년 동안 공동생활을 하며, 이때부터 군대에 들어가 전투에 참여하게 된다. 이 과정을 잘 넘겨야 10년 뒤인 30세에 정식 시민이 되어서 결혼도 하고 민회에 나갈 수 있다. 그러나 결혼했다고 해서 완전히 독자적인 가정 생활을 하지는 않는다. 스파르타에서는 공동생활은 거의 죽을 때까지 벗어날 수 없는 숙명이었다. 20세에 가입하는 단체가 피디티온인데, 이것은 60세까지 자그마치 40년 동안이나 지속되는 것이므로 정말로 중요한 선택이라고 하지 않을 수 없다. 순간의 선택이 평생을 좌우할 수도 있다. 한 피디티온은 15명으로서 이들이 함께 식사하고 군사훈련을 하며, 전쟁이 일어나면 이 단위가 그대로 전투에 투입된다. 곧, 사회 공동체라기보다 하나의 분대(分隊)에 가깝다. 스파르타는 국가 전체가 일종의 특수 부대 같았다.

이런 집단주의적 제도는 전설적인 국부 리쿠르고스가 만든 것이라고 한다. 하나의 공동체에 속한다는 것을 가장 뚜렷하게 각인시키는 행위는 식사를 함께하는 것이다. 여기에서 먹는 밥이 진수성찬일 리는 없고 대단히 소박한 음식으로 유명했다. 이 공동 식사 제도를 유지하기 위해 각자 자신의

식사 비용을 내야 했고, 만
일 이를 부담하지 못하면
시민권을 박탈당했다. 공
동 식사 제도의 기본이 되
는 제도가 클레로스 제도이다. 이것은 국가 소유의 경작지를 추첨을 하여
시민들에게 분배하는 제도이다. 왜 토지 분배를 추첨으로 했을까? 스파르
타인들의 생각에 매매 행위는 결코 좋은 일이 아니었다. 그래서 이 나라의
화폐는 거래하는 데 불편하도록 일부러 크게 만들었다고 한다(돈이 어찌나 크
고 불편하게 만들어졌는지 몇 푼 안 되는 액수의 돈을 운반하는 데 여러 마리의 소가 필요
했다). 하물며 땅을 사고 파는 것은 온당한 일이 아니었다.

그러므로 지배민인 스파르타인들은 오직 군사적인 일에 매진하고 농업
이나 상공업 활동은 피지배민들에게 시켰다. 농사는 주로 헤일로타이 계
층이 맡아서 했다. 이들이 어떤 존재인지 아직도 논란거리이지만, 농노와

---

* 그 중에서도 특히 검은 수프가 유명했다. 이 말을 들은 외국의 어
느 왕이 스파르타의 요리사를 불러서 수프를 만들게 하여 먹어 보
았는데 맛이 하나도 없었다. 왕이 불평을 하자 요리사는 이렇게 대
답했다. "왕이시여, 이 수프는 먼저 에우로타스 강(스파르타의 강)에
서 목욕을 한 다음 드셔야 제 맛이 납니다."

스파르타의 무역

기원전 6세기에 만들어진 스파르타의 대형 접시. 그림을 살펴보면, 상인들이
키레네의 왕(왼쪽에 앉아 있는 사람)과 북아프리카산 향료인 실피움 거래를 하고 있고,
그 아래쪽에는 인부들이 상품을 배의 선창에 적재하고 있다. 위쪽에 원숭이, 왼쪽에
도마뱀이 그려져 있어서 이 거래가 이루어지고 있는 곳이 그리스가 아니라
키레네 땅(오늘날의 리비아 지역)임을 말해 준다. 매매를 좋지 않게 여겼던
스파르타인이라고 무역을 하지 않은 것은 절대로 아니다.

노예의 중간 성격을 가지고 있었을 것으로 생각된다. 아마도 집단 전체로
는 국가 소속이면서, 실제로는 클레로스 토지를 할당받은 시민에게 개별
적으로 봉사했으리라고 본다. 하여튼 이들의 사회적 신분이 형식적으로
어땠는가가 문제가 아니라, 실제로 어떤 대접을 받으며 어떤 착취를 당했
는가가 중요할 것이다. 노예든 농노든 주인을 잘 만나야 신세가 그래도 좀
나을 텐데, 그들의 지배자가 악명 높은 스파르타인이었으니 얼마나 가혹
했을까? 스파르타인들은 헤일로타이들에게 그들이 피지배민임을 잊지 말

고 살라고 특수한 옷을 입혔고, 채찍질을 했다고 한다. 그리고 이들을 일부러 술에 취하게 한 다음 음란한 춤과 노래를 하게 만들어서 스파르타의 젊은이들에게 교훈을 주었다고 한다. 심지어는 일 년에 한 번씩 정기적으로 스파르타 젊은이들이 밤에 헤일로타이의 마을을 습격하여 걸려드는 자들을 모두 죽이는 행사(잠복 행사)를 벌였다고 하니, 너무 심했다는 생각이 든다.* 헤일로타이는 이런 가혹한 억압 속에서 생산량의 반 정도를 주인에게 바쳐야 했다. "스파르타에서는 자유인은 가장 자유롭고 노예는 가장 심하게 속박되었다."는 당시의 말이 정확한 평가이다.**

스파르타의 사회 상황이 이런 형편이니 시민들이 어찌 군사 활동을 등한히 할 수 있었겠는가. 특히 헤일로타이의 적개심은 짐작하고도 남을 정도이니, 자신들보다 훨씬 수가 많은 피지배민을 착취하며 살기 위해서는 무엇보다도 군사력을 확고하게 유지해야 하고, 또 잠복 행사에서 보듯이 심리적으로도 늘 그들을 최대한 억눌러야만 했을 것이다. 만일 스파르타의 교육이 느슨해져서 자라나는 아이들이 혹시라도 나약한 마음을 가지게 되면 언제 뒤집어져서 그들이 헤일로타이처럼 될지 모르는 일 아닌가.

* 청년들은 낮에는 눈에 띄지 않는 곳에 숨어 있다가 밤에 나타나 헤일로타이를 죽였지만, 때로는 낮에 밭에서 일하는 사람을 습격하기도 했다. 잠복 행사를 하고 나면 행방불명된 헤일로타이들이 2천 명이 넘었으며, 그들이 어떻게 죽었는지는 아무도 모른다고 한다. 처절한 인간사냥이라 하지 않을 수 없다.
** 또다른 하급 계층으로 페리오이코이('주변인'이라는 뜻)가 있다. 이들 역시 집단적으로 스파르타에 예속되어 있는 것은 헤일로타이와 마찬가지였지만, 그들보다는 훨씬 자유롭게 살았다. 이들은 자체 행정 기관을 두고 어느 정도 자치권을 누리고 있었으며, 스파르타 군대에 편입될 자격도 있었다. 이들은 대개 농사를 지었으나 수공업과 상업 활동을 하는 사람들도 많았다.

따라서 그리스 세계에서 스파르타가 최강의 군대를 가진 것은 당연한 일이다. 페르시아 전쟁 때 스파르타군이 페르시아 제국의 대군과 맞서서 전멸할 때까지 싸운 것은 유명한 이야기이다. 그리고 출전하는 아들에게 어머니가 해 주던 말, "걸어서 돌아오지 못하면 누워서 돌아오라."(전쟁에서 승리하지 못하면 차라리 전사해서 방패 위에 누워서 돌아오라는 당부의 말씀이다)는 말도 널리 알려져 있다.

스파르타의 이런 여러 사정을 듣고 나니 느낌이 어떠신가? 요즘 사람들의 감수성으로는 이런 국가는 잔인무도한 착취자라는 평가를 들어 마땅하리라. 그러나 동시대의 많은 저술가들은 그리스 세계에서 가장 모범적인 국가로 흔히 스파르타를 들곤 했다. 폴리스 전체가 완벽하게 하나의 공동체를 이루고 그것이 유지되도록 제도가 잘 짜여져 있는 데다가, 또 거기에 맞게 시민들이 철두철미하게 의식화되어 있었기 때문이다. 적어도 시민들끼리는 평등하였고 그들 모두 국가를 위해 헌신하지 않았던가. 훗날 이상적인 공동체를 구상하던 사상가들이 스파르타를 주목한 것도 그런 까닭이다.

스파르타의 레오니다스 1세
레오니다스 1세는 페르시아 대군에 맞서 싸운 전멸할 때까지 싸우며 스파르타 군의 용맹을 보여 준다. 테르모필레 협곡에서 전사하였다.

『플루타르코스 영웅전』 중 '리쿠르고스'

리쿠르고스는 특히 여자들의 신체에 많은 관심을 쏟았는데, 달리기나 씨름, 원반던지기, 창던지기 같은 것으로 여자들의 신체를 단련시켜 건강한 아기를 낳을 수 있게 하였다. 그래서 여자들은 운동 경기에서도 남자들에게 지지 않았으며, 제사 때에는 남자들과 함께 춤도 추고 노래도 불렀다고 한다. 또, 남자들이 바르지 못한 짓을 했을 때 여자들의 비난은 직접적인 충고보다도 더 큰 효과를 냈으며, 여자한테 칭찬을 받은 남자는 친구들로부터 축하를 받으며 의기양양해했다.

그렇기 때문에 그 당시 스파르타에서는 나쁜 생각을 하지 않는 이상 처녀들이 벌거벗는 일은 조금도 부끄러워할 일이 아니었다. 오히려 건강한 신체를 드러내어 서로 경쟁심을 갖도록 했고, 남자들에게는 용기와 명예심을 일깨워 주었다. (……)

여자들이 남자들과 함께 경기에 참가하거나 벗은 몸을 남에게 보이는 풍습은 결혼을 장려하는 데에도 도움이 되었다. 결혼하지 않고 독신으로 지내는 남자에게는 법률에 따라 어느 정도의 권리를 빼앗기도 했다. 그들은 젊은 남녀가 나체로 춤추는 공개 행렬을 구경할 수 없었으며, 겨울이 되면 옷을 벗고 거리를 돌아다니면서 스스로 조롱하는 노래를 불러야 했다. (……)

스파르타인들의 결혼은 신랑이 신부를 납치해 오는 방식으로 이루어졌다. 그러나 아직 나이가 어려서 결혼할 수 없는 소녀는 안 되고, 성숙한 처녀에 한해서만 이렇게 할 수 있었다.

납치해 온 처녀는 시중드는 여자가 맞이하여 머리를 짧게 잘라 주고 남자의 옷을 입힌 채 신발을 신겨서 어두운 방에 놓인 침대에 데려다 놓는다. 신랑은 여느 때와 마찬가지로 공동 식사를 마치고 돌아와서 정중한 태도로 신부에게 가서 허리띠를 풀고 침대에 눕힌다. 잠깐 동안 같이 지내다가 신랑은 다시 옷을 입고 방으로 돌아와 다른 청년들과 잔다. 이렇게 같은 나이 또래의 청년들과 함께 시간을 보내다가 밤에만 신부가 있는 곳으로 조심스럽게 찾아가서 만나는데, 이때 신랑, 신부는 서로 만나는 것을 남의 눈에 띄지 않도록 해야 한다. (……)

리쿠르고스는 이처럼 결혼 생활에서 질서를 지키게 하는 한편, 쓸데없는 질투심을 없애는 데도 무척 주의를 기울였다. 그는 음탕한 행동을 일체 금하고 아울러 아내를 다른 훌륭한 남자에게 보내어 좋은 자손을 얻게 하는 것을 허락했다. 그는 아내를 한 남자의 소유물로 생각하여 전쟁이나 살인을 저지르는 사람들을 비난하며, 좋은 자손을 위해 아내를 다른 사람에게 보내는 것은 남자의 도리라고 생각했다. 그래서 젊은 아내와 사는 늙은 남자가 마음에 드는 청년을 자기 아내와 관계하게 하여 거기서 낳은 자식을 자기 아이로 삼는 일도 더러 있었다.

또, 남의 아내가 마음에 들면 남편에게 허락받고 그 여자를 자기 집에 데려와 자식을 낳게 하는 일도 있었다. 이는 곧 좋은 땅에 씨를 뿌리는 것과 같은 일이라고 생각했기 때문이다. 리쿠르고스는 아이들을 부모의 소유물이 아닌 국가의 것이라고 생각했기 때문에, 자기 남편에게서 허약한 아이를 낳는 것보다 다른 남자에게서 건강한 아이를 낳는 것이 더 바람직하다고 생각했던 것이다.

7

알렉산드로스

사실과 신화

서구 역사상 가장 극적인 영웅의 이미지를 가진 인물의 하나가 알렉산드로스이리라. 세계를 정복하겠다는 것이 그의 야심이었다. 생각해 보라, 세계를 정복하겠다니……. 실제로 그가 10년 동안 원정한 거리를 합치면 지구 한 바퀴에 해당하는 3만 5천 킬로미터였고, 원정의 결과 당시 지구의 끝이라고 생각했던 인도에까지 이르는 대제국을 건설하였다. 그러고는 이내 젊은 나이에 죽음으로써 그의 이미지는 더욱 신비화되었다. 죽은 뒤에 그가 영웅 또는 악마 같은 인물로 전설의 주인공이 된 것은 당연하다. 중세 유럽에서만 그에 관한 전설이 200가지가 넘었으며, 그가 진군했던 아시아 지역에서는 지금까지도 그에 관한 설화가 널리 회자되고 있다.

그의 조국 마케도니아는 그리스 세계에 속하기는 했지만 변방의 산악 지방에 자리잡고 있어서 문화적으로 야만족 취급을 받곤 했다. 따라서 그는 강한 기질을 지녔지만 그리스 문화에 대한 열등감을 가지고 살게 되었다. 그의 부계 가문은 헤라클레스의 후예임을 주장하였고, 어머니는 디오니소스를 숭배하는 산악 지방의 사제 출신으로 특히 뱀을 잘 다룬 것으로 알려져 있다. 그러므로 알렉산드로스는 아버지한테서 무자비하고 현실적

알렉산드로스

폼페이에서 발견된 벽화에서 묘사된 알렉산드로스의 모습.

인 정치인 기질을 물려받았고, 어머니한테서 우상숭배와 예언에 크게 의
존하는 성격을 물려받았다고 할 수 있다.

마케도니아의 새 왕

마케도니아가 그리스 세계를 사실상 지배하는 강력한 세력으로 성장한
것은 알렉산드로스의 아버지인 필리포스 2세가 통치하던 시기(B.C. 359~
B.C. 336)였다. 필리포스 2세는 산악 지역 출신의 강력한 군대로 그리스 세
력을 제압했고(B.C. 338 보이오티아 전쟁), 그 후 동맹군이라는 명목으로 그리
스군을 끌어들여 페르시아 제국을 침공하려고 원정을 준비했다. 그러던
중 그는 갑자기 사망한다. 페르시아 원정이라는 과제는 스무 살의 새 왕

알렉산드로스가 떠맡게 되었다(이때부터 줄곧 알렉산드로스는 자기 아버지의 암살 사건에 연루되었을지 모른다는 소문에 시달렸다). 그는 군사적, 정치적으로 능력이 뛰어나서 곧 그리스 세계를 장악했다. 라이벌이었던 강국 테베를 꺾은 다음 무자비한 대량 학살과 노예화를 자행했으며 실질적인 군사력 강화뿐 아니라 명분을 위해서 남부 그리스 국가들의 군대를 동원하여 연합군을 만들고 총사령관을 자처했다.

드디어 기원전 334년에 3만 명의 보병과 5천 명의 기병으로 구성된 알렉산드로스군이 페르시아를 공격했다. 그의 원정은 전략적으로 잘 짜인 계획에 따라 수행되었다. 이들의 전략은 재빨리 공격한 다음 현지에서 보급을 확보한다는 것이었다. 그리고 주로 해안가를 따라가며 공격해서 페르시아 해군의 근거지를 없애는 방식으로 진행되었다. 페르시아의 명장 멤논은 이를 간파하여 싸움을 피하고 시간을 끌며 이 지역을 초토화해서 적의 보급로를 끊자고 건의했으나 페르시아 정부는 이를 무시하고 맞대결을 벌였다.

알렉산드로스는 이수스에서는 페르시아 황제 다리우스가 직접 지휘하는 군대와 싸워 승리하고 다리우스의 가족들과 적장 멤논의 부인까지 포

뿔 달린 알렉산드로스
실제 알렉산드로스의 모습이 어떠했는지는 전혀 알려지지 않고 있다. 현재 남아 있는 그의 모습들은 모두 작가들의 상상력의 소산이기 때문에 다 다르다. 심지어 그의 영웅적인 면모를 보여 주려고 뿔이 달린 모습으로 묘사하기도 하였다.

알렉산드로스군의 전술

알렉산드로스는 무엇보다도 전술의 천재였다. 이것은 적의 기마병을 한곳으로
몰아넣어 포위한 다음 섬멸하는 장면이다.

로로 잡았다(알렉산드로스는 적장 멤논의 부인과 사랑을 나누어서 아들까지 두었다).
그리고 페르시아 해군의 근거지인 티레를 공략한 후 이집트로 들어갔다.
이집트는 거의 전투랄 것도 없이 점령했지만, 이곳을 꼭 확보해야 하는 중
요한 이유가 있었다. 페르시아와 전쟁을 벌일 때 배후를 안전하게 해 두어
야 하며 이곳에서 식량을 공급받을 수 있다는 점도 물론 중요했지만, 그보
다 더 중요한 요인은 심리적인 것이었다.

　그는 바로 시와의 신탁소에 가서 자신을 신의 아들로 선포했으며 이집
트의 파라오가 되었다. 외국인은 파라오가 될 수 없다는 불문율도 그에게
는 통하지 않았다. 그는 아몬 신에게 직접 묻는 형식을 취해서 관례의 문
제를 무시해 버렸다. 플루타르코스가 전하는 것처럼, 시와의 사제가 발음

이 안 좋아서 '오 파이디온(내 아들아)'이라고 하는 대신 '오 파이디오스(신의 아들이여)'로 말했다든가, 알렉산드로스의 혈연이 아몬-제우스와 관계가 있다는 이야기를 들었다든가 하는 일화들은 정황으로 보면 있을 법한 일이다. 그러나 암만해도 어거지로 파라오가 된 것을 어떻게든 합리화하려는 수작이 아닐까 하는 의심이 든다. 게다가 필리포스 2세의 살해범이 이미 응징을 받았다는 점(다시 말해서 부왕 살해범은 그가 아니라 다른 사람이라는 점), 그리고 그가 전세계를 지배할 자격이 있다는 설명까지 이집트 사제에게 들었으니 마침내 그가 원하는 이데올로기적 '정답'들을 모두 얻어 낸 셈이었다. 어쨌든 세계에서 가장 오래 되고 가장 길었던 문명 중 하나인 이집트의 역사는 이렇게 해서 막을 내렸다.

그는 이제 이집트를 떠나 페르시아 방향으로 진격해 들어갔다. 크게 위협을 느낀 다리우스는 유프라테스 서쪽의 모든 땅과 거액의 돈, 게다가 자기 딸까지 주겠다고 제안했으나 그는 일언지하에 거절하였다. 고대 세계의 최대 도시들인 바빌론과 페르세폴리스 등지를 점령한 원정군은 아테네 제국의 300년치 국민소득에 해당한다는 엄청나게 많은 보화를 얻은 다음 철저한 파괴와 약탈, 강간을 해댔다. 과거에 그리스를 공격했던 페르시아 제국에 대해 복수를 한다면서 매춘부들을 시켜 춤추며 불을 지르게 하였는데, 이는 영웅에게는 어울리지 않는 유치한 처사라 하지 않을 수 없다.

이제 남은 일은 도망간 황제 다리우스를 추격하는 것이었다. 알렉산드로스군은 초인적인 강행군을 하며 뒤쫓았다. 다리우스를 거의 따라잡았을 무렵, 생각해 보면 코미디 같은 일이 벌어졌다. 알렉산드로스가 너무 열심히 뒤쫓다 보니 사실 그는 군대 본진으로부터 멀찍이 떨어져서 겨우 500명의 선발대만 지휘하고 있었고, 그나마 거기에서 다시 치고 나간 추격대는 150명에 지나지 않았다. 아무리 쫓기는 입장이라고는 하지만 다리우

페르세폴리스
알렉산드로스군은 페르시아의 수도인 페르세폴리스를 점령한 다음 철저히
파괴했다. 현재는 그 잔해만이 남아 있을 뿐이다.

스 쪽이 정신을 조금만 차렸으면 오히려 알렉산드로스를 잡을 수 있는 상
황이었다. 그런데 경황이 없을 때에는 생각이 그렇게 돌아가지 않는 모양
이다. 이런 가운데 적군 중 베수스라는 자가 다리우스를 죽이고 스스로 샤
(페르시아 황제)를 참칭하면서 도망갔다. 전설에 따르면, 알렉산드로스가 다
리우스 있는 곳에 갔을 때 그는 아직 숨이 붙어 있어서 알렉산드로스에게,
포로로 잡힌 자기 가족들을 잘 돌보아 주어서 고맙다, 페르시아의 제위를
당신에게 물려준다, 이 같은 '진한 대화'를 나누었다고 하는데, 아무리 선
전 색깔이 짙은 전설이라지만 이건 조금 심했다는 생각이 든다. 하여튼 알
렉산드로스는 그야말로 잔당에 불과한 베수스 일행을 마저 잡아서 페르시
아 정복을 종료했다.

영웅의 실제 모습

그 다음에 일어난 일들은 영웅의 행적인지 독재자의 몸부림인지 분간이 가지 않는다. 페르시아에 만족하지 않고 계속 동진하여 아프가니스탄, 우즈베키스탄, 타지키스탄 지방을 정복하고 인도를 향하여 나아간 것이다. 그는 가는 곳마다 자신의 이름을 딴 알렉산드리아('알렉산드로스의 도시'라는 뜻)를 건설하였다. 가장 유명한 이집트의 알렉산드리아 외에도 이 이름을 가진 도시가 30여 개 만들어졌다. 그 가운데 사마르칸트 근처에 건설한 알렉산드리아 에스카테('가장 먼 알렉산드리아'라는 뜻)가 이름 그대로 가장 동쪽에 있는 알렉산드리아이다.

알렉산드로스군은 기원전 327년 카이베르 고개를 지났다. 인도에서 보면 북쪽에서 들어오는 모든 세력은 반드시 이 관문을 통과해서 들어오게 되어 있다. 그러나 이즈음에 이르러 그의 군인들은 이제 더 이상 전진하는 것을 거부하기 시작했다. 사실 아무리 영웅적인 능력을 가졌다고 해도 인도를 점령하겠다는 것은 과욕이었다. 기원전 328년에 예상치 못한 박트리아의 강력한 반격을 받을 무렵에는 알렉산드로스와 그의 군대 모두에 이상이 생긴 것이 분명했다. 대표적인 사례는 그의 가장 친한 친구인 클레이토스 살해 사건이다. 이 시기에 알렉산드로스는 알코올 중독 상태에 빠져 있었다. 폭음을 한 후 직접 나팔을 불기도 하고 시답지 않은 말을 지껄

● 베수스는 배반을 한 죄로, 잘 휘어지는 두 나무를 구부려서 그 사이에 몸을 묶어 놓고 로프를 끊어서 나무가 되돌아가는 힘에 의해 몸이 순간적으로 둘로 찢어지도록 하는 독창적인 방법으로 사형에 처해졌다. 이렇듯 고대의 형벌을 보면, 잔인한 점도 눈에 띄지만 죄에 상응하는 벌을 가한다는 점이 특징이다. 배반자는 자신이 속한 집단을 둘로 쪼개 놓은 인간이므로 그 자신의 몸을 둘로 쪼개는 형벌을 가한 것하다.

였다. 그는 먼저 전투에서 패배한 지휘관들이 무능력하다는 비난을 쏟아부은 다음 자신이 자기 아버지보다 더 위대하다는 주장을 했다(아버지에 대한 심적 갈등은 끝내 털어 버리지 못한 게 분명하다). 더욱이 역사 왜곡이 문제였다. 아테네와 테베를 눌러 이긴 것이 자기 아버지가 아니라 사실은 자신이었다고 떠들어 대자 클레이토스는 참지 못하고 그게 어디 당신이 한 일이냐고 따졌다. 그리하여 서로 가시 돋친 말을 주고받다가 흥분한 알렉산드로스가 창을 던져서 그를 죽인 것이다. 그 후 알렉산드로스는 며칠간 막사에 틀어박혀서 나오지 않았다. 이 때문에 여러 사람들이 나서서 달래기 시작했고, 급기야는 아낙사고라스라는 철학자가 나서서, 왕은 그 자체가 정의의 구현체이므로 무슨 일을 하든 옳은 것이라고 위로했다(이 사람은 유명한 철학자 아낙사고라스와 동명이인인데, 하는 말로 보건대 확실히 어용 철학자이다).

클레이토스가 죽은 후 자유로운 발언이 중지되었다. 왕은 더욱 참을성을 잃고 잔혹해졌으며 우울한 광기에 빠졌다. 알렉산드로스는 이 무렵에 록사나라는 여인을 만나서 정식으로 결혼을 하여 사람들을 놀라게 했다. 이 무렵이 그의 치세 중 최대의 위기였다. 계속되는 전쟁에 불만을 품은 사람들이 그를 암살할 계획을 세웠다가 실패했다. 그러자 그는 배후 인물을 잡아 내려고 온갖 고문을 자행했다. 희생양이 된 사람은 종군 역사가 칼리스테네스였다. 그는 왕의 신성화에 가장 큰 공헌을 한 사람으로서 반역에 가담하지 않은 것이 분명한데, 갈수록 왕에게 비판적이라는 이유로 밉보여서 잔인한 고문 끝에 죽음을 맞이한 것이다.

이런 상황인데도 알렉산드로스는 현지 군대를 보강해서 인도를 공격했다. 세상 끝까지 정복하겠다는 한 인간의 지독한 야심이 많은 사람들을 너무 혹사했다. 그는 그리스 문명 세계 사람들의 평가에 대해 지나치게 예민했던 것은 아닐까?

인도 원정 중의 일화를 하나 보자.

비바람이 몹시 부는 어느 캄캄한 밤에 알렉산드로스는 정예병만을 이끌고 강 가운데에 있는 작은 섬에 도착했다. 천둥과 번개가 어찌나 심했던지 부하 중 벼락에 맞는 사람들까지 생겼다. 그런데도 알렉산드로스는 다시 맞은편 강기슭을 향해 강을 건너가려 했다. 이때 불어난 강물이 소용돌이치기 시작했다. 그리고 강둑 한 군데가 무너지자 그쪽으로 강물이 마구 흘러 들어갔다. 그가 강을 건넜을 때에는 이미 땅이 깎이고 젖어서 발을 붙이고 있기도 힘들었다. 그때 알렉산드로스는 이렇게 말했다. "아, 아테네인들이여! 그대들의 칭찬을 받기 위해 내가 얼마나 많은 고생을 했는지 상상이나 할 수 있겠소?"

그러나 실제 그가 행한 전투의 실상을 보면 영웅이라고 하기에는 실망스러운 면모도 많다. 예를 하나 들어 보자. 현지 군대의 강력한 저항을 받자 그는 조약을 맺어서 군인들이 떠나도 좋다고 약속했다. 그러자 적군은 밤에 아이들과 여자들을 데리고 철수하기 시작했다. 이때 알렉산드로스는 이들을 포위해서 전원 몰살했다. 왜 약속을 안 지키느냐는 항의에 대해서 그가 한 말은 "도시를 떠날 수 있다고 말했을 뿐, 우리의 친구라고 말한 적은 없다."는 것이었다.

그를 찬미하는 역사 기록에는 몇몇 전투에서 승리를 거둔 것을 엄청나게 과장하여, 그가 마치 인도 전체가 연합한 코끼리 부대를 격파한 것쯤으로 서술하였다. 그러나 실상은 더 이상 앞으로 나아가기 힘든 악전고투의 연속이었다. 비와 더위, 질병, 인도의 우기에 70일을 고생한 병사들은 이제 전쟁을 거부했다. 뱀에 물려 죽는 병사만 해도 부지기수일 정도였던 것이다. 알렉산드로스도 그만 발을 빼고 싶었겠지만 체면을 잘 살려 가며 해야 하지 않겠는가. 그래서 아킬레우스를 흉내내어 사흘 동안 천막에서 나오지 않는 '퍼포먼스'를 하고, 점을 쳐서 불길하다는 사실을 확인한 다음 후퇴를 결정했다.

하지만 돌아가는 길도 왔던 것만큼이나 어려웠다. 인도의 지방 세력들이 게릴라전을 벌여 알렉산드로스군을 괴롭혔다. 브라만(고대 인도의 승려 계급)들이 사주하는 것으로 알려졌기 때문에 그는 브라만들을 잡는 대로 모두 처형했다. 그러다가 이들이 현자라는 것을 확인하기 위해 대화를 시도했다는 이야기도 있다(88쪽 글상자의 내용을 참조하라.).

그의 마지막 시기는 술과 섹스, 폭력으로 얼룩진 처참한 종말이었다. 그는 자신이 인간이라는 사실을 일깨워 주는 것으로는 잠과 성행위밖에 없다고 이야기할 정도였다. 대영 제국 시대의 점잖은 학자들은 영웅이 그럴 리가 없다는 식으로 이 사실을 일부러 무시하곤 했다. 그러나 실제로 술마시기 대회를 하다가 병사들이 죽을 정도로까지 과음을 일삼았으며, 술 마신 다음날은 하루 종일 잠에 빠졌다. 그는 과대망상증과 조울증, 불안 증세를 보였다. 친한 친구 헤파이스티온이 죽었을 때에는 시신 곁에서 흐느끼다가 자신의 머리털을 깎고, 심지어 말의 꼬리털까지 자르게 하였다. 친구를 살리지 못한 의사를 잔인하게 처형한 것은 물론이고, 의학의 신 아스클레피오스의 신전을 파괴함으로써 신을 징벌하기까지 했다. 죽은 친구와는 아마도 헌신적인 동성애 관계였을 것으로 여겨진다. 그리고 정신을 차린 다음에는 친구의 혼을 달래기 위해서 귀환 길 주변의 지방 사람들을 공격했는데, 사냥하듯 추격해서 어른 아이 할 것 없이 모두 살해하여 피의 제사를 지냈다. 그는 갈수록 광기에 싸였다. 초자연적인 것에 대한 두려움에 빠져서 군대 안에서 점치고 제사 지내고 죄를 정화하는 일이 자주 벌어졌다.

알렉산드로스는 열병에 걸려서 바빌론에서 사망했다. 서른세 살이라는 젊은 나이에 술과 명예 속에서 죽은 것은 어쩌면 잘된 일이었다. 그는 대제국을 '정복'하기는 했으나 그것을 '통치'하지는 못했을 것이다.

그렇다면 그의 위업은 위대한 문명 건설의 여정이었던가, 피의 학살의 자취였던가? 모든 역사적 인물들이 그러하듯이 그에 대한 평가도 시대에 따라 다를 수밖에 없다. 영국 제국주의 시대에는 자비로운 제국의 건설자로 추앙되었고, 나치 치하의 독일에서는 지성과 힘을 겸비한 슈퍼맨처럼 인식되었다. 하지만 최근에는 식민주의와 오리엔탈리즘(서구인들이 동양에 대해 자신들의 편견에 따라 왜곡된 이미지를 만들고, 그것을 통해 동양의 열등성을 규정하고 서구인들의 지배를 정당화하는 논리)의 관점에서 비판적인 평가를 받으며, 숙청, 학살, 첩보 공작, 비밀경찰, 고문, 이미지 조작, 선전, 테러 따위를 일삼은 독재자의 이미지를 강하게 풍기게 되었다.

그는 모순된 성격의 덩어리였다. 그는 전투에서 진 적이 없는 최고의 장군에다가 수완 좋은 정치가였지만, 알코올 중독자에 성격 파탄자였다. 때로는 '눈의 고통'인 미녀들을 지나치리만큼 엄격하게 멀리하다가 때로는 미친 듯이 성애를 즐기기도 했다(그는 여성과 남성 모두와 사랑에 빠지는 양성애자였는데, 당시에 이것은 결코 이상한 일이 아니었다). 그는 관대함과 잔인함, 때로는 가학성이 지나칠 정도의 악의적 탄압, 자제력과 방종 사이에서 오락가락하는 불안정한 성격이었다. 이렇듯 영웅의 실제 모습은 우리가 흔히 그리는 이미지와는 무척 다르기 일쑤이다.

『플루타르코스 영웅전』 중 '알렉산드로스'

알렉산드로스는 인도의 철학자 열 명을 포로로 잡았다. 이들은 알렉산드로스의 군대를 괴롭힌 자들로 알려져 있었다. 그런데 이 '나체 고행자'들은 어려운 질문에 대해 간결한 대답을 잘하는 것으로 소문이 나 있었기 때문에 알렉산드로스는 이들을 시험해 보기로 했다. 가장 서투른 답을 한 자부터 죽이겠다고 선언하고, 그 중 나이가 가장 많은 사람에게 심판을 하라고 말한 다음 차례로 다음과 같은 질문을 했다.

1. "산 자와 죽은 자 중 어느 쪽이 더 많으냐?"

   "살아 있는 사람이 더 많습니다. 죽은 자는 존재하지 않으니까요."

2. "세상에서 가장 큰 짐승이 육지에 있는가, 바다에 있는가?"

   "육지입니다. 바다란 육지의 일부일 뿐이니까요."

3. "가장 영리한 짐승은 무엇인가?"

   "아직 인간의 눈에 발견되지 않은 짐승입니다."

4. "왜 사바스(인도에 있는 한 부족의 왕)를 선동하여 반란을 일으켰는가?"

   "살든 죽든 명예를 지키기 위해서였습니다."

5. "밤과 낮 중 어느 것이 먼저 생겼는가?"

   "낮이 먼접니다. 최소한 하루만은 말입니다." (이 대답에 알렉산드로스가 만족스러워하지 않는 눈치를 보이자 그는 얼른 이렇게 덧붙였다.) "기묘한 질문에 대해 기묘한 대답을 하는 것은 전혀 기묘한 일이 아닙니다."

6. "어떻게 하면 가장 사랑받을 수 있는가?"

   "절대적인 권력을 가지십시오. 그러나 절대로 사람들을 두렵게 만들어서는 안 됩니다."

7. "어떻게 하면 신이 될 수 있는가?"

   "인간이 할 수 없는 일을 하면 됩니다."

8. "삶과 죽음 중 어느 것이 더 강한가?"

   "삶이 죽음보다 강하지요. 수많은 고생을 참아야 하니 말입니다."

9. "인간은 얼마 동안 사는 것이 가장 좋으냐?

   "죽는 것이 사는 것보다 낫다고 생각할 때까지요."

10. (심판자로 남아 있던 사람에게) "누가 가장 서투른 대답을 했는가?"

   "그들의 대답은 각자 다른 사람보다 서툴렀습니다."

   "그러면 판결을 내린 그대부터 죽어야겠소."

   "그렇지 않습니다. 만일 가장 서투른 대답을 한 자부터 죽이겠다고 하신
   말씀을 지키려고 하신다면, 왕께서는 가장 서투른 대답을 한 자부터 죽이
   셔야만 합니다."

알렉산드로스는 그들 모두에게 선물을 준 다음 석방했다.

다른 때에 단다미스라는 철학자가 불려왔는데, 그는 소크라테스, 피타고라
스, 디오게네스 등에 대한 얘기를 잠자코 듣다가 이렇게 말했다.

"그들은 모두 위대한 인물들인 것 같소. 그러나 법에 얽매여 노예처럼 산 것
은 큰 잘못이었소."

8

헬레니즘

코스모폴리타니즘과 인간의 원자화

알렉산드로스는 그 당시에 알려진 모든 문명 세계를 정복하겠다는 야심을 품었고, 실제로 광대한 지역을 통합한 대제국을 건설했다. '광대'하다는 말도 상대적인 것이다. 당시의 교통과 통신을 비롯한 여러 물질적 기반을 고려할 때, 그가 통합한 땅덩어리는 비유하자면 오늘날의 중국 서너 개를 합친 것에 해당한다. 게다가 단순히 땅이 넓은 정도가 아니라 완전히 다른 세계들이었다. 파라오의 신정정치가 이루어지는 이집트, 여러 폴리스들로 이루어진 지중해 세계, 동방 문화를 바탕으로 하는 페르시아 제국, 그리고 그 너머에 각기 다른 문명 요소를 품고 있는 아시아 국가들……. 이런 지역들을 군사적으로 한번 정복할 수는 있다 하더라도 그것을 실질적으로 잘 통치한다는 것은 처음부터 불가능한 일이었다.

알렉산드로스의 구상은 결혼을 통해 각 지역의 주민들을 서로 뒤섞겠다는 것이었다. 그는 먼저 자기 부하들부터 정복한 지역의 여자들과 결혼을 시켰다. 그리고 자신은 마케도니아의 왕이라는 직위 외에도 이집트에 대해서는 태양신 레의 아들인 파라오로 등극하고, 페르시아에 대해서는 전통적인 샤의 직위를 물려받았다고 주장했다. 그러나 이런 식의 정책을 가지고 정말로 동질적인 제국, 또는 적어도 조화로운 제국을 이룩하리라고는 생각할 수 없다. 정복하기보다 지키기가 어렵다는 말은 참으로 맞는 지적이다. 알렉산드로스로서는 제국을 정복한 직후 젊은 나이에 죽음으로써 차라리 이런 문제를 피할 수 있었다.

그가 죽은 뒤 남은 사람은, 그가 유일하게 정식으로 결혼했던 여인인 록사나(그녀는 이때 임신하고 있었다)와 마음 약한 동생뿐이었다. 그의 부하들은 제국을 나누어서 통치한다는 계획을 세웠다. 그러나 막상 그렇게 되자 서로 간에 치열한 권력 투쟁이 벌어졌다. 그 과정에서 왕실 사람들은 차례로 숙청을 당하거나 살해당했다. 칼이 모든 것을 말해 주는 시대였다. 록사나와 유복자마저 살해한 다음 장군들은 자기가 맡은 지역의 왕으로 등극하였다. 이런 다툼 속에서 대부분의 후계자들이 차례로 제거되어서 제국은 세 개의 왕조 국가로 정리되었다. 이집트의 프톨레마이오스 왕조, 메소포타미아(오늘날의 시리아)의 셀레우코스 왕조, 그리고 마케도니아의 안티고노스 왕조가 그것이다. 그런 다음에도 각각의 영토 안에서 다시 끝없는 전쟁과 내부 분열이 지속되었다.

알렉산드로스의 유산은, 느슨하게나마 서로 소통했지만 실제로는 매우 이질적이고 혼란스러운 세계제국으로 남게 되었다(이 세계의 서쪽 변방에서 로마가 서서히 힘을 키워 가고 있었지만, 아직까지는 그다지 두각을 나타내지 못하고 있었다). 한마디로 이 세계는 난세라고 말해도 될 정도였다. 그런데 이 세계에서 어떤 문화가 형성된 것일까? 그리고 어떤 철학이 나왔을까?

그리스 문화와 동방 문화의 융합?

약 3세기 동안 이어진 이 시대의 문화를 헬레니즘이라고 한다. 이것은

19세기에 만들어진 용어로서, '그리스 문화가 이집트와 서아시아 지역으로 널리 퍼져 나간 현상'을 가리킨다. 다시 말해, 일단 정치적, 군사적으로 무대가 크게 확장된 다음 그리스 문화가 동방으로 전파되면서 동방 문화와 융합되었다는 것이다. 그러나 이 표현을 곧이곧대로 믿어서는 안 된다. 동쪽 세계의 모든 사람들, 그리고 그들의 문화 전체가 그리스 문화와 융합한 것은 결코 아니며, 다만 아주 일부 지역에서 아주 일부 사람들 사이에 문화 융합이 이루어진 것이다. 그것은 구체적으로 어떻게 일어난 것일까?

최근의 고대사 연구에서는 고고학적 발굴이 아주 중요한 공헌을 한다. 특히 헬레니즘 시대의 연구에서는 이제까지 묻혀 있던 비석이 발견됨으로써 새로운 사실이 알려지는 경우가 많다. 그 중 하나가 3세기 중엽 아프가니스탄 북부의 아이카눔(옛 지명은 알려져 있지 않다) 지역에서 발견된 돌기둥이다. 그리스계 주민들이 옥수스 강(오늘날의 아무다리야 강) 근처에 학원(김나지온)을 건립하고는 그 안에 돌기둥을 세운 것이다. 여기에는 140여 개의 도덕 격언들이 새겨져 있었다. 이 격언들은 어디에서 유래한 것일까? 이것은 멀리 그리스의 델포이에 있는 아폴로 신전의 돌기둥에서 베낀 내용들이었다. 아프가니스탄의 돌기둥에는 이 사실을 스스로 밝히는 다음과 같은 글귀가 보인다.

"옛 성현의 지혜로운 이 말씀들은 성스러운 피토(델포이)에 봉헌되어 있다. 클레아르코스는 거기에서 그 말씀들을 정성들여 베껴 와서는, 멀리 키네아스의 성역 안에 세워 빛을 발하게 하였다."

이 학원을 '키네아스의 성역'이라고 일컫고 있는데, 이 키네아스라는 인물은 아리스토텔레스 학파의 철학자로서 델포이뿐 아니라 인도의 나체 철

아이카눔의 돌기둥
소수의 그리스인들이
아시아의 먼 지역으로 퍼져 나가
아시아 문화를 습득하고
거기에 그리스 문화를 더했다.

학자들, 페르시아의 마기(조로아스터교 사제), 유대교 사제들의 종교와 철학에도 관심이 있는 사람이었다.

이제 이 사실들을 종합해서 정리하면 이렇게 된다. 그리스의 철학자 키네아스는 아마도 동양의 현자들을 만나 보기 위해 멀리 아프가니스탄까지 여행 왔다가 그리스인 공동체를 발견하고 이곳에서 강론을 하게 되었다. 그리고 자신의 철학의 중요한 텍스트라 할 수 있는, 델포이에 새겨진 지혜의 글을 베껴 오게 해서 비석에 새기도록 한 것이다.*

이 사례를 보면, 그리스인들이 아시아의 먼 지역으로(아프가니스탄과 그 너머에까지) 퍼져 나가 있었다는 점, 그들이 자신의 문화적 제도(곧, 학원)를 유지하면서 학문 활동을 하고 있었다는 점, 또 아시아 문화를 습득하고 그것을 그리스 문화에 더했다는 점 등을 알 수 있다.

알렉산드로스가 꿈꾸던 그리스-페르시아인의 혼합 지배층은 결코 실현

---

* 이 비문이 발견된 곳에서는 그 밖에도 여러 종류의 유물들(해시계, 그릇들, 대규모 극장 등)이 발견되었다. 그 가운데 가장 신기한 것 중 하나는 지금은 없어진 파피루스 한 장이, 벽돌이 분해되어 생긴 미세한 흙 위에 도장처럼 찍혀서 흔적이 남은 것이다. 그 내용의 일부가 해독되었는데, 아리스토텔레스 학파의 한 사람이 쓴 철학책의 한 쪽이었다.

되지 않았다. 정치·군사적으로나 문화적으로나 지배층은 소수의 그리스인들이었고, 이들을 중심으로 그리스 문화에 아시아의 여러 문화 요소들이 섞여 들어갔을 뿐, 여러 문명들이 전체적으로 만나고 뒤섞인 것은 아니었다. 그리스인들은 알렉산드로스 대왕 이래 꽤 오랫동안 지속된 식민 운동의 결과 아시아로 들어가게 된 사람들이었다. 그리고 제국 전체에 널리 통용되는 유일한 국제 공용어는 그리스어였다.

결국 이 광대한 세계제국의 지배 문화는 그리스 문화였다. 그러나 그것은 알렉산드로스 이전 시대의 그리스 문화와는 성격이 달랐다.

세계화한 그리스 문화 속 개인의 삶

지금까지 그리스 세계에서 가장 기본적인 단위는 폴리스였다. 그런데 갑자기 판이 바뀐 것이다. 자유롭고 조화로운 작은 도시 공동체가 사라지고 난 다음 세계는 어떻게 바뀌었던가? 아늑한 내 고장, 엄마 품 같은 그런 곳이 사라지고 사람들은 느닷없이 황량한 벌판에 내던져진 것 같았다. 당시 세계는 온통 참혹한 분열과 전쟁의 아비규환이 벌어지고 있었다. 이 차가운 현실에서 이전과는 다른 종교와 마법이 유행했고, 새로운 철학의 위안이 필요했다.

이 시대에는 정반대로 보이는, 그러나 내적으로는 일맥상통하는 두 가지 철학 조류가 등장했다. 쾌락주의(에피쿠로스주의)와 스토아주의가 그것이다.

사모스 출신의 에피쿠로스(B.C. 341~B.C. 270)는 기원전 307년경에 아테네에 학원을 세웠다. 그의 철학의 핵심 단어는 '쾌락'이었다. 사실 쾌락을 추구한다는 그의 철학은 흔히 생각하는 것과는 아주 달랐지만 큰 의혹과 적개심의 대상이 되었다. 특히 그의 추종자들은 여자와 노예를 포함하는 친밀한 공동체를 이루었기 때문에 더 오해를 받은 것 같다. 그의 은둔과 쾌락의 실제 내용은 이런 것이다.

> 쾌락이 목표라고 할 때 그 뜻하는 바는 방탕한 자들의 쾌락이 아니라 (……) 육체의 고통, 정신의 교란으로부터 해방이다. 유쾌한 삶을 가져오는 것은 음주나 끊임없는 향연도, 성적 쾌락도, 또 값비싼 식탁 위의 생선과 그 밖의 진수성찬도 아니다. 그것은 우리의 모든 취사선택 행위의 원인을 찾아 내고, 정신에 최대의 혼란을 일으키는 억측을 추방하는 냉정한 이성의 작용이다.
>
> _'메노이케오스에게 보낸 서한' 중에서

그러므로 이때의 쾌락은 마음껏 먹고 마시고 신나게 놀자는 것이 아니다. 오히려 그런 것을 멀리한 안정된 마음의 상태, 곧 아타락시아(마음의 평정)를 의미한다. "죽은 뒤 신체를 구성하는 원자들이 해체되면 다른 삶이란 없다는 것, 그리고 멀리 떨어져 있는 신들은 이 세상에 아무런 관심이 없음을 깨달음으로써 아타락시아를 얻을 수 있다." 이들이 강조하는 것은 흥분을 일으킬 수 있는 모든 상황을 피해야 한다는 것이다.* 그러기 위해서 한정된 사람들끼리 부드러운 친분 관계를 맺는 것이 참된 이상이었다. 결국 그들이 추구하는 쾌락은 고통이 없는 상태라는 소극적인 의미의 쾌락이며, 세상을 초연하게 살자는 것과 거의 같은 뜻으로 이해할 수 있다.

---

* 흥분을 일으키는 상황을 피해야 한다고 할 때 에피쿠로스가 맨 먼저 드는 것은 정치 활동을 멀리하라는 것이다. 이 말 자체는 정말로 옳은 말이라고 나도 동의하지만, 스토아주의가 로마 시대에 실천철학으로서 자리잡는 것과 대조해서 에피쿠로스주의가 큰 영향력을 미치지 못한 것도 이와 관련이 있을 것이다.

두 번째 철학 조류인 스토아주의는 대중성과 영향력 면에서 에피쿠로스 주의를 훨씬 앞섰다. 키프로스의 키티온 출신의 제논(B.C. 335~B.C. 263)이 학원을 세우고 설파한 이 철학 체계는 헬레니즘 시대부터 로마 시대에 이르기까지 크게 융성했다. 유일한 선은 덕에 있으며, 덕이란 신 또는 자연의 뜻에 따르는 삶을 의미한다. 그것이 무엇인가를 알려면 감각의 증거를 통한 이해, 그들의 용어로 말하자면 '직접 포착을 수반하는 인지력'을 통해 실제를 이해해야 한다. 조금 더 쉽게 옮기자면 다음과 같다. 인간은 행복을 추구하는 존재인데, 그 행복은 사람들끼리도 그렇고 자연과의 관계에서도 그렇고 조화를 이루며 살아가는 데에 있다. 이 조화가 깨지면 인간의 영혼은 상처를 입고 불행에 빠진다. 우리를 어지럽히는 열정에서 벗어나자. 그런데 그런 행복한 상태, 자연에 따르는 덕성스러운 상태라는 것을 어떻게 파악할 수 있는가? 어렵게 생각할 필요 없다. 인간은 그것을 스스로 알 수 있는 이성의 스파크를 가지고 있다(난 아직 그런 적 없지만, 불꽃처럼 정신이 번쩍 뜨이는 깨달음의 형태로 진정한 '행복'을 파악하게 되는 모양이다). 이렇게 행복에 이르면 그것이 최선이다. 나머지 일들은? 어떻게 되어도 상관없다!

헬레니즘의 실제 내용은 앞에서 이야기한 대로 동서 문화의 융합이라기보다는 세계화한 그리스 문화였다. 폴리스라는 좁은 울타리를 벗어난 그리스 문화는 세계제국으로 확장해 나갔다. 그 결과 헬레니즘은 세계시민주의(코스모폴리타니즘)의 성격을 띠게 되었다. 그러나 그것은, 역설적으로 들리겠지만, 원자화(집단 속에서 개개인이 고립되어 존재하는 것) 된 개인을 밑바탕으로 하는 것이었다. 폴리스라는 안정된 소규모 공동체가 깨지고 험난한 세계로 내던져졌을 때 사람들은 무엇보다도 행복한 삶이란 무엇이고 그것을 어떻게 찾을 수 있는가를 물었다. 그에 대해서 누구는 우리의 욕망을 떨쳐 버릴 것을 강조하고, 누구는 오히려 우리의 욕망을 해방시킬 것을

라오콘

헬레니즘 시대의 최고 걸작품 중 하나이다. 전설에 따르면 라오콘은 트로이의
사제였는데, 그리스인들이 두고 간 목마를 성 안으로 들여놓아서는 안 된다고
주장했다. 그러자 그리스 편을 들던 아테나 여신이 바다에서 큰 뱀을 보내
그와 두 아들을 물어 죽게 했다. 트로이인들은 이에 대해 목마를 성 안으로
들여가라는 신의 뜻으로 해석했고, 결국 트로이가 멸망하는 계기가 되었다.
뱀에 물려 괴로워하는 라오콘의 모습은 불안과 고통의 헬레니즘 시대를
상징하는 것으로 부족함이 없다.

강조했다. 표면적으로는 서로 반대되는 것으로 보이지만 이 둘은 사실 내면적으로 상통하는 철학이었다.

한 가지 주목할 사실은 철학과 달리 예술은 오히려 강렬한 감정이나 관능적 아름다움을 추구하고 있었다는 점이다(라오콘상이나 밀로의 비너스상을 보라). 그러나 이런 것들은 모두 같은 맥락에서 나온 것이리라. 고전기 그리스의 단아한 문화는 지나가고, 그 대신 격렬함이 이때의 문화적 특징이 되었다. 이 시대의 철학이 마음의 평정을 유달리 강조한 것도 바로 그 격렬함을 다스리고자 함이었다.

밀로의 비너스

헬레니즘 시대의 작품으로서,
아프로디테(로마식으로는 비너스)로 추정되는
루브르 박물관 소장 조각상이다. 1820년에
밀로스 섬에서 발견되어 흔히 '밀로의 비너스'라고
일컫게 되었다. 이 작품이 헬레니즘 시대의
것으로 추정되는 근거는 생생한 분위기, 동적인
실루엣, 일부 디테일의 특징 때문이며,
그 시대의 관능미를 대표하는 것으로 이야기되곤
한다. 사라진 팔이 어떤 포즈를 취했을까에 대해
논란이 많지만, 가장 그럴듯한 것으로는,
오른팔이 몸을 감고 내려가 손으로 왼쪽 골반을
만지고 있고 왼팔은 위로 들어올렸으리라는
것이다(직접 한번 실연해 보시기를!).

9
로마의 법
불평등의 구조화

독일의 유명한 역사가 랑케는 로마의 역사적 역할에 대해서 이렇게 표현한 바 있다. "모든 고대사는 이를테면 많은 개울이 호수로 흘러가듯이 로마의 역사로 흘러들어가고, 모든 근대사는 다시 로마로부터 흘러나왔다."

서구 문명의 원천이 되는 메소포타미아와 이집트에서 출발하여 그리스를 거친 고대 문명의 여러 흐름이 로마에서 합쳐졌고, 또다른 서구 문명의 원천 중 하나인 기독교가 로마 제국을 발전의 기반으로 삼음으로써 로마는 서양 고대 문화를 종합하고 완성하였다. 그리고 로마 제국이 붕괴되면서 유럽 각국의 모태가 만들어졌고, 여기에 로마가 쌓아올린 문화를 전해줌으로써 오늘날 유럽 문화가 형성되었으니 랑케의 말은 과장이라고 할 수 없다.

그러나 로마를 위대한 제국의 전범으로서 우러러만 볼 일은 아니다. 로마의 역사를 보면, 외부로는 이민족에 대한 잔인한 전쟁과 가혹한 약탈의 연속이었고(사실 그렇지 않은 제국이 어디 있겠는가), 내부로는 노예 제도와 시민 간 빈부 격차의 갈등이 구조화되어 있었다. 문명은 언제나 불평등을 전제로 한다. 다만 그 갈등을 어떻게 내부적으로 흡수하고 안정된 체제를 구축하느냐가 관건이다. 우리가 로마의 역사에서 보고자 하는 것 중의 하나도 그 거대한 제국에서 일어나는 심각한 갈등을 법과 제도로 흡수하는 탁월한 능력이다.

로마 공화정과 민주주의는 관계없다

로마는 유럽과 아프리카, 아시아에 걸친 거대한 제국을 건설하였지만, 그 출발은 테베르 강 기슭에 자리잡은 조그마한 도시국가였다. 그나마 초기에는 이웃한 에트루리아인의 지배를 받고 있었다. 이 이민족의 지배를 벗어나면서 로마인들이 만들어 낸 정치 체제가 공화정이었다.

그런데 지금 우리는 '공화정' 하면 거의 습관적으로 '자유 민주 공화국'이라고 생각하지만, 로마의 초기 정치 체제인 공화정은 결코 자유·민주적이라는 의미가 아니었다. 공화정, 곧 레스 푸블리카(res publica, 여기에서 republic이라는 말이 나왔다)란 '공공의 것'이라는 의미로서, 그 뜻은 왕 또는 황제 한 사람이 모든 권력을 다 가지지 않는다는 것이었다. 왕정이 아니라면 어떤 식의 통치가 이루어졌단 말인가? 이론적으로는 왕정과 귀족정, 민주정이 혼합된 방식이라고 할 수 있다. 왕과 같은 존재로서 집정관(콘술)이 있고(임기 1년짜리 집정관 두 명이 있어 서로 견제하도록 되어 있었다. 그러나 국가가 위기에 빠졌을 때는 한 명에게 모든 권한을 몰아 주었는데, 이를 독재관(딕타토르)이라 한다), 귀족들의 지배를 확고히 하는 기관으로서 원로원이 있으며, 평민들의 권익을 옹호하는 기관으로는 호민관과 민회가 있어서, 이들 간에 서로 균형을 이루고 있었다.

흔히 로마 공화정이 대단히 이상적인 정치 체제라고 찬탄하는 것은 조

로마의 건축

로마의 건축물 중 가장 잘 보존된 편인 세고비아의 수로교이다. 로마는 군대가
진주하면 곧바로 그곳에 공공사업을 벌였다. 그래서 고대 로마를 대표하는
문명 요소로는 군대, 건축, 로마법 같은 것들을 꼽을 수 있다.

화와 균형 때문이다. 그렇지만 로마 공화정의 내막을 보면 조화와 균형은
표면적인 것일 뿐이었고, 실제로는 귀족이 지배권을 장악하여 평민층의
권한을 압도하였다. 하나의 예로서 민회의 의사 결정 과정을 보자.

초기의 중요한 민회로는 켄투리아회(병사회)가 있다. 켄투리아는 백인대
(百人隊)라고 번역하는데, 전체 시민이 백 명 단위로 군 부대를 조직한 것이
다. 모든 시민들은 자신들의 돈으로 무장을 해야 했으므로, 돈이 많은 사
람들은 기병이 되고, 그 다음에 돈이 많은 사람 차례로 중장 보병, 경장 보
병이 되며, 가난한 사람들은 공병, 나팔수, 그리고 마지막으로는 비무장병
이 되었다. 기병은 18개의 켄투리아, 보병은 재산 상태에 따라 1등급 80개,

2등급 20개, 3등급 20개, 4등급 20개, 5등급 30개의 켄투리아로 되어 있었다. 그 아래 시민들은 따로 5개의 켄투리아를 이루고 있었다.[*] 이렇게 하여 전성기에는 모두 193개의 켄투리아가 있었다. 이 켄투리아가 모여 조직된 민회인 켄투리아회는 고위 정무관 선출, 전쟁과 조약 체결 같은 매우 중요한 결정을 할 수 있었다. 그런데 표결을 할 때에는 머릿수로 투표를 하는 것이 아니라 각 켄투리아가 하나의 의견을 정하여 투표를 하게 되어 있었고, 과반수가 넘으면 투표가 종결되었다. 투표 순서는 부유한 켄투리아부터, 다시 말해 기병, 1등급 보병, 2등급 보병, 3등급 보병……, 하는 식으로 진행되었다. 따라서 가장 부유한 기병 18개와 1등급 보병 80개의 켄투리아가 투표를 하면 이 숫자만으로 98이 되어 이미 과반수를 넘게 되고, 따라서 그 나머지 켄투리아들은 아예 투표를 하지도 않고 끝나곤 했다. 이런 과정을 지켜보면 로마의 공화정은 결코 민주적이 아니었으며, 내용으로는 귀족정이나 과두정에 가까웠음을 알 수 있다.

성문법 제정, 이제부터는 법대로

로마는 초기부터 시민들의 신분이 귀족(파트리키)과 평민(플레브스)으로 나누어졌는데, 이들 사이에는 통혼이 금지될 정도로 완전히 갈라져 있었다. 귀족들은 토지를 많이 소유한 대지주들이었고, 군사적으로도 말과 비

---

[*] 이 최하층민은 토지를 가지지 않았다는 점에서 무산 계급인데, 이들을 가리키는 프로레타리(후대의 '프롤레타리아'라는 말이 여기에서 유래했다)는 '아이를 낳음으로써 국가에 봉사하는 사람들'이라는 의미였다. 정 국가에 봉사할 방법이 없으면 아이라도 많이 낳는 것이 충성하는 방법이었다는 것!

싼 무기를 소유할 수 있어서 중요한 역할을 수행했으므로 평민층 위에 군림하게 된 것은 당연한 일이었다. 그리하여 일부 평민들은 자신의 자유를 포기하고 귀족 가문에 몸을 맡겨서 각종 봉사를 해 주고 그 대신 자신의 안전과 생계를 보장받는 피호 관계(클리엔텔라)를 맺었다. 더 나쁜 것은 빚에 쪼들리다가 아예 노예로 전락하는 평민들도 생겨난다는 것이었다.

여기에서 당연히 예상되는 것은 평민들이 이런 상황에 불만을 품게 되고 귀족들에 맞서 자신들의 권리를 신장시키기 위한 투쟁을 벌이리라는 것이다. 로마 공화정의 역사는 이런 관점에서 볼 때 신분 갈등의 역사였다. 평민들의 저항은 사실 아주 일찍부터 벌어졌다. 앞에서 말한 호민관이나 민회도 이런 신분 투쟁의 결과로 얻어 낸 것들이었다. 가장 극단적인 저항 방법은 평민들이 로마에서 철수하여 그들끼리 따로 시를 하나 만들겠다는 위협이었다. 아예 이혼하고 딴살림을 차리겠다는 식이다. 기원전 494년에 평민들이 로마 시에서 철수하여 아벤티누스('성스러운 산'이라는 뜻) 언덕을 점거하고 따로 시를 구성하겠다고 위협한 것이 최초의 사례이며, 이후 여러 번 이런 방식의 투쟁이 벌어졌다.

귀족들로서는 평민들의 이런 위협이 참으로 심각한 문제가 아닐 수 없었다. 로마는 쉽게 말해서 전쟁기계와 같은 집단이었다. 시초부터 주변의 여러 산악 민족들의 공격을 받고 있었으므로 이들을 격퇴하고 정복해야 했다. 그 후 오랜 기간의 전쟁을 통해 이탈리아 반도 전체를 통일해 나가고, 카르타고와 동부 지중해 국가들을 차례로 정복해서 대제국을 완성했다. 이런 역사 진행을 보건대 아무리 귀족들이 그들의 권력을 온전하게 누리고 싶다 하더라도 일반 보병을 구성하는 평민들의 요구를 완전히 무시할 수는 없었을 것이다. 이런 점을 잘 알고 있던 평민들은 조금씩 그들의 정치적 권리를 확대해 갔고, 귀족들은 자신들의 지배권을 완전히 놓치지

않는 범위에서 평민들의 요구를 수용했다. 그리고 이와 같은 평민층의 권한 확대는 여러 법령으로 구체화되어 갔다.

첫출발은 12표법이었다. 이 시기에 평민들은 그들만의 의회인 트리부스 평민회를 가지고 있었지만, 여기에서 각종 결의를 한다고 해도 켄투리아회나 원로원의 승인이 없으면 아무런 효력이 없었다. 더구나 이때까지는 로마의 법 체계가 성문법이 아니라 불문법이었기 때문에, 귀족들 사이에 전해 내려오는 내용을 신관(神官)들이 해석해 주었다. 그러므로 신분 사이의 갈등이 일어날 경우 귀족들의 이익만 지켜질 것은 뻔한 일이었다. 평민들이 원한 것은 먼저 법의 내용을 확실하게 정하고 이를 문서화하는 것이었다.

'로마 최초의 성문법 제정'이라는 대사(大事)를 위해 열 명의 법률 제정 대관들이 임명되었다. 이들이 만든 안은 켄투리아회를 통과해서 로마의 국법이 되었다. 그리고 이 기본법을 영구히 보존하고 모든 사람들 앞에 공표한다는 뜻으로 12개의 표에 이것을 새겨서 광장에 세웠다(그래서 12표법이라 한다). 이것은 갈리아인의 침입 때 없어졌지만 그 내용의 일부는 여러 저술가들의 책 속에 기록되어 있다(12표법의 일부 내용을 107쪽 글상자에 소개해 놓았다). 그런데 사실 그 내용을 보면 결코 평민에게 유리한 내용이 아니고 오히려 귀족층의 지배를 공고히 하는 내용이 더 많다. 그런데도 이 법이 단지 귀족층만이 아니라 평민들에게도 중요한 이유는, 이제 로마의 모든 시민들이 법의 지배를 받는다는 원칙을 수립했다는 데 있다. 귀족들이 자기 마음대로 일을 처리하는 것이 아니라, 설령 귀족들에게 유리한 내용이라 하더라도 공정한 법률의 집행에 따라 일이 진행된다는 것 자체가 어느 정도 평민들을 보호하는 효력을 발휘하였다.

평민들로서 이제 남은 일은 실질적으로 그들에게 유리한 내용의 법률을 얻어 내는 일이었다. 귀족들로서도 평민층의 지지가 필요했으므로 유화 정책을 펴지 않을 수 없었다. 평민들이 목표로 삼은 것은 정무관 직위를 자신들에게도 개방하는 것이었다. 기원전 376년에 리키니우스법을 통해 평민들은 집정관 중 한 명을 평민층에서 선출하게 하였다.[*] 이후 수십 년이 지나면서 차례로 독재관, 감찰관, 법무관, 신관 등을 평민층에서 선출할 수 있는 권리를 하나씩 획득해 갔다. 게다가 귀족과 평민 사이에 결혼도 할 수 있게 되었다. 잠깐 비교를 하기 위해서 조선 시대의 신분 질서를 생각해 보면, 로마 시대의 이런 정치적 변화가 얼마나 큰 것이었는지 짐작할 수 있다. 말하자면, 양반이 독점해 오던 여러 고위 관직들을 '상놈'들이 차례로 차지할 수 있게 된 것이다.[**]

---

[*] 리키니우스법의 또다른 중요한 사항은 토지소유 상한제였다. 심각한 불평등 문제를 해결하는 방편의 하나로 누구라도 공유지를 500유게라(약 40만 평) 이상 점유할 수 없도록 법으로 규정해 놓은 것이다.

갈등을 딛고 대제국으로

마지막으로 남은 결정적 문제는 평민회의 권한이었다. 평민들은 이 문제를 해결하기 위해 다시 한 차례(이것이 로마사에서 마지막이었다) 시에서 철수함으로써 귀족들을 압박했다. 이때 독재관이었던 호르텐시우스에 의해 트리부스 평민회의 결의는 원로원에서 승인을 받지 않아도 법률로 인정받게 되었다. 이제 평민회도 입법권을 가지게 된 것이다. 이로써 2세기에 걸친 신분 투쟁이 종결되었다.

이 신분 투쟁 기간 로마는 자신의 체제를 정비해 나갔다. 한 가지 흥미로운 점은 호르텐시우스법의 제정으로 신분 투쟁이 종결된 시점(B.C. 287)과 로마가 이탈리아 반도 전체를 지배하게 된 시점(B.C. 275)이 거의 같다는 점이다. 곧, 로마는 외부로는 영토 팽창을 해 나가는 한편, 내부로는 체제를 정비하고 이를 법으로 규정해 나갔다. 이 둘은 서로 연관된 문제였다. 이후 로마의 역사는 지중해 세계 전체를 지배하는 대제국 건설로 나아갔는데, 이렇듯 크게 팽창할 수 있었던 것은 국력을 최대한으로 발휘할 수 있게끔 국가 체제를 잘 정비했기 때문이다. 신분 갈등이나 계급 투쟁은 그 자체만 보면 고통스러운 사회 문제이지만 로마의 장기적인 발전에는 분명히 유리한 계기를 마련해 주었다. 사회적 갈등으로 국가가 망하느냐 오히려 장기적 발전의 계기로 삼느냐는 그 사회의 역량에 달린 문제이다.

●● 평민들에게 고위 관직을 개방한다고 해서 평민 중 누구나 이런 고위직에 나갈 수 있었던 것은 물론 아니다. 평민층 내에서도 부에 따른 차별이 있었으므로 큰 부를 쌓은 일부 상층 사람들만이 정치적 권리를 향유하였다. 그리하여 이전의 귀족과 상층 평민들이 합쳐진 새 귀족인 노빌레스층이 형성되었다. 부와 권력의 불평등이 한번에 쉽게 해결되는 문제는 결코 아니다.

12표법

로마 최초의 성문법이며 로마법의 모체가 된 것으로 알려진 12표법은 기원전 451년에 제정되었다. 평민들의 권리를 보호하고 귀족들이 제멋대로 통치하는 것을 막기 위해 법을 규정해 놓자는 것이었다. 그런데 문제는 그 내용이 과연 평민들의 보호에 도움이 되는 것인가 하는 점이다. 이 법을 새겨넣은 동판이 사라졌고 그 내용의 일부만이 전해지기 때문에 정확한 판단을 할 수는 없지만, 그것을 통해서나마 이 법의 여러 측면을 이해할 수 있다. 그 중 귀족들의 소유권에 관한 내용을 살펴보도록 하자.

〈제3표에 나오는 채무 관련 내용〉

1. 채무가 인정되거나 재판에서 사건에 관한 판결이 내려진 때에는 30일이 적법한 유예 기간이다.
2. 그 후에 비로소 나포한다. 그리고 원고는 피고를 법정으로 연행한다.
3. 그가 판결 채무를 이행하지 않거나 아무도 그를 위하여 법정에서 담보를 제공하지 않으면, 원고는 그를 연행하고 포승이나 족쇄로 포박한다.
4. 채무자는 원하는 경우에는 <u>스스로 식사를 해결하며 생활한다.</u> 그렇지 않은 경우에는 그를 구금하려는 자가 날마다 1파운드의 밀을 제공한다. 채권자가 원하는 경우에는 더 많이 준다.
5. 그 사이에 화해할 권리가 주어진다. 화해가 되지 않은 경우에는 채무자는 60일간 구금된다. 그는 이 기간 중에 세 차례에 걸친 개시일(開市日)에 민회의 법무관(프라이토르)에게 끌려가고, 거기에서 그가 얼마만한 금액으로 채무 판결을 받았는가가 공표된다.

위의 내용은 채무자가 빚을 갚지 못할 때에 채권자가 그 사람을 법정에 고발하고 그리하여 결박해서 법정에 끌고 갈 수 있다는 내용이다. 채무자가 스스로 식사를 해결할 수 있으면 그렇게 하지만 그렇지 못할 경우에는 채권자가 곡물을 제공해서 식사를 해결해 준다. 그러면서 빚을 갚을 수 있는 기간으로 60일을 주는 것으로 되어 있다. 이 기간 안에 채무자가 어떻게든 빚을 갚으면 사건이 해결되겠지만 끝까지 빚을 갚지 못하면 어떻게 될까? 5조의 나머지 부분과 6조의 내용을 계속 보도록 하자.

5. (계속) 제3개시일에 극형으로 살해하든가, 테베르 강 건너 외국으로 매각한다.
6. 제3개시일에 채권자들은 그 시체를 부분으로 분할한다. 그들이 넘치거나 모자라게 분할하였더라도 탈법이 되지 않는다.

그렇다! 끝까지 빚을 갚지 못하면 살해하든지 외국에 노예로 팔아 치우는 것이다. 그리고 채권자가 여러 명일 경우에는 그 시체를 여러 조각으로 나누어서 갖는다. 그리고 이 법은 친절하게도, 혹시 빚 액수에 맞도록 정확하게 시체를 자르지 못하고 약간 차이가 나게 시체를 잘라도 그것이 범죄가 되지는 않는다는 규정을 두고 있다. 이 법은 정말로 엽기적이라고 하지 않을 수 없다.

다시 말하지만 문명 질서는 곧 불평등의 구조화이다. 그리고 그 불평등의 핵심에는 언제나 '소유'의 문제가 있다. 12표법의 내용을 보면 결코 불평등을 해결해 주는 내용이 아니다. 오히려 불평등에 대한 위험한 문제 제기를 법의 이름으로 억누르는 것으로 보인다. 그렇더라도 그런 사항을 법률로 정해 놓는 것이 아무런 법적 근거 없이 마음대로 지배하는 것보다는 그나마 훨씬 진전된 일이다.

II

◆

중세의 꿈과 현실,
그리고
근대의 여명

◆

10

로마 말 중세 초

로마 제국에서 기독교 유럽으로

로마 제국 말기의 변화

로마가 공화정을 거쳐 대제국으로 성장한 것이 역사학의 중요한 문제인 만큼 그런 대제국이 무너졌다는 것 또한 중요한 문제이다. 로마 제국은 왜 멸망한 것일까?

이에 대해서는 여러 가지 주장이 제기되어 왔다. 기독교라는 새로운 신앙이 널리 퍼지면서 그동안 로마를 지탱했던 강건한 '농민-병사-시민'의 심성이 약해졌다는 설, 관료적인 복지국가 제도와 그것을 지탱하기 위해 거둬들인 과도한 세금이 국가를 약하게 만들었다는 설(빈민들이 폭도로 변하는 것을 막기 위해 '빵과 서커스'를 제공하지 않았던가), 농민층이 붕괴되고 그 반대로 라티푼디움(노예제 대농장)이 확대되었으나 노예 공급 중단으로 이 제도가 운영되지 못한 데다가 지력이 고갈되어 농업이 쇠퇴했기 때문이라는 설, 심지어는 수도관, 냄비, 화장품, 약, 염료, 포도주 보존에 납을 사용했기 때문에 로마 시민들이 서서히 납 중독 현상(온몸의 마비에서 유산과 불임에 이르기까지)으로 씨가 말라 갔다는 설까지…….

로마 제국은 정치, 경제, 군사를 비롯하여 총체적으로 약화되었고, 마침

검투사

로마 시에 몰려든 빈민들은 언제 폭발할지 모르는 위험 요소였으므로,
당국자들은 식량과 오락, 곧 '빵과 서커스'를 제공해서 이들을 무마시키는 정책을
폈다. 서커스 가운데 가장 흥미로운 것이 검투사(글래디에이터)들의 피비린내
나는 싸움이었다. 검투사들끼리 싸우기도 하고, 이들과 맹수들 사이에도 싸움이
벌어졌다. 검투사들은 창, 검, 방패, 삼지창, 그물 등의 무기 가운데 자신의
무기를 선택할 수 있었다.

내 국경 바깥에서 압박을 가하고 있던 게르만족이 제국 안으로 밀고 들어
오면서 붕괴되었다. 이 점을 두고 역사가 앙드레 피가뇰은 이렇게 주장했
다. "로마 문명은 자연사한 것이 아니라 암살되었다." 로마가 '야만족들'(이
는 물론 순전히 로마의 관점에서 사용하는 말이다)을 방어하고 있었다고는 하지만
사실은 많은 게르만족 사람들이 이미 로마 국경 안으로 들어와서 정착해

있었고, 심지어는 게르만족 부대가 다른 게르만족의 침입을 막기 위해 국경을 지키는 지경에 이른 것을 두고 한 말이다. 이에 대해 프랑스의 역사가 르고프는 이렇게 이야기한다. "로마 문명은 사실 자살한 것이다." 그러나 또 다른 관점에서 보면 로마 문명이 진짜로 죽은 것은 아니다. 왜냐하면 "문명이란 죽는 법이 없고, 따라서 로마 문명은 '야만인'들을 통하여 중세 내내, 그리고 그 이후에도 살아남았기 때문이다."

우리는 로마 제국의 몰락이라는 현상 자체보다도, 로마가 제국 말기에 어떤 변화를 겪었고 그것이 후대 유럽의 역사 발전에 어떤 의미를 가지는가를 주목해 보도록 하자. 그렇게 보면, 기독교를 탄압하던 로마 제국이 방향을 바꾸어서 기독교를 공인하고 마침내는 기독교를 국교로 받아들임으로써 '기독교 제국'이 되었다는 것이 결정적으로 중요한 점이다. 문명권 전체가 제국이라는 형태로 기독교 문화를 구현했다는 점은 오랫동안 서구의 이상으로 생각되었다. 기독교가 유럽 전체에 뿌리를 내리는 구체적 과정은 어떠했을까?

우주의 지도 혹은 종교의 지도가 바뀌다

3세기 이후 로마 제국은 일종의 동맥경화 증세를 보였다. 농업 생산성은 계속 하락하고 상업과 유통에서도 운영이 제대로 이루어지지 못했다. 군인황제 시대라 일컫는 데서 알 수 있듯이 암살과 쿠데타가 계속되고, 실력 있는 자들이 군인을 사병 집단으로 만들어 서로 충돌하는 최악의 혼란 상태가 벌어졌다. 이를테면, 우리나라 재벌들이 각자 자기 군대를 양성해 전투를 벌여서 승리한 쪽이 대통령을 지명한다고 생각해 보라. 얼마나 혼란스럽겠는가!

사회적 혼란기에 흔히 그렇듯이 각종 외래 종교, 신비주의 종교, 점술 따위가 유행했다. 본디는 유대교와 같은 뿌리에서 출발했으나 유대족의 범위를 벗어나서 구세주를 믿는 사람 누구에게나 천국을 약속한 기독교도 마찬가지로 동쪽에서 차츰 로마 제국 전반으로 확산되어 갔다. 기독교는 특히 노예와 여성처럼 억압받는 사람들에게 호소력을 가지며 사회 저변으로 퍼졌다.

로마 제국은 처음에는 기독교에 무관심했지만 교세가 크게 확산된 후에는 황제 숭배 거부를 문제삼아 기독교를 박해하기 시작했다. 그러나 박해로 인한 순교자들의 등장이 오히려 기독교의 확산을 촉진시키고 신도들의 신앙을 더 굳건하게 만들어 주었다. 그리하여 결국에는 기독교를 박해할 것이 아니라 적극적으로 받아들이고 이를 중심으로 제국의 위기를 타개하자는 쪽으로 방향을 선회하게 되었다. 전하는 말로는 콘스탄티누스 황제가 전쟁을 하러 나갈 때 십자가의 환영을 보고 승리를 거둔 후 스스로 기독교로 개종했다고 하지만, 암만해도 훗날에 만들어진 이야기가 아닐까 의심스럽다. 사실 그가 개종한 데에는 황제 개인의 심경 변화보다는 정치적 고려가 더 컸던 것으로 보인다. 그 후 테오도시우스 황제 때에는 기독교가 로마 제국의 국교가 됨으로써 이제 핍박받던 종교가 오히려 다른 종교를 핍박하는 종교가 되었다.

전통적인 로마의 종교는 다신교로서 자연의 힘을 신격화한 수많은 신들을 믿는 것으로, 황제도 죽은 후에 제국을 보호하는 신이 되어 만신전(萬神殿, 여러 신을 모시는 곳으로, 판테온이라고 한다)에 모셔졌다. 이러한 다신교에서 기독교라는 일신교로의 전환은 어떤 과정을 거치며 일어났을까? 그리고 그것은 도대체 어떤 의미를 가지는 것일까?

사실 다신교에서 일신교로 신앙 체계가 바뀐다는 것은 지중해 세계나 유럽 대륙 전체 사람들의 심성 저 깊은 곳에 천 년 이상 존재해 왔던 구조가 근본적으로 바뀌는 것을 의미한다. 그것은 우주의 지도가 바뀌는 것이다.

다신교와 일신교는 어떻게 다른가? 이 문제에 대해 가장 보편적인 서구 지식인의 생각은 아마도 흄이 『종교에 대한 자연사적 고찰』에서 제시한 다음과 같은 견해일 것이다.

일신교가 이루어지기 위해서는 우주에 대한 조리 있는, 그래서 합리적인 견해가 있어야 한다. 그런 사고력을 통해 계몽된 심성을 가진 자들은 눈에 보이는 세계 질서로부터 하느님의 존재를 추론해 낼 수 있다. 이런 단계에 이른 진정한 일신교는 매우 드물며 원시적인 과거에는 거의 찾아볼 수 없다. 일신교적인 관점의 사고를 하지 못하는 사람들을 흄은 '저속한 사람들'이라 했다. 이런 사람들은 추상적으로 사고할 능력이 없기 때문에 두려움과 불안에 떨게 되고, 그리하여 자신이 통제할 수 없는 일들을 의인화하게 되며, 이것이 결국 다신교적인 사고방식으로 나아간다는 것이다. 바람은 왜 부는가? 바람의 신이 노했기 때문이다. 오늘은 왜 바다가 잔잔할까? 바다의 신이 기분 좋게 쉬는 모양이다. 역병이 도는데 어떻게 해야할까? 빨리 역신에게 제사를 드려야 한다…….

더 나아가서 흄은 일신교적인 사고와 다신교적인 사고가 밀물과 썰물처럼 반복된다고 보았다. 엘리트들이 '저속한 사람들'을 통제하지 못하고 오히려 민중들과 같이 우상 숭배에 빠지게 되면 다신교가 우세하게 되고, 그 반대의 경우에는 일신교가 우세하게 된다. 그러나 분명한 사실은 민중들의 종교적 습속은 언제나 다신교적이어서 이를 뿌리뽑을 수는 없다는 것이다. 민중 종교는 미신이나 올바른 신앙의 찌꺼기 형태로 존재하며 결코 스스로 변하는 법이 없다는 것이 흄의 결론이다. 과연 그럴까?

성인 숭배의 확산

고대 말에서 중세 초에 기독교가 유럽 전체에 뿌리내리는 과정을 살펴보면 위에서 말한 견해를 수정하지 않을 수 없다. 다신교에서 일신교로 근본적인 구조 변화를 거치는 이 시기에 엘리트들과 민중들의 종교적 태도는 흄이 제시한 모델과는 사뭇 다르다.

여기에서 주의깊게 보려는 점은 성인 숭배의 확산이다. 3~4세기에 사람들은 순교자나 기이한 행적을 보인 성인들의 무덤을 찾아가 빌거나, 그들의 유골과 유품에 경배를 했다. 성인들은 보통의 인간들과는 비교할 수 없는 성스러운 힘을 가진 존재이며 하느님과 '친구'이다. 그들의 영혼은 하늘나라에 있지만 그들의 뼈는 이곳 지상의 무덤에 묻혀 있어서 하늘의 힘을 인간에게 나누어 줄 수 있다. 그 힘을 더 확실히 얻기 위해 사람들은 자신과 친지들의 시신을 성인 옆에 묻었으며, 더 나아가서 아예 살아 있을 때부터 성인 무덤 옆에 거주하기에 이른다. 이제 성인의 무덤은 하늘나라와 이 세계가 만나는 특별한 장소가 된 것이다. 이렇게 해서 삶의 세계와 죽음의 세계는 공존하게 되었다. 이전에는 신의 세계, 곧 죽은 자의 세계와 산 자의 세계는 완전히 분리되어 있었다. 그 당시 사람들은 지구와 달 사이에 인간이 도저히 건널 수 없는 커다란 장벽이 있고 그 너머에 '저세상'이 있다고 생각했다. 그런데 이제 그 장벽이 붕괴되고 신과 인간 사이에 소통할 수 있는 창구가 마련된 것이다.

사실 성인들의 뼈나 유물에 경배함으로써 그들의 힘을 빌린다는 것은 기독교 교리와 잘 부합되지 않아 보인다. 만일 지방마다 여러 성인들이 있고 그 지방 사람들에게 그것이 최고의 권위를 누리게 한다면, 이것은 다신교의 한 형태이지 유일신을 믿는 일신교라고 보기는 어렵다. 그러나 4세기 말과 5세기 초에 이르면 기독교도들은 이런 '미신적인', 그리고 '다신교적

인' 생각과 의식(儀式)을 거침없이 받아들였다. 흄이 말하는 저속한 사람들
이 결국 그들이 원하는 바를 관철시킨 것이다. 일반 신도들은 새로운 종교
적 내용과 종교적 감성을 가지고 기독교 교회에 들어왔다. 여기에서 핵심
적인 과제는 민중들의 종교적 열망을 잘 품어 주어서 이런 요소를 살리되
전체적으로 일신교 구조 속으로 끌어들이는 일일 것이다.

그러나 심각한 문제는 성인 숭배가 초기 기독교 교리에 맞지 않는 미신
적 요소라는 점보다는 그것이 일부 유력한 개인이나 권세 있는 가문의 사
유물이 되었다는 점이다. 힘있는 가문에서는 유명한 성인의 뼈를 얻어다

가 자기 집안 교회에 안치함으로써 그 성인의 공덕을 오로지 자기네 가문의 것으로 만들고자 했다. 이를 과시하려고 그 유물을 가지고 행진을 하거나 축제를 벌이기도 했다. 이런 식으로 순교자를 독점하는 것은 기독교의 확산에 가장 큰 장애 요인이 될 수 있었다. 따라서 성인 숭배를 공공의 것으로 만드는 일이 무엇보다 필요했다. 다시 말해, 성인의 보호를 한 가족만이 아니라 전체 신도들에게로 확산시켜야 했다. 이 일을 주도한 사람이 주교들이었다.

기독교의 뿌리 내리기 : 오래된 믿음의 재구조화

종교적 권위를 확보하는 데 핵심이 되는 키워드는 '보호'였다. 로마 제국이 몰락하는 이 시기는 극도로 혼란스럽고 불안한 시대였다. 세계 전체를 아우르던 제국 질서는 무너져 가고 그를 대신하는 새로운 질서는 아직 형체를 드러내지 않은 이 시기에 사람들은 정신적으로나 물질적으로나 공포와 불안에 시달렸다. 410년 고트족의 로마 공격과 같은 대재앙 앞에서 사람들은 어찌할 바를 몰랐다. 이러한 때에 주교들은 사람들이 필요로 하는 보호를 효율적으로 제공함으로써 확고하게 기틀을 잡게 되었다. 그들은 먼저 정신의 안정을 제공해 줄 수 있었다. 그것은 무엇보다도 하느님의 힘을 이 세상 사람들에게 전하는 중간 매개자인 성인의 공덕을 일반인 모두에게 골고루 나누어 줌으로써 가능했다. 하나의 예를 보자.

밀라노에서 385년에 성 게르바시우스와 성 프로타시우스의 유골이 발견되어 커다란 흥분을 불러일으켰다. 이런 식의 새로운 유골 발견은 물론 이전부터 있었던 일이지만 정말로 새로웠던 일은, 이 지역의 주교였던 암브로시우스가 이 유골을 빠르고도 확실하게 자신의 영향력 아래로 가져

온 점이다. 그는 하루 만에 자신의 성
당, 그것도 나중에 자기가 죽으면 석관
이 놓이게 될 자리 바로 밑에 그 유골
들을 안치했다. 이렇게 함으로써 이 두
성인은 암브로시우스가 행하는 미사에
확고한 권위를 부여하게 된 것이다. 그
리고 이 성인들과 관련된 축제가 성대

하게 열림으로써 성인의 보호는 완전히 공식화되었다. 이전 같았으면 어느
유력한 가문이 홀로 차지했을 성인의 힘을 이런 식으로 교회 공동체 전체
가 향유할 수 있게 된 것이다. 암브로시우스의 이런 방식은 다른 지방의 주
교들에게 좋은 모델이 되었다.

　주교의 주도권은 정신적인 면에서만 일어난 것이 아니었다. 차츰 많은
사람들이 재산을 교회에 기증했는데, 이런 일이 수세기 동안 지속되면서 교
회의 부는 계속 증대해 갔다. 그러면 이를 어떻게 사용했을까? 첫째, 이 막
대한 부를 이용하여 기근과 전쟁, 질병에 시달리는 사람들을 구제했다. 굶
주려 죽어 가는 사람, 질병에 시달리는 사람들에게 이보다 더 강력한 유인
책이 어디 있겠는가? 둘째, 교회의 권위를 드높이기 위해 부를 재투입했다.

그래서 성골당(聖骨堂)을 사치스럽게 장식하고 화려한 의식과 축제를 벌이게 되었다. 이것이 신자들의 마음을 확실히 잡는 역할을 하였을 것이다.

이렇게 해서 주교는 정신적으로나 물질적으로나 해당 지역의 주민들을 보호하는 강력한 권위체로 자리잡아 갔다. 게다가 주교들이 제공하는 이러한 보호의 관계 안에서는 사회적 장벽이 존재하지 않았다. 신 앞에서는 모두가 평등하며, 성인들의 중개는 모든 신자들에게 골고루 전해졌다. 주교는 이런 경향을 더욱 강화해서 현세의 힘과 부를 가진 사람들에게 자선을 베풀 것을 권했다. 이전 수세기 동안 제국 안에 강력하게 존재했던 사회적 장벽은 '사랑' 앞에서 무너져 내렸다. 이전에는 혈연을 중심으로 이루어진 친족 관계가 모든 것을 좌우했다. 곧, 유력한 가문은 부와 권세를 누리고, 게다가 그들만이 종교적 힘을 독점하려는 경향까지 더해졌던 것이다. 그러나 이제 교회는 친가족에게 느꼈던 것과 같은 유대감과 충실함이 가득한 새로운 사회 공동체를 제공해 주었다.

흔히 기독교가 유럽 문화의 핵심이라고 말하지만, 구체적으로 그것이 어떻게 사람들 사이에 정착되는가는 또다른 문제이다. 성인의 유골 경배는 자칫 과거의 다신교 체제로 복귀할 가능성이 있었으나 주교들의 주도 아래 전체적으로는 일신교적 틀이 유지되고 그 안에서 하느님과 일반 신도를 중개하는 믿음으로 자리잡은 것이다. 이는 곧 아주 오래된 믿음 형태가 재구조화되었음을 뜻한다. 그러면서 그것은 시대의 당면 과제인 '약자들의 보호'라는 기능을 떠맡았다. 엘리트들은 이전처럼 위에서 힘을 행사하는 것이 아니라 아래로 내려와서 민중들과 함께 하고 거기에 뿌리내릴 것을 요청받았다. 이것은 '아래로부터의 요구'에 대응해 '위로부터의 민주화'가 되는 과정이라 할 수 있다. 이렇게 보면 종교의 뿌리내리기는 사회 전체의 동의를 통해 이루어진 일이다.

11

바이킹

주변부의 역사

역사를 본다는 것에도 관성이 작용한다. 우리는 늘 기존 역사 서술에서 중심 역할을 하는 곳으로만 눈을 돌린다. 그래서 흔히 중심권이라고 이야기되는 곳의 역사만 중요하다고 생각하고 그 밖의 지역은 무시한다. 그러나 때로는 '주변부'에서도 엄청난 역사적 사건이 일어났음을 놓치지 말아야 한다. 바이킹의 팽창이 그런 사례 중 하나이다.

바이킹의 역사는 흥미진진한 모험담이다. 바이킹이라 하면, 우리는 스칸디나비아 출신의 근육질 사나이들이 날렵한 배를 몰아 유럽 대륙의 해안에 출몰하며 '히트 앤드 런'(hit-and-run, 여기서는 엉터리 야구 용어가 아니라, 약탈하고 잽싸게 도주하는 것을 가리킨다) 하는 이미지를 가지고 있다. 전반적으로 이 이미지가 크게 틀리지는 않는다. 하지만 바이킹들이 아메리카 대륙에 도착해서 인디언들과 전투를 벌이기도 하고, 또 반대 방향으로는 러시아를 가로질러 비잔틴 제국에 이르렀으며, 일부는 비단길을 거슬러 중앙아시아까지 진출했다는 사실은 그리 잘 알려져 있지 않다(심지어 인도나 중국에까지 도달했으리라고 추정하는 학자들도 있다). 소수의 사람들이 이처럼 드넓은

바이킹 지역의 발굴품

바이킹들이 거주했던 곳이나 교역했던 곳에서 발굴되는 물건들은 매우 중요한 사료가 된다. 이 중 특기할 만한 것이 엄청난 양의 은화들이다. 비잔틴 제국이나 이슬람권의 주화들이 많은 것을 볼 때, 그 지역과 교역하면서 많은 주화들이 북유럽으로 들어온 것을 알 수 있다.

지역으로 팽창해 나간 것은 유례가 없는 일이다.

바이킹(viking)이라는 낱말의 어원에 대해서는 몇 가지 설이 있다. 한 설에 따르면 스칸디나비아어로 작은 만(灣)을 가리키는 비크(vik)라는 낱말에서 '아비킹(a-viking)'이라는 말이 나왔는데, 그것은 해적들이 배를 출항하는 곳, 또는 지나가는 배를 습격하기 위해 배를 숨기는 작은 만 등을 가리키며 여기에서 바이킹이라는 말이 나왔다고 한다.

다른 설에 따르면 교역이 이루어지는 곳을 '비크(vik 또는 wik)'라고 하는데(함비크, 캉토비크 등의 지명에서 알 수 있다), 스칸디나비아인들이 이런 곳을 공격하고 때로 머물러 살기도 했다. 그래서 그곳을 다녀온 사람들을 가리켜 바이킹이라고 했다는 것이다.

그러나 사실 그 시대에 북쪽에서 내려온 사람들을 가리킬 때 바이킹이라는 말을 그리 흔하게 쓰지는 않았고, 그보다 노스만(Norseman 또는 Northman)이나 노르만(Norman) 같은 말들을 더 자주 썼다. 바이킹이라는 말이 일반적으로 쓰이게 된 것은 19세기 이후 스칸디나비아 민족주의 운동의 결과이다 ('바이킹'이라고 하면 같은 해적이라도 멋진 모험가의 뉘앙스가 풍기지 않는가).

바이킹의 시대

스칸디나비아 지역은 일찍부터 '여러 종족의 모태'였다. 이 지역에서 출발한 이주의 물결 가운데 첫 번째 것은 포괄적으로 '게르만족의 이동'이라고 일컫는 큰 흐름으로서, 유럽 대륙을 인간 메뚜기 떼의 격랑 속으로 밀어넣었다가 대략 6세기경에 멈추었다. 그 후 약 200년 뒤에 다시 한번 스칸디나비아발 인간 대이동이 시작되었는데, 이것이 바이킹의 이동이다. 대략 750년부터 1050년까지의 3세기 정도를 '바이킹의 시대'라 한다.

사실 바이킹 시대가 되기 200~300년 전인 5~6세기에도 이 지역은 다른 지역과 활발하게 교류하고 있었

바이킹 지역에서 발견된 불상
바이킹들의 주요 교역 지점 중 하나였던 헬괴에서 불상이 출토되었다. 6~7세기경 인도에서 제작된 이 불상은 높이 8.4cm의 소형으로, 아마도 원거리 여행자가 일종의 부적으로 지니고 왔던 것으로 보인다.

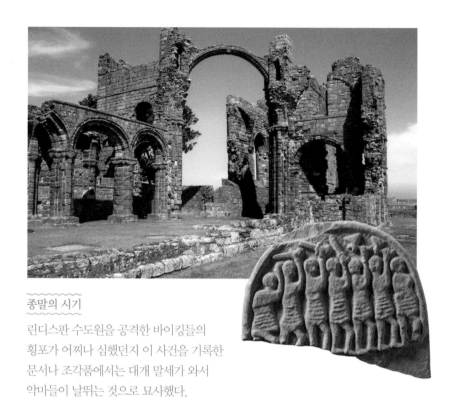

종말의 시기
린디스판 수도원을 공격한 바이킹들의
횡포가 어찌나 심했던지 이 사건을 기록한
문서나 조각품에서는 대개 말세가 와서
악마들이 날뛰는 것으로 묘사했다.

다. 이 시대 동로마 제국이나 아랍 지역의 금화와 은화들이 많이 발굴되었
으며, 심지어 인도에서 만들어진 작은 불상이 출토되기도 했다.

그러나 곧 이런 평화적인 교류 대신 스칸디나비아인들이 본격적으로 바
깥으로 팽창해 나가는 시대가 시작되었다. 『앵글로 색슨 연대기』(Anglo-
Saxon Chronicle)에 이에 관한 기록이 있는데, 영국 북동 해안의 린디스판 섬
의 수도원 공격(793)에 관한 것이다. 그 당시 원정은 문자 그대로 약탈과
방화, 해적질이었으며, 노르웨이인과 덴마크인이 주류를 이루었다. 이들의
광포함은 상상을 초월하는 것으로, 이런 일화가 있다. 바이킹들은 노략질
을 할 때 아이들을 죽여서 머리를 자르고 그것을 창끝에 꽂고 다니는 것이

관례였다. 그러나 어느 사회에도 예외적인 순둥이들이 있는 법인지라, 어떤 사람이 그 짓을 차마 하지 못하자 동료들이 그를 보고 '어린이들의 친구'라 놀려 댔다는 것이다. 이런 정도이니 침략을 당하는 처지에서는 이들을 말세에 북쪽에서 내려오는 악마 떼로 보는 것도 무리가 아니었다.

"이해에 가공할 흉조가 노섬브리아에 나타나서 사람들을 놀라게 했다. 그것들은 거대한 돌풍과 번갯불로 되어 있었으며, 공중에 불을 뿜는 용들이 날아가는 것이 보였다. 이런 표시 다음에 대기근이 뒤를 이었고, 바로 얼마 후인 6월 8일에 이교도들이 린디스판에 있는 하느님의 교회를 완전히 파괴하고 약탈과 살인을 저질렀다." 이는 분명 예레미아서의 내용을 염두에 둔 표현이다(예레미아서 1:14, 주님께서 말씀하셨다. "북쪽에서 재앙이 넘쳐흘러 이 땅에 사는 모든 사람에게 내릴 것이다").

9세기에 들어서자 바이킹들은 더욱 자신감이 생겼는지 약탈을 한 후 바로 도망가는 것이 아니라, 이제 월동도 하고 아예 땅을 차지하고 눌러앉기도 했다. 왜 이렇게 많은 사람들이 바다로 나갔는가? 정확한 원인에 대해서는 아직도 만족할 만한 설명이 없다. 다만 추정하기로 인구 과잉, 농토

바이킹의 낙서
비잔틴 제국까지 가서 무역을 하던 바이킹들은 전사로서 뛰어난 실력을 인정받아 황제 호위군이 되기도 했다. 그 중 한 명인 듯한 할프단이라는 자가 소피아 성당 발코니에 칼로 자기 이름을 룬 문자(고대 스칸디나비아 문자)로 새겨 놓은 것이 발견되었다. 유적지나 관광지에 흉하게 새긴 낙서가 쓸모있는 자료가 된 매우 드문 사례이다.

부족, 또는 호전적 엘리트 집단 사이의 갈등 따위를 꼽는다.

이 시점부터 바이킹의 팽창은 크게 세 방향으로 나누어진다. 하나는 남쪽 방향으로, 영국 제도와 프랑스 노르망디 지역으로부터 차츰 남하해서 지중해까지 도달하였다. 또 한 갈래는 서쪽 방향으로, 북대서양의 섬들(오크니, 셰틀랜드, 아이슬란드, 그린란드)을 차례로 항해하여 거주지를 만들고 마지막으로는 아메리카 대륙에 상륙해서 한때 정착지를 건설하기도 하였다. 그리고 나머지 한 갈래는 동쪽 방향으로, 핀란드, 발트해 연안 지역, 그리고 이곳을 넘어 볼가 강을 따라 내려가면서 러시아를 지나고 비잔틴 제국까지 가서 교역을 했으며, 아마도 바그다드나 그보다 더 먼 지역까지 갔을 것으로 추정된다.[•] 지금까지는 대개 남쪽 방향으로의 팽창에 대해서만 약

• 장사를 하러 온 바이킹들에 대해 이븐 할둔이라는 아랍인이 남긴 기록이 있다.

"나는 사업 여행을 하는 '루스'(원래 러시아 땅의 사람을 가리키는 말인데, 여기에서는 바이킹을 뜻한다)들을 보았다. 이들은 볼가 강에서 캠프를 하고 있었다. 나는 그들보다 더 완벽한 신체를 가진 사람들을 본 적이 없다. 키는 대추야자 나무만 하고, 머리는 금발에다가 안색은 불그스레했다. 그들은 튜닉이나 캐프탄을 입지 않고 다른 옷을 입었는데, 그 옷은 몸의 한쪽을 가리는 대신 한 손을 자유롭게 쓸 수 있게 되어 있었다. 그들은 각자 도끼, 장검, 또는 단검을 지니고 있었는데 이것들을 손에서 놓지 않았다. (……) 여자들은 양쪽 가슴에 쇠, 은, 구리, 금으로 만든 상자를 매달고 있었다. (……) 그 상자에는 고리가 달려 있고 그 고리 끝에는 칼이 매달려 있었다."
그들이 하는 기도도 역시 흥미롭다. "디나르 화폐와 디렘 화폐를 많이 가지고 있고 내가 팔려는 물건을 사고 또 내가 하는 말에 군말하지 않는 상인들을 보내 주소서."
장사하는 데 군소리 없는 상인을 만나게 해 달라고 자신들의 신에게 기도하는 바이킹 상인의 모습에 대한 기록이 정작 스칸디나비아에는 없고 저 멀리 떨어진 아랍 세계에서 발견되다니 참으로 아이러니한 일이다.

간 서술할 뿐, 그 나머지 방면의 팽창에 대해서는 거의 소개되지 않았던 듯하다. 그래서 여기에서는 서쪽 방면의 바이킹 팽창을 소개할까 한다.

얼음의 바다를 지나 아메리카 대륙까지

바이킹의 서쪽 항해는 안개와 얼음의 바다를 지나 미지의 땅으로 찾아가 기이한 사건을 벌이는 전형적인 모험 이야기이다.

처음 찾아간 외지는 북대서양의 페로 제도였다. 이곳이 무인도인 줄 알았던 바이킹들은 놀랍게도 이 황량한 섬에서 사람들을 만나게 된다. 그들은 아일랜드 출신의 고행 수도승들이었다. 신심 깊은 이 사람들은 일부러 가장 살기 힘든 오지를 찾아가서 살고 있었던 것이다. 이 은둔자들은, 뱃사람이자 해적질을 주업으로 하는 건장한 사나이들을 보고는 양들을 놔둔 채 도망가 버렸다.

이보다 더 서쪽으로 가면 아이슬란드가 있다. 이 섬 주변 바다에 얼음이 둥둥 떠다니는 모습이 인상적이어서 '얼음섬'이라는 이름이 붙었다는 데에서 알 수 있듯이, 이 정도 되면 항해해 가는 것 자체도 만만치 않았을 것이다. 스칸디나비아로부터 이곳에 오는 데에는 바다 사정에 따라 한 주에서 한 달까지 항해해야 했다. 이런 열악한 환경이었지만, 이 섬에는 860년부터 대규모 정착이 이루어졌다. 당시 사정을 말해 주는 희귀한 문헌 자료가 일부 남아 있는데, 아이슬란드에 대한 증언이 재미있다. "밤에도 해가 완전히 지지 않아서 사람들이 이도 잘 잡을 수 있다."(북극 가까운 지방의 백야 현상을 가리킨다)든지, "바다가 언다."는 말이 나온다. 당시 이런 내용을 두고 파리 같은 곳에서는 거짓말이라며 비웃었다고 하지만, 이것은 오히려 이 증언의 신빙성을 높여 준다.

정착지

바이킹들이 서쪽 바다로 항해해 가서 아이슬란드나 그린란드 같은 곳에
만든 정착지의 유적.

  스칸디나비아 지역의 농민들은 '알팅'이라고 하는 집회에서 중요한 안
건을 결정하는 관례가 있었다. 980년 한 알팅에서 붉은 머리 에리크가 살
인죄로 추방당하는 사건이 일어났다. 그는 어쩔 수 없이 배를 타고 고향을
떠나야 했는데, 그린란드를 발견한 인물이 바로 이 사람이다. 사실 에리크
보다 약 60년 전에 어떤 사람이 폭풍우에 밀려 서쪽으로 갔다가 이 섬을
얼핏 보고 온 적이 있었다. 에리크는 이 이야기를 듣고 서쪽으로 항해하여
마침내 그 섬에 도착했다. 그는 3년 뒤에 다시 고향에 돌아와서 자신이 그
린란드('녹색의 땅'이라는 뜻)라고 이름 붙인 땅 이야기를 하고 많은 사람들
을 데리고 갔다. 이에 대해 사가(saga, 바이킹의 모험을 기록한 이야기. 132쪽 글상
자에 내용 일부를 소개했다)에서는, 에리크가 사람들을 속이려고 땅 이름을 그
렇게 매혹적으로 붙였다고 말한다. 그 말대로라면 그는 부동산 사기를 친

셈이지만, 여름에는 그린란드에 문자 그대로 녹지가 많이 생기는 것도 사실이다. 새 정착지로 가겠다는 희망자가 많아서 985년경에 25척의 배가 출발했으나 14척만 도착했다. 에리크는 이 섬의 동쪽에 있는 에릭스표르드 지방을 차지해서 수장 노릇을 했고, 어떤 사람들은 더 항해해 가서 섬의 서쪽 지방을 차지했다.* 그래서 그린란드에는 두 곳의 정착지가 생겨났다. 기록에 따르면 동쪽에 190개, 서쪽에 90개의 농장이 있는 것으로 되어 있으나, 고고학적 발굴에 따르면 실제로는 동쪽에만 450개의 농장이 있었다. 9~12세기에는 이곳 날씨가 지금보다 더 따뜻했던 것으로 알려져 있다. 그 당시 정착민들은 사료 작물을 재배하면서 양, 소, 염소를 쳤는데, 오늘날에는 이것이 불가능하다. 여기에 더해서 바다표범 사냥도 중요한 비중을 차지했다.

더 극적인 일은 아메리카 대륙 본토에 바이킹이 상륙한 일이다.

아메리카 대륙을 처음 보고 돌아온 사람은 헤르욜프손이라는 사람으로 알려져 있다. 그는 에리크를 따라간 아버지를 찾아서 985년에 아이슬란드를 떠났다가 강풍 때문에 서쪽 바다로 밀려갔는데, 이때 오늘날의 라브라도르와 배핀 섬을 본 다음 동쪽으로 뱃머리를 돌려서 그린란드에 도착했다. 그보다 약 10~15년 뒤 아메리카 대륙에 상륙한 인물은 에리크의 아들인 행운아 레이프였다. 그가 처음 아메리카 본토에 상륙했을 때 그의 눈을 사로잡은 것은 '겨울에도 자라는 포도'였다(아마도 야생 베리 종류였을 것이다).

* 얼마 후에 에리크의 아들이 노르웨이 왕의 명령으로 기독교를 전파하기 위해 이곳에 찾아왔다. 에리크의 부인이 먼저 개종하고 남편에게도 개종을 권했는데, 에리크가 받아들이지 않자 두 사람은 이혼했다. 이는 유럽의 기독교화가 차츰 변방 지역으로 확산되는 것과 관련하여 흥미로운 일화이다.

그는 빈랜드('포도의 땅'이라는 뜻)라는 이름을 이 땅에 붙이고, 그곳에서 겨울을 나고 돌아왔다. 다음 해에 그의 형제 중 한 명인 토르발이 빈랜드에 갔다가 원주민의 화살을 맞고 죽었다. 다시 몇 년 후에는 칼세프니가 160명을 데리고 가서 이곳에 식민지를 건설하고 3년 정도를 버텼다. 바이킹들은 원주민들을 '스크뢸링가'라고 했는데, 경멸적인 말 같기는 한데 무슨 뜻인지는 알려져 있지 않다('소리 지르는 사람' 또는 '못 생긴 사람' 등으로 추측한다).

칼세프니 일행과 스크뢸링가의 조우에 대해서는 재미있는 기록이 남아 있다. 바이킹들이 소를 몰고 가서 방목했는데, 어느 날 소들이 크게 우는 소리를 듣고 나가 보니 스크뢸링가들이 있었다. 이들은 소를 보고 너무 놀라서(아메리카 대륙에는 소나 말이 없었다) 칼세프니의 집으로 뛰쳐 들어왔다. 말이 통하지 않았지만 양쪽은 곧 교역을 시도했다. 스크뢸링가들은 모피를 내려놓고 바이킹들의 무기를 달라는 표시를 했다. 칼세프니가 무기를 주지 않고 그 대신 우유를 가져다 주자, 스크뢸링가들은 그것을 탐내어 마셨다. 그래서 그들은 뱃속에 우유를 넣고 가고 바이킹들은 모피를 얻었다.

이렇게 해서 차츰 교환을 늘려 갔다. 특히 스크뢸링가들은 바이킹들이 가지고 온 옷감을 탐내서 자신들의 최고급 모피를 주고 가져갔다. 그러나 이런 교역도 잠깐이었고, 곧 그들이 곤봉을 휘두르며 공격해 왔다. 그 후 몇 차례의 전투 끝에 결국 바이킹들은 아메리카 본토에서 철수하였다.

바이킹들은 콜럼버스보다 약 500년 전에 아메리카 대륙과 주변의 여러 섬에 들어갔다. 그리고 원주민들인 인디언과 에스키모와 교역을 하기도 하고 전쟁을 벌이기도 했다. 고고학적 발굴 결과를 보면 두 문명 간의 접촉과 교류가 제법 활발했으리라 추측할 수 있다. 예컨대 캐나다 뉴펀들랜드 주에서 바이킹들의 거주지를 발굴해 본 결과, 철을 용해하고 대장간 일을 한 흔적을 찾아 낼 수 있었다. 또, 미국 메인 주와 북극 지방에서 바이킹과 관련된 물건들과 동전이 발견되었는데, 이것은 바이킹들이 이곳에서 원주민들과 여러 물건을 거래한 증거이다.

그렇다면 이런 질문을 해 봄 직하다. 왜 바이킹의 아메리카 접촉은 콜럼버스 시대처럼 세계사적인 사건들을 불러일으키지 않았는가? 왜 두 지역의 관계는 지속적인 영향을 미치지 못하고 곧 중단되었는가?

바이킹들로서는 인디언들을 완전히 제압하고 지배할 힘이 없었다. 스페인, 포르투갈, 프랑스, 영국, 네덜란드 같은 중앙집권적이고 강력한 국가에 의해 주도되는 근대 이후의 해상 팽창과는 성격이 크게 달랐던 것이다. 지배가 아니라면 교역이라도 계속 할 수 있었겠지만, 사실 초기 교역의 경우 대개 지리적 차이, 특히 기후의 차이로 두 지역 간에 서로 다른 물품들이 많아야 자연스레 교역을 하게 될 텐데, 이 두 지역은 그 차이가 뚜렷하지 않았다. 그러던 차에 기후가 점점 더 한랭해졌다. 얼음이 더 남쪽으로 내려와서 바다에서 항해하기가 힘들어졌고, 아이슬란드나 그린란드 같은 곳에서 작물을 재배하며 사는 것도 힘들어졌다.

바이킹의 대모험은 이렇게 희미한 흔적만 남긴 채 중단되고 말았다.

사가, 바이킹의 모험 이야기

바이킹의 모험을 담은 이야기인 사가(saga)는 구전 문화의 산물로서 민중들의 기억 속에 전승되어 오다가 대개 13세기 이후 기독교 시대에 문자로 기록되었다. 바이킹 시대 이후 2세기가 지나서야 글로 옮겨졌으므로 바이킹들의 실제 역사 사실을 정확하게 나타내는 것은 물론 아니다. 따라서 사료로 쓰고자 할 때에는 아주 조심스럽게 이용해야 한다. 사가는 크게 두 종류로 나누어진다. 하나는 '왕의 사가'라 하는데, 초기 스칸디나비아 통치자들과 역대 노르웨이 왕들의 이야기이다. 다른 하나는 '아이슬란드 사가'라 하는데, 아이슬란드 초기 정착에 관한 이야기들이다. 대략 870~930년의 사건들인 초기 정착 과정, 생존, 갈등과 중재, 그 중에서도 주로 가족 간의 갈등에 관한 것이어서 '가족 사가'라고도 한다. 사가는 실제 이야기를 토대로 한 것처럼 보이지만 결국 꾸며 낸 이야기라는 것이 역사가들의 중론이다. 그렇지만, 구체적인 사실은 틀린다 하더라도 역사적인 큰 흐름이나 바이킹 시대의 전반적인 배경을 말해 주는 자료로 참고할 수 있으리라 본다.

다음은 '에리크 사가' 중에서 빈랜드에 관한 대목이다.

어느 날 아침에 그들은 9척의 보트를 보았다. 보트 위에는 통널이 흔들리는 것이 보였고 마치 도리깨질하는 소리처럼 들렸다. 그리고 그들의 움직임은 태양 도는 방향이었다.

"이게 뭐지?" 하고 칼세프니가 물었다.

"아마 평화의 표시인 모양입니다. 하얀 방패를 들고 저 사람들에게 내밀어 보지요." 하고 스노리가 말했다.

두 사람은 그렇게 했다. 그러자 그 사람들은 아주 놀라는 표정을 지으며 그들에게로 노를 저어 와서 땅 위로 올라왔다. 그들은 키가 작고 못생겼고 머리카락이 흉측했다. 눈이 크고 광대뼈 부근이 넓었다. 그들은 놀란 표정을 지으며 그렇게 머물렀다가 잠시 후 남쪽 곶 너머로 노를 저어 갔다.

칼세프니와 부하들은 호수 위쪽에 거주지를 건설했다. 어떤 집들은 땅 가까이 있었고 어떤 집들은 호수 가까이 있었다. 이렇게 해서 그들은 겨울을 지냈는데, 그동안 눈이 오지 않았으며, 가축들은 바깥에서 풀을 뜯어먹으며 지냈다. 그런데 봄이 되자 어느 날 수많은 보트들이 남쪽 곶을 돌아서 오는 것이 보였는데, 보트가 어찌나 많은지 만 전체에 석탄을 뿌려 놓은 것 같았다. 그리고 모든 보트 위에서 통널을 흔들고 있었다.

칼세프니와 부하들은 방패를 위로 들어올리고, 거래를 하기 시작했다. 이 사람들은 무엇보다도 붉은 천을 가지고 싶어했다. 그들은 또 칼과 창도 사고 싶어했지만 칼세프니와 스노리는 이것을 허락하지 않았다. 그들은 옷감과 교환할 상품으로 질 좋은 검은 가죽을 가지고 왔는데, 옷감 한 뼘과 가죽 한 장을 서로 바꿨다. 이렇게 얻은 옷감을 그들은 머리에 묶었다. 한동안 이렇게 교환이 계속되자 옷감이 모자라게 되었는데, 그러자 그들은 옷감을 찢어서 나누었다. 그래서 옷감이 손가락만큼의 너비밖에 안 되게 되었지만 그래도 스크릴링가들은 이전과 같은 크기의 가죽을 주었다.

12
낙원의 역사

인간의 꿈은 역사의 중요한 부분이며, 인간 행동의 많은 부분을 설명한다.

_마조리 리브스

인간을 움직이는 가장 강력한 힘의 하나는 꿈이다. 그 중에서도 역사상 언제나 사람들을 휘어잡은 꿈은 낙원(파라다이스)에 대한 꿈이다.

현대인들은 낙원, 천당, 천국에 대해 아예 믿음을 잃었거나, 아니면 그런 곳이 있다 하더라도 죽은 다음의 세계에나 있다고 생각하는 경향이 있다. 그러나 과거에 '파라다이스'라고 하면 그것은 '지상낙원'을 가리켰다. 우리가 발 딛고 있는 이 땅 어딘가에 이상향이 실재한다고 본 것이다. 성경의 내용을 있는 그대로 철석같이 믿던 중세 유럽에서는 더욱이나 지상낙원의 존재에 대해 전혀 의심치 않았다. 창세기에 아주 구체적으로 지리적 설명이 제시되어 있기 때문이다. 교부 시대(6세기, 또는 8세기까지도)의 많은 저자들에게 낙원은 아담과 이브가 살았던 '기쁨의 정원'을 가리켰다. 심지어 16 ~18세기에도 지상낙원에 대해 논하는 저작들이 계속해서 발간되었다.

낙원은 어떤 곳인가?

낙원, 곧 파라다이스(paradise)라는 낱말은 원래 고대 페르시아어 '아피리
다에자(apiri-daeza, 벽으로 둘러싸인 과수원)'에서 나온 말이다. 이것이 고대 히
브리어에 받아들여져서 '파르데스(paradès)'가 되었고, 다음에 그리스어 구
약 번역 과정에서 '파라데이소스(paradeisos)'로 되었다.

낱말의 형성 과정에서 알 수 있듯이, 중세나 근대 유럽인들이 지닌 낙원
의 개념이나 이미지에는 과거 여러 문명들이 품었던 낙원에 대한 해석이
녹아 있다. 예컨대 기원전 476년에 쓰여진 핀다로스의 『올림픽 찬가』에는
'행운의 섬'이라는 낙원이 나온다. 이곳은 정의로운 자들이 세 번의 시련을
겪은 후 그 보상으로 영원한 기쁨을 누리는 곳으로서, 바다에서 산들바람
이 불어오고 온갖 꽃들이 만발하며 모든 고통이 사라진 곳이다. 또 호라티
우스(B.C. 65~B.C. 8)의 서정시에 나오는 낙원은 사람이 애써 일하지 않아도
곡물이 저절로 자라는 곳이라고 소개되어 있다.

이보다 조금 더 구체적으로 서술되어 있는 예로서 시칠리아의 디오도루

● 주 하나님이 동쪽에 있는 에덴에 동산을 일구시고, 지으신 사람
을 거기에 두셨다. 주 하나님은 보기에 아름답고 먹기에 좋은 열매
를 맺는 온갖 나무를 땅에서 자라게 하시고, 동산 한가운데에는 생
명의 나무와 선과 악을 알게 하는 나무를 자라게 하셨다. 강 하나가
에덴에서 흘러나와서 동산을 적시고, 에덴을 지나서는 네 줄기로
갈라져서 네 강을 이루었다. 첫째 강의 이름은 비손인데, 금이 나는
하윌라 온 땅을 돌아서 흘렀다. 그 땅에서 나는 금은 질이 좋았다.
브돌라라는 향료와 홍옥수 같은 보석도 거기에서 나왔다. 둘째 강
의 이름은 기혼인데, 구스 온 땅을 돌아서 흘렀다. 셋째 강의 이름
은 티그리스인데, 아시리아의 동쪽으로 흘렀다. 넷째 강은 유프라
테스이다. 주 하나님이 사람을 데려다가 에덴동산에 두시고, 그곳
을 맡아서 돌보게 하셨다. (창세기 2 : 8~15)

스의 『역사 박물지』(*Bibliothèque historique*)의 설명을 보자.

어느 날 이암불루스라는 사람이 에티오피아에서 남쪽으로 멀리 여행을 떠났다가 적도 근처의 한 섬에 도착했다. 이곳 주민들은 모두 키가 크고 몸이 균형잡혀 있으며, 또 강하면서도 유연한 몸을 가지고 있는 데다가 서로 비슷하게 생겼다. 이 사람들은 머리카락, 눈썹, 속눈썹은 있으나 다른 털은 하나도 없었으며, 귀는 다른 지역 사람들보다 훨씬 더 발달해 있었다. 가장 놀라운 점은 이중 혀를 가지고 있어서 동시에 두 사람과 대화를 할 수 있다는 점이다! 위도가 낮은데도 이곳의 날씨는 온화하며 혹서도 혹한도 없다. 물이 풍부할 뿐 아니라 더운 샘물과 시원한 냇물이 함께 있다. 삶에 필요한 물품들은 모두 자연이 풍부하게 제공해 준다. 이곳에는 아주 희귀한 동물들이 많은데 모두 성격이 순하며 공격적이지 않다. 이 섬 주민들은 병을 모르고 살며, 150세까지 산다. 150세가 넘으면 주변 사람들이 이제 그만 세상을 떠나라고 권한다("할아버지, 이제 그만 돌아가시는 게 어때요?"). 그러면 미련 없이 죽음을 맞는데, 그것도 아무런 고통 없이 이루어진다. 특별한 식물 위에 누우면 스르르 잠들어서 죽기 때문이다. 이곳 사람들은 결혼을 하지 않는다. 모든 아이들은 공유이며 어머니들이 자기 아이들을 알아보지 못하도록 조치한다. 그러다 보니 어머니들 사이에 경쟁이 없다. 이들은 400명 이하의 친족 집단 단위로 살아가는데, 언제나 조화가 지켜지고 불화 같은 것은 알지 못한다…….

이런 식의 이상향에 대한 생각들은 중세 유럽 문명에 전해져서 유럽의 여러 유토피아 저술에까지 면면이 이어졌으며 기독교의 에덴동산에 대한 서술 속으로도 섞여 들어갔다.

에덴동산은 중세 내내 아주 중요한 논의 주제였다. 그런데 사람들이 가장 궁금해한 점은 아담과 이브가 쫓겨난 다음 에덴동산이 어떻게 되었는

에덴동산

13세기 세밀화로 된 중세 지도에
에덴동산이 그려져 있다.
위쪽(중세 지도에서는 위쪽이
동쪽이었다)에 선악과 나무가
있고 그 옆에 아담과 이브의
모습이 보인다.
두 사람이 자신의 벗은 몸을
가리고 있는 것으로 보아,
이미 죄를 저지르고 곧 쫓겨나기
직전이라는 것을 알 수 있다.

가 하는 것이었다.

어떤 사람들은 낙원은 지상의 어딘가에 본디 상태로 여전히 존재하는데 다만 접근할 수 없다고 주장한다. 오직 특별한 허락과 천사의 도움을 받아서만 그곳에 갈 수 있다는 것이다. 다른 견해는 아담과 이브가 쫓겨난 후 에덴동산은 지상에서 사라졌고 낙원은 다른 곳으로 이전했다는 것이다. 그런가 하면, 아담이 쫓겨난 그곳에 예수가 다시 길을 열어 주었다는 견해도 있다. 성 아타나시우스가 이런 주장을 했는데, 그 근거는 "오늘 네가 나와 함께 천국에 있을 것이다." 하는 예수의 말이다.

이렇듯 견해가 엇갈리긴 하지만, 낙원은 여전히 이 땅 어딘가에 분명히 존재한다는 의견이 중세 내내 지배적이었다. 그렇다면 그 다음에 제기되는 문제는 과연 지상낙원이 구체적으로 어디에 있느냐 하는 점이 될 것이다. 이에 대해서는 성경의 몇 가지 기록을 근거로 여러 전설적인 주장들이 계속 만들어졌다. 그러한 중세 '기독교 지리학'의 요점은 이렇다. 지상낙원은 보통의 인간들에게는 접근할 수 없는 곳에 있다. 높은 산에 걸려 있든지 대양 너머에 있기 때문이다. 그렇지만 우리가 사는 땅과 아무 관계가 없지는 않다. 왜냐하면 그곳에서 큰 강물이 흘러나와서 이 땅을 적시기 때문이다.

이와 관련된 유력한 주장은 노아와 그의 아들들에 대한 전설이다. 이에 따르면, 노아는 땅을 세 등분 하여 셈, 함, 야벳 세 아들에게 나누어 주었다. 그 중 셈에게 돌아간 땅이 가장 좋은 땅인데, 이는 북쪽의 티나 강(다뉴ㅂ 강)과 남쪽의 기혼 강(나일 강)을 경계로 하고 있다. 바로 이 땅의 동쪽 끝에 에덴동산이 있고 중간에 시온 산이 솟아 있으며 남쪽에 시나이 산이 있다. 이런 서술을 놓고 볼 때 에덴동산은 한마디로 아시아에 존재한다!

많은 기독교 책들이 이 생각을 바탕으로 하고 있고 여기에 몇 가지 주장이 더해졌다. 특히 세비야의 이시도루스가 중요한 인물로서 그의 저작은 중세 내내 큰 영향을 미쳤다.

(아시아는) 내가 언급한 많은 지방과 지역들로 이루어져 있다. 그 중 첫 번째 것이 낙원이다. 낙원은 오리엔트의 한 장소인데, 그리스어에서 라틴어로 그 이름을 번역한 것이 호르투스(hortus)이다. 히브리어로는 에덴이라 한다. 우리말로는 그 뜻이 델리키아에(deliciae)이다. 이 두 낱말이 합쳐져서 호르투스 델리키아룸(hortus deliciarum)이 된다. 이곳에는 모든 종류의 나무들, 특히 과실수들이 심어져 있고, 또 생명의 나무도 있다. 이곳에는 혹한도 혹서도 없으며 기후가 언제나 온화하다. 그 가운데에 샘이 솟아 나와서 이곳 전체를 적시며, 또 이 물이 갈라져서 네 개의 큰 강을 이룬다. 원죄를 지은 인간은 이곳에 접근하는 것이 금지되었다. 이곳은 양날의 칼과 같은 불길이 사방을 막고 있다. 다시 말해 불꽃이 하늘에까지 닿는 불의 벽으로 둘러싸여 있다. 이곳을 지키는 게루빔 천사에게 모든 영과 육신이 들어오지 못하도록 하라는 명령이 주어졌다.

인간들에게 접근이 금지된 지상낙원

15세기 말에 그려진 이 세밀화에서 지상낙원은 성벽이 둘러쳐진 곳으로서 천사들이
칼을 들고 지키며 그 둘레에 불길이 치솟아오르는 모습이다. 설명문은 '지상낙원은
고귀한 지역이다.'로 시작되는데, 주의할 점은 그 문장의 시제가 현재형이라는 점이다.
곧, 지상낙원은 현재에도 계속 존재하는 것으로 당대 사람들은 믿었다.

또 하나 유명한 기록은 프랑스 역사가 주앵빌이 쓴 것이다.

이제 지상낙원에서 발원하여 이집트를 가로지르는 그 강에 대해 말해 보겠
다. (……) 나일 강이 이집트에 들어오는 지점에서 사람들은 저녁에 강에다

가 그물을 던져 놓는다. 아침에 가 보면 그 그물에 생강, 대황, 알로에, 계피 같은 귀한 물품들이 걸려 있다. 사람들이 말하기를, 이 향신료들은 낙원의 나무에서 떨어져 흘러온 것이라고 한다.

당시 동양의 향신료가 어찌나 귀했던지 그것이 아시아의 지상낙원에서 나는 산물이라고 생각했던 것이다.

낙원을 찾아서

아시아에 낙원이 존재한다는 믿음과 관련해서 무척 흥미로운 사실은 콜럼버스의 아메리카 항해도 이와 관련이 있다는 점이다. 그는 중세 내내 널리 유포되었던 여러 속설들을 문자 그대로 철석같이 믿었던 인물이다.

알렉산드르 시오라네스퀴의 설명에 따르면, '콜럼버스는 중세인과 마찬가지로 믿었다. 곧, 그는 모든 것을 다 믿었다. 그의 믿음은 단지 종교적 감정일 뿐 아니라 정신의 모든 영역에 적용되는 방법이었다. 그는 고대인들의 권위를 믿듯이 지상낙원을 믿었으며, 햇빛의 힘으로 금을 만드는 것, 대지의 중심을 형성하는 물의 산, 또는 마르코 폴로의 이야기를 모두 믿었다.' 콜럼버스는 지상낙원이 아주 높은 곳에 자리잡고 있고, 그곳의 날씨는 온화하며, 엄청난 양의 물이 나오는 곳에 있다고 자기 나름대로 정리했다. 실제로 1498년에 콜럼버스가 3차 여행을 시도해서 남미의 오리노코 강 어귀에 도착했을 때, 그는 드디어 지상낙원의 입구에 도착했다고 믿었다.* 많이 알려지지는 않았지만, 지리상의 발견에 이러한 지상낙원 추구의 심성이 깊은 연관을 맺고 있는 것은 분명하다. 유럽인이 지상낙원에 도착하는 날 그곳의 힘과 부를 이용해 이교도들을 모두 정복하고 세계 만방에 기독교를 전파하며, 그때 인류는 마침내 잃었던 낙원을 되찾고 역사가 완수된다는 종말론적인 사고가 깔려 있었던 것이다. 이처럼 고대와 중세 이래 계속된 순박한 꿈은 근대에 들어와서도 사라지지 않고 끈질기게 이어졌다. 다만 그 내용이 조금 변경되고 꿈의 성격이 약간 달라졌을 뿐이다.

콜럼버스의 이야기에서 이미 본 것처럼 아시아가 아니라 새로 발견된 아메리카 대륙이 지상낙원 소재지로서 새롭게 강력한 후보지가 되었다. 중위도 아메리카 지역의 깨끗하고 아름다운 풍광은 유럽인들에게 타락 이전의 자연을 연상시켜 주었던 것이다. 그리하여 또다시 새로운 전설들이 만들어졌다. 예컨대 앵무새는 낙원의 새로 알려지게 되었다. 아담과 이브 시대에는 모든 동물들이 인간과 말을 주고받았으나(아침에 강아지가 조르르 달려와서 '아저씨, 배고픈데 밥 좀 주세요.' 하면 얼마나 재미있을까?), 원죄 이후 모든 동물들이 말을 잃었다고 한다. 그런데 새가 인간의 말을 흉내내다니! 그래서 앵무새는 낙원에 아직 남아 있는 새로 알려진 것이다. 또한 이 지역 주민들도 유럽인들에게 전설의 대상이 되었다. 이 사람들은 아직 기독교의 세례를 받지 못했지만 인간성만은 아담 시대 그대로의 선한 성품을 간직하고 있는 것으로 보였다. 그래서 기독교도이면서도 인간성은 사악한 유럽인들보다 훨씬 나은 덕성을 가진 것으로 미화되기도 했다. 이것이 이른바 '착한 미개인' 같은 개념으로 발전했다.

● 그는 지상낙원에 도착한 사실을 서술하면서, 지구는 여성의 유방과 같이 생겼고 그 가운데 젖꼭지 부분이 지상낙원에 해당한다는 아주 독특한 견해를 제시했다. 이렇게 세계를 에로틱하게 이해하는 것은 곧 유럽 문화를 '남성성'에 빗대어 주도적, 적극적으로 파악하고 비유럽 세계를 '여성성'에 빗대어 수동적으로 파악하는 것으로서, 유럽인들의 탐욕스러운 정복과 지배의 심성을 드러내는 것이라 할 수 있다.

낙원의 새

낙원을 그린 화가들은 흔히 그 속에 많은 새들을 그려 넣었는데, 그 가운데서도
앵무새는 특별한 지위를 누렸다. 앵무새는 아주 오래 산다고 믿은 데다가
무엇보다도 '말을 한다'는 점을 높이 쳤다.

또, 과학의 시대답게 정밀성을 추구하는 연구자들이 등장하여 예전의 환
상적인 서술이나 막연한 시간과 막연한 위치에 만족하지 않고 엄밀한 추론
을 시도하기도 했다. 천지창조의 날짜를 정확하게 계산해 본다든지, 최초
의 죄가 저질러진 시기를 계산해 내는 노력이 그런 것들이다. 이런 것들은
오늘날에 보면 웃기는 일이지만 당시 최고의 지성들이 무척 진지하게 노력
을 기울인 일들이다. 이때에도 여전히 낙원이 과연 아시아에 있는가 하는
논쟁이 계속된 것을 보면 이 신앙이 얼마나 뿌리깊은 것인지를 알 수 있다.

'유럽의 역사, 낙원 회복의 강박증

지상낙원을 문자 그대로 믿는 이런 관념이 차츰 깨진 것은 사실 그리 오래된 일이 아니다. 화석 발견과 그에 대한 새로운 해석이 제시되고 진화론이 등장하면서 성경이나 중세적인 전승들이 더 이상은 사실이 아니라고 여겨지게 되었다. 1650년에 어셔 대주교가 주장한 대로 이 세상이 기원전 4004년에 만들어진 것이 아니고, 그보다 훨씬 오래된 것으로 생각되었다.

『낙원의 역사』를 쓴 장 들뤼모의 주장은 다음과 같은 아주 흥미로운 결론을 제시한다. 서구 문화의 핵심에는 원죄 의식이 자리잡고 있다. 그런데 또 여기에는 지상낙원의 상실이라는 개념이 긴밀히 연관되어 있다. 이 둘은 신학적으로나 역사적으로나 떼려야 뗄 수 없는 관계이다.

유럽의 '주류' 기독교의 핵심 사항은 아우구스티누스적인 메시지이다. 인간은 애초에 지상낙원에서 신과 함께 살도록 되어 있었으나 죄를 지어 쫓겨났다. 여기에서 또다시 강조되는 것은 인간이 안타깝게도 낙원에서 쫓겨났다는 사실이다. 이시도루스부터 아퀴나스까지 중세의 많은 학자들은 낙원이 현재에도 실제적, 구체적으로 존재하며 지극히 아름다운 곳임을 거듭 강조하고 있는데, 그것은 그만큼 안타까움을 역설적으로 표현한 것이다. 우리가 죄를 지어 낙원에서 살지 못하고 대신 지옥의 공포에 떨게 되었다는 것이다. 이런 식으로 아우구스티누스는 『창세기』 기록자는 알지도 못했던 지옥 개념을 집어넣었다. 우리가 잃어버린 지상낙원의 아름다움과 지옥의 고통의 대조! 유럽 문명의 내면에는 이런 강박증이 깔려 있다.

그러나 들뤼모에 따르면, 유럽 기독교와 유럽 문명이 반드시 아우구스티누스적인 방향으로 나아가야 할 필연성은 없었다. 실제로 안티오크의 테오필, 성 이레네 등 여러 신학자들이 전혀 다른 해석을 제시한 바 있다.

이들의 해석에 따르면, 낙원에서 우리의 조상은 아직 어린아이였다. 어린아이가 금단의 열매를 먹은 것은 물론 좋은 일은 아니다. 그러나 '선악과 그 자체는 좋은 것이다. 그것을 소화할 수 있는 지경에 이르렀다면……. 그러나 그 열매를 먹었을 때 아담은 아직 어린아이였으므로 원래대로의 앎을 얻지 못한 것이다. 아이들은 빵을 먹기 전에 먼저 우유를 먹지 않는가.'

말하자면 이렇다. 인간은 본질적으로 사악한 존재이기 때문에 나쁜 짓을 했다기보다는 '부주의'해서 선악과를 먹었다. 신이 인간을 낙원에서 내쫓은 것도 인간을 징벌하려 해서가 아니라 불쌍히 여겨서이다. 부주의로 나쁜 상태에 빠진 인간이 낙원에 그대로 머무를 수는 없었다. 그렇다고 신이 인간 모두를 지옥으로 내몰고자 했던 것은 아니다. 그보다는 인간을 죄 지은 상태로 방치할 것이 아니라 정해진 시간 내에 죄를 지우고 사면받도록 한 신의 배려이다. 그렇다고 한다면 우리는 실낙원에 대해 서글프게 생각할 필요가 없다. 신은 우리에게 어린아이의 상태로부터 출발해서 차츰 완성을 향해 나아가도록 명령했다. 이런 주장은 아우구스티누스의 죄의식 가득한 신학, 그리고 지옥을 마련하고 '복수하는 신'의 강박증과는 다른 것이다.

그러나 실제 유럽의 기독교 문명은 그런 길을 밟지는 않았다. 낙원의 상실은 곧 복수하는 신으로 이어졌다. 그리고 이런 내면의 의식은 어떻게 해서든 지상의 낙원을 찾고 그곳에 들어가야 한다는 강박증을 낳았다. 무엇엔가 내몰리는 사람처럼 끊임없이 찾아 헤매고 무엇인가를 향해 전진해야 하는 문명의 성격, 아시아로, 또 아메리카로 공격해 들어가서 땅을 빼앗고 사람을 짓밟던 역사……, 이런 흐름의 저 깊은 뿌리에는 낙원의 상실과 지옥의 공포라는 근원적인 갈등이 존재한다.

유럽 문명의 심층에 자리잡고 있는 집단적인 꿈이야말로 가장 중요한 역사의 동력일 수도 있다.

13

아시아에 대한 꿈

중세의 세계 지도

중세 유럽인들은 이 세계를 어떻게 파악했을까? 무엇보다도 아시아에 대해서는 어떻게 생각하고 있었을까?

그것을 가장 직접적으로 보여 주는 것은 중세의 세계 지도일 것이다. 그 것이야말로 그들이 보는 세계상을 스스로 밝히는 물증이기 때문이다. 오늘날 중세의 지도는 약 600개가 전해지는데, 그것들 모두가 당시 세계를 보는 기본 시각을 보여 준다는 점에서는 큰 차이가 없다.

중세 지도는 그 특이한 모양 때문에 T-O 지도 또는 바퀴 지도라고 한다. 세계는 O자 모양으로 그려졌고, 그 내부는 다시 T자 모양의 강으로 나누어져 있다. 요즘 지도가 보통 북쪽이 위, 동쪽이 오른쪽인 것과는 달리 이 시대의 지도에서는 동쪽이 위, 서쪽이 아래, 남쪽이 오른쪽, 북쪽이 왼쪽에 있다. 그래서 T자의 윗부분은 아시아 대륙이고, 아래 왼쪽은 유럽, 오른쪽은 아프리카 대륙이다. 크게 윗부분의 아시아와 아래쪽 두 대륙을 나누는 한 가운데의 수평선이 다뉴브 강과 나일 강이고(당시 이 두 강은 한 줄로 연결되어서 흐르는 것으로 생각했다), 아래쪽의 아프리카와 유럽을 나누는 수직선이 지중해이다. 그리고 이 모든 것을 대양이 O자 모양의 띠처럼 둘러싸고 있다.

지도상에 표시된 내용들은 실제 지리적 사실이라기보다는 차라리 종교적 해석을 나타낸 것들이다. 곧, 이 지도들은 사실적인 것이 아니라 세계에 대한 성경의 해석을 그림으로 나타낸 것이라 할 수 있다. 말하자면 '지도를 빙자한 만화'에 가깝다.

이 지도에는 기독교적 세계관이 투영되어 있어야 하고, 성경에서 언급한 모든 일화가 실제 장소로서 표시되어야 한다. 무엇보다 이 세계를 세 개의 대륙으로 나눈 것부터가 기독교적 신화에서 유래한 것이다. 노아는 세 아들 셈, 함, 야벳에게 각각 아시아, 아프리카, 유럽을 분배해 주었다고 한다. 세계의 중심(지도의 한가운데)에는 예루살렘이 있다. 가장 중요한 곳 중 하나는 물론 에덴동산이다. 에덴동산은 아담과 이브가 살다가 쫓겨난 곳으로서, 성경에 대한 자세한 서술이 있는만큼 이 땅 위에 실제로 존재한다는 사실에 대해서는 아무도 의심치 않았다(에덴동산에 대해서는 12장 '낙원의 역사'

T-O 지도
1285년에 그려진 세계 지도.
동쪽 끝(맨 위쪽)에 지상낙원이
있고, 그 아래 바벨탑도 보이며,
원의 중심에 해당하는 이른바
'세계의 배꼽(옴팔로스)'에
예루살렘이 있다.

를 참조하라). 그 지상낙원이 있는 곳은 아시아의 동쪽 끝, 곧 지도에서 가장 위쪽이었다. 지도에서는 대개 높은 벽이나 산들로 둘러싸여 있는 고립된 곳으로 표시되어 있다. 중세의 여러 서술에서 에덴동산에 대한 묘사가 그렇게 되어 있기 때문이다.

"동쪽의 첫째 장소는 낙원인데, 그곳은 기쁨으로 충만해 있고 불의 벽이 주위를 감싸고 하늘까지 뻗쳐 있기 때문에 사람들은 절대로 갈 수 없다. 이곳에 영생을 주는 생명의 나무가 있고 샘이 있는데, 이 샘은 네 갈래로 갈라져서 흐르며 세상에 물을 대 주고 있다."

이처럼 아시아는 당시 유럽 세계관으로 볼 때 아주 큰 의미가 있었다. 아시아는 단순히 하나의 지리 공간이 아니라 기독교적 의미가 녹아 있는 공간이었다. 그곳은 인류의 조상이 살았던 낙원이 있으며, 또 언젠가는 인류가 다시 그 낙원으로 되돌아가야 한다는 생각 때문에 아주 특별한 상징을 띠고 있었다.

이런 사고에서 매우 중요한 의미를 가진 것이 사제 요한의 전설이다. 그 기본 생각은 이교도 지역 너머에 강력한 기독교 왕국이 존재한다는 것이다. 특히 8세기 이후 이슬람 세력이 강력해져서 기독교권 유럽과 원수지간이 된 후에는 이슬람권을 양쪽에서 협공할 우군으로서 이 전설의 기독교 왕국은 더 큰 중요성을 띠게 되었다.[*]

---

* 기독교와 이슬람교는 종교학적으로 보면 본디 같은 뿌리에서 나왔다. 하지만 8세기에 이슬람교가 확립된 이후 기독교권과 이슬람권은 1300년째 철천지원수로 싸우고 있다. 미국이 이라크를 공격한 21세기 초에도 사정은 크게 달라지지 않은 것 같다.

사제 요한 왕국 이야기

사제 요한 왕국 이야기는 대체로 십자군 전쟁 때부터 퍼지기 시작해서 17세기경까지 계속되었다. 왜 이런 전설이 만들어지게 되었으며 그 근거는 무엇이었을까? 확실하지는 않지만 아마도 에티오피아의 콥트교도 때문이 아니었을까?[*] 일부 역사가들은 사제 요한의 이름 'Jean'(프랑스식으로 '장')이 에티오피아의 지배자 'Zan'의 변형이 아닐까 추론하기도 한다.

이런 식으로 사제 요한 왕국의 소재지로서 아프리카도 후보에 올라가 있었으나, 대체로 12세기경에 사제 요한 왕국은 아시아에 있는 것으로 확정되기에 이른다. 그 이유와 근거는 무엇인가? 이와 관련된 여러 문건들이 알려져 있다.

사제 요한이라는 직위가 처음 명시적으로 나오는 문건은 1145년의 오토 폰 프라이징의 서술이다. 이 시기는 유럽의 십자군이 중동 지역에서 이슬람군에게 패퇴하여 큰 위기를 겪던 때였다. 그래서 십자군 지휘부가 교황에게 원군을 더 보내 달라는 요청을 하였는데, 교황이 그 사자를 만나는 자리에 배석했던 오토 폰 프라이징이 이 일을 기록하면서 사제 요한에 대해 쓰고 있다. 그 내용은 동방의 왕이며 네스토리우스파[**] 사제인 요한이 예루살렘 교회를 구하기 위해 티그리스 강까지 진격해 왔으나 아직 강을 넘지는 못했다는 것이다. 이 주장은 전혀 근거가 없는 것이지만, 중요한 점은 전설상의 사제 요한이 유럽의 문서에 처음으로 등장했다는 사실이다.

이로부터 20년쯤 뒤에는 사제 요한에 대해서 더욱 대담한 내용이 유포

● 콥트교회는 이집트의 나일 강 유역에 사는 기독교회의 일파이다. 이들은 로마의 디오클레티아누스 황제의 기독교도 박해 당시(248) 피신해 온 사람들로부터 비롯된 것으로 알려져 있다.

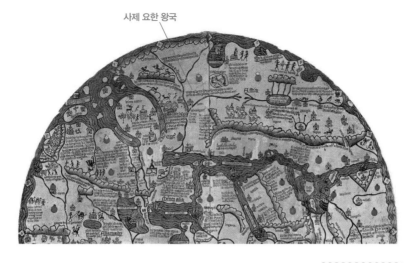

사제 요한 왕국

사제 요한의 왕국

사제 요한 왕국이 실제로 있다고 믿었기 때문에 당연히 지도상에 그것을 나타냈다.

되었다. 사제 요한이 비잔틴 제국 황제 마누엘 1세 콤네노스에게 보냈다는 편지가 나돌았다. 아마도 이것은 역사상 가장 유명한 위조 문서 가운데 하나일 것이다(사제 요한의 편지는 155쪽 글상자를 참조하라). 그 내용을 보면 사제 요한이 통치하는 동양의 왕국은 엄청난 부와 힘과 덕성을 자랑하는 강국이라는 것이다. 이 문서의 진짜 필자가 누구인지, 또 왜 이런 내용을 조작

•• 네스토리우스는 시리아에서 태어나 428년에 대주교가 되었다. 그는 마리아가 '그리스도의 어머니'이지만 '신의 어머니'는 아니라고 주장하였는데, 이는 결국 그리스도의 신성과 인성을 구분해야 한다는 것으로서, 정통 아타나시우스파의 삼위일체 교리에 맞서는 주장이었다. 그리하여 그는 431년 에페수스 공의회에서 이단 판정을 받고 추방당했다. 그를 따르는 사람들이 유럽과 아시아의 여러 지역으로 퍼졌는데, 특히 중국에는 경교(景敎)라는 이름으로 들어와 한때 당나라 황실에까지 전해졌다.

하여 유포한 것인지 단정지어 말할 수는 없다. 다만 그 당시의 여러 정황으로 보건대, 비잔틴 제국을 비방함과 아울러 기독교권의 통합을 주장하고, 더 나아가서 이슬람 세력과의 전쟁에서 분발하도록 부추기려는 의도였던 것으로 추정할 뿐이다.

이후에 사제 요한과 관련 있는 가짜 문헌들이 잇달아 나타났다. 이를 '다윗 이야기'라고 이름 붙여 하나의 장르처럼 취급하기도 한다. 생장다크레 주교인 자크 드 비트리가 1220년경에 쓴 "인도 대부분의 땅에는 기독교인이 사는데, 그들은 네스토리우스파이며 사제 요한이라고 부르는 강력한 군주의 신하이다." 하는 투의 편지를 예로 들 수 있다. 바로 이 무렵에 사제 요한의 이야기가 매우 널리 유행했고, 그 내용은 대체로 이슬람 세력을 크게 무찔렀다는 식이었다. 아마도 이 시기에 아시아에서 대제국을 건설하던 칭기즈칸을 전설의 사제 요한으로 오인한 것이 아닌가 여겨진다.

아시아에 대한 신화가 사실이라는 신화

이 무렵 유럽에서는 동방에 강력한 기독교 왕국이 정말로 있는지 직접 가서 확인해 보자는 움직임이 일어났다. 그리하여 교황청이나 프랑스 왕국에서 대사를 파견하기도 하고, 마르코 폴로 같은 여행가들이 아시아를 다녀오기도 하였다. 1245년에 리옹 공의회에서 파견한 프란체스코파 수도사인 카르피니는 1246년부터 1247년까지 몽골에 거주하다가 돌아왔다. 또, 프랑스의 성왕 루이는 또다른 프란체스코파 수도사 기욤 뤼브룩을 몽골에 파견하였다(1253~1254). 이들이 여행 후 남긴 기록들은 머나먼 아시아의 생생한 현장을 유럽인들에게 전한 얼마 안 되는 여행기 가운데 하나였다. 그러나 이들의 기록이 정말로 두 눈으로 본 실제 사실만을 기록

한 것은 아니었다. 이때의 여행기라는 것은 그들이 본 것만이 아니라, 들은
것, 그곳에 가서 생각한 것, 심지어는 상상한 것, 또는 마땅히 그래야만 한
다고 믿는 것까지 모두 기록한 것이었다.

이런 점에서는 마르코 폴로의 기록도 마찬가지였다. 그의 기록도 직접
본 것에다가 들은 것, 상상한 것이 섞여 있어서 사실과 허구가 함께 들어
있었다. 그의 기록에서 도저히 사실이라고 보기 어려운 기술로는, 예컨대
어느 구두장이가 기도를 통해 산을 움직여서 기독교도들을 구해 주었다는
이야기, 가짜 낙원을 건설하여 젊은이들을 암살자로 양성한다는 산상 노
인 이야기, 코끼리를 낚아채서 하늘로 날아오르는 거대한 새 루크에 대한
기술, 황금의 섬 치팡구(일본)나 온갖 보석이 넘치도록 풍부하고 성 토마스
의 유해가 묻혀 있는 마아바르에 대한 설명 등을 들 수 있다.

사제 요한 왕국에 대한 폴로의 견해는, 한편으로 기존 견해를 일부 인정

괴물들이 사는 나라
고대부터 전해 온 괴물 종족들의 모습. 괴물은 흔히 다른 문명 사람들을 왜곡하는 이미지로 쓰였다. 하르트만 쉐델의 『연대기』(1493) 한 쪽이다.

하면서 다른 한편 많은 내용들을 수정하는 것이었다. 무엇보다도 몽골 제국과 사제 요한 왕국의 관계가 도대체 어떻게 되는가에 대한 자기 나름의 대답을 제공하였다. 그 주요 내용은 이렇다. '칭기즈칸의 몽골 제국이 다름아닌 사제 요한 왕국일 것이라는 기존 견해는 잘못이다. 오히려 사제 요한과 칭기즈칸 사이에 전투가 벌어져서 칭기즈칸이 승리했으며, 그 결과 사제 요한의 왕국이 몽골에게 복속했고 사제 요한의 딸이 칭기즈칸과 결혼하게 되었다. 그 후 사제 요한의 왕국은 텐둑 지방으로 밀려나 있는데 형세가 아주 곤궁하다.'

마르코 폴로의 책은 아시아에 대해서 한편으로 정확한 증거를 제공하기도 했지만, 다른 한편으로 더욱 왜곡된 견해를 널리 퍼뜨리는 결과도 가져왔다. 그런데 그보다도 더 중요한 것은 지금까지 아시아에 대해 유럽인들이 가졌던 신화들이 사실이었다는 새로운 신화가 만들어졌다는 점이다(신화에 대한 신화라고나 할까). 직접 가서 본 사람에 따르면 예전에 이야기되던 사제 요한이 실제로 존재한다더라 하는 식이다. 따라서 마르코 폴로 이후에도 유럽인들이 아시아에 대해서 갖는 허구적·공상적 견해는 더욱 확대, 증폭되었다.

아마도 이런 아시아에 대한 가공의 결정판은 망드빌의 여행기일 것이다. '여행기'라고 하지만 망드빌이 실제 여행을 간 적은 없다. 그는 다른 사람들의 글을 모아서 자신의 해석을 덧붙여 책을 냈다. 말하자면 그는 마음속으로만 세계 여행을 한 셈이다. 그런 그가 그리고 있는 아시아는 온갖 기기묘묘한 일들이 벌어지는 땅이다. 아시아에서는 그야말로 모든 일이 일어날 수 있다. 이곳은 피그미(소인종)가 두루미와 싸우고 거인이 그리핀(독수리의 머리와 날개, 사자의 몸통을 가진 괴수)과 싸우는 곳이다. 개의 대가리를 가진 사람, 머리는 없고 배에 눈이 달린 사람, 엄청나게 큰 발 하나만 있어서 이것을 양산처럼 사용하여 햇빛을 가리는 사람들도 있다. 망드빌이 전하는 가장 멋진 아시아 세계 중 하나는 타프로반(아마도 실론을 가리키는 듯하다)일 것이다.

사제 요한의 나라 동쪽에 타프로반이라는 기름지고 넓은 땅이 있다. 이 섬에는 부유하고 고귀한 왕이 있는데, 그는 사제 요한에게 복종한다. 그는 선출된 왕이다. 이곳에는 여름과 겨울이 일 년에 두 번 있고 수확도 일 년에 두 번 한다. 그리고 일 년 내내 정원에 꽃이 만발해 있고 초원에는 풀이 파랗다. 이 섬에는 선량하고 합리적인 사람들이 산다. 그 가운데에는 훌륭한 기독교도들이 있는데, 이들이 얼마만큼 부자인지 아무도 모를 정도로 부유하다. (……)

이 섬에는 금으로 된 산이 있는데 이 산을 개미들이 지키고 있으며, 순도가 높은 금과 그렇지 않은 금을 나누어 놓고 있다. 이 개미들은 우리가 사는 곳의 개만큼 크기 때문에 사람들은 개미의 공격을 두려워하여 그 산에 가까이 가지 못한다. 그렇지만 사람들은 속임수를 써서 이 금을 얻는다. 개미들은 더운 날에는 아침나절부터 한낮까지 흙 속에 숨어서 지내기 때문에, 이 시간에 사람들이 낙타와 말을 몰고 가서 금을 싣고는 개미들이 굴에서 나오기 전에 얼른 돌아온다.

이런 이야기에서 보이는 아시아는 결국 어떤 곳인가?

그곳은 낙원이 있는 곳이고, 상상할 수 없을 정도로 많은 금은보석이 있는 탐나는 곳이다. 거기에서는 온갖 신기한 이적이 벌어진다. 그러나 그와 함께 아시아는 사람의 생명을 노리는 괴물이나 이교도들이 넘쳐나며, 따라서 도처에 위험이 도사리고 있는 곳이기도 하다. 그렇지만 거기에는 유럽인들을 도와 줄 강력한 기독교 왕국이 존재한다……

이런 것들을 유럽인들은 어떻게 받아들이고 있었을까? 어린아이들이나 믿는 황당한 이야기로 치부하였을까?

아니다. 많은 사람들이 이런 내용을 '문자 그대로' 믿고 있었다는 것이 중요하다. 예를 들어 콜럼버스가 읽은 책들이 잘 알려져 있는데(그가 어떤 책들을 읽었으며 책 여백에 어떤 메모를 하였는지도 연구되어 있다), 그의 도서 목록 가운데 가장 중요한 것으로 마르코 폴로와 망드빌의 책이 포함되어 있다. 콜럼버스가 가려고 한 곳이 인도였다는 점은 잘 알려져 있다. 그는 미지의 세계를 간 것이 아니다. 적어도 그의 심중에는 아시아에 도착할 수 있다는 확신이 있었다. 콜럼버스를 비롯해서 수많은 유럽인들이 아시아로 가려고 했던 이면에는 아시아에 대해 오랜 기간 그들이 가꾸어 온 희한한 꿈의 세계가 존재했던 것이다.

사제 요한이 비잔틴 제국의 황제에게 보냈다는 편지

12세기 중엽에 난데없이 사제 요한이 비잔틴 제국 황제에게 보냈다는 편지가 나돌았다. 물론 이는 근거 없는 위조 문서임이 틀림없다. 사실 황제인 상대방을 태수라 호칭하고 도덕적으로 큰 문제가 있다며 꾸짖는 듯한 내용의 이 편지가 외교 문서일 리는 없다. 그리고 편지 내용 중 여러 부분이 당시의 다른 문학 작품에서 베껴 왔다는 것도 확인되었다. 남은 문제는 누가 어떤 목적으로 이런 문서를 만들어서 유포했을까 하는 점이다. 물론 자세한 내막을 알 수는 없다. 그러나 사제 요한의 이름을 빌려서 비잔틴 제국을 비판하고 더 나아가서 황제와 교황이 나누어져서 서로 싸우고 있는 서유럽의 상황을 통렬히 비판하고 있는 점으로 보건대, 이 문서는 기독교권 전체가 화해하고 통합할 것을 요구하는 정치적 풍자를 목적으로 하고 있다고 보인다. 그리고 중동 지역과 아시아의 지리적 상황과 문학적 전통을 잘 알고 있는 점을 보면, 십자군이 지배하는 지역의 서유럽인이나 대단히 좋은 도서관이 갖추어진 서유럽의 어느 수도원의 학식 있는 인사가 이 문서를 쓰지 않았을까 추론할 수 있다.

"신의 은총으로, 그리고 왕중왕이신 예수 그리스도의 권세로서 사제 요한은 그의 친구인 비잔틴 태수 마누엘에게 인사를 전하며 건강을 누리고 계속하여 신성한 축복을 받기를 기원하노라. (……)
만일 그대가 우리 왕국에 오려고 한다면 우리는 그대를 우리 가문 가운데 가장 높고 찬양받는 위치에 둘 것이며, 그대는 우리가 소유한 모든 것을 자유롭게 나누어 가질 수 있을 것이다. 또 돌아가고 싶으면 많은 보물들을 가지고 떠날 수도 있다. 우리의 크나큰 힘이 어디에 있는지를 진정으로 알고 싶다면, 최고의 통치권을 가진 나 사제 요한은 부와 덕과 힘에서 하늘 아래 그 어떤 존재보다도 앞선다는 점을 믿도록 하라. 나에게는 72명의 왕이 조공을 바치고 있도다. 나는 신실한 기독교도로서, 우리 왕국의 모든 곳에서 기독교도를 보호하며 보시를 허락하고 있다. 우리는 폐하의 영광에 걸맞는 정도의 큰 군대를 가지고 주 예수의 성묘를 방문할 것이며, 그리스도의 십자가의 적들에 대해 전쟁을 일으켜 응징하며, 그리스도의 거룩한 이름을 찬양하리라는 선서를 하였다.

우리의 위대함은 세 개의 인도를 지배하고, 성 토마스 사도의 시신이 있는 먼 인도에까지 미치고 있다. 우리 영토는 사막을 관통하여 태양이 떠오르는 궁전을 향해 펼쳐져 있고, 바벨탑 곁의 황폐한 바빌론 계곡을 통과한다. 72개의 주가 우리에게 복속하되 그 중 약간은 기독교도이며, 각각 왕을 두고 있다. 그 모든 왕들이 우리에게 조공을 드리고 있다. (……)

이교도 주 가운데 한 곳에 비손이라는 강이 흐르는데, 이 강은 천국에서 발원하여 그 주 전체를 이리저리 흘러간다. 그 강에는 에메랄드, 사파이어, 석류석, 토파즈, 귀감람석, 마노, 녹주석, 붉은 줄 마노, 그 밖의 많은 보석들이 있다.

또, 물이 없고 모래만 차 있는 바다도 있다. 이곳의 모래는 바다처럼 끊임없이 움직이고 파도 쳐서 정지해 있는 때가 없다. 그 어떤 방법으로도 이 바다를 항해하거나 건널 수 없으므로 그 너머에 어떤 지방이 있는지 알 수 없다. 물이 없는데도 우리 쪽 바닷가에서 많은 종류의 물고기를 잡을 수 있는데, 다른 곳에서는 볼 수 없는 가장 맛있는 생선들이다.

이 강에서 사흘 동안 여행을 하면 산이 하나 나오는데, 이 산에서 물 대신 돌멩이가 흐르는 강이 내려와서 모래바다까지 흘러간다. 이 강은 일 주일에 사흘 동안 흐르는데 이때 크고 작은 돌멩이들이 쏟아져 나오며 또 그와 함께 나무까지 모래바다로 가져간다. 강이 바다에 닿으면 돌멩이와 나무가 사라져서 보이지 않게 된다. 바다가 움직이고 있는 동안에는 건너갈 수가 없다. 나머지 나흘 동안에는 건너갈 수 있다. (……)

모래바다와 산 사이에 놓여 있는 평원에는 믿기지 않을 정도의 치유력을 가진 돌이 있어서 기독교도거나 기독교도가 되려는 사람들의 병을 모두 낫게 해 준다. 돌 가운데 홍합 모양의 굴이 있고 그 안에 4인치 깊이의 물이 잠겨 있는데, 이곳은 성스럽고 존경스러운 두 노인이 지키고 있다. 이 사람들이 이곳에 오는 사람들에게 기독교도인지 또는 그럴 의향이 있는지를 묻고, 또 온몸을 치유받기 원하는지를 물어서 그 답이 만족스러우면 옷을 벗고 굴로 들어가게 한다. 이 사람들의 믿음이 신실하면 물이 불어나기 시작하여 사람들 머리 위까지 올라간다. 이런 일이 세 번 일어난 다음 물이 내려가서 본래대로 된다. 그러면 이곳에 들어간 사람은 그 어떤 병이라도 나아서 나오게 된다. (……)

우리의 숭고함이 머무는 왕궁은 성 토마스가 군다포르 왕을 위해 지은 왕국의 형식을 따라 지었으므로 방과 다른 구조가 모두 닮았다. 천장, 기둥, 처마도리는 쉬팀 나무로 되어 있다. 천장은 불에 타지 않는 에보니로 되어 있다. 박공 위 맨 꼭대기에는 황금 사과가 두 개 올려져 있는데, 그 안에 각각 두 개의 석류석이 들어 있어서 황금은 낮에 빛나고 석류석은 밤에 빛난다. 왕궁의 큰 문들은 붉은 줄 마노로 되어 있고 그 위에 세라스테스라는 뱀의 뿔을 달아서 아무도 독을 숨기고 그곳을 지나갈 수 없다. 작은 문들은 에보니로, 또 창문들은 크리스탈로 되어 있다. 궁정의 사람들이 식사를 하는 식탁은 어떤 것은 황금으로, 어떤 것은 자수정으로 되어 있으며, 식탁을 받치는 다리는 상아로 되어 있다. 왕궁 앞의 광장에서는 결투 방식으로 재판이 이루어지는 것을 볼 수 있다. 그래서 이 광장은 전사들의 용기를 더욱 북돋울 수 있도록 마노로 덮여 있다. 왕궁에는 발삼 향을 넣지 않고는 불을 밝히지 않는다. 우리의 숭고함이 쉬는 방은 놀라울 정도로 금과 온갖 종류의 보석들로 덮여 있다. 그렇지만 마노로 치장을 한 경우에는 그 주변에 네 개의 홍옥수를 두어서 마노의 사악한 기운을 완화시킨다. 우리 방에는 발삼 향이 계속하여 타고 있다. 우리의 침대는 순결의 덕을 가지고 있는 사파이어로 만들어져 있다. 우리는 지극히 아름다운 여인들을 가지고 있지만, 이 여자들은 일 년에 네 번만 우리에게 찾아오되 그것도 오직 아들을 낳기 위해서일 뿐이며, 다윗에 의해 밧세바가 축성을 받았던 것처럼 이 여자들이 우리에게 축성을 받으면 각자 자신의 자리로 돌아간다. (……)

만일 만물의 창조주이신 주께서 우리를 세계에서 가장 높고 영광에 찬 존재로 만드시고 난 다음 왜 사제라는 직함보다 더 높은 직함을 허락하지 않으셨는지 묻는다면, 이 때문에 지혜로운 당신들이 놀라워할 필요는 없다. 여기 그 이유가 있기 때문이다. 우리 궁정에는 교회에서 우리보다 더 높은 위엄을 가지고 있고 더 높은 성무를 맡은 사제들이 많다. 우리 궁정에는 대주교와 왕이 마름과 집사이며, 시종 역시 주교와 왕이 맡고 있고, 또 왕과 대주교가 마부이며, 요리사는 왕과 수도원장이 맡고 있다. 따라서 우리 폐하께서 그런 이름을 취하거나 우리 왕궁에 넘쳐나는 그런 이름들을 자랑하는 것이 온당해 보이지 않는다. 그래서 우리는 우리의 크나큰 겸손함을 보이기 위해서 더 소박한 이름으로 불리우고 더 낮은 지위를 차지하기로 정한 것이다. 하늘의 별들과 바닷가의 모래알을 셀 수 있다면 그로써 우리 왕국의 거대함과 부의 거대함을 판단할 수 있을 것이다."

14
중세의 개인주의
'나를 찾아서'

어느 중세 지식인의 초상

여기 시대와 불화한 중세의 한 지식인이 있다.

피에르 아벨라르는 1079년 브르타뉴 지방에서 기사의 아들로 태어났다. 그가 자기와 같은 신분의 사람들이 하는 방식대로 살아가고자 했다면 약간의 땅뙈기를 가지고 농민들이나 살살 괴롭히며 그럭저럭 살아가는 중소규모의 귀족 지주가 되었을 것이다. 그러나 그는 기사직을 기꺼이 포기하고 오직 공부에 전념하기로 결정했다.

그는 칼을 가지고 싸우는 대신 변증법을 가지고 싸우고자 했다. 무척 영민한 데다가 한시도 느긋하게 가만히 있지 못하는 그는 곧 주변 친구들은 물론이고 선생들까지 우습게 알고 싸움을 걸기 시작했다. 당시 유명한 선생이던 샹포의 기욤에게 한 수 배우겠다며 파리로 갔으나 곧 논쟁에서 그를 곤경에 몰아넣었다. 어찌나 통렬하게 몰아쳤는지 이에 반한 청중들이 기욤 대신 아벨라르의 제자가 되어 버릴 정도였다. 생트 준비에브에서 교사가 되어 학생들을 가르치던 중, 그는 이번에는 논리학이 아니라 신학을 배우겠다며 저명한 신학자인 안셀무스를 찾아갔다. 이번에도 같은 상황이 반복되었다. 자신의 선생에 대해서 그가 한 평가를 보라.

그가 하는 말을 듣기만 할 때에는 퍽 근사하게 들리지만, 질문을 해 보면 그는 아무것도 아님이 드러나는 것이었다. 그는 장광설에서는 대가였고 지성에서는 한심하였으며 이성에서는 빈껍데기였다. 그라는 나무는 멀리서 보면 잎이 무성하여 눈길을 끌지만 가까이서 자세히 들여다보면 열매라고는 없다는 것을 알게 된다. (……) 진상을 알게 된 나는 더 이상 그의 학교에서 시간을 낭비하지 않았다.

이러니 선생과 원수가 되는 것은 당연한 일이었다. 더불어 그의 명성은 갈수록 자자해졌고 수많은 학생들이 그에게 몰려왔다.

학문적으로 영광에 찬 길을 가던 그에게 운명적인 여성이 나타났다. 동료인 퓔베르가 자기 조카에게 개인 교습을 해 달라고 부탁을 해 온 것이다. 39세의 철학자에게 맡겨진 여학생은 17세의 엘로이즈로서, 결혼식 주례 선생님들이 흔히 하는 표현대로 '미모와 학식으로 온 세상에 널리 알려진 재원'이었다. 당대 최고의 철학자와 영민하기 이를 데 없는 여제자 사이에 지적인 교류가 오가다 못해 끝내 육체적인 교류까지 오갔고, 이를 눈치챈 퓔베르가 그를 내쫓았지만, 이제 두 사람의 사랑은 이 세상 그 누구도 막을 수 없는 세기의 사랑으로 불타올랐다. 엘로이즈가 임신하자 아벨라르는 그녀를 자기 누이 집으로 피신시켜서 그곳에서 남자아이를 낳게 했다. 이 아이는 아스트롤라브('천문 관측 기구'라는 뜻)라는 약간 우스운 이름을 가졌다는 것만 알려져 있을 뿐, 자기 부모처럼 신학 공부를 잘했는지 또는 천문학자가 되었는지 어쨌는지 아무런 기록이 없다. 아벨라르가 유명한 자서전 『나의 불행 이야기』(Historia calamitatum)를 썼건만 거기에는 자기가 겪은 불행만 쓰여져 있을 뿐, 아이의 행·불행에 대해서는 일언반구도 없다.

　제자를 임신시켜 아이를 낳게 한 철학자는 고민 끝에 퓔베르에게 가서 그녀와 정식으로 결혼을 하겠다고 제안했다. 그런데, 철이 없는 건지 반대로 너무 철이 든 건지 엘로이즈가 먼저 자신은 결혼에 반대한다는 편지를 보내 왔다. 당신은 아내와 철학에 똑같이 정성을 기울일 수 있는 사람이 아니다, 신학과 철학 명상에 잠겨야 할 사람이 아이 우는 소리를 어떻게 견딜 수 있겠는가 하는 그녀의 말이 꼭 틀리다고 할 수만은 없다. 엘로이즈가 아벨라르의 성격을 누구보다도 잘 알아서 그런 결심을 했으리라는 생각이 든다. 처음에는 결혼을 주장하던 아벨라르도 생각을 바꾸어서, 엘로이즈를 수녀원에 보내고 그들 간의 관계를 끊으려는 계획을 세웠다. 이 계획은 거의 별 탈 없이 진행되었지만 다만 한 가지, 성격이 괄괄한 그의 친구 퓔베르가 어떻게 나올 것인가를 미처 생각지 못한 것이 큰 실수였다. 퓔베르는 자기 조카의 일생을 망친 친구에게 그에 걸맞는 복수를 준비했으니, 아벨라르의 집에 달려가 칼로 몸의 일부를 도려내 버린 것이다. 눈 깜짝할 새에 거세당한 철학자는 생드니 수도원에 은거하였고, 수녀가 된 옛 애인 엘로이즈와 플라토닉한(달리 어쩌겠는가!) 사랑의 편지를 주고받았다.

　상처가 아물자 그는 다시 교사로 활동하면서 논쟁을 재개했다. 옛 버릇이 되살아난 것이다. 죽을 때까지 그러한 호전적 태도는 수그러들지 않았으며, 그의 논적들과 치열하게 싸움을 벌였다. 그의 적들은 그를 수도원에 유폐시키기도 하고 그의 책들을 불사르기도 하였으며, 때로 교황에게서 파문 선고를 받아 내기도 했다. 그러나 그는 결코 굴하지 않고 끊임없이 말과 글로 자신의 주장을 펴 나갔다. 사실 아벨라르는, 이 사람들이 그의 논적이라기보다는 자신을 도저히 따라오지 못할 하수들이며, 바로 그 때문에 자신을 질투하고 증오하고 박해한다고 보았다. 자신이 워낙 뛰어나기 때문에 남들의 질투와 공격을 받는 것이 당연하다는 게 그의 한결같은 견해였다. 오비디우스의 표현대로 "꼭대기는 폭풍에 노출되기 마련"이라는 것이다. 이 사람은 도대체 어떤 부류일까?

자기를 드러내는 새로운 유형의 인간

여기에서 잠깐 중세의 개인과 공동체의 관계에 대한 기존의 교과서적인 설명들을 되짚어 보도록 하자. 중세에 '개인'은 거의 존재하지 않았다. 중요한 것은 공동체였다. "만인에 관계되는 것은 만인의 동의를 얻어야 한다."는 것이 법률적 기초였고, 다수에 가담치 않는 자는 '뻔뻔스러운 자'라는 것이 종교적 태도이며, 혼자 있으면 사람은 악행을 저지른다는 것이 일반적인 사람들의 생각이었다. 중세 개인들은 각종 집단에 속해 있는 정도를 넘어서 그 속에 용해되어 있는 것과도 같았다. 중세 시대 가장 큰 죄는 오만인데, 이는 결국 지나친 개인주의에서 비롯된 것이라고 보았다. 개인의 개성은 무시되고 아예 표현되지 않았으며, 오직 집단 전체의 전형성만이 중요했다. 이 시대의 문학과 예술에서 중세인은 자신의 지위와 사회 계층을 전형적으로 나타내는 인물로 그려졌다. '나'란 누구인가? 중세 사람들은 "내가 마땅히 있어야 할 집단에 속한 사람이 나"라고 대답했을 것이다.

우리는 대체로 이런 식으로 배웠다. 그리고 이런 의미에서 중세에는 개인주의라는 것이 존재하지 않았다고 이야기되었다. 르네상스 시대에 와서야 드디어 개인에 대한 자각이 나타나기 시작했다는 것이 정설이었다. 르네상스 시기에 인간과 세계를 재발견했다는 저 유명한 부르크하르트의 견해가 바로 그것이다. 데카르트에 와서 '나'의 존재의 근거를 철학적으로 정립해 보려고 했고, 그것이 바로 "나는 생각한다, 그러므로 존재한다."는 명제가 아니던가. '생각하는 나 자신의 존재'는 더 이상 부정할 수 없다는 궁극까지 가면서 이루려고 한 개인주의 철학이 바로 '근대' 서구 문명의 기본이라고 우리는 배웠다.

이제 다시 우리의 아벨라르에게 되돌아가자.

그를 보면 교과서적으로 이야기하는 내용들, 곧 중세에는 개인이나 개인주의는 존재하지 않고 그런 것들은 근대에 들어와서야 시작되었다는 설명이 어그러지는 느낌을 받지 않는가? 우리가 살펴본 아벨라르에게서는 오히려 개인의 자각이 격렬하게 터져 나오는 현상을 보게 된다. 아벨라르만큼 타인과 대비되는 자기 자신을 예리하게 의식하는 사람도 많지 않을 것이다. 이 점은 그가 자서전을 썼다는 점에서도 알 수 있다.

그가 쓴 책인 『나의 불행 이야기』를 두고 요즘 의미의 자서전이라고 할 수는 없다. 이 책은 참회 형식을 빌려서 자기 자신을 정당화하고 더 나아가서 남의 의견을 이용하여 자신을 높이려는 의도를 가지고 있을 뿐, 자신의 면모를 전체적으로 그려 보이지는 않는다. 따라서 이 책의 내용으로는 그가 어떤 인간인지 자세히 알 길이 없다. 그렇다 하더라도 우리는 이 책의 서술을 바탕으로 그가 어떤 개성을 가진 존재였는지 미루어 짐작할 수 있다.

사실 우리가 그 책에서 읽게 되는 것은 아주 잘난 한 인간이 세상과 갈등에 빠져 있다는 내용이다. 그는 참회하고 있다고 말하지만, 그 목소리는 참회하기보다 자신을 옹호하는 자의 목소리이다. 이런 점을 놓고 볼 때 아벨라르는 그 시대에 분명히 새로운 유형의 인간이었다. 러시아의 중세사가인 구레비치는 그를 두고 '자립적 개인'이라고 말했다. 그는 자신의 내적 세계를 소중히 지키며, 자신을 둘러싼 사람들과 끊임없이 불편한 관계를 맺으면서 자신이 어떤 존재인지 스스로 확인해 가는 인간이다.

볼로냐 대학

중세에 지식인 집단이 형성되는 것과 궤를 같이하는 것 중 하나가 대학의 발달이다.
그 가운데 가장 명성이 높은 대학 중 하나가 볼로냐 대학으로서 특히 법학 분야가
강세였다. 볼로냐 대학의 한 법학 교수 무덤에는 그의 수업을 듣는 학생들의
모습을 조각해 놓았다.

그에게는 자신의 내면의 소리를 듣는 것, 그리고 자기 의지가 중요한 문
제였다. 그의 신학의 핵심 주장도 이와 관련이 있다. 이 시대 주류의 사고
는 "이해하기 위해서 믿는다."였다. 그러나 그는 이것을 뒤집고 "믿기 위해
이해한다."고 주장했다. 이것은 무슨 의미일까? '이해하기 위해서 믿는 것'
은 먼저 믿음부터 가져야 하고 그 근거 위에서 다른 것들을 이해한다. 그
러나 아벨라르의 '믿기 위해 이해한다'는 태도는, 먼저 사물을 따져 보아야

하고 그것이 확실하게 이해가 되면 그 다음에 그것을 믿는 것이다. "알아 들을 수 없는 말들이 무슨 소용이 있겠는가? 이해할 수 없는 것을 믿을 수 는 없는 일이며, 자신도 듣는 사람도 지성으로써 파악할 수 없는 바를 다 른 사람들에게 가르친다는 것은 우스꽝스러운 일이다." 그러니 그에게 신 앙은 계명을 맹목적으로 준수하는 것이 아니라 그 내용을 스스로 이해하 고 판단하는 것이다.

개인의 자각은 근대에 와서야 이루어졌나

우리는 이런 새로운 유형의 인간이 나타나는 사회를 주목해야 한다. 아 벨라르가 사회와 불화에 빠진 것은 그의 문제일 수도 있지만, 아울러 사회 의 문제일 수도 있다. 이 사회는 이제 전 생애를 바쳐 지식을 추구하는 사 람들을 보게 되었다. 아벨라르는 '자신의 혀를 통한 봉사'를 소명으로 삼았 다. 말하자면 이 시기에 '지식인'이 출현한 것이다. 그것도 한두 명의 예외 적인 사람만 있는 것이 아니라 차츰 지식인들이 하나의 사회 계층을 이루 어 가고 있었다.

이를 정리하면, 적어도 12세기 즈음에는 개인의 자아가 뚜렷한 사람들 이 보이기 시작한다는 것을 알 수 있다. 그들이 남긴 자료가 그 시대의 특 이한 요구에 맞춰져 있기 때문에(자서전이 아직 완전한 의미의 자서전이 아니었 다) 명백하게 읽히지는 않는다 하더라도 말이다.

그렇다면 한 걸음 더 나아가서 이런 질문을 던질 수도 있다. 왜 꼭 12세 기인가? 그 이전 시기에 자아의식이 존재했다고 볼 수는 없단 말인가?

분명히 그렇게 해석할 수 있는 요소들이 있었다. 특히 장인들의 태도에 서 그런 점을 볼 수 있다. 조각가, 건축가, 채식사본(책면을 정교한 그림과 글자로 장식하는 것) 제작자 등 자신의 작품을 만드는 사람들이 대표적이다. 가장 뚜렷한 증거는 서명을 남긴다든지 작품 속에 자기 모습을 어떤 형태로든 남기는 일이다. 우리는 흔히 미켈란젤로에 와서야 작품에 자기 이름을 남긴다고 말해 왔고, 이것을 르네상스 시대 개인의 자각의 중요한 근거로 이야기하곤 했다.* 그러나 그것은 사실이 아니다. 우리는 8세기에 자기가 만든 성당 제단에다가 'Vuolvinus magister phaber(부올비누스가 지휘한 작품)'라고 당당하게 서명을 한 사례도 알고 있고, 성당의 스테인드글라스에 작가 자신의 모습을 만들어 넣은 사례도 알고 있다.

야콥 부르크하르트나 카를 람프레히트 등의 학자들이 정립한 근대의 면모, 곧 근대에 와서야 인간 '개인성'에 대한 관심이 처음 등장했으며 그 이전에는 '전형성'에만 초점이 모아졌을 뿐 개인성은 경멸되었다는 주장은 수정되어야 한다. 개인에 대한 자각은 12세기에는 분명히 존재했고, 비록 증거가 그리 풍부하지는 않지만 그 이전 시기에도 존재했으리라고 추론할 수 있다.

조금 복잡한 이 논의를 역사적으로 정리해 보면 이렇게 될 것이다. 흔히 기존의 역사 서술은 '고대-중세-근대' 식으로 역사의 흐름을 나누어서 이해했다. 물론 이것은 긴 역사를 통째로 이해하는 것이 어렵기 때문에 몇 개의 도막으로 나누어 이해하려는 방편의 하나일 뿐이라고 이야기한다. 그러나 실제로는 이렇게 나누는 것 자체가 대단히 큰 구속력을 행사하게

---

* 미켈란젤로가 피에타상을 만들었을 때, 이것이 자신의 작품이라는 것을 사람들이 알지 못한다는 이야기를 듣고 마리아의 어깨띠에 자신의 이름을 조각해 넣었다. 이것은 흔히 르네상스 시대에 와서 '작가 의식' 또는 '개인 의식'이 등장했다는 고전적인 에피소드로 알려져 있다.

피에타

로마의 교황청 대성당에 있는 미켈란젤로의 걸작품 '피에타'에는 여러 가지 사연이 많이 얽혀 있다. 성모의 얼굴이 10대 청소년처럼 너무 젊다는 사실이 제작 당시부터 말썽이었다. 20세기에는 어떤 미친 사람이 해머로 성모의 얼굴을 내리쳐서 코가 깨졌다. 전문가들이 몹시 애써 거의 눈치채지 못할 정도로 완전한 성형수술을 했지만, 그래도 자세히 보면 수술 자국이 보인다.

된다. 대개 중세의 특징들과 근대의 특징들을 각각 정리한 다음, 앞의 것들이 붕괴하면서 다음 시대로 이행해 간다고 보는 것이다. 중세는 공동체주의를 큰 특징으로 하고 근대는 개인주의를 특징으로 한다는 식이다. 이번 장의 논의를 보면 그런 식의 역사 이해가 자칫 피상적이며 왜곡될 가능성이 있음을 알 수 있다. 오늘날 우리 사회의 큰 특징인 개성과 자아의식 같은 것들이, 비록 다른 형식을 띠고 있다 하더라도, 우리가 중세라고 부르는 시대에 엄연히 존재했음을 확인하게 되는 것이다.

죄란 무엇인가?

여기에서 서양 중세 철학이라는 괴물의 뱃속으로 들어가지는 말자. 그것은 필자를 포함하여 현대의 많은 사람들에게는 너무나 힘겨운 일이다. 힘겹다는 것은 그들의 사고 수준이 높기 때문일 수도 있겠지만 문제의 맥락이 다르기 때문이기도 하다. 바늘 끝에 천사가 몇이나 앉을 수 있느냐 하는 문제를 놓고 당시 철학자와 신학자들이 치열하게 싸운 것은 우리가 보기에는 우습기 짝이 없다. 그러나 당시 사람들에게는 그것이 정말로 중요한 문제였기 때문에 그렇게 싸운 것이다.

중세 철학자들이 고민한 문제는 무엇인가? 그리고 그것은 어떤 맥락에서 나온 것이며, 우리는 그것을 어떻게 해석할 것인가? 전문 연구자들의 성과에서 한 가지 예를 들어 살펴보도록 하자.

가장 중요한 문제 중 하나는 죄란 무엇인가하는 것이었다.

먼저 두 논적의 설명을 직접 들어보자.

베르나르두스는 이렇게 말한다. "죄에서 태어난 죄인들인 우리는 죄인들을 낳을 것이며, 빚쟁이로 태어나 빚쟁이를, 패륜아로 태어나 패륜아를, 노예로 태어나 노예를 낳을 것이다. 우리는 이 세상에 들어오면서부터 여기 사는 동안 내내, 그리고 여기에서 나갈 때에도 상처 입은 자들이며, 발뒤꿈치에서부터 머리 꼭대기까지 성한 데라고는 없다."

아벨라르는 이에 대해 이렇게 답한다. "죄는 우리의 창조주를 경멸함이니, 다시 말해서 창조주를 위해 포기해야 마땅하다고 생각하면서도 그렇게 하지 않는 것이다. 이처럼 죄를 순전히 부정적인 방식으로, 곧 비난받을 만한 행위들을 버리지 않거나 칭찬받을 만한 행위들을 하지 않는 것으로 정의함으로써, 우리는 죄가 어떤 실체가 아님을 명백히 보이는 것이다. 왜냐하면 마치 어둠이란 빛이 있어야 할 곳에 없는 것으로 정의할 수 있듯이, 죄란 존재(存在)가 아니라 부재(不在)에 있는 것이기 때문이다."

말이 너무나도 어렵다. 도대체 이것은 무슨 뜻일까?

베르나르두스는 전통적인 견해를 대변한다. 중세 교회의 입장에서 인간의 죄를 논할 때, 인간은 근본적으로 사악한 존재이므로 죄목들을 열거하고 거기에 상응하는 형량을 지정하면 됐다. 곧, 인간은 행동의 의도나 감정적 상태를 무시하고 행동 그 자체만으로 비난받았다. 그러나 아벨라르의 새 견해에 따르면 죄란 사악함을 수용하는 것이다. 곧, 한 개인의 의사에 달린 문제이다. 개인이 죄의 길을 걸을 것인지 아닌지는 도덕적 '선택'에 의거한다. 그러므로 그에게 죄는 주관적인 것이다. 당신이 지난날의 잘못을 뉘우치고 참회한다고 하자. 아벨라르의 입장에 선다면 참회하려는 사람들은 자기 내면을 되돌아보고 자신이 죄를 지으려던 시점에 어떤 생각을 했는가를 스스로 판단해야 한다. 그렇게 되면 "인간은 자신을 주체로서 발견"하지 않을 수 없다.

15
기사도

기사의 일생

중세의 지배 계급은 기사들이었다. 서양의 역사와 동양의 역사에서 가장 크게 차이가 나는 부분 중 하나가 바로 이 대목이다. 동양의 지배층은 대개 문관이었다. 이에 비해 서양에서는 지배층이 무사들이었고, 그 전통은 지금까지 면면이 이어지고 있다. 유럽 여러 나라의 왕실 사람들을 보면 해군 장교와 같은 군인들을 흔히 볼 수 있다.

기사들은 그들 사이에 계급과 서열에 따라 일정한 상하의 망을 이루고 있었다. 상위의 기사를 '주군'이라 하고, 그에게 충성을 약속하는 하위의 기사를 '봉신'이라고 한다. 주군은 봉신을 보호(무력으로든, 토지를 나누어 주는 것과 같은 경제적인 방식으로든)하고, 봉신은 주군에게 충성을 다한다는 서약을 해야 한다. 세력이 강한 주군은 여러 명의 봉신들을 거느렸다. 그런데 봉신이 다시 자기 밑에 하위 봉신들을 거느릴 수 있었다. 이런 식으로 기

● 아마도 동양에서 거의 유일하게 군인·무사가 지배층의 중심을 이루는 나라는 일본이 아닐까 한다. 우리나라에서는 '士'자가 '선비'를 뜻하지만, 일본에서는 이 글자가 '사무라이'를 뜻한다.

사들 간의 서약 관계는 아래쪽으로 새끼치기를 한다. 그래서 전체적으로 보면 큰 피라미드 같은 모양을 하고 있었다.

기사의 기능은 무력을 사용해 주민들을 '보호'하는 것이다. 좋게 말해서 보호이지만, 실제로는 주민들을 정치적으로 지배하고 사법권을 행사하며, 그 대가로 각종 세금을 거두어 그것으로 살아가는 것을 뜻한다. 보호와 착취가 동전의 양면처럼 같이 있었다. 그 중 어느 한쪽만 강조하면 사실을 왜곡하게 된다.

기사들의 본질이자 직업이며 사회적 기능은 무사이다. 그래서 기본적으로 말 타고 칼 휘두르는 기술을 익혀야 한다. 그러나 그 밖에도 훌륭한 기사로서 갖추어야 할 소양이 있어서 이를 차례로 습득해야만 했다.

여기에서 잠시 '기사의 일생'을 살펴보도록 하자.

기사의 자제는 대략 7~8세가 되면 집을 떠나 다른 기사의 시종 노릇을 한다. 이를 통해 자연스럽게 기사로서의 몸가짐에서 노래 부르기까지 기본적인 소양 교육을 받는 것이다. 14~15세가 되면 종자(squire)로 한 단계 올라간다. 그는 기사의 조수이자 몸종 생활을 하면서 언젠가 그 자신이 정식 기사가 되는 날을 기다리며 본격적인 기사 수업을 한다. 기사의 무기와 갑옷을 들고 다니며 기사가 무구를 착용하는 것을 돕고, 말을 돌보며, 전투에서 주인이 다른 기사를 포로로 잡으면 그를 잡아 두는 역할도 한다. 이런 식으로 일종의 도제 기간을 거치다가 큰 무공을 세우든지 또는 다른 어떤 방식으로 자신의 실력을 인정받아서 기사 서임을 받으면 정식 기사가 된다. 기사의 서임 방식은 흔히 무릎을 꿇은 사람의 머리와 양쪽 어깨를 칼로 가볍게 건드리는 것으로 알려져 있다. 그러나 원래 방식은 그보다는 과격했으니, 칼등으로 기사 후보의 목을 있는 힘껏 내리쳐서 기절시키는 것이었다. 이는 아마도 상징적인 죽음의 의식이었던 것 같다. 그러니까

기절했다가 깨어나면서 어린아이나 종자로서의 자아는 죽고 정식 기사로서 생명을 받아 새로 태어나는 것이다. 이때 그에게 기사 서임을 해 준 사람이 지위가 높을수록 그에게는 큰 영광이 된다. 예컨대 프랑스 국왕한테서 기사 서임을 받았다면 그것만으로도 평생 자랑거리가 될 것이다.

기사도, 기사 길들이기

그러나 말이 좋아 '귀족'이지 원래 기사들은 '깡패'와 다름없었다. 기사들이 정말로 우리가 생각하는 '기사도'를 갖춘 고결한(적어도 겉으로는 고결해 보이는) 귀족으로 변모하기 시작하는 것은 유럽 사회가 어느 정도 안정을 찾고 무력 충돌이 완화된 11~12세기 이후의 일이다.

걸핏하면 칼을 휘두르는 단순무식한 칼잡이들을 얌전하게 길들인 데에는 교회의 역할이 컸다. 무력이 여전히 지배층의 핵심 사항이기는 했지만 그들 간의 거침없는 유혈 충돌보다는 사회의 안전을 지키는 방향으로 유도한 것이다. 먼저, 싸우더라도 서로 정정당당하게 싸우도록 규칙을 정해 주는 일부터 필요했다. 뒤에서 공격하기 없기, 갑옷을 미처 입지 못한 상태일 때 공격하기 없기, 부상당한 기사를 더 이상 공격하기 없기, 포로로 잡았을 때 잘 대해 주기……, 이런 식으로 그들의 투쟁 본능을 될 수 있는 대로 억제하고 규칙을 지키면서 싸우도록 만들었다. 그리고 국왕권이 차츰 강화되어 간 것도 이들을 길들이는 중요한 계기가 되었다. 제대로 된 국가라면 백주 대낮에 길거리에서 무사들이 시도 때도 없이 칼싸움을 벌이면 곤란하다. 무력이라는 것은 국가 기구에 모두 집중되고 시민들은 이에 따라야 질서가 잡힌다. 따라서 왕은 무엇보다 개인적인 결투를 억압하였다.[*]

더 나아가서 기사들이 무력을 사용하더라도 그냥 피 흘리는 것이 아니라 어떤 훌륭한 대의명분을 위해서 싸우도록 만들어 줘야 했다. 그래서 교회가 주장하는 여러 덕목들을 지키고 그것을 보호하기 위해서 무력을 사용하도록 가르치고, 여성을 비롯한 약자를 보호하는 임무를 부여해 주었다.[**] 결국 이들에게 '명예'의 개념을 심어 준 것이다. 야만인에 가까웠던 마초(남성적인 힘의 가치를 과장되게 옹호하는 남자들)들이 이렇게 해서 차츰 길

* 결투로 갈등과 분쟁을 해결하는 것은 세상의 어느 깡패 세계나 마찬가지이다. 중세에는 결투가 아예 재판의 한 종류였다. 하느님이 정의로운 자를 이기게 하리라는 그럴듯한 신학적 논리까지 둘러대면서 말이다. 다만 여성들이 분쟁 당사자일 경우 다른 기사가 대신 싸워줬는데, '챔피언'의 본디 뜻이 바로 이 여성을 위한 대리 기사였다. 결투는 아주 오랫동안 계속되어서 두고두고 정부의 골칫거리였다. 프랑스에서는 17세기까지 금지 명령을 어기고 결투를 벌이는 귀족들이 있어서 결국 신망 있는 대귀족을 사형에 처하는 극약처방까지 썼다. 그러나 결투는 끝내 없어지지 않아서 칼잡이 시대가 지나고 총잡이 시대가 되자 새로운 방식으로 부활했다.

** '약자의 보호'라는 기사도 정신의 흔적 중 하나가 '레이디 퍼스트'라는 개념이다. 인터넷에서 이를 설명하는 사례를 찾아보면 이렇다. "레이디 퍼스트는 서양인들이 도의로 여기는 것이며, 서양의 에티켓은 이 개념을 바탕으로 하여 생겨났다고 해도 지나친 말이 아니다. 레이디 퍼스트는 기독교 정신과 중세의 기사도 정신에 기원을 두고 있다. 우아하고 약한 여성을 아끼고 보호하는 것이야말로 남성의 힘과 품위를 나타내는 것이라 생각했던 것이다. 서양에서 남성은 자신의 아내나 애인이 외투를 입고 벗을 때 꼭 도와 준다. 식당이나 극장에서 외투를 벗어 맡길 때나 찾을 때도 역시 남성이 맡기고 찾는다……." 그렇다니까 그런 줄 알겠지만, 이것은 결코 여성을 진정으로 존중하는 태도는 아닌 듯하다. 여성은 '약자'이고 남성의 힘과 품위 아래 보호받아야 한다는 것이 기본 전제이기 때문이다(노골적으로 이야기하면, 외투 하나 혼자 입고 벗을 힘이 없어서 남자가 도와 주어야 한다는 것이다). 서양의 미풍양속이라고 단순하게 생각하기 전에 그 의미가 무엇인지는 알고 넘어가는 것이 좋겠다.

들여졌다. 드디어 '기사도'라는 개념이 자리를 잡은 것이다.

네덜란드 출신의 문화사가 호이징하는 기사도를 '놀이'라는 개념으로 설명한다. 그가 가장 중요하게 여기는 개념이 바로 놀이이다. 그에게 인간은 호모 루덴스, 곧 놀이하는 존재이다. 그에 따르면, 인간의 거의 모든 행위에는 놀이의 요소가 있다. 시, 신화, 철학, 예술, 스포츠, 심지어는 전쟁까지 그러하다. 이렇게 생각해 보자. 인간은 물론 밥을 먹어야 사는 존재이지만 그렇다고 밥만 먹고 사는 존재도 아니다. 우리는 분명히 그 이상의 어떤 것들을 필요로 한다. 인간은 본래 문화적인 존재이기 때문이다. 문화란 그 속성상 밥과 관련이 없는 것들을 자유롭게, 또 자발적으로 놀면서 하는 것이다.

기사도가 놀이가 된다는 것도 이런 의미이다. 기사들은 이 세상에서 신의 뜻을 펴고 사랑하는 여성을 보호하며 정의를 위해 용감하게 싸우는 데 자신을 바친다는 꿈을 만들어 갔다. 그리고 그 꿈을 아주 진지하게 실천해 나가려고 했다. 그들은 자신의 삶을 장엄한 형식에 따라 전개되는 고상한 유희로 만들었다.

이 '놀이'가 가장 발전한 것은 기사의 시대가 거의 지나간 중세 말, 그러니까 대략 15세기였다. 이것은 어떻게 해석할 수 있을까? 기사들의 존재 의의가 사라져 가던 시기, 곧 그들의 사회적 용도가 거의 폐기되어 가던 때에 오히려 그들은 더욱 예전의 '놀이'에 매달렸다.

사실 중세 말의 현실은 난폭하고 냉혹하며 잔인했다. 기근과 질병과 전쟁이 곳곳에 만연해 있어서, 사람들은 죽음 앞에 무력하게 무릎을 꿇는 시기였다. 이때가 페스트로 인구의 3분의 1이 사라져 갈 만큼 고통스러운 시기였음을 우리는 잘 알고 있다. 이렇게 현실이 어둡고 괴로울수록 사람들은 더 화려하고 아름다운 꿈을 꾼다. 고난으로 가득 찬 이 세상에서 버텨

나가기 위해 무엇보다도 필
요한 것은 환상이었다. 그래
서 현실을 기사도적 이상으
로 환원시키는 것이다.

기사들은 스스로에게 고
난을 부여했다. 이 시기는
그래서 서약의 전성시대가
되었다. 기사들은 온갖 괴상
한 서약을 했다. 무엇보다 14~15세기의 기사단이 특기할 만한 사례를 보
여 준다. 기사단이라는 것은 이 시기에 이르면 이미 기능 정지 상태에 있
었고, 다만 일종의 고상한 유희 집단처럼 되었다. 푸아투 지역의 한 기사단
은 고귀한 태생의 남녀 연인들의 모임이었는데, 이들은 일부러 '야만적인
규칙'을 제정해서 지키고 있었다. 여름이면 두꺼운 옷과 털외투, 모직으로
안을 댄 두건 따위를 입고 벽난로에 불을 때야 했으며, 반면 겨울에는 털
이나 모피로 안을 대지 않은 얇은 옷 하나만을 입어야 했다. 살을 에는 추
운 날씨에 외투, 모자, 장갑을 사용하지 않았고, 바닥에 나뭇잎을 깔고 벽
난로는 나뭇가지 밑에 숨긴 채 침대 위에선 얇은 홑이불밖에 덮지 않았다.
이런 이상한 행동을 한 것은 금욕적인 고행을 통해 사랑의 힘을 증대시키
겠다는 뜻이었으나, 사랑의 힘이 크게 자라기 전에 이 기사단의 여러 사람

들이 그만 얼어 죽었다고 한다. 그러나 어쨌든 이들은 소원대로 사랑의 순교자가 된 것이다.

프랑스의 시인이자 작가 프루아사르에 따르면, 어떤 영국인들은 프랑스에서 혁혁한 공을 세우기까지는 한 눈으로만 보겠다는 맹세를 하고는 한쪽 눈을 헝겊으로 가리고 살았다. 아비뇽에 갇힌 브누아 13세는 풀려나기 전에는 절대로 면도를 하지 않겠다고 맹세했다. 한 수난 기사단에 입단한 폴란드인은 9년 동안 한 번도 식탁에 앉아 밥을 먹은 적이 없었다. 어떤 기사들은 자신이 정한 임무를 완수할 때까지는 고기를 한입도 먹지 않겠다든지 하루에 빵 세 개만 먹겠다는 식의 맹세를 하기도 했다. 이슬람교도한 명을 죽이기 전까지는 토요일마다 침대에서 자지 않겠으며, 15일을 계속해서 같은 마을에 머무르지 않겠다는 맹세를 한 사람도 있었다.

이런 맹세에는 어느 정도 빈정거림의 요소가 느껴진다. 사실 이들이 이런 맹세를 할 때 영주들이 흔히 웃음보를 터뜨렸다는 이야기가 전해지는 것을 보면, 모든 것에 싫증이 난 귀족들은 자신들의 이상에 대해서도 한편으로 그것을 즐기면서 다른 한편으로는 빈정거리고 있었던 것이다.

기사도 '놀이'에는 확실히 사랑이 아주 중요한 요소였다. 기마 시합은 에로틱한 요소들을 분출하는 좋은 기회였다. 기사들은 자기가 사모하는 부인의 베일이나 옷을 걸치고 나오는 것이 관례였다. 또 여인네들은 시합의 열기가 뜨거워지면 몸에 걸친 장신구들을 하나씩 벗어던졌다. 그래서 마침내 경기가 끝나면 여인들은 머리에 아무것도 걸치지 않고 팔과 어깨마저 소매 없이 맨살을 드러냈다.

기마 시합은 또 유부녀와 불륜을 벌이기에 가장 적당한 장소였다(우리는 불륜이라고 말하지만 당사자들은 가장 순수한 사랑이라고 말하리라). 한 대귀족이 주최하는 기마 시합에서 그 귀족의 부인은 자신을 흠모하는 세 기사에게 자

기 속옷을 주면서 갑옷 대
신 그 속옷을 입고 싸울 수
있는지를 물었다. 두 기사는
거절하지만(현명한 자들이다)
세 번째 기사는 기꺼이 그러겠노라고 답한다(머리는 나쁘지만 기사도 정신에 투
철한 자이다). 이 기사는 그런 위험한 상태로 나왔다가 심하게 부상당하여
온몸에 상처를 입는다. 그는 죽어 가면서 피투성이가 된 찢어진 속옷을 귀
부인에게 돌려주며 폐회식에서 그 옷을 걸치고 있어 달라고 부탁한다.

기사도라는 환상과 그 잔재

기사도에는 삶을 아름답게 꾸며 주는 허구의 요소가 강하게 들어 있다.
이런 허구가 허구로만 끝나면 좋은데, 문제는 이런 허구를 현실에 그대로
적용하려고 드는 기사들이 있다는 점이다. 심지어는 전쟁에서도 기사도
정신을 고집하는 경우가 있어, 때로는 미학적 고려 때문에 기사들이 전술

을 포기하기도 하였다. 백년 전쟁을 벌이고 있던 1404년에 프랑스인들이 영국의 다트머스를 공격할 때의 일이다. 기욤 드 샤텔이라는 기사가 해안가의 적을 측면에서 공격해 들어가자고 주장했다. 그러자 자이유 경은 그런 촌놈들 때문에 정도(正道)를 버리는 것은 수치라고 하면서 용기를 갖자고 주장하였다. 이 말에 수치심을 느낀 샤텔 역시 이렇게 화답하였다. "고결한 브르타뉴의 심장은 두려워하지 않을 것이오. 승리보다는 죽음이 기다리고 있을지라도 주저하지 않겠소." 그리하여 무리하게 정면 돌파를 감행한 그와 그의 부대는 전멸당했다. 얼마 후 15세기 말부터 유럽의 전술·전략이 바뀌고 대포가 사용되면서 전쟁의 면모가 크게 바뀌게 되지만,(21장 '군사 문화'를 참조하라.) 그때까지 기사들의 전투에서는 투구 장식과 깃발, 문장 같은 개인적 특성과 고결한 외관이 여전히 중요하게 여겨졌다.

그러나 환상은 환상이다. 아무리 기사도적 환상을 보존하려고 노력한다 해도 그것은 현실과 부딪치게 되며, 결국은 문학과 축제와 유희 속에서만 피난처를 찾을 수 있었다. 이상과 현실 사이에는 크나큰 불일치가 존재했다. 시간이 흐르면서 이 모든 아름다운 환상들은 깨져 갔다. 모든 것이 바뀐 시대에 여전히 과거의 환상을 지키려고 하면 그것이 얼마나 슬프고도 웃기는 코미디가 되는지는 『돈키호테』 같은 작품에서 읽을 수 있다.

어느 사회에서나 엘리트들은 자신들의 이상을 표현하는 나름대로의 양식을 가지고 있다. 서구 사회에서는 아주 오랫동안 중세의 기사도 정신이 중심 모델이 되어 면면이 계승되었으나 그 내용은 서서히 변질되어 갔다. 하긴 거의 종교적 차원에까지 이르러 있는 지나치게 높은 기사도의 이상들을 그대로 유지하기란 힘들었을 것이다. 17세기 프랑스의 귀족은 일반 평민과는 격이 다른 인간이라는 의식을 가지고 강하게 명예를 지키려고는 했지만, 신앙의 보호자니 약자의 보호자니 하는 개념은 던져 버렸다. 여기에서 한 단계 더 세속화되고 이상적인 측면도 더 누그러지면 19세기 영국의 '신사'가 된다.

오늘날의 상층 엘리트들은 어떤 의식을 가지고 있을까? 여피족이나 보보스족* 정도가 되면 과거의 그 아름답고 숭고한 기사도 정신의 요소들이 혹시 일부라도 남아 있는 것일까? 이런 생각을 하다 보면 사랑을 위해 기꺼이 죽었던 '오리지널' 기사도 시대의 순진한 환상이 공연히 아름답게 느껴지기도 한다.

* 여피족이란 신세대 가운데 고등교육을 받고, 도시 근교에 살며, 전문직에 종사하여 고소득을 올리는 젊은이들을 말한다. 보보스족은 부르주아의 물질적 실리와 보헤미안의 정신적 풍요를 함께 누리는 새로운 상류 계급을 일컫는다.

16
인쇄술

인쇄술의 발명은 역사상 가장 놀라운 사건이다. 그것은 근본 혁명이다. 인류의 표현 양식이 완전히 새로워지고, 인간의 사상이 하나의 형태를 버리고 다른 형태를 취하는 것이다. 인쇄술이라는 형태 아래 사상은 어느 때보다도 더욱 불멸의 것이 되었다. 그것은 날아다니고, 붙잡을 수 없고, 파괴할 수 없다. 그것이 공기에 섞여든다. 건축의 전성기엔 그것은 산이 되어 강력하게 한 시대와 장소를 점령하고 있었다. 이제 그것은 한 떼의 새가 되어 사방으로 흩어지고 동시에 모든 공간의 점을 차지한다. 홍수가 온다 하더라도, 산은 물결 아래 사라져 버릴지언정 새들은 역시 날 것이며, 대홍수의 표면에 단 한 척의 방주라도 떠 있다면 새들은 거기 앉아 배와 더불어 맑은 날을 볼 것이며, 그 혼돈에서 솟아 나올 새로운 세계는 눈을 뜨고서 삼켜져 버린 세계의 사상이 자기 위에 살아 날개를 펴고 둥둥 떠돌아다니는 것을 보리라.

_빅토르 위고, 『파리의 노트르담』중에서

가장 중요한 발명

지금까지 인간이 발명한 것 중에 가장 중요한 것, 또는 적어도 가장 영향력이 큰 것은 무엇일까? 물론 정답이야 없겠지만 가장 유력한 것 중 하나는 인쇄술이다.* 인쇄술이 없었다면 분명히 세계는 지금 이 모양 이대로 되지는 않았을 것이다. 인간의 지식이 전혀 다른 상태로 보존되고 전파되었을 터인즉, 오직 일부 계층의 사람들만이 지식을 독점하였을 테고 대부분의 사람들은 글을 모르므로 기억력에 의존해서 살아갔을 것이다.

인쇄술의 여러 중요한 측면에 대해서 역사적으로 살펴보기 위해서는 '하드웨어'와 '소프트웨어' 두 측면이 모두 중요함을 알아야 한다. 먼저 하드웨어 측면을 살펴보도록 하자.

인쇄술이 발전하기 위해서는 몇 가지 핵심적인 기술이 개발되어야 했다. 그 중 첫 번째 것은 종이이다.

많은 중요한 발명품이 중국에서 먼저 나왔다가 다른 문명권으로 전파되었는데, 종이도 그 중 하나이다. 종이는 일찍이 중국에서 발명되어 이슬람 국가들의 중개로 서구에 전해졌다. 유럽에서 제지업이라고 할 만한 것이 처음 자리잡은 곳은 14세기 초 이탈리아의 파브리아노이다. 물레방아에 거대한 나무공이나 나무망치가 달려 있고 거기에 칼과 못이 달려 있어서 이것으로 걸레를 잘게 썰었다. 종이를 만드는 데 들어가는 펄프는 요즘에는 대부분 나무를 가공한 펄프를 쓰지만 이전에는 낡은 옷이나 낡은 밧줄을 사용했다(헌옷을 서로 차지하기 위해 헌옷 장수들과 제지업자들 사이에 갈등이

---

* 밀레니엄이 교차되던 무렵인 1999년에 세계의 여론이 앞다투어 지난 천 년 동안 가장 영향력이 큰 발명이 무엇인지 조사했을 때 대개 금속 활자가 1위를 차지했다.

일어날 정도였다).* 또 제지업에는 물이 매우 중요했다. 물은 물레방아를 돌리는 동력원이면서 또한 종이에 들어가는 함유물이기 때문에 종이를 만드는 데에는 엄청난 양의 맑은 물이 필요했다. 그래서 제지 공장은 대개 강 상류의 급류가 흐르는 곳에 자리잡았다.

종이가 개발되기 이전에는 양피지가 사용되었다. 양피지는 여러 가지 장점이 있었다. 무엇보다 아주 질기므로 보존성이 뛰어나다. 게다가 양피지는 무척 아름답다. 유럽의 문서 보관소에서 양피지로 만든 족보를 본 적이 있는데, 그 고아한 색상과 질감은 정말로 예술 작품이라고 해도 좋을 정도였다. 이런 장점이 있기는 하지만, 가격이 꽤 비싸다. 150쪽 분량의 원고를 양피지에 쓰려면 양을 10여 마리 잡아야 하기 때문이다. 이에 비해 종이는 무엇보다 가격이 싸다. 게다가 유연성이 있고 표면이 균질하다. 바로 이런 성질 때문에 인쇄를 할 수 있었다.**

그렇지만 인쇄술에서 핵심적인 발명은 역시 활자이다. 서구에서는 흔히 구텐베르크가 1450년경에 최초로 금속 활자를 이용하여 책을 찍었다고 알려져 있지만 여기에는 여러 의문점이 있다. 그가 활자를 '발명'하였는지에

---

* 서양의 고서 중에는 이처럼 직물을 풀어헤쳐서 만든 책들이 많은데, 그 종이를 보면 아주 질기고 탄탄해서 종이라기보다 거의 옷감 같다는 느낌을 받기도 한다. 그러다가 나무 펄프로 만든 종이가 나오면서 책의 보존성이 떨어졌다. 이런 책들은 시간이 지나면서 자꾸 부스러지고 있는데, 서양의 큰 도서관에서는 이를 막기 위해 책을 화학 처리하는 데 많은 노력과 비용을 들이고 있다.
** 유럽의 종이에 비해 동양의 종이는 보존성이 훨씬 뛰어나다. 게다가 먹으로 쓴 글씨는 지워지지 않는다. 세계에서 가장 오래된 목판인쇄물인 우리나라의 『무구정광대다라니경』은 활자나 글씨체만이 아니라 종이로 보아도 주목할 만한 것이다.

대한 논쟁이 계속되고 있으나, 그가 직접 활자를 발명했을 가능성은 그리
크지 않다. 무엇보다도 그가 찍어서 펴낸 성경책이 활자를 발명한 다음 처
음으로 찍은 것으로 보기에는 꽤 수준이 높기 때문이다. 마침 구텐베르크
성경의 원본을 볼 기회가 있었는데, 단순히 한 권의 책이라기보다 예술품
수준이었다.

흔히 이야기되는 바이지만 인쇄술은 서양보다는 동양권에서 훨씬 더 발
전해 있었다. 금속 활자가 나오기 전부터도 우리나라를 비롯해서 중국과
일본에서 목판 인쇄가 일찌감치 발달해 있었다. 현재 세계에서 가장 오래
된 목판 인쇄술은 한국과 일본, 중국이 서로 자기 나라의 업적이라고 다투

고 있는 형편이다.[*] 그 당시의 인쇄는 책의 한 면 전체를 목판에 새긴 것이었다. 글자 한 자씩 따로 만들어서 판 하나를 조판하여 찍고 나중에 그것을 헐어서 다시 다른 판을 조판한다는 혁명적인 생각을 한 사람은 중국의 필승으로서, 그것은 11세기 중엽의 일이다. 이때에는 도자기로 활자를 만들었다. 그 후 몇 차례에 걸쳐서 주석이나 나무로 만든 활자를 시험해 보았지만 거의 실패로 그쳤다. 그러다가 14세기 후반에 금속 활자가 고려에서 만들어졌다. 이 세계 최초의 금속 활자로 인쇄한 책이 지금 파리 국립도서관에 소장되어 있는 『백운화상초록불조직지심체요절』(白雲和尙抄錄佛祖直指心體要節, 1377)이다.[**]

서양에서 금속 활자를 처음 만든 사람이 구텐베르크인지 다른 사람인지도 확실치 않고, 또 그것이 유럽에서 발명된 것인지 아니면 아시아에서 기술을 배워 온 것인지도 확실하지 않다. 그 당시 아시아와 교역하던 포르투갈 상인들이 중국의 서책과 함께 인쇄술을 들여왔다는 주장도 있고, 또 중국에서 타타르와 모스크바를 거쳐서 독일로 인쇄술이 전해졌다는 주장도 있는데, 이런 주장들이 터무니없는 주장만은 아니며 어느 정도의 근거는 있다. 문제는 확실한 증거가 없다는 것이다.

* 1966년 10월 14일 경주 불국사의 석가탑 해체 공사를 하다가 『무구정광대다라니경』(無垢淨光大多羅尼經, 국보 제126호)이 발견되었다. 닥종이로 된 두루마리 형태로서 학계에서는 706~751년에 만들어진 것으로 보고 있으며, 따라서 세계에서 가장 오래된 목판 인쇄물이다. 그때까지 알려진 세계 최고의 목판 인쇄물은 일본의 『백만탑다라니경』이었는데, 이는 서기 770년에 새긴 것이다.
** 통칭 『직지심경』이라고 간략히 말하는데, 이 책은 경(經)이 아니기 때문에 이렇게 일컫는 것은 잘못이며, 책 안에서 밝힌 바와 같이 '직지심체'라고 해야 한다는 주장도 제기되고 있다.

직지심체요절
세계 최초의 금속 활자로 인쇄한 책이다.

유럽의 인쇄술은 여러 차례 조정을 겪은 후 1450년 무렵에 정착되었다. 활자는 납, 주석, 안티몬이 정확한 비율로 섞여야 적절한 강도를 가지게 된다. 활자 주조 과정은 다음과 같다. 첫째, 활자가 양각으로 새겨져 있는, 강철로 된 아주 단단한 각인판을 만든다. 둘째, 구리로 만든 모형(母型)에 각인판을 사용하여 글자를 음각으로 본뜬다. 셋째, 여기에 합금을 부어 넣어 실제 사용하게 될 활자를 만든다. 이렇게 만든 활자로 줄과 간격을 맞추어 판을 짜고 잉크를 묻혀서 종이 위에 찍어 냈다. 지렛대를 이용해서 누르는 그 시대의 인쇄기는 18세기까지도 별 다른 변화 없이 지속되었다. 가장 큰 문제는 활자가 쉽게 닳는다는 것인데, 그러면 각인판 단계로 돌아갔고, 그러노라면 이번에는 각인판이 닳아서 결국 처음 단계부터 다시 시작해야 했다. 이 과정을 보면 이 분야가 목판 인쇄 기술에서 나오지 않고 금은 세공업에서 나온 것이 이해가 된다.

이 기술은 곧 유럽 전역으로 전파되었다. 파리(1470), 리옹(1473), 베네치아(1470), 크라쿠프(1474), 푸아티에(1479) 하는 식으로 인쇄소가 세워진 도시가 늘어 가서, 1480년에는 110개 도시, 1500년에는 236개 도시에 인쇄기가 있었다.

지식의 보급이라는 잣대를 대어 보면……

이제 인쇄술의 소프트웨어 측면을 살펴보자. 여기에서 이런 지적을 하면 어떨까 한다. 세계 최초의 목판 인쇄물이 우리나라에 있고 금속 활자가 최초로 발명된 곳도 우리나라이며, 이런 점에 대해 우리가 자부심을 가지는 것은 좋은 일이다. 그러나 인쇄술 발전의 역사적 의미는 과연 무엇인가? 그것은 지식을 얼마나 널리 보급하느냐 하는 것이고, 그것은 곧 그런 목판 인쇄나 금속 인쇄술로 과연 어느 정도 책을 출판했는가 하는 문제로 이어진다. 우리의 자랑거리를 일부러 헐뜯으려는 못된 의도가 아니라, 객관적으로 보아야 한다는 점을 말하고 싶다. 그런데 이 점에서는 서구의 인쇄술이 훨씬 큰 영향을 미친 것으로 생각된다.

1500년 이전에 인쇄된 책을 인큐내뷸라(incunabula, '요람', '시작'이라는 뜻의 라틴어 'incunabulum'에서 나왔다)라고 하는데, 그 수가 벌써 2천만 권이 넘었다. 당시 유럽 인구가 7천만 명이라는 점과 비교해 보면 인쇄술이 도입된 초기부터 얼마나 많은 책들이 찍혔는지 알 수 있다. 16세기에 들어오면 인쇄된 책의 수는 그야말로 기하급수적으로 늘어난다. 16세기의 백 년 동안 인쇄된 책은 20만 종에 2억 권 정도로 추산된다. 이런 정도면 지식의 보급이라는 측면에서 인쇄술의 발명은 참으로 혁신적인 역할을 했다고 말할 수 있을 것이다.

인쇄술의 기능으로서 지식의 '보급'이라는 측면을 이야기했지만, 또 한 가지 아주 중요한 기능이 있으니 그것은 지식의 '정확성'을 높인 것이다.

중세의 서책 사정을 한번 상상해 보자. 이때 지식의 중요한 보존 장소는 수도원이었다. 주로 수도사들이 책을 베끼는 일을 담당했는데, 이것은 수도사들이 하는 일 가운데 가장 힘든 일 중 하나로 꼽혔다. 산을 개간하는 것이 차라리 이보다 쉽다고 표현할 정도였다. 글자 한 자 한 자를 무딘 펜으로 옮겨 쓴다는 것은 육체적으로나 정신적으로 보통 고단한 일이 아니었을 것이다(시간이 많이 남는 사람은 지금 보는 이 책을 원고지에 볼펜으로 옮겨 적어서 친구에게 선물해 보라. 수도사들의 노력을 이해할 수 있을 것이다). 따라서 무엇보다 많은 책을 만들 수 없었을 뿐 아니라 아주 심각한 문제가 발생하기도 했다. 사람이 피곤하면 실수를 하게 마련이다. 한 줄 또는 한 쪽을 건너뛰기도 하고 같은 줄을 두 번 쓰기도 한다. 그런 '실수'는 그렇다고 해도 더 심각한 것은 의도적인 왜곡이다. 수도사들은, 예컨대, 아리스토텔레스의 책을 옮겨 적다가 아무래도 어떤 부분이 성경과 맞지 않는다고 생각하면 스스로 내용을 바꿔 쓰기도 하였다. 이런 일을 두고 양심에 거리끼는 일로 생각하는 것도 아니어서, 도리어 아리스토텔레스 같은 학자에게 자신이 한 수 가르쳐 주었노라고 뿌듯해했다. 그러다 보니 같은 아리스토텔레스 책이라고 하는데 책마다 내용이 다 달랐다. 르네상스 시대의 인문주의자들이 고전을 연구할 때 맨 먼저 수집한 책들을 서로 비교, 검토하면서 원전을 정확하게 재구성하려고 한 것이 이 때문이다. 그런데 인쇄술이 일반화되면서 이런 문제가 해결되었다. 이제는 이른바 정본(正本)이 확립되는 것이다. '아리스토텔레스'라 하면, 그것을 전공하는 학자가 연구를 하여 가장 믿을 만한 내용을 정리한 다음 이를 출판하는 것이다. 그리하여 아리스토텔레스를 본격적으로 연구하는 후대 학자들은 모두 그 책을 기준으로

제롬의 사경 작업

기를란다요가 그린
'성 제롬'의 일부분.
성 제롬은 특히 르네상스
시기에 인기를 얻은
성인인데, 그 까닭은
'공부를 통해서 현명해진
인간'이라 르네상스
학자들의 이상과
맞아떨어졌기 때문이다.
인쇄술이 일반화되기
이전 시대에는 이처럼 책을
베끼는 수밖에 없었다.
사경(寫經) 작업을 하는
이 성인의 도구들(돋보기,
가위, 자, 초 따위)이
보인다.

삼고 인용을 할 때에도 바로 그 책의 쪽 번호를 밝히는 식이다.

우리나라의 인쇄술은 지식의 정확한 보존이라는 측면에서는 무척 공을 들였으나 지식의 보급이라는 점에서는 취약했다. 만일 한글이 알파벳과 같은 형태로 되어 있다면 몇십 종류의 활자만 만들면 되었을 터이나, 글자가 한자식으로 조합되어야 하므로 가·각·간·갇·갈…… 등으로 모든 글자마다 하나씩 활자를 만들어야 했다. 따라서 일찍이 한글 인쇄가 그리 활발하지 못했고, 17세기에 들어서도 한글로 된 문학 작품들이 필사본으로 유통되었다. 그 대신 정확성에 대해서는 지나칠 정도로 철저했다. 한국의 관료들은 "한 장(章)에 한 자의 잘못이 있을 때에는 감독관과 조판인이 태형 30대요, 한 장당 한 자의 글자가 너무 검거나 너무 희미한 불량 인쇄일 때에는 인쇄인에게 태형 30대를 가한다."고 했으니 인쇄공의 충원이 어려울 지경이었다.

최근에는 인터넷이 지식과 정보의 보급·보존에 혁신적인 변화를 가져왔다. 이제 인터넷을 통해 일 년 동안 전세계적으로 교환되는 지식과 정보의 양은 세계 최대 도서관의 하나인 미국 의회 도서관에 소장된 모든 책에 있는 정보의 양을 넘어섰다고 한다. 그래서 미래에는 종이로 된 책과 도서관이 결국 사라지리라고 예측하는 사람도 있다. 물론 정말로 그렇게 될지 현재 상황에서 단정지을 수는 없다. 하지만 우리 지식 세계에 엄청나게 큰 변화를 가져오리라는 것은 분명하다. 구술과 기억의 문화에서 문자와 책의 문화로 탈바꿈했던 인류 문명은, 다시 이미지와 인터넷의 문화로 한 차례 더 탈바꿈할 것인가?

17

루터의 종교개혁

불안한 시대

중세에서 근대로 넘어가는 15세기 말과 16세기 초, 이때 유럽은 기독교 세계였는가?

물론이다. 당시 사람들에게 '당신은 기독교도인가?' 하고 물었다면 100 퍼센트 그렇다고 대답했을 것이다. 말로만 그런 것이 아니라 내면적으로 자신은 진실한 기독교도라고 확신하고 있었을 것이다. 그러나 여기에서 묻는 것은 과연 당시 사람들 가운데 어느 정도가 기독교 교리를 완전히 체득하고 받아들였는가, 달리 말하면 기독교가 어느 정도 사람들의 마음과 생활을 실제로 장악하고 있었는가 하는 점이다. 15세기 말 유럽은 기독교 세계라고 할 수는 있으나, 이것은 다음 사실들을 전제로 한 이야기이다.

첫째, 일반인들의 종교적 심성은 기독교와는 관계가 없는 마술적 사고에 상당히 크게 물들어 있었다는 점, 둘째, 이 시대는 영적으로 불안한 시대였지만 기성 교회는 이에 부응하지 못했다는 점이다. 그 때문에 많은 사람들이 교회의 철저한 개혁을 요구했으나, 그것은 곧 기성 교회와 '관계 없이', 더 나아가서 기성 교회에 '대항하여' 이루어졌다. 이때까지 가톨릭 교회 하나로 통합되어 있던 유럽 기독교 세계는 루터의 종교개혁 이후 크게 구교(가톨릭)와 개신교(이때 이후 장로교, 감리교, 침례교, 루터교 등 여러 갈래로 발전해 나갔다)로 나누어졌다.

이전 시대인 중세의 종교 상황을 보면 기독교화는 불완전하고 모호했다. 일반 민중들은 마술적 사고에 흠뻑 젖어 있었다. 말하자면 이들에게는 자연 세계와 초자연 세계의 경계가 흐릿해서 신과 악마가 끊임없이 그 사이로 비집고 들어와서 활동하고 있었다. 이는 단순한 '미신' 정도가 아니라 일상생활과 깊이 연관된 '문화'였다. 그리고 사실 기독교 이전의 많은 민중 신앙이 가톨릭 교회 속으로 들어와 있었다. 예컨대, 농사가 잘되라고 신부가 밭 둘레를 돌면서 밭에다가 성수를 뿌리는 행위는 기독교 교리와는 큰 차이가 있는 것이었다. 병에 걸렸을 때 특정 성인들에게 도움을 요청하는 것도 기독교 이전의 신앙과 관련이 있었다. 병이란 악마적인 힘이 일으킨 것이며 이를 치유하기 위해서는 그 힘을 다스릴 수 있는 무당이나 신에게 부탁해야 한다는 사고인데, 아마도 기독교 이전에 한참 '날리던' 지방의 신이 가톨릭 성인으로 변신해서 편입해 들어왔을 가능성이 크다. 또 삶과 죽음이 연결되어 있어서 귀신들이 횡행하는 것으로 사람들은 이해하고 있었다. 무지몽매한 일반 민중들만 이런 식의 사고를 한 것은 아니었다. 프랑스 국왕 루이 11세는 마법의 메달을 달고 살았고 귀족들은 점성술에 빠져 있었다(하긴 레이건 대통령 시절에도 백악관 전속 점성술사가 있었다고 하니, 이는 아주 유구한 전통을 자랑하는 일이다).

이런 일들은 자칫 이단과 연관되기도 했다. 그러나 이단이라는 것이 처음부터 따로 있다기보다 기성 교회에 대해 항의하고 저항하다가 이단 판정을 받는다는 것이 더 정확한 표현일 것이다. 특히 사회가 혼란스러운 위기 때는 이단이 대규모로 조직되고 폭력화하기도 했다. 많은 경우, 전직 하급 성직자들이 독특하게 성경을 해석하여 저항 이데올로기를 제공하고 여기에 뿌리뽑힌 민초들과 연결되면 혁명적인 민중 운동으로 폭발하기도 했다. 이런 움직임은 중세 내내 지속되었으나 중세 말(14~15세기)에 더욱 분출되어 나오고, 16세기에 거대한 폭발력을 가지고 터져 나왔다.

사회 갈등과 종교 갈등이 뒤섞여 극심한 혼란이 요동치던 중세 말과 근대 초, 이 세상 마지막 날이 온 것처럼 많은 영혼들이 고통스러워하며 신의 은총을 갈구할 때, 교회는 어떤 대응을 했던가? 아무런 대응을 하지 못했든지, 또는 더 불을 지르고 있었다고 해도 지나친 말이 아닐 것이다.

그 당시 교회의 부패는 극에 달하고 있었다. 교회는 많은 부를 쌓는 데 열중했고, 그것은 자연스럽게 성직 매매와 친족 등용으로 이어졌다. 교회와 절이 부자가 된다는 것 자체가 자칫 망하는 지름길이 될 수 있다. 하급 성직자들 가운데는 라틴어를 제대로 읽지 못할 정도로 무식한 사람들이 많았는가 하면(벽촌에서는 신부가 오랫동안 부임하지 않으면 농사짓던 사람 중 한 명이 대리 신부가 되는 경우가 많았다), 음주가무에 축첩도 서슴지 않았다.

사람들은 공포와 불안에 싸였으며 최근 수백 년 동안 천국에 간 사람이 단 한 명도 없다더라 하는 류의 이야기들이 떠돌았다. 이렇게 영적, 사회적으로 크게 불안한 시대에 교회는 무엇보다도 자체 개혁을 통해 민중들을 잘 이끌어야 마땅한 일이었다. 그러나 세상에 자체 개혁만큼 어려운 일은 없다. 자신의 썩은 살을 스스로 베어 낸다는 것이 가능하기나 한 일이겠는가.

교회의 무능력은 꽤 오래 전으로 거슬러 올라간다. 하느님의 뜻을 받아 세상 만민을 인도한다는 신의 지상 대리인인 교황이 프랑스 국왕에게 포로처럼 잡혀가서 프랑스 영토 안의 한 섬과 마찬가지인 아비뇽에 자리잡은 시기가 오랫동안 지속되었다(1309~1377). 어렵게 교황청이 로마로 되돌아가고 추기경 회의에서 이탈리아 출신의 교황이 선출되었으나, 곧 추기

아비뇽의 교황청 건물. 1309년에 교황 클레멘스 5세가 아비뇽에 거처하면서, 이른바 아비뇽 유수(幽囚)가 시작되었다. 유수란 '잡아가둠'을 뜻하는 말이다. 이 시기는 1377년까지 이어졌다. 교황청이 아비뇽에 들어서고 교황이 사실상 프랑스 왕권의 지배 아래 들어간 이 사건은 마치 유대인이 바빌론에 잡혀간 것과 비슷하다 하여 '교황의 바빌론 유수'라고도 한다.

경들과 교황이 대립되어서 또 한 명의 교황을 선출하였고, 이 두 번째 교황은 다시 아비뇽으로 가서 자리를 잡았다. 아비뇽 측과 로마 측은 서로 상대방이 악마라고 파문하는 지경에 이르렀다(이를 '교회의 대분열'이라고 한다. 1378~1417). 이 사태를 차마 눈뜨고 볼 수 없었던 뜻있는 인사들이 양쪽 교황을 모두 사퇴시키고 제3의 인물을 새 교황으로 옹립하자, 이번에는 세 명의 교황이 각자 자기야말로 하느님의 진실한 사자이며 다른 둘은 악마라고 주장하는 최악의 사태로 이어졌다. 이제 교회는 자체 개혁의 능력을

전혀 가지지 못한 듯이 보였다. 교회가 사람들을 인도하기는커녕 이 세상
을 악의 구렁텅이로 몰아가는 것으로 보이지 않을 수 없었다.

　이런 기억이 채 가시지 않았는데 로마 교황청에서 거액을 모금하여 베
드로 성당을 증축하려고 하였다. 그리고 그 돈을 걷기 위해 말 많고 탈 많
은 '면죄부' 세일을 하고 다녔다. 그 유명한 루터의 95개조에 나오는 대목
을 인용하자면, "돈통에 당신의 금화가 딸랑 소리를 내며 떨어지는 순간
가련한 영혼이 연옥에서 천국으로 날아간다."고 선전한 것이다. 요즘 같으
면 특수효과를 써서 기가 막힌 장면을 만들고 "이번 기회를 놓치지 마시고
아버님, 어머님 영혼을 좋은 데로 보내 드리세요." 하는 텔레비전 광고를
만들어서 저녁마다 방영하는 것과 다름없었다. 이게 사실이라면 어떤 놈
이 돈 백만 원 아끼느라 아버지 영혼을 좋은 데로 보내 드리지 않으랴!

　이때 독일의 어느 촌구석에서 당시 돌아가는 사태를 유심히 지켜보며
고뇌에 고뇌를 거듭하던 '문제아'가 있었으니, 그가 바로 마르틴 루터이다.

믿음으로만 구원받을 수 있다

1483년 튀링엔에서 태어난 루터는 법대에 진학하라는 아버지의 말을 기어이 어기고 아우구스티누스회 수사가 되었다. 비텐베르크 대학에서 공부하여 석사 학위를 마친 뒤에, 1513년부터 이 대학의 교수가 되어서 주로 바울 서한을 강의하였다. 그는 젊었을 때부터 내면의 고통을 여러 차례 발작 증상으로 표출하였는데, 어느 20세기 정신과 의사는 '정체성의 위기'를 겪는 대표적 인물로 루터를 거론하기도 했다(정신분석학자 에릭 에릭슨은 16세기의 루터를 마치 20세기 미국 사회의 청년과 같은 차원에서 접근했다. 그의 시도를 모두 신뢰할 수는 없겠으나 참고할 만은 하다). 그는 언제나 한없는 불안에 싸여 있었다. 과연 나는 구원받을 존재인가? 나같이 죄 많은 인간은 지옥에 떨어져서 영원히 고통받지는 않을까?

그러던 그가 찾은 해답은 로마서에 나오는 구절을 근거로 하고 있다. '믿음으로 의롭게 되리라.' 결국 믿음을 통해 구원을 받는다는 것이다. 아니 신학자 아닌 일반 신도라도 그렇지, 믿음이 중요하지 않다고 할 사람이 어디 있겠는가? 그러나 그의 발상은 기존 가톨릭 교리와는 근본적으로 다른 길로 나아가게 된다. 인간은 너무나 죄 많은 존재라 '오직' 신의 은총만으로 구원받을 수 있으며 그것은 '오직' 믿음으로만 가능하다는 것이다. 우리는 다른 어떤 행위로도 신의 구원 여부에 힘을 미칠 수는 없다. 마리아나 성인에게 아무리 기도를 한다고 해도, 또 아무리 선행을 많이 한다 해도 그것은 인간이 하는 일일 뿐, 당신이 구원을 받느냐 아니냐 하는 것은 전적으로 신의 소관이고 당신은 그것을 그저 믿음으로 받아들여야만 한다.

그렇다고 그가 처음부터 기성 교회에서 뛰쳐나가려고 한 것은 아니었다. 베드로 성당 기금 마련을 위해 테첼이라는 인물이 면죄부 판매를 이상한 방식으로 강요하는 데 대해 이의를 제기할 때까지만 해도 그는 다만 교

예수와 어린아이들

루카스 크라나흐는 예수가 어린아이와 함께 있는 그림들을 많이 그렸다.
이것은 루터파들이 애호하는 대표적인 주제였다. 가톨릭 교회는 선행과 성인의
공덕을 강조하지만, 루터파의 입장에서는 그런 것보다는 오직 믿음만이 구원에
필요한 것이다. 어린아이같이 순수한 믿음을 가진 자에게 예수가 직접 다가간다는
이 그림의 주제(마가복음 10:13)는, 따라서 기성 가톨릭에 대한 공격의 의미를
띠고 있다.

회가 잘못 나가는 것 아니냐, 이런 것은 고쳐야 하지 않느냐 하는 정도의
비판에 머물렀다. 1517년에 비텐베르크 대학의 담벼락에 써 붙였다고 알
려진 '95개조'라는 제목의 대자보도 그런 내용이었다.

　소식을 전해들은 교황청의 인식도 대체로 이런 방향이었다. 아우구스티
누스파 수도사와 도미니크파 수도사 사이에 싸움이 벌어졌고, 독일의 한
시골 대학의 무명 교수가 자꾸 고집을 피운다는 정도로 이해했던 것 같다.
그래서 교황청에서는 학식과 논쟁에 일가견이 있는 '고수' 한 명을 보내서

루터를 제압하려고 했다. 그러나 며칠을 두고 계속된 논쟁에서 오히려 루터는 자신의 견해를 더욱 뚜렷하게 가다듬었다. 시간이 갈수록 루터는 교황청과 거리가 멀어져만 갔다. 교황이 루터에게 잘못을 지적하고 그의 견해를 수정할 것을 명령했으나 오히려 루터가 교황 칙서를 공개적으로 불질러 버렸을 때쯤이면, 교황청과 루터의 관계는 더 이상 회복될 수 없을 정도로 완전히 갈라서게 되어 버린 것이다.

사실 루터의 이런 행위는 어느 고집불통 교수의 철없는 저항 정도로 그쳤을 수도 있었을 터이다. 그러나 이것이 전 유럽적인 사건으로서 인문주의자들의 주목과 많은 농민들의 지지를 받게 된 데에는 '시대의 발명'인 인쇄술의 영향이 컸다. 그는 자신의 주장을 곧 소책자로 만들어서 사방에 뿌렸던 것이다.

그는 파문당했고, 황제인 카를 5세로부터 의회 출두 명령을 받고서 제국의회에 나가 자신의 입장을 밝혔다. 교황을 전적으로 부정한 그는 당장 살해당할 위험마저 있었으므로 그를 지원하는 영주 작센 공의 보호를 받아 바르트부르크 성에 숨어 살았다. 이제 '루터교' 수준으로 확대된 그의 견해를 정리하면 다음과 같다. 첫째, 믿음으로 의롭게 된다. 둘째, 구원에 성사(가톨릭에서 이야기하는 인간이 은총을 받는 데 도움이 되는 일곱 종류의 성사를 말한다. 세례, 성배(결혼), 종부, 미사, 고해, 영성체, 그리고 사제들의 서품 성사가 있다)가 필수적인 것은 아니며, 따라서 가톨릭 교회와 같은 조직이 따로 필요한 것이 아니라 만인이 스스로 사제 역할을 할 수 있다. 셋째, 하느님의 뜻은 오직 성경 속에서만 찾을 수 있다.

이와 관련해서 또 한 가지 아주 중요한 일은 성경의 독일어 번역이었다. 오직 성경만이 하느님의 뜻을 전한다고 했지만, 중세 가톨릭 교회처럼 신부만이 라틴어로 된 성경을 독점하여 읽는다면 일반인들은 하느님의 뜻을 따를 수 없다. 따라서 정말로 하느님의 교리를 원칙대로 관철하려면 일반인들이 읽을 수 있도록 성경 번역이 이루어져야 한다. 바르트부르크에서 은거하는 동안 그는 성경을 독일어로 번역하며 지냈는데, 이는 종교적으로 중요한 일일 뿐 아니라 독일어의 표준어 정립에도 커다란 영향을 미친 사건이었다. 여기에는 이런 에피소드가 전해진다. 어느 날 루터가 길을 가노라니 길가의 밭에서 일을 하던 농부가 혼잣말하는 것을 들을 수 있었다. "성경을 내 눈으로 직접 읽어 볼 수 있으면 내 한 팔을 지금 잘라도 좋으련만……."('아침에 도를 들으면 저녁에 죽어도 좋다.'는 경지 아니겠는가.)

그런데 이런 여러 고사들을 보다 보면 루터가 일반 농민들, 또는 더 넓게 일반 민중들의 사회적·정치적 주장에 귀 기울인 혁명 투사의 면모를 보인 것으로 오해하기 쉽다. 그러나 그의 정치적 견해는 매우 보수적이었다. 그가 원한 것은 오직 종교 차원의 변화였지, 사회의 변혁 같은 것은 아니었다. 아니 오히려 정반대였다. 농민들이 오해하여 루터의 이름을 걸고 영주들의 봉건 질서를 깨고 새로운 세상의 건설 운운하는 이야기를 꺼냈을 때 루터가 한 말은 "기사들이여, 이 날강도 같은 농민들을 칼로 찔러 모두 죽여 버려라."였다.

그러나 루터 개인의 정치 견해가 문제가 아니었다. 어차피 종교개혁은 중세 말부터 끊임없이 제기되어 온 개혁 운동의 큰 흐름 가운데 있었다. 루터는 '준비된 화약고'에 불을 붙인 격이다. 루터의 종교개혁 이후 유럽 문명 전체가 큰 굴절을 겪게 되었다. 이제 유럽 전체가 하나의 종교를 바탕으로 단일한 성격의 문명을 유지하는 것은 불가능해졌다. 종교 분열은 유럽 문명을 혼란스러우면서도 난폭하고, 아울러 역동적으로 만들어 놓았다.

세계를 바꾼 대자보, 95개조

~~~~~~

1517년 마르틴 루터는 95개조를 발표하였다. 자신이 생각하기에 문제가 되는 점들을 정리해서 세상에 알리노니, 이를 읽고 "논쟁을 벌일 자는 우리 대학으로 직접 오든지 아니면 서면으로 하라."며 당당하게 논쟁을 청하는 내용이다. 이 중 어떤 조항들은 구체적으로 어떤 사항을 가리키는지 이제는 해석이 안 되는 부분도 있다. 전반적으로는 교황청의 면죄부 판매의 문제점을 지적하면서 그와 관련된 신학적 내용들을 따지는 것이다. 우리 사회도 이처럼 논쟁할 일이 있을 때 당당하게 공개적으로 논쟁을 벌이는 풍토가 되면 좋을 듯싶다.

1조. 우리의 구주 예수 그리스도께서 "회개하라" 하고 이야기했을 때 그 의미
　　는 믿는 자의 전 생명을 걸고 회개하라는 말씀이었다.

문제를 제기하는 품이 벌써 심상치 않다.

2조. 이 말은 사제가 주관하는 고해와 보속(補贖)이라는 성사를 의미하지
　　는 않는다.

성당에 가서 사제에게 고해하고 사제가 이제 그만 용서가 되었다고 이야기한다고 해서 이로써 모든 문제가 해결되었다고 할 수는 없다는 말이다.

5조. 교황은 자신의 권한으로 또는 교회법의 권한으로 자신이 부여한 벌에
　　대해서만 사면할 수 있고 그 외의 것은 사면할 수 없다.

20조. "모든 벌의 완전한 사면"이라고 교황이 이야기할 때에도 정말로 '모든'
　　 벌이 아니라 그가 부과한 벌만을 의미한다.

21조. 그러므로 면죄부에 대해 강론하는 사람들이 교황의 면죄부에 의해 어

떤 사람이 모든 벌을 사면받고 구원을 받았다고 이야기하는 것은 오류이다.

교황이라고 모든 죄에 대한 벌을 다 용서해 줄 수는 없다. 교황이 곧 하느님은 아니기 때문이다. 하느님만이 용서할 수 있는 종류의 죄와 벌을 인간이 용서하겠다고 나서서는 안 된다는 말이다.

27조. 그들은 돈통에 돈이 딸랑 소리를 내며 떨어지는 순간 영혼이 연옥에서 천당으로 날아간다고 이야기했다.

28조. 돈통에 돈이 떨어지면 이익과 욕심이 늘어나는 것은 분명하지만, 교회의 중재의 결과는 오직 하느님의 권능에 달려 있을 따름이다.

가장 유명한 구절로, 교회는 지금 영혼의 구원 문제를 가지고 돈벌이를 하는 것이 분명하다는 말이다.

18
마녀사냥

이해하기 힘든 역사적 사실

역사상 특이한 현상들이 많지만 '마녀사냥'만큼 이해하기 힘든 현상도 드물 것이다.

이 세상에 악마와 내통하는 자들이 있어서 이들이 사회 전체를 위험에 빠뜨리려는 음모를 꾸미고 있다. 이들은 가끔 밤에 외진 산이나 들판에서 그들만의 집회를 갖는데, 이를 사바트라고 한다. 마녀들은 대개 그곳까지 날아서 간다. 우리는 흔히 마녀가 빗자루를 타고 날아가는 모습을 연상하지만, 그 밖에도 동물을 타거나 스스로 동물의 몸으로 변신한 채 도착하기도 한다. 처음 참여한 마녀는 악마에게 기독교 신앙을 부정하는 선서를 하게 되어 있다. 그리고는 곧 잔치를 열고 밤새 춤추거나 악마와 섹스를 나눈다. 그리고 연회가 끝나고 집으로 돌아갈 때에는 악마로부터 기름을 받는데, 그것은 어린이들의 살로 만든 것이다……

이것이 마녀 집회의 정형화된 이미지이다. 그리고 대개 우리말로 '마녀'라고 해서 이런 혐의를 받는 사람이 모두 여자인 것으로 알고 있지만(실제로 여성의 비율이 많은 것은 사실이다), 남자들도 적지 않았다.

당신 같으면 이웃집 아줌마가 밤에 고양이로 변신해서 관악산의 마녀 모임에 다녀왔다는 혐의를 받는다면 그것을 믿겠는가? 그런데 실제로 유럽에서는 사회 전체를 위협하는 악마적인 세력이 존재한다고 철석같이 믿고 종교재판소를 설치하여 마녀들을 소탕하는 운동을 벌였다. 현재 개략적인 추산으로는 15세기 말부터 수백 년 동안 유럽에서 마녀로 판정을 받고 처형당한 사람이 약 10만 명에 이른다. 도대체 어떻게 해서 이런 어이없는 일이 벌어진 것일까?

사실, 마술이나 마법의 개념은 과거 여러 사회에서 볼 수 있는 것이다. 대부분의 평범한 사람들은 '이 세상에는 알 수 없는 어떤 신비한 힘이 있다.'는 생각을 하게 마련이다. 그리고 어느 사회에나 어떤 물건이 없어졌을 때 그런 것을 잘 찾아 주는 사람, 점을 잘 보는 사람, 푸닥거리를 통해 병을 고치는 사람이 있다. 종류가 조금 다르지만 타고난 해로운 힘이 넘쳐서 그 사람과 눈이 마주치는 것만으로도 나쁜 일을 당하게 하는 사람도 있다 (그런 눈을 '사악한 눈'이라 한다). 조금 더 자세히 이야기하자면, 사람에게 좋은 일을 해 주는 백마술과 나쁜 일을 초래하는 흑마술로 구분할 수 있고, 본디 타고난 성질(위에서 말한 '사악한 눈'이 대표적)일 수도 있고 도사님을 만나 배워야 하는 방식(주문, 의식 따위)일 수도 있다. 오늘날의 관점에서 이런 것들이 진짜냐 가짜냐 하는 것을 따질 일이 아니고, 하여튼 대부분의 사회에서 이런 일들 또는 이런 사람들이 존재했다는 것이 중요한 사실이다. 그런데 이런 비정상적인 힘의 존재를 '악마'와 연관짓는 것이야말로 유럽 사회에서만 발견되는 아주 특징적인 현상이다.

마녀 집회 현상에 대해서는 전문 역사가들 사이에서 아직까지 완전히 의견이 일치하지는 않는다. 어떤 연구자들은 여자들이 밤에 집회를 연 것이 사실이며, 또 그들이 어떤 특정한 믿음 체계를 실제로 가지고 있었으리라고 본다. 다만 그 내용이 악마 숭배하고는 거리가 멀고 고대로부터 은밀히 전해 내려오는 다산 숭배, 말하자면 농업적인 의식이라는 주장이다. 다시 말해, 나중에 지독한 오해를 사고 억울하게 희생당하긴 했지만 마녀라고 오해받을 만한 어떤 역사적인 내용이 실재했다는 견해이다.

이와 달리 어떤 연구자들은 그런 것은 전혀 존재하지 않으며 순전히 조작된 내용일 뿐이라는 주장을 한다. 신학자, 종교재판관, 정부 당국자 들이 그들이 읽은 종교 서적의 내용을 가지고 차츰 하나의 정형화된 개념을 만들어서 그것으로 무고한 사람들을 옭아맸다는 것이다. 이 견해에 따르면, 마녀 집회 같은 것은 순전히 상상력의 산물이다.

그리고 이 두 견해의 중간적인 입장에 서 있는 사람들은 이렇게 주장한다. 우선 먼 과거로부터 전해 내려오는 이교 전통이 있었고(첫 번째 견해), 이것을 권력 당국이 받아들여서 자신들의 생각대로 개념을 조작해서 일반 민중들을 공격했다(두 번째 견해)는 것이다.

세밀히 구분해 보자면 그렇지만, 어느 한순간에 마녀, 마녀 집회 같은 개념이 만들어진 것은 아니고 오랜 기간을 두고 차츰 정형화되어 갔다는 점, 그리고 실제 마녀가 존재할 리는 없으므로 권력 당국(정부와 교회)이 가공의 개념을 만들어서 어이없는 희생을 강요했다는 점을 이야기하는 것으로 우선 만족할 일이다.

말하자면 마녀 개념을 만들어서 죄 없는 사람을 잡아다가 고문하여 죄인을 만들고, 그 과정에서 재판관들이 확인했다고 하는 사실들을 가지고 다시 더 정교한 마녀 개념을 만들어 가는 악순환이 벌어졌다고 할 수 있다. 15세기에는 악마에게 영혼을 팔고 그 대가로 사악한 힘을 얻는다는 '악마 계약 혐의'가 본격화되어 갔다. 이즈음에 마녀에 관한 이론화도 상당히 이루어졌다. 그 대표적인 문건이 『악마의 망치』(Malleus Maleficarum)이다

(211쪽 글상자에 내용 일부를 소개해 놓았다).

이 현상을 어떻게 이해할 것인가?

왜 이런 일이 일어났을까? 인간은 본디 무지몽매한 존재라 한번 미망에 빠지면 집단적으로 가혹한 고문과 살인을 저지르는 한심한 종자라서 그럴까? 유럽 문화, 특히 기독교는 극단적인 잔혹성을 내면에 품고 있는 문화이기 때문일까? 그 시대가 워낙 난세라 사람들이 그 어느 때보다도 잔인했던 것일까? 아무래도 설명이 만족스럽지 못하다. 인간이란 정말로 쉽게 설명하기 힘든 복잡한 존재인 모양이다. 먼저 마녀사냥에 대한 그동안의 연구 성과들을 차근차근 살펴본 다음 다시 생각해 보도록 하자.

무엇보다 중요한 문제는 마녀사냥이 언제 일어났는가 하는 점이다. 흔히 마녀사냥을 중세적 현상이라고 생각하기 쉬우나 사실은 근대 초의 현상이다. 마녀사냥이 가장 극성을 부렸던 시점은 1590년대이며, 그 후 1630년대와 1660년대에 다시 정점에 올랐다. 유명한 미국 매사추세츠 주 세일럼의 마녀재판은 그보다도 뒤인 1692년에 있었던 일이다. 이해 1월에 새뮤얼 패리스의 질녀가 병에 걸렸다. 의사가 아무리 노력해도 병이 낫지 않자 마녀가 사악한 힘을 행사했기 때문이라고 주장하고 나섰다. 그 결과 19명이 교수형을 당하고 1명이 압살당했으며 17명이 감옥에서 목숨을 잃었다. 잦은 전염병과 전쟁의 위협 속에서 공포 분위기가 확산되자 사람들은 악마의 저주를 의식하게 되었던 것 같다. 고통에 시달리던 소녀가 아마도 자신에게 위해를 가했으리라 생각되는 사람들 이름을 마구 불러 대기 시작했을 것이다. 곧 특별 법정이 세워져서, 마녀 또는 마법사 피고들을 차례로 불러내다가 심문을 했다. 6월 10일에 브리지트 비숍이라는 사람이 처

마녀사냥과 여성
마녀사냥의 중요한 대상이
여성이었다는 점은 마녀사냥의
의미가 여성에게 가부장제 질서를
강요하는 것이었다는 해석을
낳게 한다.

음으로 교수형을 당했고, 이어 사흘 동안 13명의 여자와 5명의 남자가 교수형을 당했다. 10월에 주지사가 이 특별 법정을 해산시키고 그 다음에 세워진 법정이 재판을 기다리던 사람들을 석방시키고 나서야 광풍이 가라앉았다. 보이지 않는 귀신을 부려서 남을 고통스럽게 했다는 주장도 사그라들었다. 이런 것들이 계몽의 시대, 이성의 시대라는 근대 유럽과 미국에서 일어난 일이다.

그렇다면 누가 희생되었는가? 희생자들의 특징을 추려 보면 '여성, 빈민, 노인'으로서, 이런 사람들이 악마의 유혹에 쉽게 빠지게 된다고 여겨졌다. 가장 전형적인 인물형은 "가난한 차지농(남의 땅을 빌려서 농사를 지으며 살아가는 농민)의 부인, 특히 과부로서 50~70세의 연령대이며, 성질이 사나운(또는 사나워 보이는) 할머니"이다.

여성이 큰 비중을 차지했다는 것은 아주 중요한 문제이다. 마녀사냥의 광풍이 불었던 지역에서 희생자들을 보면 흔히 70퍼센트 이상, 심지어는 90퍼센트 이상이 여성이었다(모스크바처럼 희생자의 70퍼센트가 남성인 곳도 있긴 하다). 사실 지금까지 통례대로 '마녀'라는 용어를 그대로 사용한 것은 남성 희생자도 있었다는 점을 놓고 볼 때 엄밀히 따지자면 잘못된 일이지만, 그만큼 여성 희생자가 많았다는 또 하나의 방증이기도 하다. 왜 여성이 더 큰 희생을 치렀는지 막상 설명하려면 쉽지 않지만, 페미니즘 이론에서는 마녀사냥이라는 것이 근대 초에 가부장제 질서가 더욱 굳건해지면서 전반적으로 남성 세계가 여성을 공격한 현상이라는 주장을 편다. 일단 참고할 만한 사항이라고 본다.

또 부자들과 권력자들보다 힘없는 빈민들이 더 많이 희생당했으리라는 점도 쉽게 상상할 수 있으나, 권력자들이라고 항상 무사한 것만은 아니었다. 멀쩡한 사람을 마녀로 몰기 위해서는 당연히 고문을 동원하였는데, 고문에 못 이겨서 공범들의 이름을 불 때에는 사회의 최상층부 시민들이라고 예외는 아니었던 것이다. 실제로 1611년에 독일의 엘방엔에서 70세 여인이 고문을 받으면서 사회의 상층 인사들까지 '공범자'로 거명하였다. 고문이 시작되면 누구라도 안심할 수 없었다. 1611년에 100여 명, 그리고 다음 해에는 160여 명이 목숨을 잃었다. 겁에 질린 사람들 가운데는 지레 자기가 마법을 부렸다고 '자수'까지 하는 사람도 있었다. 목사들도 몇 명 걸려들었고, 심지어 어떤 판사는 자기 부인이 마녀로 몰리자 거칠게 항의했지만 끝내는 그 자신도 고문에 못 이겨서 죄를 '고백'하고 처형당했다.

고문은 손가락을 죄는 것부터 뜨겁게 달군 의자에 앉히는 것까지 다양했다. 뇌르틀링겐의 강철 같은 한 여인은 56회의 고문을 이겨 내고 끝내 석방됨으로써 신기록을 세웠지만, 1673년에 스티리아의 한 여인은 뾰족한 고문 의자에 11일 밤낮을 꿇어앉아서 발에 유황을 붓는 고문을 당하다가 정신병에 걸린 채 죽었다. 더 어이없는 일은 어린아이들의 증언만으로 무고한 사람들을 마구 처형한 것이다.

마녀사냥은 사회 전체를 위협하는 악마적인 힘을 제거하기 위한 '성스러운 작업'으로
여겨졌기 때문에 고문을 하는 데 대해서 전혀 주저함이 없었다. 후기로 가면서
그나마 약간 개선의 여지를 보인 점은 고문을 단 한 차례만 할 수 있다는 규정을
만든 것이다. 그러나 이것은 뜻하지 않은 결과를 가져왔으니, 혐의자를 한번
고문하기 시작하면 쉬지 않고 계속 고문을 가하는 것이다.

마녀로 자백을 하고 나면 대부분 사형을 피할 수 없었고, 경우에 따라
서는 화형에 처해지기도 했다. 근대 유럽의 대표적인 지성인 가운데 한 사
람인 장 보댕은, 마녀는 극악한 죄인이므로 빨리 태워 죽이지 말고 마르지
않은 나무를 써서 옹근 불에 산 채로 서서히 고통받으며 죽게 해야 한다는
주장을 펴기도 했다.

이제 다시 질문하지만, 마녀사냥을 어떻게 해석해야 할까?

우리의 눈으로 보면 이건 별다른 설명이 필요 없고 그냥 미친 짓이라고
할 수밖에 없다. 그러나 그렇게만 말하고 끝날 일은 아니다. 그 시대 사람

종교재판소
고야의 그림은 재판장을 압도하는 무시무시한 권력의 힘을 잘 보여준다.
국가와 교회는 각자의 권력과 권위를 위해 결탁하여 민중들을 질서 체계 속으로
끌어들였다.

들이 정말로 제정신이 아니어서 집단적으로 광포한 짓을 했다고 말할 수는
없는 일이다. 마녀사냥을 주도했던 인물들은 대개 그 사회의 지도적인 위
치에 있는 사람이었다. 그 사람들은 위험한 존재로부터 사회를 지키는 훌
륭한 일을 하고 있다고 자부했을 것이다. 다시 말해서, 그 시대 그 사회의
관점에서 보면 마녀사냥은 미친 짓이 아니라 합리적인 행위였을 수 있다.

그러나 그 시대 사람이 아니라 역사학자의 입장에서는 단죄는 아니더라
도 어떻든 설명과 해석, 평가를 해야 한다. 물론 그게 쉽지 않다는 게 문제
이다. 먼저 몇 가지 기존 설명들을 보자.

흉년, 전쟁, 전염병 등과 같은 재난이 심해졌을 때 그에 대한 반응으로

마녀재판이 많이 벌어졌으리라는 설명이 있다. 1590년대처럼 기근과 전염병이 심했던 때가 마녀재판의 극성기였고 또 많은 마녀들이 전염병을 일으켰다는 고소를 받은 점을 보면 일리가 있어 보이지만, 그렇지 않은 시기에도 마녀사냥이 많이 있었던 점을 보건대 완전한 설명은 못 된다.

개신교와 가톨릭이 서로 상대방을 마녀로 몰아서 공격했으리라는 설명도 제시되었다. 그러나 실제 마녀사냥의 상황을 연구해 본 결과 전혀 그렇게 진행되지 않았으므로 이 설은 기각되었다.

마녀재판이 물론 나쁜 일이지만 공동체 내에서 그 어떤 기능을 맡아서 했다는 설명도 있다. 마을에는 같이 지내기가 좀 곤란한 사람들이 반드시 있게 마련이다. 예컨대 아주 가난한 사람이 있어서 도와 달라는 요청을 자주 하는데, 사람들이 때마다 도와 줄 수는 없고 그냥 있자니 마음에 걸린다고 하자. 마녀사냥은 사람들의 죄책감이 기형적으로 발동하여 이런 사람들을 아예 제거하는 방향으로 작동한 결과라는 것이다. 마녀사냥이 배운 자들의 덤터기씌우기였다는 식의 설명만으로는 부족한 부분, 곧 일반인들의 심리를 고려하고 있고, 또 마녀사냥이 하여튼 어떤 기능을 맡았다는 측면을 보여 준다는 점에서 부분적으로 고려해 볼 가치가 있는 설명이다.

그 밖에도 희생자들의 재산을 빼앗기 위해서 한 짓이라는 식의 다른 여러 설명들이 있으나 대부분 부정되었다.

지금까지 말한 점들을 염두에 두고 마녀사냥에 대한 역사적인 평가를 시도해 보자.

앞에서 말한 것처럼 이것이 중세적 배경을 가졌지만 본질적으로 근대적 현상이라는 점을 다시 주목할 필요가 있다. 근대로 들어오면서 일반 민중들은 정치적으로, 종교적으로 큰 에너지를 띠게 된다. 이들을 그 상태 그대로 방치해서는 안 되고 질서 체계 안으로 끌어들여야 할 것이다. 질서를 부과한다는 것은 곧, 그것을 거부하는 자들을 억압한다는 것을 뜻한다. 근대의 권력 당국, 곧 국가와 교회는 그들의 권위에서 벗어나려는 자들을 제거하고 모든 국민들의 복종을 확립하려고 하였다. 국가는 교회로부터 이데올로기를 빌리고 교회는 국가로부터 힘을 얻는다. 한 국가 안에 있는 모든 사람들은 사고마저도 함께해야 한다. 모두 같은 기독교를 믿어야 하며, 교회의 축성을 받은 국왕을 잘 따라야 한다. 국민들 가운데 어떤 자는 기독교도이고 어떤 자는 이슬람교도이고 또 어떤 자는 무당을 믿는 상태로는 통치하기가 어렵다. 근대 국가는 '균질한 영혼'들이 국가 기구에 복종하도록 만들어야 했다. 이것이 마녀사냥이 결과적으로 행한 역할이다.

인간의 지성은 갈수록 발달하고 사회는 더욱 문명화되는 것일까? 만일 그랬다면 지금쯤 우리는 지상낙원에서 오순도순 살아가고 있을 것이며, 비참한 탄압과 야만적인 전쟁 같은 것은 아예 사라졌을 것이다. 마녀사냥과 같은 현상을 보노라면 우리 마음속에 집단 광기가 숨어 있는 것은 아닌지 자문하게 된다. 마녀사냥은 그 모습 그대로는 근대 초 유럽의 특이한 현상이지만 유사한 현상은 언제나 있었다. 사회 전체를 근본적으로 위협하는 불순한 세력! 그것은 히틀러에게는 유대인이고, 파시스트들에게는 공산주의자들이며, 남한 정권에게는 북한이 사주하는 불순 세력이고 북한 정권에게는 '남한과 미제의 스파이들'이다. 때로 권력은 일부러 그런 위험 세력을 조작해 내서 사람들을 선동하려 한다. 그런 조작이 너무나도 쉽게 먹혀 들어간다는 사실 자체가 우리 내면에 '마녀사냥'식의 충동이 잠재해 있음을 짐작하게 한다.

마녀 고문 매뉴얼, 『악마의 망치』

고문을 통해 심문하는 법은 다음과 같다. 먼저 간수가 고문 도구를 준비하고 죄수의 옷을 벗긴다(만일 죄수가 여자라면 행실이 올바르고 단정한 다른 여자가 미리 옷을 벗긴다). 이렇게 옷을 벗기는 이유는 혹시 어떤 마술의 수단을 옷에 꿰매 놓았을지 모르기 때문이다. 이런 것은 악마가 가르쳐 준 대로 구원을 받지 못하도록 세례를 받기 전에 살해한 아이의 시체를 가지고 만든 것이다. 고문 도구가 준비되면 재판관이 직접 하든지 신앙이 두터운 다른 훌륭한 사람을 시켜서 하든지, 죄수가 자유롭게 자기 죄를 고백하라고 설득한다. 만일 여전히 고백하지 않으면 조수에게 시켜서 죄수를 스트라파도(손을 뒤로 해서 가죽으로 묶은 다음 공중으로 들어올리는 고문 도구)나 다른 고문 도구에 묶으라고 명령한다. 조수들은 이 명령을 따르지만 거짓으로 마음이 흔들리는 것처럼 한다. 그리고는 다른 사람들이 비는 척하여 다시 죄수를 풀어 준 다음 옆으로 데리고 가서 다시 한번 고백할 것을 설득하고, 만일 고백하면 사형에 처해지지 않는다고 믿도록 한다.

이때 이런 문제가 제기된다. 죄수가 악명 높은 사람이고 모든 증인과 증거가 있되 다만 그 자신의 고백만이 없을 경우, 그래서 비록 죄수가 죄를 고백하더라도 사형에 처할 것이 분명할 때, 재판관이 그 죄수에게 목숨을 살려 주겠다는 거짓 희망을 불어넣어 줄 수 있는가?

이에 대해서는 의견이 갈린다. 첫 번째 의견은, 마녀가 몹시 악명 높고 증거에 의해 혐의가 입증되었으며 또다른 마녀들의 우두머리로서 극히 위험한 자로 여겨진다 하더라도, 그녀가 다른 마녀들에 대해서 확실한 증거를 제공하는 경우 그녀의 목숨을 구해 주고 대신 빵과 물만 제공하는 종신형에 처할수 있다는 것이다. 그렇다 하더라도 그녀에게 종신형이 부과된다는 사실을 직접 통고하지 않고, 목숨은 살려 주되 추방과 같은 다른 방식으로 처벌될 것이라고만 말해야 한다. 두 번째 의견은, 감옥에 가둔다고 마녀에게 한 약속을 한동안 지킨 다음 나중에 화형에 처하자는 것이다. 세 번째 의견은, 재판관이 직접 선고를 하지 않고 나중에 다른 사람이 그 선고를 함으로써 재판관은 면죄가 되며, 따라서 안심하고 마녀에게 목숨을 살려 준다고 거짓 약속을 한다는 것이다.

_『악마의 망치』 중에서

언제나 느끼는 바이지만 마녀재판을 수행하는 사람들이야말로 악마의 무리 같다는 것이다. 악마더러 거짓말쟁이라고 말하지만 사실 그들이야말로 철저히 거짓말로 무장하고 있다. 그러나 여기에서 우리가 확인하게 되는 사실이 있으니, 마녀재판에 임하는 자들은 그들이 지금 큰 죄를 짓는다고는 결코 생각하지 않으며, 오히려 사회를 위해 또 하느님을 위해 가장 올바른 일을 힘겹게 수행한다고 믿고 있다는 점이다. 오늘날 우리에게 '악마성'으로 보이는 점들은 사실 그 시대의 '정상성'이었다.

19

민담과 동화

정신분석적 접근과 역사적 접근

옛날 이야기 속의 역사

수백 년 전에 일반 민중들은 어떤 생각들을 하며 살았을까? 또 어떤 종류의 감수성을 가지고 있었을까?

역사학에서는 전쟁이나 정치적 사건만이 아니라 이런 측면도 매우 중요한 주제가 될 수 있다. 그러나 문제는 어떻게 하면 그런 연구를 할 수 있느냐 하는 것이다. 농민들이 하루 종일 들판에서 일하고 나서 집에 돌아와 먹을 갈아 일기를 쓴다든지, 아니면 죽기 전에 비망록을 남기는 따위의 일은, 전혀 없었다고 단정지을 수야 없지만, 아주 드문 일이었다. 문자로 된 기록이 없다면 일단 역사가는 주춤할 수밖에 없다.

오늘날처럼 문자 교육이 일반화되기 전, 대부분의 일반 민중들은 구술 문화 속에서 살았다. 그렇다면 결국 이들의 문화를 파악하기 위해서는 입에서 입으로 전해 내려오는 자료를 들여다볼 수밖에 없다. 그 중에서도 가장 중요한 자료는 다름 아닌 '옛날 이야기'이다.

어느 문명권이나 문화권에서든지 수많은 이야기들이 전해 내려온다. 여기에 접근하는 방식으로는 어떤 것이 있을까? '헨젤과 그레텔'을 예로 들어서 살펴보자. 대략 줄거리는 다음과 같다.

가난한 나무꾼이 아내(계모)와 두 아이를 데리고 살고 있었다. 어느 해인가 큰 기근이 들어서 집에 먹을 것이 부족했다. 부부는 아이들을 숲 속에 내다 버리기로 한다. 그러나 밤에 부모가 하는 이야기를 몰래 들은 아이들은 작은 자갈을 주머니 속에 가득 준비했다. 아버지가 아이들을 숲에 버려 두고 왔을 때 아이들은 길에 뿌려 둔 그 자갈들을 보고 집으로 돌아온다. 그러나 두 번째는 빵조각을 길에다 뿌렸는데 새들이 그것을 모두 먹어 버렸기 때문에 집으로 돌아올 수 없었다. 숲에서 방황하던 오누이는 빵과 과자로 만든 집을 발견한다. 굶주린 아이들은 집을 뜯어먹었는데, 곧 마귀할멈이 나와서 아이들을 잡아 가두었다. 마녀는 아이들을 살찌워서 잡아먹으려고 하였다. 한 달 후 그레텔을 오븐 속에 밀어 넣으려는 순간 아이는 꾀를 냈다. 오븐에 어떻게 들어가는지 모르겠다고 하자 마녀가 시범을 보인다. 그때 오누이는 재빨리 마녀를 오븐에 밀어넣고 걸쇠를 잠가 버린다. 마녀는 비참하게 타죽고, 아이들은 집 안에 있던 보석들을 가지고 도망친다. 숲 속을 헤매다가 큰 강을 만나는데 강가에 있던 오리가 아이들을 태워서 강을 건너게 해 준다. 그렇지만 두 아이를 한꺼번에 태울 수 없어서 한 번에 한 명씩 강을 건너야 했다. 강을 건넌 두 아이는 집으로 뛰어갔다. 그동안 계모는 죽고 아버지 혼자 살아가고 있었다. 이 가족은 아이들이

• 물론 수백 년 전 사람들의 입에서 입으로 전해지던 이야기를 직접 연구할 수는 없으므로, 그것들이 문자로 기록된 것을 통해 구술 문화를 연구한다는 모순된 상황에 빠지는 것은 사실이다. 이 문제는 여러 종류의 기록들을 비교하고 또 지금까지 남아 있는 구술 문화의 흔적을 이용해 가며 풀어 가는 수밖에 없다.

가지고 온 보석으로 행복하게 잘 살았다.

　이 텍스트를 읽는 방법은 여러 가지일 수 있지만, 먼저 정신분석적 방법으로 이 동화를 분석한 베텔하임의 이야기를 들어 보자.

무의식이 읽어 내는 이야기 속 이야기

　이 이야기에서 문제의 핵심은 어머니와 아이들의 관계이다. 어머니가 아이를 갖다 버리는 것은 무슨 의미일까? 이는 실제 상황이기보다 아이의 마음속에서 어머니가 더 이상 자기를 사랑하지 않고 미워한다고 느끼는 것을 나타낸다. 어머니가 자식을 사랑한다고 해도 어린아이가 언제까지나 어머니의 품 안에 있을 수만은 없고 언젠가는 그 곁을 떠나야 한다. 그것은 아이가 성숙해 가는 과정에서 결국은 직면하게 되고 또 풀어야만 하는 어려운 감정의 문제이다. 그렇지만 어린아이의 처지에서 어머니를 떠나는 것은 결코 받아들이기 쉽지 않으므로 우선은 이전처럼 어머니에게 들러붙어 어머니의 사랑을 다시 얻어 보려고 하게 마련이다. 헨젤과 그레텔이 어떻게든 집으로 되돌아가려고 하는 것은 이처럼 과거의 방식을 고집하는 것을 뜻한다.

　그러나 한두 번은 그럴 수 있을지 몰라도 영원히 어린아이로 남아 있을 수는 없으며, 결국은 자신의 길을 찾아야만 한다. 드디어 두 아이는 어두운 숲, 곧 그들이 겪어 보지 못한 새로운 정신세계에서 방황하게 된다. 숲에서 그들이 만난 것은 빵과 과자로 만들어진 집이다. 아이들은 이 집을 뜯어먹는다. 상징 세계에서 집은 흔히 어머니의 몸을 뜻한다. 사실 아이들이 젖을 먹는 것은 곧 어머니의 몸을 먹는 것으로 생각할 수 있다. 그러나 그 집을 부숴 가며 뜯어먹는 것은 지나친 욕망이다. 베텔하임은 이를 구강기(프로이트의 심리학에서 말하는 아이의 자아 발달 과정 중 한 단계로서 입술로 무엇인가를 빠는 행동을 통해 만족을 찾으려는 시기) 수준의 탐닉과 집착으로 해석한다. 과연 그 집 안에서 나오는 것은 마녀이고, 마녀가 아이들을 위험에 빠뜨린다. 상징의 차원에서 이 마녀는 어머니의 다른 측면을 나타낸다. 어린아이에게 어머니는 한없이 자애로운 천사일 수도 있지만, 가끔은 아주 무시무시한 '마녀'의 모습으로 비치기도 한다(어린이와 가장 가까이 지내는 어머니가 아이들을 가장 많이 야단치게 되고, 결국 어머니는 무서운 사람이 된다).

아이들은 이제 과거의 방식으로는 이런 어려운 감정의 문제를 해결하지 못한다는 것을 깨닫는다. 본능적인 충동이나 무의식적인 방식으로는 문제를 해결하지 못하므로 새로운 해결책을 모색하지 않을 수 없다. 이야기 속에서 그것은 아이의 '꾀'로 나타난다. 다시 말하면 아이가 '지성'(비록 아주 초보적인 수준이긴 하지만)을 사용하여 문제를 해결하게 되고, 그러면서 차츰 성장해 가는 것이다.

그러자 지금까지의 '마녀' 이미지 뒤에 다시 자애로운 어머니, 아이들을 도와 주는 어머니의 모습이 나타난다. 아이들은 그 집에서 보석('정신적 성숙'을 상징한다)을 얻어서 그것을 가지고 집으로 돌아간다. 이것을 보면 원래의 집과 숲 속의 집, 어머니와 마녀는 하나의 존재의 양면을 나타내는 것이라 할 수 있다.

집으로 돌아오는 과정에서 한 가지 이상한 점은 집을 떠날 때에는 없었던 강이 갑자기 나타난다는 점이다. 아이들에게 내면적인 이야기를 들려 주려는 것이 동화의 목적이라고 한다면 이런 표면적인 불일치가 그리 중요한 것은 아니다. 강을 건넌다는 것은 대개 한 차원 높은 수준으로 성숙한다는 것을 의미한다. 마치 세례를 받는 것과 마찬가지이다. 아이들은 숲

속의 모험을 거친 후에 이미 성숙해져 있기 때문에 그 점을 최종적으로 확인하는 상징적 행위가 필요했을 것이다. 이때 또 한 가지 중요한 현상을 보게 되는데, 지금까지 헨젤과 그레텔은 항상 같이 다녔고 결코 떨어질 수 없는 관계인 것처럼 보였다. 그러나 강을 건너는 것은 둘이 함께할 수 없다. 인간의 성숙은 곧 독립적인 자아를 의미하기 때문이다.

베텔하임의 동화 분석을 보면 많은 동화들이 왜 그토록 폭력적이고 성에 대해서 노골적인지 알 수 있다. 그의 주장에 따르면, 동화의 내면적 목적은 어린이들에게 앞으로 인생에서 부딪히게 될 여러 문제에 대해 대비하게 하고 자신감을 심어 준다는 것이다. 살아가노라면 인생살이가 결코 쉽지 않다는 것을 깨닫게 된다. 이 세상은 온통 험난한 문제투성이이고 세계는 가혹하다. 그것을 애써 부인한다고 문제가 해결되지 않는다. 또, 모든 사람은 이 세상을 함께 살아갈 동반자를 만나야 하고 성의 문제에 직면하지 않을 수 없다. 그러나 성과 결혼, 가족과 같은 문제는 때로는 매우 어려운 여러 감정상의 문제를 초래한다. 동화는 이런 문제들을 피하지 말고 대담하게 맞서서 해결하라고 이야기한다. 비록 그것이 어려운 일이지만 슬기롭게 잘 풀어 나가면 이 세상과 조화를 이루며 살 수 있고, 행복한 성과 결혼 생활을 누릴 수 있다. 모든 동화가 해피엔딩인 것은 아이들에게 마지막에는 결국 승리할 수 있다는 자신감을 불어넣어 주기 위함이다.

그러나 이런 중요한 메시지를 아이들에게 직접 전달하는 것은 매우 어려운 일이다. 아이들은 그런 교훈을 바로 알아들을 지력이 발달해 있지 않기 때문이다. 그래서 쓰게 된 방법이 바로 '이야기'에 교훈을 숨겨서 전달하는 방식이다. 아이들은 이야기의 전개에만 관심을 두고 있는 것으로 보인다. '의식' 차원에서는 그럴지 모른다. 그러나 아이들의 '무의식'에서는 이야기 속에 들어 있는 문제들을 계속 되짚어 보고 있다. 그렇게 보면 동화는 아이들의 무의식에다 문제점들을 던져 주고 그 해결책까지 제시하고 있는 셈이다.

이야기, 사회를 반영한 의미있는 사료

동화와 민담에 대한 정신분석을 보면 무척 흥미롭지만, 이에 대한 비판도 만만치 않다. 무엇보다도 이런 분석이 대상으로 삼고 있는 텍스트 자체가 하나의 고정된 형태가 아니라는 점이다. 베텔하임도 그렇고 다른 분석가들도 대개 그림 형제의 판본을 많이 사용하고 있는데, 사실 이것은 옛날 이야기의 수많은 판본 중 하나일 뿐이고 그나마 편집자가 많이 고쳐서 글로 옮긴 것이다. 원래 농민들이 했던 이야기는 우리가 알고 있는 이야기와는 분명 다를 것이다. 실제로 농민들이 이야기한 판본은 그림 형제가 글로 옮긴 것보다 더 잔혹하고 성적으로도 훨씬 더 노골적이었을 것으로 보인다.

우리가 알고 있는 많은 이야기들은 몇백 년 또는 몇천 년 동안 전해 내려오면서 기본 줄거리는 어느 정도 유지되었다고 해도 조금씩 변형을 겪었을 것이다. 사회마다 이야기의 세부 사항들과 분위기가 조금씩 다른 것은 그 때문이다. 이런 점을 놓고 보면 민담과 동화는 더욱 역사가들의 눈길을 잡아끈다. 이 이야기들은 개인 차원에서 자아의 성숙을 돕는 기능을 하는 것 말고도 이야기가 널리 퍼져 있는 그 사회를 반영하는 '사료'로서 사용할 수 있지 않겠는가?

이 기준에서 보면 「헨젤과 그레텔」 같은 이야기도 그 안에 품고 있는 상징을 분석해서 어떤 의미를 이끌어 내기보다 그 이야기 자체가 내보이는 여러 상황들에 더 주목하게 된다. 옛날에 어린아이를 갖다 버리는 것은 충

분히 있을 수 있는 일이고 실제로 자주 있었던 일이다. 이를 굳이 정신적 성장의 상징으로 풀 것이 아니라, 그야말로 어렵고 험난한 시기에 입 하나라도 줄이려는 슬픈 현실이 그대로 투영된 것으로 볼 수 있다. 옛날 이야기에 먹고 먹히는 이야기가 그토록 자주 나오는 것은 그 당시가 기근의 시기였음을 말해 주는 것이다. 거인, 식인귀, 계모, 요리사, 마녀 등 식인의 주체들은 수없이 많다.

우리가 주목해야 할 점은 이런 힘겨운 상황에서 가장 먼저 희생되는 것이 어린아이라는 점이다. 아이들은 먼저 식량이 부족할 때 내다 버리는 첫 번째 대상이었다. 더 심하게는 문자 그대로 죽임을 당해서 다른 사람의 식량이 되기도 하였다(지독한 흉년 때의 기록들을 보면 아이들을 솥에 넣어 삶아서 먹었다는 기록이 심심찮게 등장한다). 그렇게 보면 「헨젤과 그레텔」은 '어린이 학대를 정당화하는 이야기'로 볼 수도 있다.

조금 더 일반화해서 말하자면, 이런 이야기들이 널리 회자되던 그 시대는 굶주림에 시달리는 세계, 언제나 폭력이 난무하는 거칠고 험한 세계, 비정함과 잔인함이 일반화된 세계였다. 민담과 동화는 이런 점들을 증언하는 자료이다. 「어리석은 소원」의 주인공은 소원이 무엇이냐는 물음에 이것저것 생각할 것 없이 음식 이야기부터 한다(세 끼 정도만 굶어 보라. 소원이 무엇이냐고 누가 물으면 결코 고상한 이야기가 나오지 않고 밥과 라면 이야기가 저절로 나올 것이다). 또, 오늘날의 판본에서는 흔히 왕자가 공주를 마음으로 깊이 사랑한다고 점잖게 표현되어 있지만, 옛날 판본에서는 왕자가 혼수 상태의 공주를 강간하여 임신시키기까지 한다. 최근의 분석에서는 이야기 속의 계모는 대개 친어머니의 상징적 표현이라고 보지만, 사망률이 높던 옛날에는 정말로 계모가 지금보다 흔했고, 또 그들이 어린아이들을 박대하다 못해 갖다 버리는 일이 자주 있었다고 볼 수도 있다.

사람들은 이야기를 통해 자신이 속해 있는 이 세계를 해석하고 표현하였다. 그리고 그 험한 세계를 살아가는 데에 최소한의 위로를 얻고 지혜를 나누어 가졌다. 그 내용은 주로 어떤 것이었을까? 사회마다 조금씩 다르겠지만 대체로 이런 것이 아니었을까? 이 세상은 험한 곳이니 정신 바짝 차리고 살아가야 한다. 지배층은 결코 잘난 인간들이 아니지만 언제 우리를 괴롭힐지 모르므로 최대한 몸을 낮추어 그들의 주먹을 피해라. 물론 뒤에서 그들을 골려먹는 것은 자유이다. 그리하여 어떻게든 이 모진 세상에서 버텨 나가라.

『흥부전』, 가난한 사람들의 꿈

옛날 이야기들이 그 시대의 사회 상황과 사람들의 심성에 대한 직접적·간접적 증거가 될 수 있다고 할 때 무엇보다도 눈에 띄는 것은 그 시대의 힘겨운 생활 조건들이다. 그 중에서도 특히 민담에서 볼 수 있는 가장 보편적인 시대 상황 중 하나는 식량 부족이다. 많은 이야기들이 지난 과거에 일반 민중들의 삶이 얼마나 고단한 것이었는지에 대한 생생한 증거를 제시한다. 예컨대, 「어리석은 소원」에서 세 가지 소원을 말할 수 있다고 할 때 거의 본능적으로 입에서 나온 말은 '먹을 것'이었다. 이것은 또 배고픈 사람들이 갖는 절실한 꿈이 산처럼 쌓여 있는 엄청난 양식, 배가 터지게 먹는 장면으로 나타나는 데서도 읽을 수 있다. 이것은 동서양을 막론하고 같았다. 「흥부전」에서 묘사하는 가난한 사람의 열망은 유럽의 여러 이야기에 비슷하게 등장한다. 예를 들면 이렇다. "이곳에는 들판 가운데 가루 치즈로 된 산이 있고 그 꼭대기에는 커다란 솥이 있다. 너비가 1마일이나 되는 이 커다란 솥에는 언제나 물이 끓고 있어서 여기에서 마카로니를 삶는다. 그것이 익으면 바깥으로 꺼낸다. 그러면 이 마카로니들이 산 밑으로 굴러 내려가면서 저절로 치즈 범벅이 된다." 흥부가 박을 탔을 때 마법의 쌀 뒤주(쌀을 아무리 퍼내도 도로 쌀이 가득 찬다)가 나오자 엄청난 양의 밥을 지어서 가족이 함께 먹는 장면이 있는데, 이것과 비교해 보자.

동리 가마솥 있는 집을 쫓아다니며 꼬두밥 찌듯 쪄서 삭군을 시켜가지고 밥을 저다 붓고 저다 붓고 헌 것이 거짓말 조금 보태면 밥더미가 남산덩이만하든 것이었다 흥보가 밥을 먹으라고 령을 내리는듸
네 이놈들 체헐라 조심해 먹으렷다 자 먹어라
해노니 우― 허더니 이놈들이 온데간데 없제
아이고 이놈들아 다 어디 갔느냐

자식들 찾느라고 야단이 났는데 조끔 있다가 보니 이놈들이 밥 속에서 퉁기쳐 나오는듸 어찌허여 밥 속에서 나오는고 허니 이놈들이 어떻게 밥에 환장이 되었던지 밥먹어라 소리에 우- 밥 속에서 총철환(銃鐵丸) 백히듯 꽉 백혀가지고 당창벌거지 콧속 파먹듯 속에서 먹어 나오드랍니다. (……)

흥보가 밥을 먹는듸 흥보 집에 순가락은 본래 없거니와 하도 좋아서 손으로 밥을 뭉쳐 공중에다 던져 놓고 죽방울 받듯 입으로 밥을 받어먹는듸 입으로 받어만 놓으면 턱도 별로 놀리잖고 억개주춤 눈만 끔쩍허면 목구멍으로 바로 넘어닥치든 것이었다

흥보가 좋아라고 흥보가 좋아라고 밥을 먹는다 밥을 뭉쳐 공중에다 던저 놓고 받어먹고 밥을 뭉쳐 공중에다 던저 놓고 받아먹고 던저 놓고 받어먹고 배가 점점 불러 오니 손이 차차 늘어진다 던저 놓고 받어먹고

흥보가 밥을 먹다 죽는구나 어찌 먹었던지 눈언덕이 푹 꺼지고 코가 뽀족허고 아래턱이 축 늘어지고 배꼽이 요강꼭지 나오듯 쑥 솟아 나와 배꼽에서는 후추가루 같은 때가 두굴두굴 굴러내리고 고개가 발닥 자드라져

아이고 이제는 할일없이 나 죽는다 배고픈 것보담 더 못살겄다 아이고 부자들은 어떻게 사는고

흥보 마누라 달려들며

아이고 이게 웬일이요 언제는 우리가 굶어 죽게 생겼드니마는 이제는 밥에 치여 내가 과부가 되네 아이고 이 자식들아 너의 아버지 돌아가신다 어서 와서 발상(發喪)들 하여라

이럴 지음에 흥보가 설사를 하는듸 궁둥이를 부비적 홱 틀어 노니 누런 똥줄기가 무지개같이 운봉(雲峰) 팔영재 넘에까지 어떻게 뻗처 놨던지 지내가는 행인들이 보고는 황룡 올라간다고 모다 늘어서서 절을 꾸벅꾸벅 허든 것이었다

_김연수, 「창본 흥보가」 중에서

20
마테오 리치 대 리마두

과학을 들고 선교하러 나서다

마테오 리치(중국식 이름은 리마두, 1552~1610)는 예수회 선교사로서 중국에 들어간 사람들 가운데 가장 유명한 인물이다. 물론 그의 의도는 아시아에 기독교를 전파하는 것이었지만, 우리에게 중요한 점은 그가 기독교만 가지고 온 것이 아니라 유럽의 과학, 더 나아가 유럽 문화 일반을 가지고 왔다는 점이다. 따라서 마테오 리치는 유럽과 중국의 최상층 문화가 만났을 때 어떤 일이 일어나는가를 보여 주는 희귀한 리트머스 시험지이다.

마테오 리치는 1578년 9월에 인도의 포르투갈 식민지인 고아에 도착했다. 이곳에서 신학을 배우고 한편으로 가르치면서 4년을 보낸 후 마카오 선교회로 가서 그곳에서 중국어를 배웠다. 광저우의 서쪽 바닷가에 자리 잡고 있는 이 섬은 중국 전도 사업의 도약대 역할을 하는 곳이었다. 광저우 서쪽 도시 차오칭의 전도관에서 7년 동안 머물던 그는 드디어 수도인 북경으로 갔다. 이런 식으로 차츰차츰 중국 제국의 중심부로 접근해 들어가는 그의 선교 전략은 황제를 기독교도로 만들어서 제국 전체를 단번에 기독교화한다는 것이었으리라. 일찍이 로마 황제가 기독교를 받아들이면서 로마 제국 전체가 기독교를 공인하고 또 국교로 삼지 않았던가.

그러나 그것은 쉽게 상상할 수 있듯이 여간 힘든 일이 아니었다. 중국 황제는 자금성 깊숙한 곳에 내시들에게 둘러싸여 있어서 심지어 재상들도 알현이 쉽지 않은데 그가 어찌 황제를 만나 기독교를 설명할 기회를 얻겠는가. 그러기는커녕 북경 근처에서 관원들에게 붙잡혔다가 '십자가에 못박혀 피를 흘리는 사람 형상의 마술 도구' 때문에 6개월 동안 옥에 갇히게 되었다. 이제 죽을 때가 되었나 보다 생각하면서 의연하게 순교할 준비를 하고 있는데, 어라, 갑자기 궁중으로 들어오라는 명령이 떨어졌다. 신종 황제(만력제)가 어느 날 갑자기 한 외국인이 자명종(저절로 울린다는 시계)과 함께 상소를 올렸다는 사실을 기억해 내고는 "여봐라, 그 시계는 어찌 되었느냐?" 하고 물어 보신 것이었다.

급히 궁중으로 들어가 보니 그가 보낸 시계가 망가진 채로 있었다. 궁중에서는 사흘의 말미를 주고 시계를 고쳐 오라고 하였다. 이 기간 안에 시계가 제대로 작동해서 스스로 종소리를 내지 않았다면 그나 그를 소개했던 내시들은 죽음을 면치 못했을 것이다. 다행히 리치는 유럽에서 시계 제조 기술을 열심히 배워 두었기 때문에 이 일을 무사히 해낼 수 있었다. 그러니 무슨 일이든지 열심히 배워 두도록 하라, 언젠가는 써먹을 날이 있으리니. 리치가 중국 궁중에 본격적으로 한발을 들여놓게 된 것은 유럽의 발전된 과학 기술에 힘입은 것이었으며, 그 첫 번째 열쇠는 시계였다.

마테오 리치가 과학의 힘을 이용해 약간 열어 놓은 중국의 문을 후대에 더욱 활짝 열게 만든 또 하나의 중요한 계기는 일식에 대한 예측이었다. 1629년 6월 21일 오전에 일식이 예상되었다. 조정의 역관들은 10시 30분에 일식이 시작되어 2시간 동안 지속되리라 예상하였고, 예수회 신부들은 11시 30분에 시작되어 2분 동안 지속될 것이라 예상하였다. 그런데 10시

30분이 되어도 하늘이 멀쩡하더니 11시 30분이 되어서 일식이 시작되었다가 2분 뒤에 다시 밝아졌다. 이것은 중국 조정에 큰 충격을 주었다. 조정에서는 예수회 신부들에게 역서(曆書)의 개정 작업을 맡겼고, 이때 중국인 학자들이 수학, 광학, 수리학 등의 문헌을 번역하고 망원경을 제작하였다. 서양 과학의 힘이 본격적으로 중국의 문을 열어제치기 시작한 것이다.

마테오 리치가 중국에 전한 또 한 가지 중요한 서양의 학문 기술은 지도와 지구의였다. 그는 모두 네 차례에 걸쳐 세계 지도를 제작하였고 천문 기구들도 만들었다. 또, 그의 영향을 받아서 후임자인 니콜로 롱고바르디가 지구의를 만들었다. 리치의 세계 지도에는 중국이 한가운데 자리잡고 있었는데, 이는 중국인들에게 꽤 양보한 셈이다. 그러나 이 지도들은 중국의 지도 제작에 거의 영향을 미치지 못했으며, 그 대신 나중에 일본에 커다란 영향을 주었다(다만 이 지도에는 아메리카가 동쪽 변방에 그려져 있어서 이것이 일본인들에게 큰 혼란을 주었다. 그들의 생각에 아메리카는 서쪽 나라이기 때문이다).*

서양 선교사들은 이런 것들이 중국에 처음 소개된 것이라고 자신만만해했고, 땅이 평평하다고 믿는 중국인들에게 한 수 가르쳐 주었다고 믿었다. 그러나 실제로는 이미 1267년에 페르시아인 천문학자 자말 앗딘이 쿠빌라이 칸에게 지구의와 6가지 천문기구들을 전해 준 사실을 그들이 알 리 없었다. 지구구형설만 해도 중국에서는 이미 기원전 4세기에 나왔던 이론이다. 게다가 벌써 1402년에 한국의 권근이 세계 지도(혼일강리역대국도지도, 混一疆理歷代國都之圖)를 만들 정도였다는 것도 알 리가 없었다.

* 흥미로운 점 중 하나는, 마테오 리치의 지도에서 이슬람권에 대한 정보는 지워져 있다는 것이다. 그는 일부러 침묵을 지키고 있는 것이다. 지도가 무엇을 말하느냐도 중요하지만 무엇을 말하지 않느냐도 중요한 문제이다.

앞에서 이야기한 몇 가지 사항에서 알 수 있듯이 마테오 리치는 서양의 학문, 그 가운데서도 과학 기술을 중국에 전하려고 했고 그에 대해 커다란 자부심을 가지고 있었다. 이런 그의 태도는 어떻게 설명할 수 있을까?

리치를 비롯한 예수회 인사들은 과학으로 기독교를 전파하려는 전략을 가지고 있었다. 서양의 과학적 성과를 과시하면 중국인들이 감복하고 자연스럽게 기독교 문명의 우월성을 인정할 것으로 기대했던 것이다. 곧, 과학을 앞세워서 '과학을 낳은 기독교'를 받아들이게 하겠다는 생각이었다.

선교사들이 몰랐던 것

그러나 과연 그 당시 서양이 중국에 비해 과학과 기술이 월등히 우수했던가? 아니, 오히려 중국이 많은 면에서 유럽보다 훨씬 앞서 있었다. 리치가 처음으로 황제의 관심을 끌고 사람들의 찬탄을 사게 했던 자명종만 해도 사실 중국이 더 발전해 있었다. 리치가 자명종을 가지고 들어오기 500년 전인 북송 시대에 소송(1030~1096)이라는 천문 역법학자가 거란에 비해 송나라의 역법이 오히려 정확하지 않다는 사실을 발견하고 이에 자극을 받아서 매우 정교한 역법 기계, 곧 혼천시계를 만들었던 것이다. 그가 저술한 『신의상법요』(新儀象法要)를 보면, 혼천시계는 탑 모양의 5층 구조물로서, 일정하게 흐르는 물이 바퀴를 규칙적으로 돌려서 그 힘으로 층마다 종과 징을 든 인형들이 행진하며 때맞추어 소리를 내게 만들어져 있었다.*

그렇다면 예수회 사람들이 중국에 어떤 과학과 기술을 가지고 왔고 그것이 어느 정도의 공헌을 했는지, 또 오히려 부정적인 영향을 미치지는 않았는지 하는 점을 생각해 보아야 한다. 서구에서 최고 수준의 중국학자 중 한 사람인 니덤은 이를 이렇게 정리한다.

먼저 예수회가 중국 과학에 공헌한 점으로는, 첫째, 일식 예측의 개선, 둘째, 천체 운동에 대한 기하학적 설명 체계 개선과 유클리드 기하학의 도입, 셋째, 해시계와 천문 관측의 개량, 넷째, 지구구형설과 위도·경도를 통한 공간 구획, 다섯째, 새로운 대수학과 계산법과 새로운 계산 기구 도입, 여섯째, 새로운 과학 도구, 특히 망원경의 도입 등이 있다.

이런 점들을 보면 예수회의 과학적 공헌이 결코 작다고는 할 수 없을 것

* "해넘이에는 붉은 옷을 입은 인형이 나와 시간을 알렸고, 그로부터 2각 반 뒤에 초록 옷을 입은 다른 인형이 나와 어둠을 알린다. 야경은 각각 5경으로 나누어진다. 야경의 첫머리에 붉은 옷을 입은 인형이 나타나 초경을 알리고, 나머지 4경에는 초록 옷을 입은 인형이 나타난다."
이런 설명을 보면 오늘날 프랑스 스트라스부르에 있는 유명한 자동인형 시계만큼 정교한 물건으로 보인다. 다만 유럽에서는 이런 것들이 광장에서 일반인들에게 공개되는 데 비해 중국에서는 오직 황제 개인을 위한 물품으로 되어 있다가 어느 사이엔가 사라져 버린 것이다. 그러므로 이런 기술을 개발할 능력이 있다 하더라도 그것을 그 사회가 어떻게 수용하느냐의 문화적 문제도 함께 고려해야 한다.

이다. 그러나 문제는 이들이 잘못된 내용을 전하거나 그 밖에 여러 부정적인 영향을 미치기도 했다는 점이다. 대표적인 것이 코페르니쿠스의 지동설을 전하지 않고 프톨레마이오스의 체계*로 설명하려던 것이었다. 사실 이 시기 유럽에서는 서서히 과거의 프톨레마이오스 체계로부터 벗어나 코페르니쿠스의 지동설이 자리를 잡아 가는 때였다. 그 당시 유럽에서 대표적인 과학 발전은 망원경과 '코페르니쿠스'라 할 수 있는데, 예수회는 이 중 망원경은 전했으나 코페르니쿠스는 전하지 않았다(또는 전하지 못했다). 그 까닭은 예수회 자체가 아직 코페르니쿠스에 대해 의견 조율이 안 된 상태였기 때문이다. 그래서 리치를 비롯한 예수회 선교사들은 구식 과학 이론을 가지고 들어온 셈이다. 그 결과 중국은 유럽에서보다 더 오랫동안 천동설과 지동설 간의 갈등을 겪어야 했다.

보편 과학을 전하다

리치가 중국 과학에 대해 잘못 파악하고 있었으며 때로 자신들이 더 큰 과학적 오류에 빠져 있었다는 것은 리치의 편지에서도 드러난다. 1595년 11월 4일의 편지에서 리치는 중국인들이 우스꽝스러운 잘못을 저지르고 있다고 비판하면서 그 사례들을 여럿 지적하고 있다. 예를 들면, "중국인들은 열 개의 하늘 대신 하나의 하늘만 있다고 본다. 그리고 하늘이 탄탄하지 않고 텅 비어 있다고 주장한다."고 비판한 것이다. 이런 점을 보면 예수

---

* 천동설에 바탕을 두고 행성의 움직임을 원운동으로 설명한 천문학 체계이다. 150년 무렵에 프톨레마이오스가 그의 책 『알마게스트』에서 말한 이 이론은 15세기 서유럽에서 다시 부활하여 한 때 서구의 천문학을 지배하였다.

회는 더 정확한 중국의 천문학에다가 그들의 틀린 내용을 강변하는 경우도 많았다. 중국을 경험한 유럽인들 가운데에는 처음에 중국의 과학 수준에 대해 깔보는 태도를 보이다가 그들이 잘못이고 오히려 중국 과학이 무척 발전해 있음을 어렴풋이라도 느끼는 사람들이 생겨났다.

그러나 이 시기에 유럽에서 과학이 질적으로 한 차원 높은 수준으로 도약하고 있었음은 분명하다. 이른바 과학 혁명을 겪고 있었던 것이다. 이것은 오래지 않아 유럽의 과학, 곧 '서양 과학'이 아니라 '보편 과학'으로 성장한다. 흔히 말하듯이 그 내용은 '방법의 방법'을 터득한 것이었다. 몇 가지 새로운 발견을 한 것이 아니라 '발견하는 법'을 발견하였고, 가설의 수학화를 이루었다. 예수회가 전한 것이 있다면 바로 이런 내용이었다. 곧, 서양 과학의 성과를 전해 준 것이라기보다 '과학하는 법'을 전했으니, 이런 점에서 볼 때 일부 틀린 내용을 전한 것이 결정적인 문제는 아니었다.

그런데 앞에서 말한 것처럼 그들의 목적은 과학 전달 자체가 결코 아니고, 그 우수한 과학이 기독교권의 산물이라는 점을 강조하는 것이었다. 일식을 잘 예측한다는 것은 결국 기독교 신학의 우수성에 대한 간접적 증거라는 주장이다. 그런데 중국인들은 이런 점을 정확히 간파하고 있었다. 그래서 불거진 것이 '西'와 '新'의 문제였다. 예수회는 르네상스 자연 과학을 '서양 과학'이라고 말하려고 한 반면, 중국인들은 '신과학'이라고 말하려 했다. 샬 폰 벨의 증언에 따르면, "西라는 말은 중국인들에게 아주 인기가 없는 말이다. 황제는 칙령을 통해서 新이라는 말 외에는 쓰지 말라고 했다." 이 한 글자 차이가 사소한 것이라고 생각할지 모르겠지만, 이는 유럽 문명과 중국 문명의 관계에 대한 매우 중요한 사례이다.

한편 예수회의 이런 태도는 다른 교단 사람들로부터 강한 비판을 받기에 이르렀다. 예수회가 중국 문화에 대해 너무 양보하고 있으며, 또 과학을 이용하여 기독교를 전파하려는 태도도 잘못이라는 것이다. 나바레트 수사는 1656~1657년에 스페인 식민지인 마닐라에서 이렇게 선언했다. "나는 우리 전도사들이 중국에서 손에 시계와 지도를 들고 있는 모습을 보는 것보다는 목에 십자가를 두르고 있는 모습을 보고 싶다."

리치와 그 일행은 중국에 들어올 때부터 중국 사람들에게 익숙한 요소를 이용해서 전도하려는 생각을 했음에 틀림없다. 그들이 마카오에 첫발을 들여놓았을 때 의탁한 중국인 통역사를 통해 한 말을 보면, 스스로 천축, 곧 인도 출신의 불교 승려라는 이미지를 풍기게끔 하고 있다(일본에 전도하러 온 사비에르 신부도 처음에는 천축 출신이라고 알려졌다). "중국의 뛰어난 정치와 큰 명성에 이끌려 천축에서 3~4년이나 걸려 이곳에 왔습니다. 또한 마카오 상인과 세인들의 소란을 피해 중국에 작은 집과 사원을 세우고 평생 그곳에서 살고 싶을 뿐입니다. 먹고사는 것으로 폐를 끼치는 일은 결코 없을 것입니다. 제발 부탁드립니다."

그러나 리치는 중국에 오래 살게 되면서 사실은 불교가 배척받고 있는 종교이며, 또 실제 내용을 보더라도 유교의 내용이 차라리 기독교 교리와 통하는 부분이 있다고 생각했다(리치는 유교 경전들을 무척 열심히 공부하여 꽤 높은 수준에 이르렀다). 그래서 자신을 유사(儒士) 이미지로 바꾸고자 했고, 결국 승복을 벗고 유복을 입었다. 그가 예수회 총장에게 보낸 편지에 이 점이 그대로 나타나 있다.

저는 이 땅에서 얻은 경험을 바탕으로 중국에서 무언가 성과를 올리기 위해서는 위엄 있는 복장을 하고 권위를 세워야 한다는 것을 알았습니다. 그래서 평상복 외에 비단옷 한 벌을 만들어 두었습니다. 그 옷은 중국 문관을 비롯하여 주요 인물이 입는 짙은 보랏빛 비단옷으로 폭이 넓게 열린 소매가 달려 있습니다. (……) 샤오저우에 있는 카타네오 신부도 제 명령에 따라 나중에 이런 옷을 입게 되었는데, 덕분에 지방 명사들과 사귀게 되었다고 합니다. (……)

우리들은 지금까지 이 왕국 안에서 승려라 일컬어져 왔는데 이제부터는 그렇게 불리지 않도록 내부 방침을 바꿨습니다. 승려는 이탈리아의 수사에 해당하지만 실제로는 더욱 저급한 것입니다. 중국의 3대 종파 가운데 부인도 없이 절에서 우상 숭배를 하는 이 종파가 가장 비천합니다. (……) 승려들은 머리와 수염을 깎고 결혼도 하지 않으며 절에서 살고 제단을 만들기 때문에 사람들은 우리들도 승려들과 같은 종파라고 생각해 버립니다. 그래서 대부분의 중국인들은 결코 용서할 수 없을 만큼 우리를 바보 취급하고, 문관들은 우리들에게 적합한 대우를 하려 하지 않는 것입니다. 이 때문에 순찰사의 명령에 따라 우리들은 이 중국 선비의 복장을 입게 되었고 수염도 기르게 되었습니다.

비록 예수회의 과학 전달이 다른 목적을 위한 수단이었지만, 어쨌든 그 것은 두 문명 간의 최고 수준의 교환이었으며 실제로 중국에 큰 공헌을 한 것이 사실이다. 다만 그들이 중국의 과학에 대해 오해하고 있었던 것은 분명하다. 사실 이들이 중국에 온 시점은 명나라 말의 쇠퇴기였고, 또 그들은 대개 중국어와 한문을 완전하게 이해하지 못했기 때문에 중국 과학의 실제 수준을 제대로 볼 수 없었다. 그리고 처음부터 과학을 내세워 종교를 전하려 한 데서 알 수 있듯이 유럽의 과학이 우월하다는 전제를 깔고 있었기 때문에 중국의 과학을 이해하는 데 관심이 있을 리 없었다. 그렇지만 그들은 중국 문화를 비교적 우호적으로 받아들였고, 또 길게 보면 중국의 과학이 더 발전할 수 있도록 보편 과학과의 소통을 도운 측면도 있다.

서양인 리마두가 말하기를……

리치는 명나라 말 중국의 지식인들에게 세계 지도와 지구의를 보였다. 위도와 경도, 남극과 북극, 날짜변경선과 적도 같은 것들은 중국인들에게 모두 새로운 지식이었다. 그러나 중화사상이 강하며 전통적 사고의 틀 밖으로 나올 수 없었던 사람들에게 이런 것들은 괴이한 일로 여겨졌다. 그러나 적으나마 그의 말에 귀 기울인 사람들도 있었다. 왕긍당의 『울강재필진』(鬱岡齋筆塵)에 이런 기록이 나온다. "서양인 리마두가 말하기를 태양이 지구보다 훨씬 크다고 한다. 사람들이 자못 놀라 그 말을 믿지 않았다. 그러나 까닭이 정확하여 부정할 수 없었다."

또, 알레니가 한문으로 쓴 『대서태서이선생행적』(大西泰西李先生行蹟) 중에는 이런 이야기도 나온다.

"장양묵은 혼천의와 도수학에 이미 능통해 있어 한숨을 쉬며 탄식하여 말하였다. '석가가 천지를 말함에 곧 하나의 수미산이라 하여, 해와 달이 그 앞뒤를 비추며, 해가 앞에 있음을 낮이라 하고 해가 뒤에 있음을 밤이라 했다. 일식과 월식을 말함에, 아라한이 오른손으로 해를 덮으면 일식이 되고 왼손으로 달을 덮으면 월식이 된다 하였다' (……) 그러하니 그 공허한 환상과 헛된 잘못을 또한 알아야 한다."

이치에 맞는 리치의 설명을 들은 뒤에는 기존의 설명들이 황당무계하게 보였을 것이다. 그래서 유학자들 중에는 리치에게 다음과 같이 권유하는 사람도 있었다.

"우상을 숭배하는 삿된 종교를 퇴치하기 위해서 그 교의를 공격할 필요가 없습니다. 수학을 가르치면 그것으로 충분합니다. 중국인이 천지 사물의 물질적인 진리를 알게 되면 저절로 우상 숭배에 관한 책과 그 경전이 진실하지 못하다는 것을 깨닫게 될 것입니다."

이 말을 한 사람도 역시 알레니의 글에 나오는 장양묵이었다. 장양묵의 이런 발언은 예수회가 중국에 보내는 선교사로 자연과학적 능력이 뛰어난 사람을 선발하도록 하는 데 커다란 영향을 미친 듯하다.

21

베르사유

절대주의 왕권의 연극무대

절대군주의 권력은 절대적이었나?

1500년경 유럽에는 약 500여 개의 세분된 정치 단위들이 혼재해 있었다. 이 중 프랑스나 스페인처럼 일찍이 세습 군주정을 확립하여 왕조 국가로 이행한 국가도 있지만, 이탈리아와 독일은 수많은 소국들로 분열되어 있었다. 시대의 대세는 이런 작은 정치체들을 통합해서 대국을 이루는 것이었으니, 여기에 성공한 나라는 국제 무대에서 앞서나갔고, 그렇지 못한 곳은 정치적 후진국으로 밀려났다. 지방 단위의 소국들이 도토리 키 재기 하듯 경쟁하는 이탈리아의 상황을 놓고 마키아벨리가 무슨 수를 쓰더라도 하나의 큰 국가로 통합해야 하며, 그러기 위해 군주 중심으로 세력을 규합해야 한다고 주장한 배경이 이것이다.

시대의 과제는 국왕권의 강화였다. 대부분의 지식인들은 국왕에게 절대적이고 영구적인 권력을 모아주어야 한다는 국왕 주권론에 찬성했다. 실제 이 방향으로 나아간 프랑스나 스페인, 오스트리아 같은 왕조국가들을 절대주의(absolutism)라는 용어로 표현하고, 이 시대를 절대주의 시대라고 지칭하는 것이 관례다. 그렇다면 절대주의 국가의 국왕은 정말로 모든 신민들에 대해 '절대적 권력을 무제한으로' 휘두르는 힘을 가졌던 것일까?

그렇지 않다. 최근 역사학은 오히려 절대주의 시대 국왕의 권력이 결코 절대적이지 않았다는 점을 강조한다. 국왕을 정점으로 한 중앙정부가 영토를 통할하고 국력을 최대한 동원하려 했다는 사실 자체는 맞지만, 다만 그 방식이 과거에 생각하듯 국왕이 전권을 잡고 무제한의 지배력을 행사하는 것이 아니라는 점을 기억할 필요가 있다.

절대주의를 과거와 다르게 보게 된 계기는 국가 재정의 실상을 파헤친 다니엘 데세르(Daniel Dessert)의 연구였다. 과거의 견해대로라면 중앙정부가 지방에 조세를 부과하고 이를 강제 집행하여 국고를 채운 다음 이 자금으로 국가가 원하는 정책을 집행했어야 한다. 그렇지만 실상은 결코 그렇지 않았다. 당시의 행정력으로는 조세를 효율적으로 수취하는 것이 불가능했다. 실제 국가의 자금 운용에서 중요한 역할을 한 사람들은 재정가(financier)라 불리는 집단이었다. 이 사람들은 거액을 미리 정부에 빌려주는 대신 직접 세금을 거두면서 이자까지 더해 상당히 큰 수익을 올렸다.

재정가들은 국가에 융통해 주는 그 거액을 어떻게 마련했을까? 그 돈은 지방의 유지들에게 빌린 돈이다. 부르주아, 귀족, 성직자 들이 재정가에게 돈을 빌려주면, 재정가는 그 돈을 모아 정부에 대 주고 대신 세금을 거두어 전주(錢主)들에게 고수익을 안겨주었다. 이런 방식을 통해 지방의 재력가들은 직접세의 40%까지 챙긴 것으로 밝혀졌다. 그러니까 겉으로 보면 국왕이 신민들을 장악하고 있고, 지방의 인사들은 자발적으로 국가에 돈을 내는 것처럼 보이지만, 실은 국가재정 체제를 이용한 돈놀이가 벌어지고 있는 것이다. 국왕은 지방 세력을 복종시킨 게 아니라 오히려 거기에 의존하고 있다. 또 지방 세력은 기꺼이 국왕에 복종하는 모양새를 갖추지만 그 이유는 그들의 이해가 정부에 긴밀히 얽혀 있고 거기에서 수익을 올리고 있기 때문이다.

재정만 아니라 행정 역시 마찬가지다. 겉으로는 관료제가 정착된 것 같지만, 실제 운영은 다른 틀을 통해 이루어진다. 콜베르나 루부아 같은 고위 관료들 주변에는 행정가, 사업가, 문인, 과학자, 재정가 등 사적인 집단이 마치 성운처럼 분포해 있다. 권력자는 부하들을 지켜주고 부하들은 충성을 바친다. 공식적인 인사 제도보다 이런 개인적인 관계 혹은 사당(私黨)이 국사(國事)의 중요한 부분을 쥐고 있다. 당대 사람들의 편지에 '이 사람은 내 꺼야(cet homme est à moi)'라는 말이 자주 나오는 것이 이를 말해 준다. 근대 국가라지만 사실은 '봉건적' 성격이 아주 강하게 남아 있는 것이다.

이런 점들을 보면 절대주의 국가 체제는 대단히 유연하고 타협적인 체제였다. 국왕의 강력한 지배가 아니라 합의된 복종, 그리고 중앙권력과 지방권력 사이의 균형이 핵심이다. 국왕은 귀족과 부르주아 등 실력자들의 협조를 얻어야 했고, 반대로 귀족과 부르주아는 국왕에 복종하는 척 하면서 자신들의 힘을 유지하고 이익을 취하고 있었다.

쉽게 말해 절대주의 체제는 국왕이 절대적인 '척' 하는 체제이다. 그 연극을 아주 장대하고 위엄 있게 수행했다. 그러기 위해서는 모든 방식을 동원하여 왕과 그 주변을 치장해 주어야 한다. 무엇보다 국왕 개인의 위엄이 중요하므로 국왕을 고대의 신이나 영웅과 동일시하여 표현해 주는 것이 좋다. 내로라하는 일급 예술가들이 동원되어 황제 폐하나 국왕 전하를 태양신 아폴론이나 알렉산드로스 대왕, 카이사르 같은 인물로 표현해 주었다. 이런 흐름의 최정점을 차지한 인물이 루이 14세다. 그리고 그가 만들어낸 새로운 궁정 베르사유는 절대주의를 표현하는 종합 예술 무대였다.

절대 군주, 자신의 우주를 다시 세우다

애초에 베르사유는 광대한 궁정 건물의 최적지는 결코 아니었다. 파리에서 남서쪽으로 약 20km 떨어져 있는 이 지역은 루이 13세 시대만 해도 폐허가 된 옛 성과 작은 성당이 있는 숲속의 작은 마을에 불과했다. 주변 지역이 워낙 빽빽한 숲이라 사냥에 딱 알맞은 곳이어서 국왕이 이곳을 자주 찾곤 했다. 루이 13세는 사냥에 몰두하다 너무 피곤하면 버려진 성에서 하룻밤을 지내기도 했다. 명색이 국왕이라지만, 워낙 궁벽한 곳이다 보니 별수 없이 짚더미 위에서 자야 했다. 베르사유에 사냥용 별궁을 짓기로 한 것은 생시몽 공작에 의하면 "국왕이 더 이상 짚더미 위에서 자고 싶어 하지 않았기 때문"이다. 그가 지은 이 작은 왕궁은 너무 소박해서 '카드로 지은 궁전'이라는 별명으로 불렸다. 1643년에 42세라는 이른 나이에 루이 13세가 생을 마칠 때까지 숲속의 작은 왕궁은 소박한 상태 그대로였다.

루이 13세를 이어 왕위에 오른 루이 14세는 당시 고작 다섯 살이었다. 곧 그는 베르사유를 자신의 거대한 우주로 만든다.

루이 14세가 파리 시내의 루브르 같은 곳이 아니라 멀리 떨어진 베르사유에 궁정을 정한 것은 유년 시절의 고통스러운 기억 때문이다. 어린 나이에 왕이 된 그는 곧바로 프롱드 난(1648~1653)이라 불리는 최악의 봉기에 직면한다. 전왕의 치세 동안 전쟁과 조세 압박에 시달리던 귀족, 고등법원, 파리 시민들이 연이어 봉기했다. 심지어 파리 시민들이 궁정 안으로 쳐들어온 적도 있었다. 시민들은 당대의 실권자인 마자랭이 국왕을 나포해 간 건 아닌지 직접 확인하겠다고 나섰는데, 모후가 이들을 만나 국왕은 내실에서 잘 자고 있으니 안심하라고 말하고 정 못 믿겠으면 대표 몇 명이 안에 들어가 확인해 보라고 한 뒤에야 사람들이 물러갔다. 이때 방안에 있던 어린 루이는 잠에서 깨어 공포 속에서 이 모든 것을 듣고 있었다고 한

다. 얼마 후 어린 왕은 모후의 손에 이끌려 야반도주 하듯 파리를 탈출했다. 이후 루이 14세는 평생 파리를 두려워하고 증오했다. 그러던 차에 1651년에 베르사유로 사냥 나갔다가 그의 부친이 머물던 궁전을 보게 된 것이다. 그가 처음부터 이곳에 궁정을 옮기기로 작정한 것 같지는 않다. 원래는 그 역시 부친과 마찬가지로 사냥 혹은 연희용 별궁을 조금 더 크게 재건축하려 했던 것 같다.

베르사유 궁 공사와 관련해서는 니콜라 푸케의 보르비콩트 성을 언급하지 않을 수 없다. 푸케는 프랑스 국가 재정의 상당 부분을 담당하는 재정가였다. 그의 권력이 너무 커지는 것을 경계한 루이 14세는 그를 제거하기로 이미 작심하고 있었다. 이런 사실을 꿈에도 몰랐던 푸케는 국왕을 자신의 화려한 성으로 불러 큰 잔치를 벌여 국왕의 마음을 사려 했다. 그러나 엄청난 부를 쏟아 부어 화려하게 꾸민 보르비콩트 성은 오히려 국왕의 자존심에 상처를 주어 자신의 몰락을 재촉하는 계기가 되었다. 국왕의 방문 이후 푸케는 체포되어 3년에 걸친 비리 재판 끝에 감옥에 갇혀 결국 사

정원에서 본 베르사유 궁전

망했다. 이렇게 푸케를 실각시킨 후 루이 14세는 베르사유 궁 건설을 시작했다. 참으로 비정한 것은 푸케에게 고용되어 보르비콩트 성 건설에 헌신했던 세 사람을 자신의 성 건설에 적극 활용했다는 점이다. 건축가 르보(Le Vau), 정원사 르노트르(Le Nôtre), 화가 르브룅(Le Brun)이 그들인데, 이 르(le) 삼총사가 보르비콩트 성의 모델을 원용하여 더 크고 화려한 건축물을 지었다.

건축 공사는 1661년에 시작되어 장기간에 걸쳐 지속되었다. 사실 입지로 보면 베르사유는 최악의 조건이었다. 생시몽 공작의 표현에 의하면 이곳은 "전망도, 숲도, 물도, 땅도 없다. 왜냐하면 모든 지역이 유사(流砂)와 뻘밭이기 때문이다." 1678년 10월 12일 세비녜 부인의 기록에 의하면 "국왕께서 토요일에 베르사유로 가시고자 했으나 하느님께서 원치 않으시는 것 같다. 그 건물은 사람을 받을 상황이 못 된다. 죽은 노동자들 수가 엄청나게 많아서 마치 오텔디외(파리 시내의 병원)에서 그런 것처럼 매일 밤 수레가 죽은 인부 사체를 싣고 떠난다." 국왕이 인부들을 격려하러 갔다가 열

베르사유 시에서 본 궁전

병에 걸린 적도 있다. 그 이후 베르사유의 평판은 아주 안 좋아졌다. 많은 궁정인들은 베르사유 궁이 완성되어 그곳으로 이주하는 것을 재앙으로 여겼다. 그렇지만 이탈리아 외교관인 프리미 비스콘티에 의하면 누구도 그런 말을 공식적으로 입 밖에 내지는 못했다. 국왕이 베르사유를 자신의 작품으로 생각하고 사랑하기 때문이다. 루이 14세에게 이 궁정의 건설 작업은 거칠고 황량한 자연 조건을 이겨내고 자신의 우주를 새로 건설하는 숭고한 작업이었다.

정치권력을 상징적으로 표현하는 건축

베르사유 궁은 단순히 왕실의 주거 혹은 정부의 소재지라는 건물 기능만 맡는 게 아니라 그 자체가 최고의 권위와 존엄을 나타내는 상징이었다.

베르사유 건물은 크게 남북 방향으로 뻗어 있다. 건물의 서쪽 면에는 궁정 건물을 향해 수직으로 장대한 운하가 뻗어 있고 그 주변에 정원과 숲이

베르사유 궁전 정원의 운하

조성되어 있다. 정원에서 보면 흰색 석재의 웅대한 건축물 3채가 보인다. 반면 건물의 동쪽에는 베르사유 시가 자리 잡고 그 너머에 파리 시가 있다. 베르사유 시 쪽에서 보면 이 궁전 건물이 U 자 형을 이루어 보는 사람들의 시각이 자연스럽게 집중된다. 측면 건물과 익랑이 엄격한 좌우 대칭을 이루면서 펼쳐져 있어, 사람들은 저절로 이 건물을 우러러보게 된다. 이런 장대함의 미학은 곧 정치권력의 표현이었다.

　무엇보다 웅대한 상징성을 잘 드러내는 것이 운하와 정원이다. 1667년 땅파기를 시작하여, 1685년 외르 강물을 끌어와서 완성시킨 운하 건설은 베르사유 건축 중 최대 공사였다. 궁정 건물의 중심을 향해 동서 방향으로 길게 뻗은 이 운하가 중심축을 이루고, 그 주변에 정원이 펼쳐져 있다. 풀밭과 꽃밭, 심지어 작은 숲까지 기하학적 모양으로 재단한 프랑스식 정원은 우리 눈에는 이상한 느낌을 준다. 자연 상태 그대로인 듯한 느낌을 주려고 노력하는 영국식 정원에 비해 프랑스식 정원은 인위적 재단의 극치를 보인다. 정원이 독자적 조경이 아니라 통일된 체계 안에서 중심축에 맞추어져 있는 것은 자연마저 국왕에게 복종한다는 상징이다. 숲들 사이사이에는 분수와 작은 비밀 동굴 같은 흥미로운 것들이 숨어 있고, 그리스 신화 속 주인공들을 나타낸 조각상이 산재해 있어서 마치 자연과 우주의 상징적 축소판 같다. 이 상징의 정점이 아폴론 분수다. 균형과 권위의 중심축 끝에 '태양신' 아폴론이 자리 잡고 있고, 바로 그 옆에 '태양왕' 루이 14세의 궁정이 있으며, 이 축을 더 연장하면 베르사유와 파리라는 인간 세계와 연결되어 있다. 신계와 인간계가 하나의 축으로 연결되고 그 중심에 태양신의 보호를 받는 태양왕이 통치하는 듯한 연출을 통해 국민들의 찬미와 숭배를 강요하는 것이다.

궁정 내부 역시 국왕의 위엄을 최대화하는 방향으로 구성되었다.

정원 쪽에서 보았을 때 본관의 중앙 2층에 있는 것이 유명한 '거울의 방'이다. 사실 이곳은 원래 방이 아니라 정원 쪽에 붙어 있는 긴 테라스였다. 이것만 보아도 베르사유가 원래는 정식 궁정이 아니라 연회용 별궁을 목표로 했음을 알 수 있다. 그러다가 계획이 바뀌어 이곳이 국왕의 주거지이자 정부가 자리한 궁정이 되자 테라스를 실내로 끌어들여 73미터의 긴 회랑이 되었다. 원래 이름도 대회랑(Grande Gallerie)이었으며, '거울의 방'이라는 별칭은 19세기에 붙은 것이다. 이곳이 점차 외교 사절을 접견하는 장소가 되었고, 결과적으로 가장 화려한 곳으로 바뀌었다. 이곳에 르브룅이 그린 벽화들, 그 중에서도 특히 천장화는 루이 14세를 신의 차원으로 승격시켰다. 통상 고대 신화의 영웅들이 그려지는 곳에 살아있는 영웅인 국왕이 자신의 직접 통치를 선언하는 모습을 그림으로써, 지나는 모든 사람이 하늘같은 국왕을 우러러보도록 만든 것이다.

이 공간의 남쪽 끝에 왕비의 처소인 '평화의 방'이 있고 북쪽 끝에 왕의

거울의 방

처소인 '전쟁의 방'이 있다. 승리자인 국왕과 평화를 갈구하는 스페인 출신 왕비가 양쪽에 대칭으로 존재한다는 설정도 루이 14세에 의한 유럽의 평화를 의미한다. 전쟁의 방에서 시작하여 그 옆으로 아폴론의 방, 메르쿠리우스의 방(왕의 침실), 마르스의 방, 다이아나의 방, 비너스의 방, 풍요의 방이 이어져 있으니 이 공간들이 왕의 공식 처소이다.

관광객으로서 이곳을 방문해 보면 무엇보다 그 장대함과 화려함에 입을 다물지 못한다. 그런데 정말 이곳에 살면 어땠을까? 사실 이 방들을 보면 화려하기는 해도 편안한 생활을 할 수는 없을 것 같다. 모든 게 공개되어 있고 사적인 삶이 보장되어 있지 못하다. 이 방들은 전적으로 화려한 의례가 연출되는 공간이다. 장대함이 지배할 뿐 안락함이 없다. 애초에 사사로운 편리함 같은 것은 목표로 하는 바가 아니었기 때문이다. 그렇다고는 해도 소문대로 이 건물에 화장실이 없어서 사람들이 급하면 숲으로 달려가든지 계단참에서 볼일을 봤다는 것은 사실과 다르다. 아무리 그래도 사람 사는 곳인데 어떻게 화장실이나 목욕탕을 안 만들겠는가. 초기의 설계안에는 분명 그런 시설들이 있었는데, 아마도 19세기에 이 건물이 박물관으로 바뀌는 과정에서 작은 공간들을 많이 없애 화장실과 욕실이 사라진 것이라 한다. 그보다는 아마도 난방이 더 심각한 문제였을 것 같다. 1695년 팔라틴 백작부인의 기록에 의하면 "어찌나 추운지 국왕의 식탁 위에서 포도주와 잔 속의 물이 얼었다."

마치 그런 것처럼, 절대주의라는 국가적 연극

절대주의는 '알스-옵(Als-ob, 마치 그런 것처럼, 영어의 as if)의 철학'을 연상시킨다. 국왕은 실제로는 절대적인 권력을 행사하지 못하지만, 마치 그런 것처럼 행세한다. 대귀족들 역시 마치 국왕이 아폴론 신이나 되는 것처럼 복종의 예를 바친다. 이 궁정 안에서 국왕과 신하들 사이, 남자와 여자 사이, 상위 귀족과 하위 귀족 사이의 관계를 정한 의례를 에티켓이라 불렀다. 이에 따라 상위의 여성이 하위 여성의 방문을 받는 경우 두 짝의 문 중 한쪽만 열고, 상위 귀족의 하인을 맞을 때 하위 귀족이 모자를 벗어야 하며, 여러 귀족들이 모일 때에는 하인들이 미리 회의를 통해 누가 안락의자에 앉고 누가 팔걸이 없는 안락의자에 앉으며 누가 보통 의자에 앉고 누가 서 있어야 하는지를 정했다. 이런 규칙들을 엄정하게 지키면서 모두 통치의 연극에 기꺼이 참여하고 있었다. 물론 이 연극 무대에서 가장 중요한 인물은 국왕이다. 국왕 자신이 연출자이자 주연 배우인 것이다. 루이 14세는 아침 8시의 기상 의례에서 밤 10시의 취침 의례까지 하루 종일 의례에

왕비의 침실

맞춰 생활하며 궁정에 리듬을 부여했다. 아침에 일어났을 때 의상 담당관이 오른쪽 소매, 수석 침전 시종이 왼쪽 소매를 잡고 잠옷을 벗긴 다음 내의를 입히는 것을 시작으로 국왕이 옷 입고, 국왕이 가발 쓰고, 국왕이 밥 먹고, 국왕이 산보하고, 국왕이 기도하고, 국왕이 춤추는 모든 행위마다 그 때 그 공간에 참여할 권리를 가진 사람들이 지켜보았다.

베르사유 궁 안에 사는 것이 매우 불편했음에도 불구하고 많은 대귀족들이 어떻게 해서든 이 안에 한 자리 잡고 태양왕 근처에서 그를 우러르며 한 줄기 햇빛을 쬐기를 갈구했다. 이 궁정은 안락한 생활공간이 아니라 장엄한 상징성을 띤 일종의 국가–종교의 성전으로서, 건물 자체가 통치의 정당성을 연출하고 있었다. 그런 목적을 달성하기 위해 절대주의라는 국가적인 연극이 매일 이곳에서 장엄하게 상연되었다.

III

◆

진보와 갈등의
근·현대
사회

22

군사 문화

근대적 군대, 군대적 근대

근대 유럽과 군대의 상관관계

군사 문제는 역사적으로 언제나 핵심적인 중요성을 띠었다. 국가 간이나 지역 간에 늘 갈등이 있었고 그것은 흔히 전쟁을 통해 결판이 나곤 했다. 근대 이후 최종적으로 유럽이 다른 지역에 대해 우위를 차지하게 된 요인 가운데 가장 기본적인 요인이, 치폴라의 책 제목이 보여 주듯이 '총과 돛'(곧, 육군과 해군)이라는 점을 부인하기 어렵다(치폴라는 『총, 돛, 제국』(*Guns, Sails, and Empires*, 1966)이라는 책에서 전쟁과 항해술의 혁신을 제국의 팽창과 관련하여 쓰고 있다).

그러나 유럽의 군사력이 강해져서 다른 문명권을 압도했다는 식으로 너무 단순화하여 이해해서는 안 된다는 점도 분명하다. 최근의 많은 군사사(軍事史) 연구 결과를 보면 적어도 19세기 이전, 그러니까 유럽의 산업혁명의 성과가 군사에 적용되기 이전 시대에는 유럽의 군사력이 결코 압도적으로 앞선 것은 아니라는 것이 정설이다. 그리고 군사력의 차이가 있었다 하더라도 유럽의 군사적 우위 요인을 다른 문명권이 금세 수용할 수 있었다(예컨대, 아메리카 인디언들이 처음에는 백인들의 총에 큰 희생을 당했지만 곧 그들도 총을 사용하게 되었다).

그러므로 이렇게 정리할 수 있을 것이다.

첫째, 최근 연구에 따르면 근대 유럽의 군사적 발전이 다른 대륙(특히 아시아)에 비해 압도적으로 앞선 것은 아니다.

둘째, 그런데도 유럽의 군사 혁명이 결과적으로는 최종 승리를 거두었고 오늘날에는 다른 지역에서도 유럽식의 '근대적 군대'가 발전하게 되었다.[*]

이 두 가지를 모두 놓치지 않아야만 중요한 변화를 파악하면서도 균형을 잃지 않을 수 있을 듯하다.

근대 유럽에서 군대 문제가 차지하는 비중이 갈수록 커졌다는 점은 한마디로 군대 규모의 변화를 보면 알 수 있다. 프랑스 국왕 샤를 8세만 해도 1만 8천 명의 군대를 이끌고 이탈리아 원정을 갔다. 근대 유럽 열강의 판세를 결정하는 중요한 전쟁 중 하나이고 르네상스 문화가 북유럽으로 전파되는 계기가 되었다는 점에서(이 전쟁을 계기로 레오나르도 다빈치가 프랑스로 초빙되어 간 것이 대표적인 사례이다) 문화사적으로도 그처럼 자주 인용되는 이 전쟁이, 사실은 요즘 웬만한 팝 콘서트 청중 정도의 규모로 이루어졌던 것이다(이런 규모가 그렇게 영향을 미쳤다니 상암 월드컵 구장에 사람이 가득 찬 정도면 세계사적인 사건이 되고도 남았을 것이다). 그러나 그 후 군대 규모가 차츰 커져서 1630년대에 이르면 각국 군대가 15만 명 수준이 되고, 17세기 말이 되면 40만 명이 된다. 1701년에서 1713년 사이에 프랑스에서는 65만 명

[*] 흔히 16~17세기에 군사 혁명이 일어났다고 말한다. 이 개념을 처음 사용한 마이클 로버츠와 이 개념을 수용·발전시킨 조지 클라크 경에 따르면, 이 시기에 네 가지 큰 변화가 있었다. 첫째, 창 대신 머스켓 총을 사용하는 무기의 변화, 둘째, 군대 규모의 엄청난 증대, 셋째, 대규모 복합적인 전술의 사용, 넷째, 사회에 대한 군대의 영향력 증가 등이다.

샤를 8세의 이탈리아 원정

프랑스의 국왕 샤를 8세는 1494년에 나폴리 왕국과 밀라노 공국에 대한
자신의 계승권을 주장하면서 이탈리아로 쳐들어갔으나 거의 전투랄 것도 없이
일사천리로 나폴리까지 행군해 갔다. 이 전쟁에서 군사적으로 특기할 점은
대포를 전장으로 이동시켰다는 것이다.

이 입대했으며, 이 무렵(1710년경)에 유럽의 전체 군인 수는 130만 명이었
다. 우리나라에 침략한 중국 군대를 두고 걸핏하면 백만 대군이라고 하지
만 그것은 동양의 수사학 특유의 과장법일 테고, 한 지역에 백만 명이 넘
는 군인이 밀집해 있는 이 현상은 정말로 처음 있는 일이었다.

왜 이렇게 근대 유럽에서 군사력이 커졌는가?

이 질문은 한 단계 높은 수준의 질문과 연관지어 볼 필요가 있다. 유럽
의 힘이 왜 강해졌으며, 왜 다른 세계로 뻗어 나갔는가? 왜 중국이 그러지

함포

대포의 중요성이 훨씬 커진 분야는 함선이었다. 영국에서 함포를 배에 탑재하는 기술이 일찍 발달한 것이 영국 해군력 발달의 중요한 요소였다.

못했는가? 경제적으로 더 앞섰고(18세기까지는 중국이 유럽보다 더 잘살았다는 것이 정설이다) 문명 수준도 높았던 중국이 아메리카 대륙을 점령하든가 유럽으로 나아가서 행패를 부리든가 전세계를 호령하든가 하지 않은 까닭은 무엇인가?(최근에 중국의 정화가 15세기 초에 아메리카 대륙까지 항해하고 왔다는 주장이 제기되었다. 그러나 아직 분명하게 입증되지는 못했다.)

자주 거론되는 설명 방식은 이렇다. 중국은 대륙 전체가 하나의 제국으로 발전했다. 모든 것이 하나의 제국 질서 속에 포함되어 버린 것이다. 그런데 유럽의 경우는 여러 개의 국민국가들이 발전해 나와서 그들 사이에 세력균형을 이루는 식으로 근대사가 전개되었다. 프랑스와 영국, 스페인, 오스트리아, 러시아 같은 강대국들은 이웃 국가들과 사생결단의 대결을 벌이지 않을 수 없었다. 그런데 문제는 어느 한 나라가 다른 국가들을 모두 압도할 정도로 차이가 나지 않았기 때문에 유럽 문명권 전체를 아우르는 하나의 단위, 곧 제국으로 통합되지 못했다는 점이다. 이런 상황에서 국가 간에 치열한 경쟁이 끝없이 지속될 수밖에 없었다. 무엇보다도 상대방을 눌러 이길 군사력을 배양해야 하고, 그러기 위해서는 경제력이 필수적이었다. 전통적인 표현 그대로 부국강병을 추구하지 않을 수 없었던 것이다. 따라서, 각국의 힘은 계속 증가하는데 유럽에서 이를 사용할 수는 없고, 그래서 그 남는 힘이 바깥으로 향할 수밖에 없었다는 설명이다. '제국' 대신 '제국주의'로 발전했다는 이 설명이 마음에 드시는지…….

유럽의 군사 혁명

근대 유럽에서 일어난 군사력 증강의 구체적인 발전 양상은 총포의 발달과 성채의 발달이 서로 영향을 미치는 식이었다. 소총과 대포가 발달한 결과 방어하는 입장에서도 특별한 대비가 필요했다. 먼저 적의 포 공격을 이겨 낼 수 있게 성벽을 더 튼튼하게 만들든가(아주 단단하게 쌓든지, 반대로 진흙 성분으로 만들어서 포탄의 충격을 흡수하든지), 아니면 이쪽에서도 성채에 대포를 설치해서 적과 맞대응을 해야 했다.

이제 전쟁에서 중요한 것은 개인이나 일부 지휘관이 영웅적인 싸움을 하는 것이 아니다. 전체의 승패는 이 거대한 인간과 물자의 덩어리를 어떻게 효율적으로 통제하느냐에 달렸다. 그것을 잘 수행하기 위해서는 무엇보다도 징집된 군인들을 지휘에 잘 따르도록 만들어야 했다. 다시 말해서 징집되어 들어온 장정들을 더 이상 '사람'이 아니라 '군인'으로 개조해야 했다. 이것을 체계적으로 이루어 낸 사람이 네덜란드의 오라녜 공작 마우리츠(1567~1625)이다. 당시 네덜란드는 합스부르크 황실에 속한 영토였다가 독립국가를 선언하고 한창 독립전쟁을 벌이고 있었다. 따라서 상대적으로 적은 인력과 물자를 가지고도 전쟁에서 승리를 거두어야 하는 절박한 상황에 놓여 있었다. 그러기 위해서 마우리츠가 강조한 세 가지가 있다.

첫째, 삽질!

이제부터 군인이 하는 가장 중요한 일 중 하나가 삽으로 땅을 파는 일이었다. 최소한 자기 몸을 방어할 수 있도록 구덩이를 파고 그 위에 방어벽을 만드는 일을 스스로 할 수 있어야 한다. 그리고 이를 개인별로 아무렇게나 하는 것이 아니라 집단적, 조직적으로 하도록 하였다. 성을 포위·공격할 때 마우리츠의 군대는 다른 군대에 비해서 확실히 사상자가 적었다. 중요한 것은 실전에서의 결과 아니겠는가. 무엇보다 당장 총에 맞는 사람 숫자가 크게 준다면 그건 의심할 여지 없는 성공이다. 이제 포위·공격은 일종의 엔지니어링이 되었다. 그리고 또 한 가지 이것이 중요한 이유는, 군인의 자세나 생활과 관련해서 아주 중요한 변화를 초래했다는 점이다. 무엇보다도 군인들이 아무 할 일 없이 노닥거리는 것을 막을 수 있었다. 마우리츠가 가장 싫어하는 일이 바로 게으름이었는데(마우리츠만이 아니라 세상의 모든 군대 지휘관들은 하나같이 사병들이 편하게 노는 꼴을 못 봐 준다), 그에 대한 가장 좋은 약은 땅을 파게 하는 것, 그리고 땅 팔 일이 없으면 제식훈련을 하는 것이다.

제식훈련! 마우리츠가 강조한 두 번째 사항이 바로 이것이다.

제식훈련을 혁신하고 그 중요성을 철저히 강조한 인물이 마우리츠이다. 그전에도 물론 총 쏘는 법과 창 휘두르는 법이야 다 강조했겠지만, 마우리츠가 한 일은 그 동작을 잘 분석해서 체계화한 것이다. 예컨대 총에 장전하고 발사하기까지 여러 복잡한 과정을 몇 가지의 기계적인 과정으로 구분하여, 이것을 반복 연습시켜서 완전히 숙달시켰다. 또한 이전에는 군인

마우리츠의 군사훈련
마우리츠는 총을 다루는 동작을 여러 표준 단계로 나누어 반복 연습시킴으로써
기계적으로 완전히 숙달되도록 만들었다.

들이 발을 맞춰서 이동해 간다는 생각을 하지 않았다(굳이 선례를 찾는다면 저
멀리 로마 시대의 군대로까지 거슬러 올라가야 한다). 이 점에서도 그는 군인들의
모든 몸동작을 구분한 다음 지휘관의 명령에 따라 신속하고 정확하게 이
동할 수 있도록 훈련시켰다. 따라서 마우리츠의 부대는 이동과 사격 등을
완전히 통제할 수 있었다. 실제 전투에서 한 편은 병사들이 '와!' 소리만 지
르고 각자 움직이며 총을 쏘는 데 비해, 다른 한 편은 줄 맞춰 이동하고 한
번에 장전 발사를 할 때 결과가 어떻게 되겠는가. 도저히 비교가 안 될 정
도로 마우리츠의 군대가 압승을 거두었음은 물론이다. 특히 '연속 발사 방
식'(여러 줄을 이루고 있다가 첫 번째 줄이 쏘고 뒤로 빠지면 두 번째 줄이 쏘는 식으로
차례로 총을 쏠 수 있게 하는 방식)은 그 당시 전투의 압권이었다.

셋째, 작은 단위로 구분한 부대 편성!

앞에서 이야기한 두 가지 사항은 수백 명의 대부대를 가지고 행할 수는
없고 지휘관의 명령이 직접 들릴 정도의 수준에서 시행되어야 한다.* 따라
서 마우리츠는 500명의 대대를 중대, 다시 소대로 나누었다. 그래서 전투
에서 소단위의 전투원들이 독립적으로 움직이되 전체 부대와 유기적 관계

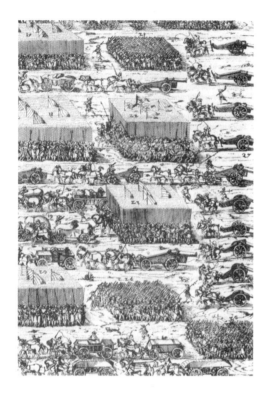

군대의 이동
유럽의 근대적 군대의
이동 장면을 보면
완전히 체계적인 조직을
갖추었음을 알 수 있다.
이런 조직 속에서 인간은
전체 속의 한 분자로서
의미를 가지게
될 뿐이다.

속에서 움직이도록 만들
었다.

이렇게 해서 마우리츠
의 군대는 중앙 신경 체계
를 가진 조직체가 되었다.
모든 동작이 새로운 수준의 정확성과 속도를 가졌다. 이전의 군대에서는
병사들의 개인적 용기와 무공이 중요했지만, 이제는 그런 것보다는 일상적
인 훈련에 의해 일치단결된 절제와 조화의 협력 플레이가 더 중요했다. 이
점을 잘 생각해 보자. 무력을 휘두르더라도 마구잡이로 하는 것이 아니라
철저하게 이성적으로 해야 한다. 마우리츠의 방식은 엔지니어나 수학자의

● 여러 역사적인 사건을 생각할 때 늘상 드는 의문이 이것이었다.
마이크 시설이 없던 그 시절에 수많은 사람들에게 연설을 하거나
의사를 전달할 때 어떻게 했을까? 예를 들어 게티스버그 연설을 하
던 링컨 대통령은 고래고래 소리를 지르며 연설을 한 것일까? 영화
에서는 작게 이야기해도 모든 군중들이 다 듣더라만……

방식이다. 근대의 특징이라고 할 수 있는 기계적 합리성은 그것과 가장 거리가 멀어 보이는 군대 문제에서 오히려 가장 극명하게 나타난 것이다.

군대식 인간의 탄생

이렇게 근대화한 군대에 들어간 인간이 과연 어떻게 변형되는가 하는 문제도 매우 의미심장하다.

모든 사람이 함께 큰 근육을 움직이면 가장 원초적인 사회성이 샘솟아난다. 아마도 인간이 언어를 갖기 이전 시대에도 캠프파이어에서 다 함께 춤을 추었을 것으로 생각된다. 이것은 사냥할 때 필요한 용기와 협동심을 고취시켜 주는 방식이었다. 인간의 힘이 약하고 사냥 도구도 그리 신통치 않았으면서도 동료들 간의 협동을 통해서 큰 동물을 잡을 수 있었던 것이 이 때문이다. 따지고 보면 근대 군대에서 훈련을 통해 주입하려고 한 것이 이런 원시 시대의 덕목이었다. 군사훈련은 지루하고 반복적이지만, 이를 통해 하층에서 징집한 잡다한 종류의 사람들은 하나의 응집성 있는 인간 집단으로 만들어진다. 이렇게 되어야 극도의 위험에 직면해서도 본능적인 탈출 욕구를 잠재우고 지휘관의 명령에 따르게 되는 것이다.

이런 것을 가능케 하는 여러 수단과 도구들이 동원되었다. 대표적인 것이 군가나 행진곡 같은 군대 음악이다. "박자에 맞춰서 행진하게 하라. 여기에 모든 비밀이 있다. (……) 밤새 춤추는 사람들을 볼 수 있다. 그런데 그 가운데 어떤 사람을 데려다가 음악 없이 15분만 춤추게 해 보라. 그 사람은 참을 수 없이 힘들어할 것이다. 많은 사람들이 음악을 전혀 모른다고 말할지 모르겠다. 그러나 그 말은 틀렸다. 음악에 몸이 맞춰지는 것은 자연스럽고 자동적인 일이다. 군기를 휘날리며 드럼을 치면 군인들은 의도하지도 않았는데 자기도 모르게 발을 맞춰 행진한다."(모리스 삭스, 『전쟁 기술에 대한 환상』(*Reveries on the Art of War*) 중에서) 흥미로운 점은 기독교 세계의 군대 음악은 오스만 투르크의 고적대에서 유래한 것이고, 이는 다시 스텝 지역 사람들의 드럼 치는 관습에서 유래했다는 것이다. 그런데 역설적이게도 기원이 된 그런 지역들에서는 제식훈련이 발달하지 않고 오히려 유럽 세계에서 크게 발달하였다.

그러나 인간을 그렇게 기계적으로 옭아매면 심한 부작용이 일어나지 않을 수 없다. 여기에서 또 한 가지 중요한 요소가 바로 '술'이다. 빠른 시간 안에 효율적으로 스트레스를 없애야 했기 때문에 강한 도수의 술이 필요했다. 그러한 대표적인 술인 브랜디는 처음부터 군대에서 사용되었고, 곧 프롤레타리아의 대표적인 술이 되었다. 이는 17세기의 군대에서 나타나기 시작한 새로운 규율화와 함께 나온 현상이었던 것이다. 군인들은 17~18세기에 수학적이고 합리적인 군대의 작은 톱니바퀴가 되었다. 이를 감내해야 했던 군인들에게 날마다 일정량의 브랜디가 배급되었는데, 그것은 '새로운 군대 조직의 일탈 없는 작동을 보장하는 일종의 육체적·심리적인 윤활유' 역할을 했다. 물론 브랜디의 할당량은 완전히 취해서 나가떨어지는 정도가 아니라 적당히 취할 정도의 양이었다.

이제 군대는 기존의 어느 조직과도 차별화된 '인위적인' 공동체가 되었다. 이들은 일반 사회와는 어느 정도 고립되어 있다. 그 때문에 더욱 기존의 태도와 심성, 관습 등을 바꾸어 놓기 좋았다. 이런 조직이 있다면 매우 강력한 정치적 힘을 가지게 되는 것은 당연하다. 군대는 위로부터 내려오는 명령을 거의 절대적으로 따르고, 또 그것을 아주 효율적으로 집행한다. 규칙을 준수하는 태도는 엄한 규율과 처벌의 위협을 통해서만 이루어지는 것이 아니라 조직에 대한 자긍심도 중요한 요인이 된다. 자신을 초월한 그 어떤 강력한 힘 속에 자신이 소속되어 있다는 느낌은, 특히나 사회 하층 출신의 사람들에게는 그 이전에 가져 보지 못했던 소중한 감정이었다.

지금까지 말한 내용을 정리해서 이야기하면, 근대적 군대란 '매우 강력한 감성으로 똘똘 뭉쳐 있고, 아주 잘 통제되며, 대단히 강력한 힘을 효율적으로 행사할 수 있는 새로운 인위적 공동체'이다. 이 얼마나 탐나는 소유물인가! 당신이 국왕이라면 이런 조직을 키우고 싶어하지 않겠는가? 17세기에 바로 이런 군대가 형성되었던 것이다.

20세기에 여러 후진국들이 근대화를 겪는 과정에서 흔히 군인들이 전면에 나서곤 했다. 쿠데타를 통해 권력을 탈취한 군인들은 사회적·경제적 발전을 주도하고 사람들의 생각을 강제로 변화시키려고 했다. '하면 된다!', '안 되면 되게 하라!' 그러나 사회가 다양하고 복잡하게 진화하고 민주화된 요즘 우리 사회에서는 그런 '무식한' 방법이 통할 수가 없다. 안 되는 것은 안 되는 상태로 곱게 내버려 두는 것이 차라리 낫지, 억지로 하려고 했다가는 엄청난 부작용이 일어난다는 것을 우리는 이미 체득하였다. 그러나 기존의 어떤 조직체로도 변화의 동력을 찾기 힘든 후진국 상황에서는 대단히 강력한 힘과 효율성을 가진 새로운 조직(군대)에 기대어 이를 '돌파'하려는 경향이 생겨나기 십상이라는 것은 능히 짐작할 수 있다.

23

사랑의 해방

역사 속의 사랑

사람들 간의 관계, 그 사이의 느낌과 감정! 이 미묘한 문제를 우리는 어떻게 이해할 수 있을까? 옛날에 사랑하는 청춘 남녀들은 서로 어떤 느낌을 가지고 대했을까? 지금과 같았을까, 달랐을까? 부모와 자식의 관계는 어땠을까? 부부 간에는 또 어땠을까?*

중세 이래 '사랑'의 중심에는 '남성'이 있었다. 남편으로서, 아버지로서, 그리고 때로는 하인들의 보호자로서 집주인은 마땅히 공경받아야 하는 존재였다. 이런 전통은 교회와 국가가 함께 나서서 굳건히 지키고자 하였다. 성경에는 십계명 가운데 '너의 부모를 공경하라.'는 구절이 있었고, 아내와 아이들, 하인들은 신을 공경하듯 집주인을 공경하라는 바울의 원칙도 준비되어 있었다. 국가로서는 사회 구성의 밑바탕인 각 가정에서 가부장적

---

* 역사학은 남의 사랑 문제에까지 간섭하는가? 물론이다. 인간을 이해하는 것이 역사학의 목표일진대, 우리에게 그토록 소중한 사랑과 미움, 슬픔과 기쁨 같은 것들을 그냥 둘 수는 없다. 문제는 어떻게 알 수 있느냐, 어떤 사료를 어떻게 이용하느냐이다.

질서가 제대로 잡혀야 이것이 확대되어 국왕도 아버지처럼 받들게 되리라고 믿었다(이것이 혁명기에 어떻게 무너지는가에 대해서는 27장 '혁명과 포르노그라피'를 참조하라). 다시 말해 신의 이미지가 그대로 아버지, 주인, 국왕에게 차용된 셈이다. 물론 이때 주인은 무자비하게 다스려서는 안 되고 아랫사람들에게 사랑과 교육과 관용을 베풀어야만 한다고 되어 있었다. 이런 식으로나마 최소한의 통제가 없지는 않았지만, 그것은 '과도함'을 견제하려고 한 것일 뿐 원칙 자체는 결코 건드리는 법이 없었다.

16세기 이후 아버지의 권위는 더욱 증대되었다. 물론 지방마다 차이가 있어서, 60세가 될 때까지 아들이 아버지의 권위에 복종해야 하는 곳이 있었는가 하면, 결혼 안 한 아들도 20세가 되면 아버지의 권위에서 벗어나는 곳도 있었다. 아마도 부모와 자식의 관계가 가장 단적으로 드러나는 대목이 자식의 결혼 문제일 것이다. 자식들의 결혼에 대해 부모(특히 아버지)의 동의가 과연 필요한가 아닌가가 관건이다. 이전의 중세 시기에는 부모의 동의가 상대적으로 덜 중요했다. 이때는 당사자들이 동의하고 교회가 축성을 해 주면 결혼이 성립되었으며, 부모의 동의가 반드시 필요한 것은 아니었다. 그런데 16세기 이후 부모의 동의가 더 엄격하게 요구되었다.

교회는 그렇다 치고 문제는 국가였다. 이 시기에 국가는 야합(문자 그대로는 '벌판에서 둘이 만나는 것'을 말하는데, 곧 부모의 동의 없이, 그래서 정당한 의례를 갖추지 않고 남녀가 결합하는 것을 이른다) 행위를 온 힘으로 억제하려고 했다. 25세 이하의 남녀가 부모의 동의 없이 결혼한 경우 사형에 처하는(!) 프랑스의 블루아 칙령 42조는 아주 극단적이다. 이런 주장의 배후에 있는 철학은 이쯤 될 것이다. 교회나 국가의 입장에서 보면 결혼은 다만 두 남녀가 사랑하면 그만인 문제가 아니라 사회의 기본 질서와 관련된 문제이기도 하므로, 당사자들의 결혼의 자유와 함께 부모의 권위도 마찬가지로 보호되어야 한다.

그런데 18세기에 들어오면서 사정이 다시 바뀌었다. 무엇보다도 당사자의 의지를 인정하기 시작한 것이다. 만일 당사자가 정말로 원치 않는 결혼을 부모가 강요할 경우 왕립재판소에 재심을 요청할 수 있고, 그러면 많은 경우 자식들에게 유리한 판결이 내려졌다. 이 시기의 기록을 보면 아버지는 강요나 매질을 하여 자식들을 결혼시키면 안 된다는 말이 자주 나온다. 물론 '정당한 이유 없이' 자식들이 동의하지 않으면 이것 역시 큰 죄라는 내용도 나온다. 다시 말해서 이 시기에는 부모의 허락과 당사자의 자유로운 선택을 조화시키려고 노력했다는 것을 알 수 있다.

이때 교회의 입장은 어떠했던가? 부모의 권위를 높이면서도 최종적으로는 교회가 더 상위에 있다는 것을 강조한다는 것이다. 만일 부모가 신의 뜻에 어긋나는 일(이단, 절도, 살인, 고리대금 따위)을 강요하면 자식들이 그것을 거절할 의무가 있다. 마찬가지로 부모가 돈을 벌기 위해 딸에게 간음을 요구할 경우, 곧 부모의 돈 욕심 때문에 딸을 강제로 결혼시키는 경우 이에 따라서는 안 된다. 이런 논리의 귀결은 기본적으로는 부모의 뜻을 따라야 하지만 정말로 더 높은 부모는 신이라는 것이다.

그런데 이런 원칙을 더 밀고 나가면, 좀 역설적이지만 부모가 아이들의 의지를 무시해선 안 된다는 이야기가 된다. 사랑하지 않는 남녀를 부모가 결혼시키는 것은 자식을 팔아먹는 행위라는 것이다.

지금까지 이야기한 내용을 정리해 보면, 16세기 이후 가정과 교회와 국가 모두에서 가부장적인 권위가 강화되어 가다가 17세기 중반 무렵부터 서서히, 더 명확하게는 18세기부터 개인의 감성과 의지가 차츰 존중받는 방향으로 나아갔다고 해석할 수 있다. 이 점에서는 부모 자식 간이나 부부 간, 청춘 남녀 사이가 모두 비슷하다. 그러므로 사람들의 관계에서 새로운 종류의 감성이 뚜렷하게 자라나기 시작했다고 말해도 좋을 것이다.

오늘날 우리가 그토록 소중히 여기는 사랑의 관념은, 언제나 똑같았던 것이 아니라 이처럼 다소 복잡한 진화 과정을 거쳐 만들어진 '근대'의 산물인 것이다.

교회가 가르친 사랑

우리는 이런 문제에서 여전히 중요한 위치를 차지하고 있던 교회의 기록을 통해 좀더 자세한 사정을 추론할 수 있다. 그 중 신자들의 교육을 위한 교리문답 지침서가 쉽게 접근할 수 있는 자료이다.

1688년에 펴낸 『부르주 교리문답』에 나오는 질문 중에 이런 것이 있다. '부모를 사랑하지 않는 사람은 누구인가?'

그에 대한 답은 '부모를 미워하는 사람, 부모를 모욕하는 사람, 부모를 때리는 사람, 부모가 죽기를 바라는 사람, 부모가 아플 때 연민을 느끼지 않고 위로하지 않는 사람, 부모가 죽고 난 후 기도하지 않는 사람'이다.

이 문답의 내용을 다시 한번 잘 음미해 보라. 그러면 이 시대의 사랑(여기에서는 부모와 자식 사이의 사랑)의 성격이 어땠는지 감을 잡을 수 있을 것이다. 이때 사랑은 부모에 대한 '의무'를 다하는 상태를 말할 뿐이다.

이에 비해 100년 이상 지난 시대인 1765~1815년에 발행된 5개의 교리문답 자료를 보면 사랑의 성격이 바뀌었음을 알 수 있다. "부모를 사랑한다는 것은 그들에게 따뜻한 마음을 가져야 하며, 할 수 있는 한 모든 정신적, 물질적 선행을 다해야 한다." 이런 내용을 보건대, 이때의 사랑은 요즘 우리가 말하는 사랑과 거의 같다. 곧, 내적인 부드러움을 갖춘 것이다.

이를 두고 사랑이 18세기의 발명품이라고 속단해서는 안 된다. 그렇지만

Grand jean ce beau poupart a sa porte rencontre
Qui n'est pas de son fait et qui s'adresse à luy.
On s'en mocque on s'en rit chacun au dit le montre
De le voir affligé pour les pechez d'autruy.

아기를 버리는 풍습

힘들고 고단한 삶 속에서 키우기 힘든
아이를 포기하는 풍습이 계속 유지되었다.
완전한 의미의 '근대적 가정', 곧 서로 사랑
하는 부부가 친밀함을 유지하는 가운데
특히 어린이를 소중히 여기고 보호하는,
그리하여 바깥의 힘든 세파에 대해서
가족 구성원들을 지켜 주는 울타리 역할을
하는 가정이 사회에 널리 자리잡기
위해서는, 부가 확산되고 그와 더불어
애틋한 감수성이 일반화되어야 한다.

18세기 이전에는 오늘날과 같은 의미의 사랑이 예외적이었다는 점도 분명
하다. 많은 신학자들의 기록을 보면, 18세기 이전의 사람들은 오늘날 우리
가 사랑이라고 말하는 것을 잘 이해하지 못하고 있었다. 그들이 의미하는
바는, 다시 강조하지만, 다만 미워하지 않으며 의무를 다한다는 정도였다.

그뿐 아니라 그들은 사랑을 불신하고 있었다. 사랑이 지나칠 경우 위험
할 수 있다는 것이다. "부모에 대한 사랑이 지나쳐서 신에 대한 사랑이 모
자라게 되어서는 안 된다."든지, "새끼를 너무 사랑한 나머지 너무 껴안아
서 숨막혀 죽게 만든 원숭이처럼 부모가 아이들을 너무 사랑하면 안 된
다."는 견해들이 주류였다(사실 이것은 우리에게 그리 낯설지 않은 태도이다. 젊은
부부가 자기들끼리 좋아하는 티를 너무 많이 내거나 자기 아이를 지나치게 예뻐하면, 틀
림없이 어른들에게 야단맞는다).

남녀 간이나 부부 간의 사랑도 조심스러운 문제로서, 그에 대해서 일종
의 불신을 가지고 대했다. 사랑의 문제에 대해 지도하는 입장인 교회에서

보면, 신에 대한 사랑은 인간의 사랑에 비교할 수 없을 정도로 훨씬 더 중요한 것이고, 또 인간의 사랑 가운데서도 애정에 따른 사랑이 육욕에 따른 사랑보다 높은 가치를 가진다. 특히 이 육욕에 따른 사랑이 흔히 부모의 동의 없는 젊은이들 간의 결혼으로 나타난다고 보았다.

미혼 남녀만의 이야기가 아니다. 부부 간에도 지나친 사랑은 일종의 간음이었다! 아내를 열정으로 사랑하는 것은 현명치 못한 사람이나 하는 짓으로, 그것은 아내를 정부로 대하는 것이요, 말하자면 음탕한 행위였다.

이런 태도는 곧 성에 대한 여러 가지 금지로 구체화되었다. 성은 어디까지나 아이를 낳기 위한 것이어야만 했다.

그러나 인간의 내면에 엄연히 존재하는 욕망을 두고 교회가 아무리 천둥번개를 내리친다고 해도 될 일은 아니다. 그러니 차라리 인정할 것은 솔직히 인정하는 편이(교회를 위해서도) 백번 낫다. 사실 잘 살펴보면 이미 중세부터 그런 견해들이 제시되어 있었다. 인간이란 욕망 앞에 너무나 나약한 존재이다. 그러니 다른 여인과 자고 싶은 욕구가 생기면 죄를 짓지 말고 부인과 하도록 하라! 이를 두고 죄라고 해서는 안 된다. 이런 관용적인 태도는 17세기경부터 더욱 본격적으로 나타나기 시작했다. 예컨대 유명한 신학자인 토마스 산체스는 회임을 피하기 위한 의도, 그리고 과도한 쾌락만을 위한 행위는 죄이지만 그 밖에는 허용된다고 이야기했다. 다만 주의할 점이 한 가지 있으니 명심하도록 하라. 부인과 자면서도 마음속으로 다른 여인과 잔다고 생각하면 죄(간통죄)가 된다.

그런데 사실 지금까지 말한 것은 모두 남성의 시각, 남성의 입장에서 하는 이야기이다. 그렇다면 여성은 오직 성적 욕망의 대상이기만 하고 욕망의 주체라고 할 수는 없는가?

성적 욕망에 관해 남녀가 완벽히 평등했다고는 말할 수 없지만, 그렇다고 전적으로 여성의 욕망을 부정한 것도 아니다. 여성의 성적 욕망을 적극적으로 인정하는 근거와 견해가 비교적 일찍부터 선보였다. 다름 아닌 성경에 이에 대한 내용이 등장하고(고린도전서 7:1~5), 신학자들도 아주 적극적인 해석을 했던 것이다(267쪽 글상자를 참조하라).

애틋한 사랑의 선구자

부부 간의 사랑이 매우 중요한 일이고, 더 나아가 가장 핵심적인 사항이며, 사랑 없는 결혼은 불행한 일이라고 보는 시대가 조만간 도래하게 되어 있었다. 그런 방향으로 가는 과정에서 몇몇 선구적인 지역과 계층이 있었다. 그 중 중요한 위치에 있던 사람들이 18세기 영국의 개신교도들이다.

이들에게 결혼은 서로 상대방의 선(善)을 위해서 존재하는 것, 그리하여 부부가 신의 왕국에 함께 머무르는 것이다. 자연히 배우자에 대한 사랑의 의무가 강조되었다. 이 세상 누구보다도 배우자를 사랑해야 한다는 이 명제 안에는 자연스럽게 성적 쾌락의 요소도 포함되었다. 그리고 어떤 남녀가 서로 사랑하는 것은 신의 뜻이라는 생각으로도 발전하였다. 여기에는 개신교도의 예정설의 요소도 들어가 있다(예정설이란 구원받을 자와 구원받지 못할 자는 신에 의해 미리 결정되어 있다는 칼뱅의 교리이다). 어떤 남녀가 서로 끌리는 데에는 신이 정한 힘이 작용했다고 보는 것이다. 이는 오늘날의 '사랑에 의한 결혼'이라는 관념의 출발점이라 할 만하다. 그러다 보니 젊은이들 간의 감정에 대해 더 존중해 주는 태도를 보이게 되었다. 영국에서는 부부가 언제나 함께 다니는 것이 관례였는데, 이런 점이 다른 나라 사람들에게는 아주 이상하게 보였다. 이것을 보면 부부 간의 짙은 사랑은 아직 유럽 전역에 일반적으로 퍼진 것은 아니었다. 또, 영국이라고 해서 모든 사람들

부르주아 가정

부셰의 '아침식사'(1739)는 프랑스의 부유한 부르주아 가정의 모습을 그린다.
그림 곳곳에 아주 값비싸고 이국적인 물건들(예컨대 중국풍의 도자기)이 골고루
갖추어져 있다. 이 그림은 여성적인 가족 분위기, 그리고 그 속에서 자라나는
어린이의 양육에 관한 것이다. 이런 주제는 이전에는 거의 찾아볼 수 없는 것이었다.
아버지가 주전자를 잡고 가족들에게 코코아를 따라주는 모습은 봉건 귀족에게서는
전혀 볼 수 없던 태도이다. 그림 한 가운데 코코아 주전자가 나오는데 당시 왕실에서
코코아가 인기를 끌고 있었기 때문에, 돈 많은 부르주아 사이에 코코아 마시는
것이 널리 유행했던 것이다. 그림을 조금 더 섬세하게 읽는다면, 아마도 오른쪽의
어린이가 최초로 코코아를 맛보는 장면으로 해석할 수도 있다.

이 이런 태도를 보인 것도 결코 아니었다. 오히려 18세기 영국의 사정을 보면 돈에 의한 결혼이 널리 퍼져 있었다. 광고를 내서 지참금을 많이 내겠다는 사람에게 결혼시키는 일이 비일비재였던 것이다. 그러므로 영국에서도 사랑과 결혼이 연결된 것은 엘리트층에 국한된 이야기였다. 하층으로 내려가면 거의 야만 상태였으니, '마누라' 목에 고삐를 맨 채 시장에 데리고 가서 파는 행위가 벌어지고 있는 형편이었다(사실은 진짜로 자기 아내를 시장에 내다 판다기보다는 파는 척한다는 것이 더 맞는 말이다. 남편이 아내와 이혼하려 하고 그때 마침 이 부인을 데려가려는 사람이 있어서 서로 의견이 맞을 경우, 시장에서 파는 척하고 상징적으로 값을 치르는 행위를 하는 것이다. 실제 사정이 그렇다 한들 이 관례가 그리 고상해 보이지는 않는다).

영국 개신교도 엘리트들의 새로운 태도는 유럽 전역으로 서서히 퍼져 갔다. 이제 사람들은 내면의 진실한 감정과 욕망을 공공연히, 그리고 합법적으로 주장하게 되었고, 이것이 결혼 안으로 들어오게 되었다. 이는 아주 오랫동안 지속되어 온 기존 도덕에 대한 중요한 반란이었다. 사실 사랑은 수세기 동안 존재해 왔고 특히 일부 여인들에게 사랑은 생의 최고 가치이기도 했지만, 그것은 오직 불경스러운 문학 속에서나 존재했으며 결혼 바깥의 일이었다. 그런 사랑놀음은 흔히는 국가와 교회로부터 엄한 비판을 받았다. 그러던 것이 18세기부터는 사랑이 갈수록 강조되고 부부의 관계 속으로 들어왔다. '사랑'과 '결혼'이 드디어 완전히 맺어지게 된 것이다.

오늘날 우리에게 친숙한 의미의 사랑이 역사상 언제나 보편적으로 퍼져 있지는 않았다. 또 사랑이 어느 날 갑자기 생겨난 것도 아니다. 그것은 아주 서서히 해방되어 갔다. 18세기의 계몽된 엘리트들은 정치나 지성면에서보다 먼저 '애틋한 사랑'의 선구자였다.

성의 평등, 고린도전서 7:1~6

남자는 여자를 가까이하지 않는 것이 좋습니다. 그러나 음란에 빠질 유혹 때문에, 남자는 저마다 자기 아내를 두고, 여자도 저마다 자기 남편을 두도록 하십시오. 남편은 아내에게 남편으로서의 의무를 다하고, 아내도 그와 같이 남편에게 아내로서의 의무를 다하도록 하십시오. 아내는 자기 몸을 마음대로 주장하지 못하고, 남편이 주장합니다. 이와 마찬가지로 남편도 자기 몸을 마음대로 주장하지 못하고, 아내가 주장합니다. 서로 물리치지 마십시오. 여러분이 기도에 전념하려고 하여 얼마 동안 떨어져 있기로 합의한 경우에는 예외입니다. 그러나 그 뒤에 다시 합하십시오. 여러분이 절제하지 못하는 틈을 타서, 사탄이 여러분을 유혹할까 염려되기 때문입니다. 그러나 내가 이것을 말하는 것은 그렇게 해도 좋다는 뜻으로 말하는 것이지, 명령으로 말하는 것은 아닙니다.

이 구절이야말로 유럽의 신학자들이 오랫동안 골치를 썩어 온 문제의 부분이다. 첫째, 성적 쾌락이 죄악이 아니라 마땅히 해야 하는 의무 사항으로 묘사되어 있다. 둘째, 부부 간의 완벽한 평등이 전제되고 있다. 남자는 여자에게, 여자는 남자에게 성적 봉사의 '빚'이 있다. 서로 그 빚을 갚아야 한다. 그렇지 않을 경우 남자든 여자든 상대방에게 '지불'을 요구할 수 있다.

그래서 13세기부터 이를 아주 적극적으로 해석하여 성 문제에서 여성에게 특별한 지위를 인정하기도 했다. "남성들이여, 원래 여성은 자연적으로 수줍어하므로 여성의 제스처, 몸의 반응, 얼굴 표정, 힌트 같은 것을 통해 여성의 욕망을 읽어내야 하느니라."

24
사랑·가정·공동체

사랑의 정체

사랑의 문제를 조금 다른 각도에서 다시 한번 생각해 보자.

오늘날 사랑은 가장 강력한 이데올로기이다. 사랑은 누구도 거역할 수 없는 의무이고, 사랑을 훼방놓는다는 것은 세상에서 가장 저열한 짓이며, 사랑 때문이라고 하면 웬만한 것은 용서가 되곤 한다.

그런데 도대체 사랑의 정체는 무엇일까? 언제나 청춘 남녀들은 오늘날처럼 사랑에 목매고, 사랑하는 사람들은 결혼하여 행복한 가정을 꾸리기 원하고, 또 부모들은 늘상 아이들을 끔찍이도 위했을까? 과연 그런지 지금부터 100년 전 유럽의 시골 지역으로 시간 여행을 떠나 보자.

도시에서 온 여행객이 어떤 부인과 대화를 나누다가 아이가 몇이냐고 물었다. 부인은 아이가 없다고 대답했다. 조금 있다가 보니 부인에게 딸이 셋 있었다. 어떻게 된 거냐고 묻자 "쟤네들은 딸이잖아요." 하고 대답한다. 이 여인의 생각에 딸은 자식도 아닌 것이다.

부부 관계도 지금과는 많이 달랐다. 부부가 서로 친구처럼 다정하게 지내는 지역도 없지 않았지만 아내가 거의 노예 상태로 지내는 곳도 많았다.

플라네즈 지역에서 여성은 온갖 궂은 일을 다 해야 하는데 남편은 물 한번 뜨러 가는 것도 명예가 손상당한 것으로 생각했다. 크뢰즈 지역에서 여자는 포도주를 마시면 안 되었고 저지 브르타뉴 지역에서는 남자가 식사할 때 여자는 옆에 서서 시중을 들고 말할 때에도 주인님께 말하듯 하였다.

이 시기에 대개 도시에서는 부부 관계가 이런 정도는 아니었지만 시골에서는 흔히 이런 억압적인 상태에 있었다. 도시 사람들은 여성들을 '아름다움'의 관점에서 보고 있었던 반면, 시골에서는 '일꾼'으로 바라보고 있었다. 그러다 보니 아내가 죽으면 하루바삐 새로운 '일꾼'을 고르려고 했다. 캉탈 지역의 사정을 보자. '마누라'가 죽으면 그날 밤에 친척과 동네 사람들이 다 모여서 술 마시고 노래하고 즐겁게 담소를 나눈다. 이때의 주요 화제는 남편의 재혼 문제인데, 전처의 관을 옆에 놓아 둔 채 이런저런 흥정을 하다가 대개 그날 밤이 가기 전에 재혼이 성사되는 경우가 많았다.

이런 사례들에서 먼저 확인하게 되는 점은 도시와 지방 사이에, 그리고 지방마다 관습이 매우 다르다는 것이다. 이는 성과 사랑의 감정이 오랜 기간을 두고 각 지방마다 조금씩 다르게 발전해 온 결과일 것이다.

이제 500~600년을 더 거슬러 올라가서 중세 말에 부부 관계가 전반적으로 어떤 변화를 겪었는지를 간략히 살펴보도록 하자.

무엇보다도 남편이 아내를 구타하는 것이 권리를 넘어서 의무로 규정되어 있었다. 실로 충격적이라 하지 않을 수 없다. 13세기 보베의 법률에는 아내가 남편에게 어떤 것이든 거부할 경우, 남편은 아내를 죽이거나 불구를 만들지 않는 한에서 자유롭게 때릴 수 있다고 되어 있다. 또 '좋은 의도'라면 피를 흘릴 때까지 때려도 된다고 되어 있는데, 글쎄 아무리 좋은 의도라 해도 과연 아내를 피가 나게 때리는 것이 합당한 일이며, 또 의도가 좋고 나쁨을 누가 결정할 것인가. 베아른에서는 임신한 아내를 때리다가 죽이면 살인죄가 된다. 그렇다면 임신하지 않은 경우에는 어떻다는 말인가? 1539년의 보르도의 관습법을 보면 남편이 격노한 상태에서 부인을 살해한 경우, 만일 그가 회개한다는 맹세를 하면 처벌받지 않았다.

문제는 그 반대의 경우, 곧 아내가 남편을 때린 경우인데, 이때에는 아내보다도 맞은 남편을 아주 엄하게 처벌하였다. 1375년 상리스에서는 아내에게 맞은 남편을 체포해서 당나귀에 태우되 뒤로 앉히고 마을을 돌아다니게 해서 모욕을 주었다. 당나귀에 앉히는 것은 이 남자가 바보라는 뜻이고, 거꾸로 앉게 하는 것은 그가 당연히 지켜야 할 질서를 뒤집어서 깼다는 뜻이리라. 가스코뉴에서는 그 당나귀를 모는 사람이 남편과 가까운 친척이어야 한다고 규정해 놓았는데, 이는 '그런 천치 같은 일을 저지른 남편을 일가 친척이 잘 다스리라.'는 메시지로 보인다.

이런 무지몽매한 관습은 근대 이후 분명히 개선되거나 완화되어 갔다. 명확하게 증명할 수는 없지만, 16~18세기의 각 지방 속담을 분석한 플랑드렝의 연구가 간접적인 증거는 될 수 있을 듯하다.

> '여자 발을 남자 발 위에 올려놓게 하지 마라. 이 바보 같은 창녀는 내일은 발을 네 머리 위에 놓으려 할 것이다.'
> '언제나 개는 오줌을 누고 여자는 눈물을 흘린다.'(곧, 여자는 눈물로 방어하려 한다는 뜻이다.)
> '좋은 말이든 나쁜 말이든 박차를 가해야 하고, 좋은 마누라든 나쁜 마누라든 매질을 해야 한다.'

16세기만 해도 대체로 이런 종류의 속담이 지배적이었는데, 18세기가 되면 확실히 성격이 다른 속담들이 많이 보인다.

'마누라에게는 동료가 되고 말에게는 주인이 되어야 한다.'

'자연이 여성더러 남성에게 복종하라고 했지만 자연에 노예제는 없다.'

'마누라를 때린다고 마누라의 바보 같은 생각이 없어지지는 않는다.'

'마누라를 때리는 자는 밀가루 포대를 때리는 것과 같다. 좋은 것은 날아가고 나쁜 것만 남는다.'

이런 속담들은 오늘날의 관점에서 보면 '아직 멀었다'는 평가를 받겠지만, 중세부터 근대 초까지의 사정을 감안해 보면 실로 큰 변화의 싹이 움텄다고 해도 지나친 말이 아니다. 특히 부르주아 격언집에서는 이런 태도의 변화가 뚜렷했다. 아직 과거의 태도가 많이 남아 있던 농촌 지역 사람들에 대해 도시민들이 야만적이라는 말을 자주 하게 되는 것도 이런 변화의 차이를 나타내는 것이다.

사생활이 없던 시대

그런데 앞에서 잠깐 살펴본 것처럼 남편이 아내에게 고압적인 태도를 가진다는 것은 대개 마을 공동의 관습과 관련되어 있었다. 사실 가족이 거의 완전한 독립성과 자율성을 가진 오늘날에는 마을 공동체가 개별 가정의 일에 간섭하지는 않는다. 남편이 아내에게 맞는다고 해서 동사무소나 면사무소, 또는 아파트 관리사무실이 중심이 되어서 마을 사람들이 몰려가 남편에게 면박을 주거나 그 아내를 징벌하지는 않는다. 당연한 일이지만 남편과 아내 사이의 일, 부모와 자식 간의 일은 무슨 법에 어긋나는 일이 아니라면 원칙적으로 그 집안의 일이기 때문이다. 그런데 전근대 시기에는 집안 일이 집안 일로 그치는 것이 아니라, 거기에 마을 공동체 전체가 관여

했다. 이와 관련된 것이 '샤리바리' 라고 하는 관행이었다.

너무 늙은 사람들 또는 나이 차이가 너무 많이 나는 사람들이 결혼을 하거나, 다른 고장 사람이 그 마을에서 가장 예쁜 여자와 결혼하거나, 부부 중 한쪽이 바람을 피거나, 부부가 결혼했는데 오랫동안 아이가 없을 때, 마을 사람들이 당사자에게 몰려가서 잔인하게 놀려 대는 샤리바리 행위가 벌어진다. 예컨대, 1745년에 소미에르 시에서 64세의 신랑과 44세의 신부가 결혼했을 때 동네 젊은이들이 몰려가서 놀려 대기 시작했다("두 사람의 나이를 합하면 108세다!", "신랑은 이가 14개밖에 안 된다!"). 신랑이 돈이나 음식을 풍족하게 제공했다면 이정도에서 멈추었을 것이다. 그런데 신랑이 인색하게 나오자 117명의 젊은이들은 광기에 가까운 잔인한 샤리바리를 벌였다. 신부가 탄 마차의 바퀴 떼어내기, 마차가 지나가는 길 막기, 두 사람에게 진흙 던지기, 목동들이

5월제 나무

마을 공동체가 구성원에 대해 평가를 내리는 것도 당연한 일이었다.
예를 들어 마을마다 대개 총각들의 모임이 있어서, 이들이 동네 처녀들에 대해
평가하고 집단적으로 놀리기도 했다. 특히 4월 30일 밤에 앞으로 결혼할 여자의
집 앞에 5월제 나무를 심는데, 특히 그 처녀의 품행을 상징하는 나무를 심거나
그와 관련된 물건들을 매달곤 했다. 예컨대, 자존심이 강한 처녀의 집 앞에는
가시나무를 심어서 그것을 표현했다 .

몰려와서 두 사람에게 방울 흔들어 대기……. 결국은 군대가 출동하여 이
극성스러운 무리를 진압하려 했으나 오히려 이 무리들이 군인들을 체포한
다음 신랑을 끈으로 묶어서 시내로 행진해 들어갔다.

이와는 약간 다르지만 '아주아드'라는 관례도 있었다. 예컨대 이런 식이
다. 1762년 코아라즈에서 한 남자가 술집에 들렀다가 마침 그곳에서 벌어

지던 카드놀이에 합석하려고 했다. 이때 남편을 찾으러 온 아내가 카드놀이를 중단하고 당장 집으로 가자고 말했다. 남편이 말을 들으려고 하지 않자 그녀는 카드를 빼앗아서 찢어 버렸다. 사람들은 곧장 아주아드를 선포하고 동네방네 돌아다니며 이 사실을 알렸다. 실제로 일요일에 사람들은 밤늦게까지 무언극을 하면서 행진을 벌였다. 그것은 여자 역을 맡은 사람이 남자를 때리는 내용, 또 남자가 카드를 하고 있는데 여자가 달려들어서 카드를 찢어 버리는 내용이었다.

이런 관행들은 가정 내부의 일에 대해 마을 공동체가 도덕적 판단과 징벌을 가한다는 특징을 가지고 있다. 마을 공동체는 그들이 생각하기에 타당한 질서를 정하고 그것을 지키려고 하며, 또 그것을 위반하는 사람들을 응징하려고 한다. 그런데 예를 들어서 어느 부부가 아이를 낳지 못하는 것에 대해 마을 공동체가 심하게 놀리는 것은 도대체 무슨 의미일까? 이것은 오늘날 같으면 그야말로 개인의 사생활에 해당되는 일이 마을 전체의 관장 아래 있었다는 증거이다.

근대적 가정의 형성

17세기에서 19세기까지 크게 변화해 간 사항이 이런 것들이다. 곧, 공동체주의가 약해지고 개인주의가 강화된 것이다(조금 더 정확하게 표현하면 '가족 중심의 개인주의'를 말한다).

이런 경향과 연관되는 것이 법률적인 변화이다. 예전에는 고등법원이 샤리바리를 이용해서 마을의 질서를 지키려고 하는 경향이 있었다. 다시 말해, 법원이 샤리바리에 의한 처벌을 인정함으로써 마을에서 자발적으로 질서를 지키도록 했던 것이다. 그런데 법원은 차츰 태도를 바꾸어서 오히려 샤리바리를 행한 사람들을 처벌하게 되었다. 늦은 나이에 결혼한 부부의 집에 밤마다 찾아가서 추잡스러운 노래를 불러 대는 행위를 석 달이나 계속한 젊은 패거리들에 대해 법원은 방종한 태도라고 비난하며 처벌했다. 이제 이런 행위는 다른 무엇보다도 '가정'을 파괴하는 사악한 행위로 여겨졌다. 1769년 나바르 법원이 샤리바리에 대해 유죄 판결을 내리면서 명백하게 밝힌 점도 샤리바리가 혼배 성사나 공공질서를 깼다는 의미보다 '가정의 내적 자유'를 깼다는 것이었다. 프랑스 혁명기에 이르면, 마을 사람들이 집단으로 한 집안의 배우자 선택이나 부부 간의 품행에 대해 멋대로 폭로하고 놀려 대는 행위를 두고 '야만인들의 행위'라고 비난하기도 한다. 법원의 판결이 바뀌었다는 것은 국가의 입장에서 판단 기준이 바뀌었음을 뜻한다. 곧, 공동체의 자치보다 가정의 자유에 더 높은 가치를 부여한 것이다.

이렇게 마을 공동체가 각 집안의 일에 간섭해 들어가는 일이 그쳐야 오늘날 우리에게 익숙한 가정이 만들어진다. 그럼으로써 외부의 힘에 의해 깨뜨려지지 않는 부부 간의 친밀성과 내밀성이 형성되는 것이다.

이런 내밀성의 형성을 간접적으로 보여 주는 것이 집 안 구조의 변화이다. 중세 시대의 집 안 구조는 하나의 커다란 공간으로만 이루어져 있었다. 공간이 거의 나누어지지 않은 상태에서 부모와 자식, 심지어는 가족이 아닌 사람들까지 함께 잤다. 수공업 장인의 경우 집과 일터가 분리되어 있지 않았으므로 도제들도 집 안에서 같이 살았다. 이런 상황에서 부부만의 내밀성이라는 것이 보장되기는 힘들다. 그러나 18~19세기 이후의 집 안 구조는 확연히 달라졌다. 무엇보다도 확실하게 공간 구획이 이루어졌다. 잠자는 공간(침실), 식사하는 공간(식당), 그 밖의 시간에 머무르는 공간(거실)…… 하는 식으로 공간이 '전문화'되었고, 그 공간들을 연결하는 복도라

집 안 구조

'근대적 가정'이 완성되면 집안 구조도 바뀌어야 한다. 예전의 집안 구조를 보면,
특별한 용도의 방으로 구획된 것이 아니라 넓게 열린 큰 공간 하나로 되어 있었다.
16세기 플랑드르의 한 농가를 그린 피터르 브뤼헬(1525~1569)의 그림을 보면,
큰 거실에 커다란 솥이 걸려 있고 그 옆에 식탁이 놓여 있으며, 사람들이 이곳저곳
에 자리잡고 있는 가운데 손님들의 방문을 받은 것을 알 수 있다.

는 것이 발달했다. 그 결과 이제 부부 간의 사랑도 더욱 사적인 것이 되고
농밀하게 되었다.

　오늘날 우리에게 익숙하고 낯익은 것들도 대개는 역사적으로 오랜 기간
을 두고 변화한 결과 형성된 것이다. 부부 간에 서로 아끼고 사랑하는 가
정이 그 옛날부터 존재했던 것이라기보다 근대에 들어와서 완성된 것이라
는 점은 조금 놀라운 일일 수도 있다. 이런 관점에서 근대 세계의 발전을

이해하고자 한다면, 국가와 자본주의의 발전 같은 거대한 것들의 역사로
만 볼 것이 아니라 우리의 집 안, 더 나아가서 내 '마음'이 함께 변화해 간
역사로 파악해야 한다.

25

음식과 욕망

후추의 진실

왜 우리나라 사람들은 매운 음식을 좋아할까? 또 유럽인들은 왜 부드러운 음식을 좋아할까? 별 문제 아니라고 생각할지 모르지만 막상 대답하라고 하면 쉽게 답이 나오지 않는다. 더구나 500~600년 전만 해도 오히려 유럽 음식이 후추 같은 매운 양념을 많이 써서 아주 매웠다는 사실을 알면 대답하기가 더 곤란할 것이다.

역사 서술에서 후추만큼 독특한 지위를 누리는 식물도 없다. 세계사 교과서를 비롯한 여러 책에서 이런 류의 이야기를 읽은 적이 있을 것이다.

"중세 유럽인들은 후추에 열광하였다. 냉장고가 없던 그 시절에는 고기가 쉽게 변질되어 그 맛을 감추기 위해서 후추를 쳐서 먹을 수밖에 없었다. 사람들은 후추 맛에 매료되었고 값이 천정부지로 치솟았다. 아시아에서 생산된 후추가 대상들의 중개로 아랍 지역을 거쳐서 유럽에 도착하면 가격이 엄청나게 비싸졌다. 그래서 유럽인들은 바닷길을 통해서 직접 아시아로 가려고 했다."

후추의 용도에 관한 위 글은 사실 틀린 내용이다. 많은 사람들이 오해하

대상(隊商)

이들은 주로 향신료나 비단 같은, 비싸고 무게가 적게 나가는 상품들을
아시아에서 지중해 지역까지 수송해 왔다.

고 있고 전문 역사가들마저 틀린 이야기를 하곤 하지만, 후추는 변질된 고기 맛을 감추느라고 사용되지는 않았다. 상한 고기의 맛을 좋게 하는 정도로 쓰기에는 후추 값이 너무 비쌌다. 그러면 후추는 어디에 쓰였는가? 답은 후추 맛 그 자체를 즐기느라고 쓰였다는 것이다.

중세의 왕족과 귀족, 부유한 시민들은 아주 강한 향신료를 친 음식을 즐겨 먹었다. 1194년에 스코틀랜드 왕이 영국 왕 리처드 1세를 방문했을 때 받은 접대 내용을 보면 그는 날마다 2파운드의 후추와 4파운드의 계피를 받았다. 당시에는 여러 칸으로 나뉘어 다양한 향신료를 담은 쟁반을 준비해 두었다가 이를 손님에게 권하는 것이 관례였다. 이때 유럽 음식은 오늘날의 카레와 같은 인도 음식과 비슷했다. 고급 음식일수록 매운 향신료를 많이 넣었는데, 차라리 향신료를 먹기 위해 요리를 먹는 게 아닌가 하는 느낌을 받을 정도이다. 그러고도 모자라서 후식으로 매운 향신료를 먹기도 하고, 차처럼 여러 종류를 섞어서 끓여 마시기도 했으며, 밤에 자기 직전 소화제로 또 후추를 먹기도 했다. 이때 향신료는 음식 맛을 돋우는 역할 말고도 일종의 의식(儀式) 역할을 했다. 중세에 미각과 의식은 서로 결합되어 있었다.

사람들은 후추 같은 이국적인 맛을 내는 귀한 물질에다가 상상적인 가치를 부여했다. 중세인들은 후추가 지상낙원에서 자란다고 생각했다(12장 '낙원의 역사'를 참조하라). 그러니까 후추에는 상징적 의미와 실질적 맛이 내적으로 결합되어 있었다.

그러다 보니 후추가 지배 계급의 신분과 지위를 나타내는 상징이자 권력의 표시가 될 수밖에 없었다. 귀한 손님일수록 매운 음식을 대접한 것이 이 때문이다. 사람들은 향신료를 보석처럼 수집하고 서로 선물하였다.

이런 식으로 후추는 뜻하지 않게 상층 계급과 하층 계급을 구분하는 상품이 되었다. 귀족을 좇아가려는 부르주아들, 또는 상층 부르주아를 좇아가려는 중하층 사람들은 언제나 자신보다 높은 사람들을 따라하려 했고, 그래서 그들도 기회가 되면 음식에 후추를 팍팍 쳐서 먹고 싶었을 것이다.

그런데 어떤 물건이 고급이라는 것은 그 물건을 구하기 힘들 때의 일이다. 유럽에서 아시아까지 직항로가 열린 후 후추가 대량으로 들어오면서 값이 급격히 떨어지자 이제 후추는 과거처럼 '품격 있는 사람들의 대명사'가 되지 못했다. 그 후 후추는 모든 사람이 사용하는 조미료 가운데 하나가 되었다. 오늘날 누가 후추를 귀중품이라 여기겠는가?

여기에서 이런 질문을 던져 보자. 중세 유럽인들이 그토록 매운맛을 좋아했던 이유가 도대체 무엇인가?

그에 대한 답은……, 없다!

사람들이 매운맛을 찾은 것은 다른 특별한 이유가 있어서가 아니라 그저 매운맛을 좋아했기 때문이다. 사람들의 미각 그 자체가 이유이다. 그 밖의 다른 이유로는 설명할 수 없다. 이는 어떤 의미인가? 조금 더 일반화해서 이야기하자면 사람들의 욕망 그 자체가 자율성을 가지고 있다는 것이다. 이게 무슨 뜻인지, 매운맛과 부드러운 맛 사이의 변화를 통해 조금 더 자세히 살펴보자.

미각의 구조

우리는 이 글에서 '향신료'라는 말을 별다른 정의 없이 사용했지만 여기에서 한번 구분해 볼 필요가 있다.

향신료는 각종 허브처럼 그윽한 맛과 향을 내는 향료(香料)와 후추나 고추같이 매운맛을 내는 신료(辛料)의 두 가지로 나누어 볼 수 있다. '마늘이나 양파와 같은 강하고 자극적인 냄새를 내는 양념을 좋아하는 취향'과 '꽃향기를 연상시키는 그윽한 향기를 내는 부드러운 양념을 좋아하는 취향' 사이에는 일종의 상호 배제 성향이 있는 듯하다(페르낭 브로델).

그래서 어느 사회에서 어떤 시기에 향료를 좋아하다가 오랜 기간이 지난 후에 신료를 좋아하게 되고 다시 그 경향이 바뀌는 현상이 나타난다. 유럽에서 로마 시대에 향료들이 많이 사용되다가 로마 말기에 차츰 후추를 비롯한 신료가 인기를 얻어 이것이 아주 오랜 기간 지속되었으며, 16세기부터 다시 향료 쪽으로 돌아선 것이 대표적인 사례이다.

우리나라에서 고추가 도입되기 전의 부드러운 맛을 좋아하는 취향이 그후 매운맛을 좋아하는 취향으로 변화하고 그것이 현재까지 계속되고 있다는 점, 그리고 부드러운 맛을 추구하는 일본 음식에 우리의 김치가 들이닥

쳐서 일본 사람들의 미각 구조를 변화시키는 것도 이런 식으로 정리해 보면 흥미로울 것 같다.

이렇게 사람들이 추구하는 맛은 시대와 장소에 따라 다르다. 어느 한 시기, 어느 사회에서나 지배적인 맛이 있다. 우리가 여행을 가서 이국 문명을 갑자기 맞닥뜨릴 때 가장 먼저 몸으로 느끼는 것이 음식의 변화이다. 그 지역 음식이 자기 취향에 맞으면 다행이지만, 많은 경우 음식이 쉽게 입에 들어가지 않는다.

동남아 지역에 갔을 때 강한 향기가 나는 채소가 비위에 거슬린다든지, 프랑스 남부 지역에 갔을 때 그 지방의 대표 요리인 푸아그라(거위 간 요리)가 너무 느끼하게 느껴진다는 한국 사람들이 많다. 그럴 때면 고추장과 김치가 뼈에 사무치게 그리울 것이다. 이것을 일반화해서 표현하면, 특정 사회마다 대부분의 사람들을 지배하는 '미각의 구조'가 있다는 것이다.

중요한 점은 이 미각의 구조가 장기적으로 지속되지만, 아울러 오랜 기간을 두고 보면 분명히 변화해 간다는 사실이다.

앞에서 이야기한 것처럼 중세 유럽에서는 후추로 대표되는 매운맛에 심취해 있다가 후추의 유행이 지나가자 사람들이 부드러운 맛을 추구하게 되었다. 그것을 잘 보여 주는 것이 소스의 변화이다.

서구의 음식에서 소스는, 비유하자면 우리의 장과 비슷하다 할 수 있다. 서양인들이 우리 음식 맛을 제대로 알려면 기본적으로 간장, 고추장, 된장 맛에 익숙해져야 한다. 마찬가지로 우리가 서양 음식을 제대로 음미하려면 버터와 치즈, 올리브 기름 같은 기본 재료에 익숙해져야 한다. 그렇지 않을 경우 기본적으로 서양 음식을 좋아할 수가 없다는 것이 내가 아는 프랑스 요리 전문 주방장의 말이다.

서양 음식의 소스는 동물성 지방(주로 버터)을 사용하는 것과 식물성 기

름(올리브 기름이 대표적)을 사용하는 것으로 구분된다. 원래는 북쪽에서 버터를 많이 쓰고 남쪽에서 올리브 기름을 많이 썼다. 그런데 차츰 북쪽의 동물성 지방이 확산되어 갔다. 14~15세기에 버터 사용이 확산되기 시작해서, 15세기에는 이탈리아에까지 들어왔고 16~17세기에는 전 유럽으로 퍼졌다. 이제 버터는 유럽의 기본 소스 재료가 되었다. 17세기에 유럽의 미각은 버터 중심의 기름진 소스가 지배하였다. 이것과 비교해서 14세기의 소스를 보면 지방 성분이 전혀 없고 대신 신맛이 나는 소스 위주였다(옛날 요리책이 남아 있어서 이를 알 수 있다).

그러므로 '유럽 음식의 역사'라는 것을 헤아려 잡는다면 가장 중요한 사실은, 16~17세기에 근본적인 변화가 일어났는데 그 주된 내용은 지방질 소스가 확산되었다는 것이다. 한마디로 정리해서, 음식의 관점에서 보자면 유럽 중세사는 매운맛의 역사, 유럽 근대사는 부드러운 맛의 역사이다. 유럽인들은 중세에 매운맛을 추구하다가 근대 이후에 부드러운 맛으로 취향이 바뀌었다. 그 부드러운 요리의 정상을 차지하는 것이 프랑스 요리이다.

이러한 변화의 동력은 무엇인가?

다시 말하지만, 다른 이유가 따로 있는 것이 아니라 미각의 내적인 자율성이라고 할 수밖에 없다. 그것은 물질적 제약 요인의 차원이 아니라 인간 욕망의 차원에서 일어난 일이다. 이렇게 주장하는 학자들(플랑드렝, 몬타나리 등)의 입장에서 보면, 인간은 물질적 제약에 따라 의식과 감성이 조정되기보다는 의식과 감성이 오히려 물질적 제약 조건, 곧 하부 구조에 영향을 미치는 존재인 것이다. 17~18세기에 우유를 생산하는 가축이 많아져서 사람들이 부드러운 맛을 좋아하게 된 것이 아니라(이것이 예전의 설명 방식이다), 오히려 사람들이 부드러운 맛을 좋아하게 되면서 가축이 증가한 것이다.

중세사에서 그토록 많이 언급되는 '후추 찾아 삼만 리' 식의 역사 서술도 이런 관점에서 보면 미묘한 설명의 변화가 필요하다. 장차 세계사에 큰 영향을 미치게 될 유럽인의 아시아 항해 동기 중에서 매우 중요한 요인은 결국 인간의 혀에서 찾아야 한다.

음식 맛에 대한 취향의 변화 같은 것쯤은 사소한 일이라고 생각할지 모르지만, 사실은 인간을 바라보는 기본 시각에서 매우 큰 의미를 지닌 문제이다.

매운맛 전파의 미스테리

흔히 사탕수수와 설탕이 무척 빠른 속도로 확산된 사실을 이야기하면서 단맛의 확산에 저항한 문명이 없고 모두 기꺼이 받아들였다는 점을 거론하는데, 매운맛도 그 못지않게 강력하고 빠르게 전파되었고, 한번 전파되면 아주 강한 지배력을 행사했다.

맛과 냄새가 강한 대표적인 음식으로 치즈와 고추장을 들 수 있다. 이 음식들은 외지인이 그 맛을 익히기가 어렵지만 일단 맛을 들이면 끊기 어려운 특징을 가진다. 그런데 프랑스 사람이 외국에 나가서 생활하느라고 치즈를 못 먹는 기간이 수년 정도 지속되면 그 맛을 잊어버린다고 한다. 이에 비해 고추장의 경우는 혀가 매운맛을 완전히 잊어버리는 데 20년이 걸린다고 한다.

고추의 원산지는 남미이다(더 구체적으로는 볼리비아 지역일 것으로 추정된다). 그러나 많은 사람들이 고추 원산지를 인도로 잘못 알고 있다. 워낙 인도 음식이 맵기 때문이다. 콜럼버스가 남미의 고추를 스페인으로 들여왔으나 거의 주목을 받지 못했다. 실제로 고추를 전세계에 널리 전한 사람은 포르투갈인들이었다. 이들이 고추를 처음 본 곳은 브라질 동쪽의 페르남부쿠였다. 이들은 고추와 담배, 면화 따위를 아프리카 서해안의 여러 무역 거점들에 전했고, 다음으로는 인도 서해안의 고아에 전달했다. 이곳에서 말라카로, 그 다음에 마카오와 나가사키, 필리핀 등지로 전파되었다. 다시 이곳에서 향료 제도로 전해졌다가 영국과 네덜란드 배를 통해 북아메리카에 전달되었다. 남아메리카에서 북아메리카로 직접 가지 않고 전세계를 한 바퀴 돌아서 간 셈인데, 그때 걸린 시간은 약 50년밖에 되지 않았다.

이런 사실을 보면 식물의 보급은 생각보다 꽤 복잡한 과정을 거친다는 것을 알 수 있다. 그래서 때로는 엉뚱한 방향에서 전해 들어오는 경우가 많다. 고추만이 아니라 옥수수, 콩, 칠면조 같은 아메리카 산물들이 유난히 오스만 제국 내 아나톨리아 지방에 많이 보급되어서, 이것을 이른바 '아나톨리아의 미스테리'라 한다.

그리고 그 방향이 서쪽이 아니라 동쪽에서 들어온 것도, 앞에서 말한 대로 포르투갈인들이 복잡한 경로를 통해 전달한 사실을 알지 못하면 이상하기 짝이 없는 일일 것이다.

우리나라에 고추가 보급된 사정을 보아도 그런 이상한 점들이 눈에 띈다. 우리나라에서 최초로 고추에 관한 기록이 나오는 책은 1614년(광해군 6년)에 이수광이 쓴 『지봉유설』(芝峰類說)이다. "남만초(南蠻椒)에는 독이 있다. 왜국에서 왔기에 '왜겨자'라 한다."는 말과 함께 고추를 재배한 사실이 기록되어 있다. 그 밖에도 홍만선(1643~1715)의 『산림경제』(山林經濟), 이익의 『성호사설』(星湖僿說), 유중림의 『증보산림경제』(增補山林經濟), 이규경의 『오주연문장전산고』(五洲衍文長箋散稿) 등에 고추에 관한 기록이 나온다. 특히 이규경의 책에서는 번초, 고초, 남만초 같은 이름과 도입 경로에 대한 기록이 나오는데, 임진왜란 이후 담배, 호박과 함께 도입되었다고 쓰여 있다. 최남선 역시 '고초(苦椒)'가 담배와 함께 왜군을 따라 들어온 것이고, 일본에는 담배와 고추가 함께 서양 상선을 따라 들어왔다고 설명하였다.

그런데 정작 일본에서는 고추 도입에 관하여, 1542년에 포르투갈인에 의해 전파되었다는 남방설과 조선에서 일본으로 전해졌다는 북방설이 엇갈리고 있다. 일본의 유명한 유학자 가이바라 에키켄(1630~1714)이 1709년에 쓴 『야마토 혼조』(大和本草)에는, 일본에는 고추가 없었는데 도요토미 히데요시가 한국을 침략했을 때 조선에서 고추씨를 가져왔기 때문에 이를 고려후추라 한다는 기록이 있고, 1775년에 나온 책 『부쓰루이쇼코』(物類稱呼)에도 "고추는 조선에서 들어왔다."고 되어 있다. 그렇다면 일본에서 우리나라에 고추가 전래되었다는 정설과 달리, 중국에서 우리나라로 고추가 들어왔다가 일본으로 수출되었을 가능성도 없지 않다.

26
섬
로빈스 크루소의 실험

사람들 사이에 섬이 있다

그 섬에 가고 싶다

_정현종, '섬'

섬은 언제나 우리의 상상력을 자극한다.

바다 한가운데 외떨어져 홀로 존재하는 곳, 낯선 풍광이 신비롭게 펼쳐져 있는 곳, 그래서 그곳에는 뭔가 다른 일들이 벌어질 듯한 곳……. "섬은 통상의 법칙들로부터 벗어나서 신비한 일들이 스스로 존재하는 곳이다." (클로드 캐플러) 그래서 섬은 흔히 문학적·사회적 상상 속에서 새로운 실험이 이루어지는 장소가 된다.

낙원으로서의 섬

유라시아 대륙의 서쪽 반도인 유럽에 살고 있던 사람들이 16세기부터 차츰차츰 대양으로 나아가면서 여러 섬들이 차례로 '발견'되고 그곳에 대한

유토피아
토머스 모어의 『유토피아』는 바다 너머 먼 곳에 이상적인 공간을 구상해 보는 유럽의 전통에 놓여 있는 작품이다.

정보가 들어왔을 때, 섬에 대한 그들의 꿈은 더욱 농익어 갔다.

처음에 먼 대양의 섬은 단순히 낙원으로 그려졌다. 굶주림의 문제를 아직 해결하지 못해 육체의 고통을 겪고 있는 '이곳'에 대한 반대의 개념으로서 섬은 음식이 넘쳐나는 곳, 일하지 않아도 밀과 보리가 저절로 자라고 분수에서는 포도주가 흘러내리는 곳, 환락이 넘치고 영원한 젊음이 있는 곳이었다(그런 곳에는 '젊음의 샘'이 있어서 늙은이들이 이 물 속에 들어갔다가 나오면 다시 젊은이가 된다).

그러나 초기의 이런 순진하기 그지없는 꿈은 차츰 시들해지고, 17~18세기에 들어서서는 섬에 부여하는 성격이 바뀌어 갔다. 사람들이 섬에다가 여러 가지 내용들을 덧붙이기 시작한 것이다. 다시 말해, 섬을 단순히 낙원으로 그리는 것이 아니라 자연, 사회, 자기 자신 등을 거기에 비추어 보면서 스스로에게 질문하는 수단으로 삼게 되었다. 그리하여 섬에 대해 이야기하는 것은 새로운 사회를 희망하고 거기에 비교하여 구 사회를 분석하는 계기가 되었다. 일찍이 『유토피아』를 쓴 토머스 모어, 『템페스트』

를 쓴 셰익스피어도 이런 성향의 선구자라 할 만하다.

절해고도에서 만나는 새로운 환경은 자연을 새롭게 생각하는 계기를 제공하기도 하고, 자신이 자란 문명과 떨어져 겪게 되는 고립은 사회를, 그리고 신을 생각하는 계기가 되기도 한다. 또, 지금까지 거의 경험하지 못한 새로운 현상 때문에 독창적인 생각이 형성되기도 한다. 모리셔스 섬(아프리카 동쪽 인도양 남서부에 있는 섬. 마다가스카르 섬 동쪽 750km 지점에 자리잡고 있다. 현재 정식 이름이 모리셔스 공화국인 독립국가이다)에 살던 도도새(인류의 잘못으로 지구상에서 사라진 최초의 새로 알려져 있다)의 경우를 통해 '멸종'의 개념이 등장하고, 문명의 파괴성에 대한 비판의 개념이 나온 것이 그 예이다.

모리셔스 섬은 '섬' 담론에서 가장 중요한 사례 중 하나이다. 이 섬은 18세기에 여러 가지 사상이 발전하는 데 매우 중요한 동기를 제공했다. 이곳은 지상천국이라고 말해도 좋을 만큼 자연 풍광이 아름답고 깨끗한 곳이었다. 유럽인들은 이곳에 대해서 에덴동산의 이미지를 가지게 되었다. 그래서 유럽 사회의 타락상을 이곳에 비추어 반성하는 거울, 또는 유럽의 더러움을 씻어 내는 해독제와도 같은 상징성을 부여하였다. 그런데 이처럼 순수하고 깨끗하고 덕성스럽던 '에덴동산'이 인간의 손길이 닿으면서 더럽혀지기 시작했다. 삼림 황폐화가 대표적인 문제였다. 유럽인들은 이 섬을 경제적으로 이용하기 위해 플랜테이션(노예제 대농장)을 건설하였는데, 그 과정에서 숲을 밀어 버렸다. 그러자 환경 변화가 일어났으며, 특히 기후가 변화되어서 홍수와 같은 자연 재해가 계속되었다.

인간에 의해 자연이 파괴되는 현상을 지켜본 유럽인들은 곧 '국가에 의한 자연보호'라는 개념을 창안했다. 국가가 나서서 자연을 보호한다는 이 모순적인 생각은 참으로 재미있는 개념이라 하지 않을 수 없다. '자연스러움'을 지키기 위해서 국가가 나서서 '규제'를 해야 한다는 것이다. 자연이 자연스럽지 않게 되었을 때 자연이 도로 자연스럽게 되도록 국가가 인공적으로 자연스러움을 회복시켜 준다! 그것은 곧 이런 의미가 된다. 자연은 자연스러운 상태로 있을 때 가장 아름답고 가장 쓸모 있다. 본디 자연은 스스로 치유력을 가지고 있다. 다만 그런 것을 저해하는 요소들이 생겨났을 때 그것을 제어하면 자연은 다시 원래의 풍요로움을 제공한다.

혈액 순환의 이론을 생각해 보면 이해가 쉬울 것이다. 혈액 순환이 제대로 이루어져야 사람이 건강하게 살 수 있다는 것은 지금 보면 너무나 당연하지만, 당시로서는 인체에 대한 아주 새로운 견해였다. 이것도 자연스러운 순환을 강조하는 당시의 지적 풍토에서 영향을 받은 것 중 하나이다.

이 의학 이론들을 경제학에서 받아들여 탄생시킨 것이 중농주의이다. 그 이름만으로 보면 단순히 농업이 중요하다는 주장을 하는 것으로 오해하기 쉽지만, 이 이론은 그 이상의 뜻을 품고 있다. 무엇보다도 국민경제 개념을 헤아려 잡았다는 것이 중요하다. 국민경제 전체를 하나의 단위로 파악하고 그 순환을 체계적으로 이해한 이 아이디어는 현대 경제학의 모태가 되었다. 물론 국민경제의 순환 과정에서 오직 농업만이 진정한 부를 창출하며 상공업은 이 부를 이용하고 순환시키는 역할을 할 뿐이라는 주장은 현재의 관점에서 보면 타당성이 떨어지나, 상공업 발달 수준이 보잘 것없었던 그 당시의 상황에서는 이해가 되는 주장이다. 이 이론에서도 역시 중요한 것은 바로 자연스러운 순환이다. 진정한 부가 농업에서 창출된 뒤 이것이 적절하게 순환되어야 경제가 잘 운용되는데(다시 혈액순환을 생각해 보라), 현실에서는 자칫 이 순환이 저해되곤 한다. 타락한 권력, 부의 잘못된 분배, 사치 같은 것이 그런 저해 요소이다.

이상에서 보았듯이 이 시기에 자연은 최고의 모범으로서 기능하였다. 인체부터 사회, 경제, 국가 등 모든 것이 '자연'이라는 이름의 이상적인 상태를 정하고 있었다. 원래의 자연 상태 그대로가 유토피아인 데 비해 현재는 그 상태로부터 멀리 떨어졌다고 파악되었다. 그러므로 원래의 완벽한 자연 상태로 되돌아가려는 개선이 필요하다는 담론이 유행했다. 이것은 멀리 보면 프랑스 혁명에까지 이르는 개혁과 혁명의 사조와 관련이 있다.

바로 이런 낭만적 이상주의의 사고 실험에 섬이 중요한 모티브가 되었다는 것이 흥미롭다. 유럽인들의 손을 타기 전의 순수하고 덕성스러운 섬은 유럽의 타락을 경고하고 인간의 해악에 대한 해독제를 처방해 주며, 따라서 새 사회를 그리는 데 이용되었다. 이런 사고 실험의 중요한 역할을 한 소설이 다니엘 디포의 『로빈슨 크루소』이다.

섬을 정복한 문명인

디포의 시대가 되면, 앞에서 말했던 '먹을 것이 무진장 존재하는 지상낙원'과 같은 순진한 이미지는 더 이상 통용되지 않게 된다. 그가 그리고 있는 무인도에서의 모험 이야기는 인간을 압도하는 자연의 힘과 함께 그에 대한 인간의 개선 노력을 보여 주는 드라마이다. 플랜테이션과 노예 무역과 같은 초기 자본주의의 요소들이 작품 속에 녹아 들어가 있는 것에서 이를 알 수 있다. 게다가 두려운 자연, 그 속에서 생존을 위해 벌이는 투쟁, 미지의 타자(식인종)와의 만남 등이 전개된다. 그러므로 로빈슨 크루소가 벌이는 모험은 최소의 기본 요소들로 환원된 유럽의 사회와 문화의 의미를 검토하는 1인 인류학이라 할 수 있다.

먼저 로빈슨 크루소의 출신 성분에 대한 설명부터가 심상치 않다. 그의 부친은 장사를 해서 재산을 모은 사람으로, 한마디로 부르주아 중산층이다. 그들은 하층민이 겪는 육체 노동의 비참과 곤란도 없고, 상류층이 가지는 오만·사치·야심·질시 따위도 피할 수 있다. 그들이 중요시하는 것은 절제·중용·온건·건강·사교·오락 같은 것들이다. 이런 식으로 그들은 이 세상에서 조용히, 편안하게, 그리고 중용을 지키며 살아갈 수가 있다. 쉽게 말해서 그들은 이 세상에서 행복을 느끼며 살아간다. 소설의 앞부분에 나오는 이런 내용은 그 당시 유럽의 일반적인 중산층 문화를 대변하는 것으로서 흔히 인용되곤 한다.

그런데 흥미로운 점은 그렇게 안온하고 행복하게 살아갈 기반을 가지고 있는데도 왜 그런 생활을 뿌리치고 굳이 저 멀리 외딴 세계로 모험을 떠나는가 하는 것이다. 크루소 자신의 말대로 "파멸이 눈앞에 보이는데도 자신을 파멸의 도구로 만들어 버리는 것은 도대체 무슨 힘에 의해서일까?" 그는 이 자체를 신의 뜻이며 섭리로서 받아들인다('은밀하고 거역하지 못하는 명령'은 하늘이 그에게 내린 고난의 의미를 가진다). 이 점은 유럽, 특히 영국의 중산층이 자신의 성취에 대해서 그저 단순하게 받아들이기보다 그에 대해 늘 되돌아보고 그것이 어떤 가치가 있으며 어떤 문명적 배경에서 나온 것인가를 묻는 태도를 지니고 있음을 보여 준다. 그들은 중산층 문화에 대해 자부심을 가지면서도 그 자체에 염증을 느끼고 계속 의문을 던지는 것이다.

바다로 나간 크루소는 해적들에게 약탈당하거나 이슬람권에 노예로 팔려 가는 역경을 거치고 난 후 브라질에서 플랜테이션 경영에 성공하지만, 이번에도 다시 염증을 느껴 모험적인 노예 무역에 뛰어든다(노예 무역업을 한다는 것에 대해 아무런 거리낌이 없다는 점도 주목할 만하다). 그리고 노예 밀무역을 하다가 조난당해 무인도로 가게 된다.

그를 낯선 섬으로 끌고 온 조난 과정부터가 그렇지만 지진이나 태풍, 그를 떠밀고 가 버리는 바다의 조류 같은, 그를 압도하는 자연의 힘은 그 후에도 계속되는 주제이다. 이것은 신의 뜻 또는 신의 섭리와 내적으로 연결된다. 그런 엄청난 힘 앞에서 인간은 무력할 수밖에 없고 언제라도 파리처럼 죽을 수 있다. 그런데 그가 계속 이렇게 생존해 있고 문명인의 생활을 해 나가는 것은 결국 신의 보호 덕분이며 이 전체가 신의 뜻이라고 받아들이게 된다. 신은 인간을 완전히 버린 것도 아니고, 그렇다고 모든 것을 공짜로 주는 것도 아니다. 그의 뜻은 고난과 역경을 이겨 내면서 이 세상에서 문명을 이루어 나가라는 것으로 해석된다.

로빈슨 크루소는 섬에 빈손으로 온 것이 아니다. 그가 가지고 온 물건에는 식량, 도구, 무기, 펜, 잉크, 종이, 자석, 계측기, 나침반, 망원경, 해도, 항해술 책, 성경, 개, 고양이가 있고, 게다가 눈에 보이지 않지만 그의 믿음과 글 쓰는 능력, 심성 같은 것이 있다. 다시 말해서 그는 무(無)에서 출발한 것이 아니라 문명의 모든 요소들을 가지고 홀로 자연과 맞선 것이다. 유럽 문명의 '대표 선수'와도 같은 자격으로 일종의 실험을 하고 있는 셈이다.

그의 무인도 생활을 보면 문명의 자기 반성적 측면이 여실히 보인다. 거주지 만드는 것부터 시작해서 사냥과 목축, 농사짓기(보리와 벼 재배), 공업(도자기 굽기)을 익혀 나간다. 이것이야말로 문명의 발전 과정을 반추해 가는 것이다. 이 섬은 결코 낙원은 아니지만 노력을 통해서 얼마든지 필요한 것을 얻을 수 있다. 인간의 역사가 바로 그런 과정의 연속이 아니었던가.

그러나 그와 함께 지진과 태풍처럼 언제나 사람의 힘을 압도하는 자연의 힘이 그를 두렵게 한다. 그때마다 그는 자연스럽게 신의 섭리를 생각하며, 결국에는 자신에 대한 회개로 이어진다. 이 섬에서 생활해 나가는 원칙을 한마디로 말하라면 '신앙과 이성'이다. 이 얼마나 유럽적인 현상인가. 그러므로 이 소설은 단순히 물질적인 측면의 무인도 생활만이 아니라 종교와 문명에 대한 진지한 재고와 반성이기도 한다.

그 과정은 영어의 '마스터(master)'라는 낱말로 요약할 수 있지 않을까 싶다. 그는 자기 주거를 확보하고 나서는 이 섬을 정찰하기 시작한다. 섬의 반대편 지역을 탐험하고는 그곳에 따로 '시골 주택'을 짓는다(아주 원초적이나마 도시와 시골 지역의 분화가 이루어진 것이다). 그 다음에는 주변 바다를 항해하면서 정찰하고 해류를 파악한다(역시 아주 초미니 크기로나마 해외 팽창을 시도하는 셈이다). 그것은 자기가 사는 지역을 중심으로 차츰차츰 정복과 팽창을 해 나가는 과정이다. 그는 자연과 환경의 노예가 아니라 거꾸로 '마스터' 해 나간다. 이제 이 섬은 그의 것이요, 그는 이 섬의 지배자(마스터)이다. 이곳은 단순한 섬이 아니라 그가 만든 1인 사회가 펼쳐져 있는 곳이다. 바다를 정찰하다가 그만 파도에 휩쓸려서 점점 먼 바다로 밀려가는 상황이 되자 그는 필사적으로 자기 섬으로 되돌아가려고 한다. 이제 그 섬은 괴로운 감옥이 아니라 그가 '소망하는 곳'이다. 나중에 다른 유럽인들과 만났을 때 그는 무엇보다도 이 점을 분명히 밝힌다. 이 섬은 내 소유물이며 내 지배권이 미치는 곳이니, 이를 존중하라!

식민주의를 합리화하다

이렇게 자신의 지배권을 확립한 다음 제기되는 문제는 외부와의 조우이다. 그것은 '식인종'과의 만남이다.

식인종이라니! 의식(儀式) 차원에서 예외적으로 사람 고기를 먹는 경우는 있지만(예컨대, 죽은 아버지의 뇌를 일부 먹음으로써 아버지의 영혼을 자기 몸에 받아들이는 뉴기니 산지인의 경우이다), 중요한 영양 섭취원으로 사람 고기를 먹는 종자는 없는 것으로 알고 있다. 실제로는 백인 문명이 외부인을 만났을 때 그들을 비난하는 방식으로 가공의 신화를 만든 것이 식인종 이야기이다. 말하자면 상대방을 악마화하는 것이다. 디포 역시 이런 방식을 그대로 따른다. 상대방은 악마인 베나막키 신을 따르는 이들이다(언제나 남의 신이 악마가 된다). 그래서 크루소는 더욱 무장을 단단히 한 다음 그들을 몰살시킬 계획을 세운다. 식인종이 잔인하기 때문에 그들을 응징해야 한다는 논리인데, 내 관점에서는 아무리 봐도 남의 땅에 와서 그곳 사람들을 대량 학살하는 백인종이 백 배는 더 잔인해 보인다.

그러나 디포는 아무런 생각 없이 흑인들의 몰살을 즐길 만큼 싸구려 작가는 아니다. 그래서 주인공 크루소는 스스로 과연 그들을 몰살하는 것이 타당한 일인가를 자문해 보는 과정을 거친다. 그렇다 해도 역시 결론은 변함이 없다. 흑인 식인종들은 하느님으로부터 버림받은 존재들이다. 그들은 문명의 순화를 받지 않은 야만 상태에 있으므로 몰살 역시 정당화된다.

이 소설에서 매우 흥미로운 인물은 동료 흑인들에게 살해당할 뻔 하다가 크루소에게 구출된 프라이데이이다(그러나 마르크스의 말마따나 프라이데이가 총을 가지고 있었다면 로빈슨 크루소가 그의 노예가 되었을 것이다). 그는 준백인의 지위를 인정받는다(하필이면 이자는 생긴 것부터 유럽인과 비슷한 구석이 있다는 식으로 표현된다). 그는 기독교를 받아들이고 백인 문화를 배운다. '프라이데이'라는 이름도 받는데, 이는 그가 구출된 날이 금요일이기 때문이다. 개 이름 짓는 것과 큰 차이가 없는 방식임을 알 수 있다. 문명화의 사명을 전수받은 프라이데이는 무엇보다도 자기의 부끄러운 과거를 지우려고 동족 살해에 앞장선다. 그리하여 하느님의 이름으로 자기 동료들을 자랑스럽게 살해한다. 디포는 그 학살 장면을 '아주 흥미진진하고 재미있게' 묘사하고 있다.

지금까지 살펴본 것처럼 『로빈슨 크루소』는 프로테스탄트 유럽의 중산층이 사회와 문명을 반성적으로 되돌아보고 자신의 기반을 재정립하면서 이 세계를 정복해 나가는 정신적 사고 실험을 하는 에세이로 읽힌다. 그 결론은 '유럽적인, 너무나 유럽적인' 자기 합리화이다.

방드르디, 문명을 야만화하다

『로빈슨 크루소』의 가장 중요한 패러디 작품 중의 하나는 미셸 투르니에의 『방드르디, 태평양의 끝』이다. 방드르디는 프랑스어로 '금요일'이라는 뜻이니, '프라이데이'의 프랑스 버전이다.

투르니에는 백인 문명과 비유럽 문명(여기에서는 남아메리카 인디오 중 하나인 아라우칸족으로 되어 있다)의 만남에서 전혀 다른 것을 읽어 내려고 한다. 크루소가 방드르디를 '문명화'시키는 것이 아니라 방드르디가 크루소를 '야만화'시킨다. 그러나 이때의 '야만화'란 문명의 오만함을 버리고 자연 속에서 행복과 조화를 이루며 살아가는 것을 뜻한다. 다음에 방드르디가 새끼독수리 한 마리를 잡아와서 키우는 대목을 보자.

끊임없이 구걸을 해대는 이 주둥이 안으로 방드르디가 신선한 고기 조각을 던져 넣으면 그것은 딸꾹질하는 소리와 함께 목구멍 너머로 사라졌다. 조약돌을 던져 넣었다 하더라도 마찬가지로 게걸스럽게 삼켜 댈 것만 같았다. 그러나 그 새끼독수리는 사흘째 되는 날부터 쇠약한 기색이었다. 더 이상 생기가 없고 하루 종일 졸기만 했다. 짐승의 모래주머니를 만져 본 방드르디는, 마지막으로 준 먹이를 여러 시간에 걸쳐 토해 냈는데도 여전히 모래주머니가 단단하고 가득 찬 것을 알아차렸다. 요컨대 소화를 잘 못하거나 전혀 못하고 있는 것이 분명했다.

그러자 그는 염소 내장을 햇볕에 널어놓았다. 푸른색 파리 떼가 그 위에 잔뜩 엉겨붙었다. 거기서 나는 고약한 냄새를 로빈슨은 견딜 수가 없었다. 마침내 썩어서 거의 물처럼 된 고기에 수많은 구더기가 슬었다. 그러자 방드르디는 일련의 작업에 몰두했는데 그것은 그의 주인의 머릿속에 지워지지 않는 기억을 남겼다.

조개 껍데기를 가지고 그는 썩어 가는 내장을 긁었다. 그 다음에는 이렇게 긁어모은 구더기를 한 줌 가득 자기 입에 털어넣더니 태연하고 침착하게 그 끔찍한 먹이를 씹고 또 씹었다. 마침내 그는 독수리에게 몸을 굽히고 마치 장님에게 밥을 먹이듯이 빽빽하고 미지근한 일종의 우유 같은 즙을 새가 내밀고 있는 주둥이로 흘려 넣었다. 독수리는 꽁무니 쪽에 경련을 일으키며 그것을 삼켰다.

방드르디는 또다시 그 구더기를 한 줌 긁어쥐고는 이렇게 설명했다. '살아 있는 벌레는 너무 싱싱해. 병든 새. 그래서 씹고 씹어야 돼. 새 새끼를 위하여 씹고 또 씹고……'

로빈슨은 뱃속이 뒤집히는 듯하여 도망쳐 버렸다. 그러나 그의 헌신적인 노력과 두려움을 모르는 논리에는 깊은 인상을 받았다. 그는 처음으로 자기가 느끼는 예민한 구역질을 비롯하여 그 모든 백인 특유의 신경 반응이 과연 최종적이며 고귀한 문명의 보증일 것인지, 아니면 반대로 새로운 삶에 접어들기 위하여 언젠가는 팽개쳐 버리지 않으면 안 될 죽은 찌꺼기일지 자문해 보았다.

27

린네와 그의 제자들

과학자와 과학은 순수한가?

과학자 개인은 고결한 인격자일 수도 있고 과학 자체는 이 세계를 체계적으로 설명하는 객관적 연구일 수도 있으리라. 그러나 아무리 그렇다 한들 과학자나 과학이 세계의 가치 체계와 정말로 아무 연관이 없어 보이지는 않는다. 유럽이 전세계로 지배권을 확대해 나갈 때 서구 과학은 어떤 역할을 했을까?

유럽인들이 바다를 통해 전세계로 본격적인 탐험과 정복 여행을 한 첫 번째 시기는 15세기 말 이후이다. 이때 아프리카 해안 지역을 탐색하고 아시아의 중요 거점 지역에 상관(商館)들을 건설했으며, 아메리카 대륙에서는 이 지역의 기존 문명들을 파괴하고 유럽의 식민 제국을 건설하였다. 그런데 이런 '팽창'이 중단 없이 계속 진행된 것은 아니었다. 1640년부터 1760년까지 약 120년 동안 유럽인들의 해상 팽창은 거의 정지 상태였다. 그러다가 1760년 이후 제2차 팽창이 일어났다. 이때부터 유럽의 배들이 다시 전 지역의 해상에 출몰했다.

1차 팽창과 2차 팽창 사이의 기간, 곧 17세기 중엽 이후 거의 120년 동안 왜 해상 팽창이 중단되었을까? 역사가들 사이에 일치된 답은 없어 보이지만 어느 정도 추론하여 답할 수는 있을 것이다. 1640년 이후 유럽 내부의 갈등이 격화되어 외부 세계에 대해 더 이상 팽창을 새로 시작하는 것이 힘들었으리라는 설명이 그 하나이다.

대체로 18세기 중엽 이후 각국 정부가 다시 경쟁적으로 해양 탐험을 지원했을 때, 이전 시기에 비교적 많은 탐사가 이루어진 지역보다는 태평양이나 오스트레일리아, 뉴질랜드, 또는 극지방 등에 초점이 맞추어졌다. 그리고 이 시기 탐험의 특징은 과학이 매우 중요한 요소로 작용하였다는 점이다. 배에는 대개 과학자들이 승선해서 여러 과학적 탐구를 수행하였고, 때로는 정부가 해상 탐험을 지원하는 중요한 목적 자체를 과학 탐사로 내걸기도 했다. 이미 과학혁명* 시대를 거친 이 시기에 과학 발전 자체가 아주 중요한 목적으로 제시될 여지는 충분히 있었다. 그러나 이 시대의 해상 탐험을 두고 순수한 과학 발전이라고 말할 수는 없다. 각국은 여전히 영토와 자원을 차지하고 새로운 상업 가능성을 타진하는 식의 국익을 추구하였고, 당장 자국의 이익을 얻지 못할 경우에는 최소한 경쟁국이 차지하지 못하게 방해라도 하려고 했다. 이런 상황에서 과학이 '순수한' 학문 활동이라고 하는 것은 순진한 환상에 지나지 않는다. 이 모든 것들은 '순수하지 못한' 정치·군사·경제적 고려를 빼놓고 설명할 수는 없다.

조지 앤슨이 1740~1744년에 수행했던 유명한 순항은 스페인 식민지 내의 반란을 선동하려는 음흉한 동기가 있었고, 아울러 태평양 지역에서

---

* 유럽에서 17세기에 자연에 대한 새로운 탐구 방법이 발전함으로써 근대 과학이 성립되고, 이 때문에 매우 큰 사회적·사상적 변화가 있었다는 점을 가리켜 '과학혁명'이라고 한다.

영국 선박의 중간 기착 장소를 물색하려는 목적도 있었다. 포클랜드 제도를 탐사한 것이 바로 이런 목적에서였다. 프랑스도 비슷한 목적으로 이 제도를 탐사했다. 이 임무를 맡은 부갱빌이 태평양을 탐사할 때 그의 배에는 박물학자 필리베르 코메르송과 천문학자 피에르 베르농이 승선해 있었는데, 이는 곧 그의 여행이 과학과 정치·군사 목적을 함께 추구하고 있었다는 증거이다.

1768년부터 수차례에 걸쳐 대탐험을 한 쿡 선장에 대한 영국 정부의 지시는, 다른 유럽 열강보다 먼저 남부 대륙(유럽의 이론 지리학자들이 지구의 남반구에 있다고 상상했던 거대한 대륙)에 도착하여 태평양 무역을 선점하라는 것이었다. 포스터는 뉴질랜드 섬에 백인이 정착할 수 있는지 알아보려는 목적으로 탐험했고, 프랑스의 라 페루즈의 여행도 마찬가지였다. 조지 밴쿠버의 여행은 해양 지리에 대해 아주 풍성한 결실을 거둔 것이 사실이지만, 실제로 승무원 중 과학자라고 할 수 있는 사람은 오직 한 명뿐이었고 따라서 이 항해는 정치적인 성격이 더 강했다.

그의 여행이 가져온 가장 중요한 결과는, 그때까지 스페인이 태평양을 자신의 호수로 여길 정도로 강한 영향력을 행사하고 있었는데 그 독점권을 빼앗고, 나중에 브리티시 콜럼비아가 될 지역을 선점했다는 것이다. 나폴레옹도 니콜라 보댕을 시켜 해상 탐사를 수행하도록 했는데, 그의 식물 수집은 식물학자 쥐시외에 따르면 외국에서 프랑스에 들어온 것 중 가장 중요한 수집품이라는 것이다. 이렇게 보면 과학 연구는 이제 '제국주의적' 동기와 겹치게 된다.

잘 알려진 대로 유럽은 17세기에 과학혁명을 거쳤다. 그 의미는 이 세상을 신비주의적 사고를 통해서 보는 것이 아니라, 자연현상을 직접 대면해 봄으로써 체계적으로 이해한다는 것이다. 이러한 과학혁명의 계승자인 18

세기 유럽인들로서 이제 중요한 것은
새로운 세계로 가서 동물상과 식물상
을 직접 관찰하고 물질적인 양태를 조
사하여 그 결과를 본국으로 가져오는 것이었다. 과학 발전에 어떤 단계가
있다고 한다면, 이 시기는 식물학, 동물학, 지질학 등을 통해 이 세계 자연
의 중요한 정보를 모으고 분류하고 그 이용 방법을 정리하는 때라고 할 수
있다.

이런 방식의 과학 발전에서 가장 중요한 인물 중 한 사람이 스웨덴의 식
물학자 린네였다.

스웨덴은 1721년에 니스타드 조약으로 발트해 동부 지역을 러시아에
넘겨주었다. 이것은 스웨덴 전성기의 종식을 상징하는 사건이었다. 이전
세기에 스웨덴은, 국왕이 중심이 되어 일부 공업 분야(특히 철과 구리 광업)
를 발전시켜 그 자금으로 군사력을 크게 키워서 한때 북유럽 지역의 맹주
로서 군림하였다. 러시아가 크게 팽창해 나가려면 '북유럽의 사자'인 스웨
덴 세력을 깨야 했고 따라서 두 나라의 충돌은 피할 수 없었다. 러시아와
스웨덴 사이의 대북방 전쟁은 마침내 러시아의 승리로 끝났다. 20세기 최
대 강국의 하나로 성장할 러시아라는 거인이 잠에서 깨어나기 시작한 것

이다. 미처 꽃피기도 전에 때 이르게 쇠락의 쓴맛을 보게 된 상황에서 이제 스웨덴은 군사강국의 달성이라는 이전 방향과는 다른 국가 발전 전략을 짜야 했다. 그래서 국가가 지원하는 농업과 공업 분야의 발전을 꾀했다. 이런 흐름의 한가운데에 린네가 있었던 것이다.

그는 1741년 웁살라 대학 교수가 된 후, 자기 제자들을 전세계로 내보내서 세계의 자연 자원들을 조사한 다음 그 정보를 자기한테 보내도록 시켰다. 그렇게 하여 세계의 자원에 대해 체계적으로 파악하고, 또한 어떤 유용한 식물이 스웨덴에서 자랄 수 있는가를 살펴보았다.

먼저, 1748년에 페르 칼름이 아메리카로 떠났다. 이때 린네는 스웨덴의 겨울 추위를 이길 수 있는 뽕나무를 발견해서 고국에서도 견직물 산업을 진흥시킬 수 있지 않을까 하는 것을 타진하고 있었다. 칼름의 문제의식도 이와 비슷하였다. 그는 아메리카의 식생을 열심히 조사했다. 예를 들면, 흰색 참나무의 껍질이 이질 치료용으로 쓰일 수 있다는 사실을 발견하였고 얌(고구마 비슷한 식물)의 식용 가능성을 알아보았다. 복숭아가 유럽에서보다 미국에서 식용으로 더 많이 쓰인다는 관찰을 했고, 그가 처음 본 수박에 대해 많은 기록을 남겼다. 그는 식물학 분야만이 아니라 캐나다로부터 델라웨어에 이르는 북미 지역의 정치·사회·종교적인 현상들도 자세히 관찰하였다. 그의 여행은 대체로 성공적이어서 린네의 관찰 식물 목록에 90종 정도를 추가하였다. 그러나 불행하게도 그가 가지고 온 작물들은 그의 조국에서는 생장 기간이 짧아서인지 거의 실패로 끝나고 말았다.

두 번째 제자인 프레데릭 하셀크비스트는 1749년에 서아시아 지역으로 갔다. 스미르나에서 출발하여 아나톨리아, 이집트, 팔레스타인 등지를 여행하고 다시 스미르나에 돌아왔다가 이곳에서 죽었다. 그러나 여행 비용이 다 지불되지 않았기 때문에 그가 모은 채집물과 일지가 압류당했다. 이

중국의 식물
페르 오스벡이 쓴
『중국과 동인도로의 여행』(1771)의
중국 식물 삽화.

를 안타깝게 여긴 스웨덴 왕비가 돈을
대서 이것들을 고국으로 가지고 왔다. 그
런 더운 지역에서 자라는 식물이 스웨덴
에서도 자랄 수 있으리라는 기대는 아예
하지 않았지만, 바라는 것 이상으로 얻은
소득이 있다면 카이로에서 이집트인들

이 오븐에서 계란을 부화시키는 것을 보았다는 점이다. 이렇게 해서 소개
된 인공 부화 방법은 스웨덴 국민들의 식생활에 적지 않은 도움을 주었을
것이다. 그가 본 식물 중에서 한 가지 특기할 만한 것은 알로에였는데, 그
는 이 식물의 즙이 황달 치료에 효과가 있으며 이 식물이 남유럽에서 자랄
수 있다는 것을 확인하였다.

1750년에는 페르 오스벡이 중국으로 갔다. 공식 직위는 스웨덴 동인도
회사 선박의 선상 목사였지만 그의 관심사는 자연 관찰이었다. 그는 배에
서 잡는 물고기에 대해서 관찰하는 일부터 꼼꼼하게 기록했다. 자바에서
는 코코아 나무가 얼마나 광범위하게 쓰이는지를 기록하였다. 그러나 정작
목적지인 중국에 도착하자 한의학 약재에 대해서 조사하고 싶었으나 언어
문제에 봉착해서 포기할 수밖에 없었다. 그 대신 중국의 식물에 대해서 열
심히 관찰하였다. 차나무 같은 중요한 식물뿐 아니라 소 여물을 유심히 관

찰하여 여러 가지 새로운 풀들
을 발견하였다. 그 밖에 식물학
말고도 여러 분야의 관찰 기록
을 남겼는데, 예컨대 중국에서
동물 뼈를 태운 재에서 알칼리
성분을 얻어 그것으로 면직물
을 세탁하면 더 하얗게 된다는 사실을 알아 냈다.

　마지막으로 살펴볼 사람은 칼 페터 툰베리라는 인물인데, 그는 네덜란
드 동인도회사의 의사로서 남아프리카 케이프 식민지에서 거주하고 있었
다. 그는 이 지역에서 3년간 머무르는 동안 많은 동식물 표본을 수집한 다
음, 일부는 그를 고용한 회사인 암스테르담 측에 보내고 일부는 스웨덴에
있는 린네에게 보냈다. 1775년에 그는 자바를 거쳐 일본에 가게 되었다.
이곳에서 역시 식물상을 관찰하려고 했으나 일본 측이 외국인들의 행동을
매우 심하게 규제했기 때문에 자유롭게 관찰할 기회가 없었다. 그러나 그
도 오스벡처럼 소 여물이라도 열심히 지켜보아서 새로운 풀들을 찾았고,
통역사에게 부탁해서 간접적인 조사라도 하려고 했다. 어렵게 기회를 얻

어 일본의 몇몇 지역을 둘러보고 나서 그 관찰 결과를 가지고 『일본 식물상』(Flora Japonica)이라는 책을 출판했는데, 이는 외국인으로서 일본 식물에 대해 펴낸 최초의 책이었다. 1781년에 그가 스웨덴으로 귀국해 보니 스승인 린네는 이미 3년 전에 세상을 떠난 뒤였다. 1784년에 그는 린네가 봉직하던 교수직을 이어받았다.

린네와 그의 제자들의 활동을 보면 과학도 결코 비정치적일 수 없다는 생각을 하게 된다. 유럽은 18세기 이후 그때까지 그들의 인식 영역 속에 들어오지 않은 세계의 지역들을 본격적으로 탐사했다. 세계의 자연은 그들에게 이용 가능성이 있는 '자원'이었다. 세계를 지배하고 이용하기 위해서는 먼저 세계를 정확히 알아야 한다. 그러기 위해서는 정보를 수집하고 그것을 체계적으로 분류, 정리해야 한다. 이 시기에 유럽의 과학은 바로 그런 목적에 충실히 봉사했다.

28

혁명과 포르노그라피

무의식에 침투한 정치적 상상

프랑스 혁명이란 무엇인가? 1789년부터 약 10년간에 걸쳐 파리에서 시민들이 봉기하여 왕정을 폐지하고 공화국을 세운 이 사건은, 다만 한 나라에서 일어난 국지적인 사건이 아니라 적어도 전 유럽적인 사건, 더 나아가서 세계사적인 사건이라 할 만하다. 혁명의 시작은 프랑스 사회에서 해결되지 못한 그 시대의 문제가 폭발하여 터진 것이었으나, 곧 같은 상황에 놓여 있던 나머지 지역에 혁명의 불길이 번져 갔고, 그 결과 세계사의 흐름이 큰 굴곡을 겪게 되었다.

프랑스 혁명에 대해서는 계급 간 갈등에 주목하는 학자들과 정치적 변화에 주목하는 학자들 사이에 논쟁이 이어져 왔다. 그러나 최근에는 시각을 달리하여 새로운 영역을 개척하려는 연구가 많이 나왔다. 그 중 하나가 새로운 정치사, 곧 문화적 정치사이다. 이들은 일상의 영역, 사람의 심성과 무의식을 조사하면서 혁명기에 등장한 정치 문화를 연구하였다.

이렇게 이야기해 보자. 사람들의 의식이 바뀌어야 사회가 변화한다. 그러나 아울러 사회가 바뀌어야 의식이 변화한다. 다시 말해서 의식과 사회

바스티유 함락

바스티유는 원래 성이었으나 앙시앵 레짐(프랑스 혁명 전의 구체제) 시기에 감옥으로
바뀌었다. 정부에 저항하는 인사들이 갇히면서 이곳은 독재와 탄압의
상징이 되었다. 혁명이 일어났을 때 사람들이 가장 먼저 공격한 것이 바스티유
감옥이었던 것도 그런 상징성 때문이다. 그런 상징성이 부여된 데에는 이 낡은
건축물의 흉물스러운 외관이 한몫을 했다. 서울로 치면 동대문 정도쯤에 이런 음험한
건물이 서 있고 거기에 '민주 인사'들이 잔뜩 갇혀 있으리라는 풍문이 돌다 보니
민중들의 혐오 대상이 되기에 딱 알맞던 것이다. 그러나 실제 7월 14일의 봉기
(오늘날 프랑스 혁명 기념일)로 감옥을 파괴하고 보니, 당시 그 안에는
좀도둑과 정신병자 몇 명이 있었을 뿐이라고 한다.

는 서로 영향을 미치며 변화해 간다. 여기에 더해서 '무의식'이라는 또다른
차원이 존재한다. 사회가 혁명적으로 변화하는 시기에 사람들의 '무의식'
차원에서는 어떤 변화가 있었는가. 린 헌트의 연구는 이를 겨냥하고 있다.

『폴과 비르지니』
아버지 없는 세상에서 오히려 이상적인 사회를 추구하는 두 어린이를 그린 소설. 이런 점으로 보면 프랑스 혁명 이전 시기에 이미 문학적, 상징적으로 국왕이 없는 새로운 사회를 탐사하고 있었다.

　모호하고 어두운, 바다 같은 그 무의식의 세계에서 무엇을 어떻게 길어 낼 것인가? 거기에 사용되는 그물이 '가족 로망스'이다.

　어릴 때 이런 식의 생각을 한두 번은 했을 것이다. '나한테 저렇게 냉정하고 돈 못 버는 지금 저 아버지는 진짜 아버지가 아니다. 진짜 아버지는 어딘가 다른 곳에서 멋진 집에 살고 있고 천성이 인자하며 아마 장관이나 사장쯤 하고 있을 것이다……' 자기 부모에 대한 이런 허황된 생각은 어릴 때나 하는 것이고 다 커서까지 이러고 있으면 정신적으로 문제가 있는 사람이다. 그러나 당시 혁명 상황에서는 이런 신경증적인 반응이 사람들 사이에 '집단적으로' 작용했다. 한마디로 사람들은 '소설을 쓰고 있었다.'

　정치는 상상이다. 그러므로 혁명기처럼 사회가 급변하는 상황에서 사람들은 그 사회의 모습에 대해 전혀 다른 상상을 한다. 다른 세계를 상상하는 것이 곧 정치적 변화의 첫출발이다.

　사람들이 가진 최초의 정치적 사고의 틀은 가족 개념이다. 국왕을 아버지처럼 생각하고 국가를 하나의 커다란 집으로 여긴다. 정의로운 아버지와 자애로운 어머니인 왕과 왕비 밑에서 백성들이 형제자매처럼 살아가는 왕국, 이런 것이 앙시앵 레짐(프랑스 혁명 이전의 구체제)의 사람들의 관념이었다.

왕은 왜 왕인가? 왜 아버지 같은 존재로서 우리 위에 군림하는가? 신성하기 때문이다. 국왕은 초자연적인 힘을 가지고 있으며 보통 사람과는 다른 존재라는 개념은 참으로 오랫동안 유지되어 온 정치신학적 허구이다. 왕은 병을 낫게 하는 절대적 힘을 가지고 있어서 왕의 신체를 만지면 병이 낫는다는 신화가 대표적인 것으로서, 중세 이래 국왕들이 애용한 정치 조작의 사례이다.* 막스 베버는 이와 같은 절대적 신앙을 바탕으로 맺어지는 지배와 복종의 관계를 카리스마적 지배라고 이름 붙였다. 카리스마는 사람들이 그것을 믿는 한 작용한다. 그러나 사람들의 마음속에 그에 대한 의심이 시작되는 순간 모든 근거를 잃어 간다.

'국왕'이라는 아버지에 대한 비판은 혁명이 일어나기 전에 이미 문학에서 시작되고 있었다. 이 시기의 문학 작품들은 폭군적인 가부장의 권위를 부정하고 아이에 대해 애정과 관심을 가진 '좋은 아버지'를 그린다든지, 또는 아예 아버지 없는 세계를 탐사하고 있었다. 무인도에서 자라나는 두 어린이의 성장 과정을 그린 베르나르댕 드 생 피에르의 『폴과 비르지니』라

* 국왕에게 병을 낫게 하는 힘이 있다는 것은 곧 그가 신적인 힘을 부여받았음을 뜻하며, 그런 만큼 그의 통치가 정당화된다. 왕이 행차할 때 많은 병자들이 왕의 몸을 만지려고 몰려들었기 때문에 이를 피하고자 왕이 손으로 주무른 동전을 만져도 똑같은 효력을 발휘한다고 주장하면서 동전을 흩뿌렸다. '원시적'으로 보이는 이런 행태는 먼 옛날에만 있던 일일까? 아니다. 19세기까지도 프랑스 왕실은 이런 행사를 대대적으로 했다.

는 작품이 이런 시대적 흐름을 보여 주는 예이다.

혁명이 일어나자 이제는 '좋은 아버지'의 이미지마저 파괴되었다. 사람들은 새로운 '가족 로망스'를 그려 나갔다. 지금의 우리 아버지는 진짜 아버지가 아니라는 이야기가 본격적으로 만들어진 것이다. 국왕은 무능력한 인물로 여겨져서 돼지로 희화화되기에 이르렀다. 국왕과 왕실 사람들이 국외로 도망가려다가 혁명 세력에 의해 도로 붙잡혀 온 이른바 '바렌 도주' 사건이 있은 후 국왕은 마침내 범죄자로 인식되었고, 국왕을 아예 제거하자는 방향으로 사람들의 생각이 변해 갔다. 국가가 왕국이 아니라 공화국으로 새롭게 신성화되려면 국왕의 신성성을 빼앗고 그 대신 국가 자체가 신성하게 되어야 한다. 혁명재판소는 결국 국왕의 처형을 결정했다. 폭군 아버지가 살해됨으로써 그의 힘은 국가에 귀속되었다.

프랑스 혁명을 통해 국가는 이제 자유롭고 평등한 국민들로 구성되었다. 자유롭고 평등한 개인! 그러나 과연 그 힘없는 개인들이 진정 자유롭고 평등하단 말인가? 사람들은 자신의 힘과 권리를 국가에 '자발적으로' 헌납하였고 국가가 그것을 인수받아서 국민들을 보호한다고 이야기한다. 그러나 정말 그런가? 국왕을 살해했다고 바로 자동적으로 국가가 신성해지고 사람들이 자유, 평등, 형제애를 누리게 되는 것은 아니다. 오히려 국왕 살해는 극히 큰 위험을 불러 왔다(같은 시기의 우리나라로 무대를 옮겨 생각해 보라. 한양 시민들이 봉기하여 정조대왕을 처형한다는 상상을 해 보면 이것이 얼마나 극단적인 사건인지 알 수 있을 것이다). 그러므로 일단 시작된 혁명의 과정이 멈추거나 뒤집어진다면 더 큰 위험이 닥친다는 것을 보이기 위해서 혁명 세력은 늘 적을 찾아서 제시해야 했다. 공포정치와 정적의 살해가 그런 기능을 맡았다. '우리를 위협하는 적', '혁명의 성과를 무너뜨리려는 사악한 인간들'을 찾아서 공개 처형하는 일이 계속되었다.

바렌 도주

혁명 상황에서 왕실 사람들이 국외로 탈출하려다가 발각되어 강제로 파리로
압송되었다. 국왕은 이제 국가를 수호하는 어른이 아니라 치사한 도주자가
되었고, 돼지로 묘사되기에 이르렀다. 국왕 살해의 분위기가
차츰 준비되고 있었던 것이다.

그와 함께 상징을 통해 사람들의 의식과 무의식을 혁명으로 이끌어야
했다. 여기에 가장 효율적인 대상의 하나가 왕비였다. 지난날의 국모는 이
제 '나쁜 어머니'로서 혁명을 위협하는 적의 상징이 되었다. 왕비의 몸은
대단히 많은 것을 상징할 수 있었기 때문에 혁명은 왕비를 괴물로 만들어
서 공격하였다. 마리 앙투아네트는 무엇보다도 위선과 음모의 상징이 되
었다. 공격의 방식은 아주 원초적이었다. 왕비를 소재로 수많은 포르노그
라피가 등장했다. 공화국은 덕성스럽고 투명해야 하는데, 바로 이것을 왕
비가 배신했다는 드라마가 만들어진 것이다. 여기에는 여성 일반에 대한
공격 심리가 작용했다. 나쁜 의미의 '여성성'이 공격 대상이 되었고('여자는

흉계를 잘 꾸민다', '여자는 성격이 사납다' 하는 식의 근거 없는 비난을 생각해 보라), 그
런 여자들의 우두머리인 왕비가 배신의 죄를 뒤집어썼다. 구시대의 왕비
는 구체제를 존속시킬 왕자를 낳는 더러운 여자가 되었다. 이 더러움은 극
히 과장되어 레즈비언(여성 동성애자)이나 창녀 등으로 표현되었다. 공식적
으로도 마리 앙투아네트가 사형당한 죄목은 근친상간과 방탕한 향연이었
다는 것이 이 점을 잘 말해 준다.

사드, 혁명적 무의식의 극단

이러한 혁명의 무의식에 대한 가장 극단적인 증인은 사드 후작이었다.
그는 흔히 사디즘(가학적 성욕)이라는 낱말을 낳게 한 장본인으로서 충격적
인 성애 소설의 작가로 알려져 있다. 그런데 그의 소설은 그냥 보편적인
인간의 성적 욕구에 대한 묘사가 아니라 분명히 혁명 경험과 관련되어 있
으며, 그의 텍스트는 혁명에 대한 역설적인 논평으로 읽힐 수 있다. 어떻게
그러한가?

앞에서 원초적인 정치적 사고는 가족 개념에서 출발한다고 말한 바 있
다. 가장 기본적인 인간관계, 곧 부모와 자식의 관계, 남녀 관계 등에서 우
리의 정치적 사고의 결이 만들어진다. 반대로, 사회의 극단적인 변화는 그
러한 기본적인 관계에 대한 사고 구조의 재편을 가져온다. 말하자면, 사드
는 혁명이라는 격렬한 상황에서 기본적인 인간관계를 가지고 극단적인 실
험을 했다고 할 수 있다.

프랑스 혁명은 꽤 오랜 기간 지속되었고 그 과정에서 모든 것이 극단으
로 치달았다. 지금까지의 인간과 사회의 모든 것, 거듭 말하거니와 정말로
'모든' 것을 부수고 새로 창조해 내려고 했다. 사드는 그런 점을 남녀의 문

제를 가지고 죽음의 극단에 이르기까지 실험하고 있다.

이전에 국가와 사회가 존립하는 근거는 '신성함'이었다. 교회의 축성을 받은 국왕은 땅에서 하느님의 뜻을 펴는 지도자이고, 귀족과 농민은 각자 자기 자리를 지키는 것이 하느님의 질서를 따르는 것이었다. 그러나 혁명은 그것을 여지없이 깨어 버렸다. 신성함이 사라진 후 남은 것은 오직 욕망뿐이었다. 이전에 우리는 어떤 신성함을 가지고 이 세상에서 의미를 구하며 살아갔다. 그러나 혁명은 그 신성함이 전혀 근거가 없다고 폭로하고 폐기해 버렸다. 그렇다면 우리는 이 세상에서 어떤 의미를 추구하며 산단 말인가? 그 답은 곧, 우리 스스로 자유롭고 평등하게 행복을 추구하며 살아가고 또 그런 삶을 가능케 하는 형제애 넘치는 사회를 만들자는 것으로 나타났다. 다시 말해 모두가 욕망을 충족시키고 또 국가는 이를 도와야 한다는 것이다. 인간은 행복을 추구하는 존재이며 이를 지켜줄 새로운 체제가 공화국이다. 혁명으로 만들어진 새로운 국가는 이런 이념을 실현하기 위해 이전보다 훨씬 강력한 규율로 국민들을 강제했다. 어느 새 국가는 국민들의 '자유를 강제'하게 되었다.

사드의 실험 방식은 이런 요소를 일부러 단순화하고 극단화한다는 것이다. 그의 소설의 내용은 이런 식이다. 예컨대 '형제애'라는 가치는 문자 그대로 남자 형제들 간의 사랑, 곧 동성애와 근친상간이 된다. 아버지가 죽고 형제들이 대신 집안을 통치하는 새로운 상황에서, 그리고 이제 아버지의 신성함을 부수고 사람들의 욕망을 합리적이고도 강제적으로 충족시킨다는 원리에 따라 공화국은 여성들을 집단 창녀로 만들고 위생적으로 공공 관리한다. 사드가 이렇게 무리한 논지 전개를 하는 이유는 혁명이라는 정신 상태가 과연 어떤 것인지 무의식의 차원에서 사고 실험을 하기 때문이다. 혁명은 부모를 살해한 극적 상황이다. 그것은 형제들의 세계이며, 사

드의 소설에서 이는 곧 여성들에 대한 억압과 남성들의 욕망 충족으로 그려져 있다.

사드의 실험적인 텍스트는 혁명의 무의식이 얼마나 극단적인지 보여 준다. 그리고 그것을 통해 인간의 내면 저 깊이에 무엇이 있는지를 탐색한다. 과연 우리 내면 저 깊은 곳에는 도대체 무엇이 있단 말인가? 현실에서 살아가는 우리는 모두 가면을 쓰고 있지만 우리의 밑바닥에 알 수 없는 어두운 욕망이 자리잡고 있다는 것을 어렴풋이 느낄 수 있다. 우리는 그 내면의 심층부에 들어가서 그것을 직접 마주 보는 것 자체를 두려워한다. 사드는 일곱 겹 베일의 맨 안쪽까지 들어가서 우리 인간과 사회의 뿌리를 들추어 냈다. 혁명 상황에서(또는 파시즘이든 무엇이든 내면의 힘이 분출되는 그 어떤 강력한 계기가 주어졌을 때) 이런 우리 내면의 마성이 어떻게 드러나는가를 보여 주는 것이다.

근대 시민 사회는 이런 위기를 겪으면서 등장하였다. 그것은 기존의 가부장적 지배(절대 왕정)를 깨뜨렸지만 그렇다고 완전히 평등한 사회로 나아가지는 못했다. 아버지의 가부장제 대신 형제들의 가부장제가 나타났다. 새로운 체제는 여성을 남성의 지배 아래로 밀어넣었다. 그렇다면 이 불평등은 영원히 지속될 것인가? 아니다. 혁명을 통해 기존 체제를 한번 파괴해 본 경험은 곧 다음 번 체제도 파괴할 수 있다는 신념의 전제가 된다. 첫번째 가부장제가 파괴된 이상 두 번째 가부장제 역시 언젠가 파괴되리라.

한번 불러낸 파괴와 창조의 마법은 도로 불러들일 수 없다. Ça ira!(사 이 라)*

● 프랑스 혁명기 민중들의 구호로서, '그것은(혁명은) 계속되리라'는 뜻이다.

29

모차르트

'혁명적인' 예술가

"아인슈타인 박사님, 죽는다는 것이 뭘까요?"

"그건 더 이상 모차르트를 듣지 못하는 것이야."

예술과 역사의 관계는 어떤 것일까? 천재 예술가는 시대를 뛰어넘는 사람일까, 아니면 천재라도 그 시대의 흐름에서 빠져나올 수는 없는 것일까? 프랑스 혁명이 일어나기 직전에 활동하다가 혁명이 한창 궤도에 올라 있던 1792년에 사망한 모차르트를 통해 그 시대를 읽어 볼 수 있을까?

궁정 하인, 천재 음악가

세상에 수없이 많은 예술가들이 있지만 모차르트야말로 가장 천재다운 면모를 잘 보여 준 사람이다. 그는 세 살부터 하프시코드를 연주하기 시작했고, 1년 뒤부터는 사람들 앞에서 연주를 했다. 그리고 여섯 살부터 신동으로 일컬어지며 연주 여행을 하고 다녔다. 우리는 영화나 소설을 통해 모차르트에 대해 이런 이미지를 가지고 있다. 눈을 감고 하프시코드 치기, 바이올린과 오르간을 차례로 연주하기, 즉석에서 작곡을 하여 연주하기……. 조그마한 꼬마는 아버지 레오폴트 모차르트의 손에 이끌려 전 유럽의 왕실을 돌며 이런 묘기를 보여 주었다. 빈에서는 황후 마리아 테레지아 앞에서 소곡을 연주한 다음 황후의 무릎에 기어 올라가 어리광을 부리고, 30년 후 파리의 단두대에서 목숨을 잃게 될 어린 시절의 마리 앙투아네트 공주와 함께 미끄러운 궁전 바닥을 스케이트 지치듯 미끄럼을 타다가 그녀와 결혼하겠다는 말도 했다고 한다.

모차르트 일가는 베르사유 궁전을 비롯해서 유럽 각국을 도는 연주 여행을 했지만, 번 돈의 대부분은 여행 경비로 들어갔기 때문에 큰돈을 벌지는 못했다. 나중에 한 번 더 이런 식의 연주 여행을 했지만 20세가 넘자 더이상 귀여운 꼬마의 '묘기 대행진' 방식이 통하지는 않았다. 그러나 음악적으로 볼 때 이런 여행은(CD 플레이어와 MP3가 없던 그 시절에), 모차르트가 세계의 음악계를 경험하고 대가들을 직접 만남으로써 그의 음악 세계를 정립하고 음악적 내용을 풍부하게 하는 데 둘도 없는 좋은 기회가 되었을 것이다.

그렇지만 모차르트는 결국 빈의 빈민굴에 정착해서 작곡 활동에 전념할수밖에 없었다. 이곳에서 그의 생활은 아주 빠듯했다. 그나 그의 아내나 모두 경제적 계산 능력이 없었다는 점은 잘 알려져 있다. 딱 한 번 큰돈을 벌기회가 있었으니, 프러시아 왕이 베를린의 왕립 오케스트라 지휘자로 그를 초빙하면서 큰돈을 제의했던 일이다. 그러나 오스트리아 황제가 떠나지 말라는 편지를 보내 와서 이 일도 성사되지 못했다.

살리에리를 비롯하여 이탈리아인들과의 갈등이 있었음은 분명하지만, 영화 '아마데우스'에서처럼 살리에리가 그를 독살한 것은 아니었다. 그의 마지막 곡인 '레퀴엠'과 관련된 일화도 소설이나 영화와는 다르다. 발제크

라는 백작이 모차르트에게 돈을 주고 이 곡을 작곡하게 한 다음 자기 작품
이라고 속이려던 일이 잘못 전해진 것이라고 한다. 작곡을 재촉하는 백작
의 하인이 검은 옷을 입고 찾아와서 다 되었느냐는 물음을 자꾸 던진 것이
극적으로 와전된 것이지, 살리에리가 그를 과로사로 몰아가려고 한 것은
아니었다.

그의 작곡 활동은 마치 마감을 앞둔 신문기자와 같았다. 극장 매니저가
아이디어를 던져 주면 그 자리에서 작곡하고 30분 후부터 악사들이 연습
에 들어갔다. 이런 곡들이 모두 불후의 명작으로 남은 것을 보면 그가 천
재라는 점은 부인할 수 없는 사실이다. 그러나 우리는 여기에서 과연 '천
재'라는 것이 무엇일까 다시 한번 물음을 던져 볼 만하다. 그가 순식간에
작곡을 할 수 있었던 것은 각 악기들의 음색, 그것의 역량과 조합 방식에
대해 잘 알고 있었기 때문이다. 다시 말해서 이 시대 음악계에 널리 퍼져

있던 음악적 관행들을 잘 알고 있었다는 뜻인데, 어릴 때부터 아버지에게서 철저한 음악 교육을 받은 데다가 전 유럽을 돌아다니며 그런 방식의 음악을 연주하고 배운 모차르트로서 그런 일에 정통했던 것은 아주 당연한 일이다. 다만 그것을 조합하는 개인적 역량이 다른 사람보다 훨씬 뛰어나서 아주 아름다운 곡을 만들어 낸 것은 물론 그의 천재성의 소산이다. 정리해 보면, 그가 천재라 하더라도 그 시대, 그 문화에서 배출될 수밖에 없는 천재였던 것이다. 그런 점에서 그 시대와 사회의 맥락 속에서 천재 음악가 모차르트를 본다는 것이 무의미하지는 않을 것이다.

간단히 이야기하면, 그는 '궁정'에 붙어먹고 살았던 '시민' 예술가라고 할 수 있다. 그는 양쪽 세계 모두에 걸쳐 있었던 인물이다.

무엇보다 그는 궁정에 고용된 소시민 유형의 음악인이었다. 이때 그의 지위는 한마디로 말하면 '하인'이었다. 물론 음식을 준비하거나 짐을 나르는 잡급직 하인은 아니고 전문직 하인 또는 고급 하인이었지만, 어쨌든 하인은 하인이었다. 그의 음악도 분명히 그를 고용한 궁정 인사들의 취향과 요구에 맞추어져 있었다. 그는 궁정 귀족들의 여흥을 위해 봉사하는 인물이었던 것이다. 궁정은 그의 음악이 펼쳐지는 구조이자 틀이었다. 특히 독일에는 소규모 궁정들이 많아서 각 궁정마다 소속 음악가들을 필요로 하고 있었기 때문에, 이것이 수공업적 궁정 음악의 발전 배경이 되었다.

모차르트에게 이런 삶의 가능성을 열어 준 사람은 그의 아버지였다. 아버지 레오폴트 모차르트는 아들만큼 천재적인 재능을 가진 인물은 아니지만 그래도 꽤 높은 실력을 갖춘 정상급 음악인이었으며(그의 작품 중 가장 유명한 것은 '장난감 교향곡'이다. 이 곡은 오랫동안 하이든의 작품으로 알려져 있었으나, 몇 해 전에 레오폴트 모차르트의 곡이라는 것이 드디어 밝혀졌다.), 그런 그가 아들에게 어릴 때부터 집중적인 음악 교육을 시킨 것이 모차르트의 재능이 활짝

피어난 중요한 요인이었음은 분명하다. 레오폴트 모차르트도 마찬가지로 궁정 소속 하인과 같은 지위의 음악인이었지만, 다만 아들에게 최고의 실력을 키워 줌으로써 하인 음악가 중에서는 최고의 지위를 차지하도록 만들어 주고 싶었던 것이다.

자유예술가를 선언하다

그러나 모차르트는 결국 자신의 이런 처지에 대해 분개하게 되었다. 자신을 하인 취급하는 대주교와 다투다가 대주교가 모차르트의 엉덩이를 발로 찼다는 유명한 일화가 사실이라면 모차르트의 불만을 쉽게 짐작할 수 있다. 그가 귀족들에 대해서 떳떳하게 나설 수 있었던 것은 물론 자신의 음악적 재능에 대해 자신감을 가지고 있었기 때문이다. 그리하여 자기 음악에 대해 이래라저래라 하는 귀족들에 대해 일종의 반란을 시도하였다. 그의 짧은 인생 후반기에 그는 자유예술가를 선언하였다.

이제 그는 궁정 귀족들의 돈주머니에 기대지 않고 그의 음악을 추구하고 또 그것을 근거로 살고자 했다. 그러나 아무리 그렇게 살고자 한들 물질적 토대, 곧 돈 문제가 해결되지 않는다면 어떻게 할 것인가? 자유로운 음악인으로 산다는 것은 자유로운 창작을 하고 그 결과를 악보 형태로 팔든지, 자신이 주관하는 음악회를 열어 입장 수입을 얻음으로써 독자적인 생활과 음악 활동을 할 수 있다는 의미이다. 그것은 음악을 향유하는 주된 층이 귀족이 아니라 시민층이라는 것이 전제되어야 한다. 하지만 모차르트의 시대에는 아직 이런 기반이 조성되지 않았다. 다시 말해, 음악을 위해 기꺼이 돈을 내는, 부와 교양을 갖춘 시민 계급이 아직 채 자리잡지 못했다는 것이다. 모차르트로서는 결국 그런 혜택을 누리지 못했지만, 그렇더

라도 다시 봉건 귀족의 발 아래로 되돌아가느니 차라리 빈민굴에서 살면
서 '자유'를 선택한 것이다.

그러나 오해하지 말아야 할 점은 그의 자세가 바뀌었다고 해서 그의 음
악이 바뀐 것은 아니라는 점이다. 그는 궁정적·귀족적 음악 전통을 벗어
던지지는 않았다. 다만 그 속에서 자신의 개인적 자유를 추구한 수준이었
다. 요컨대 자신의 음악을 두고 감히 간섭하려는 오만한 귀족들을 참아 내
지 못한 것이지, 그가 어떤 보편적인 정치 이념을 주장한 것은 아니다. 정
치? 그런 문제라면 그는 차라리 무관심했다. 모차르트가 혁명 이념에 동조
했다든지 특정한 정치적 태도를 보였다는 것은 결코 아니라는 말이다.

다음에 세 사람의 유명한 작곡가들을 비교해 보면 이 사실을 조금 더 명
확하게 이해할 수 있을 것이다.

모차르트보다 조금 선배 세대인 하이든은 '완전무결한' 하인이었다. 그
의 초상화에 그려진 옷은 하인 복장 그대로이다. 그는 그런 지위를 있는
그대로 받아들였다. 그리고 궁정 세계에 살며 그곳의 주파수에 맞춘 음악

을 만들었다. 다만 그런 음악가 가운데 최고의 수준에 올랐으므로 그에 상응하는 좋은 대우를 받았을 뿐이다.

모차르트의 후배 세대인 베토벤은 완전히 다른 세계에 살았다. 그는 이제 자신의 음악을 귀족들의 취향에 맞추는 따위의 일은 전혀 하지 않아도 됐다. 그는 자기가 독립적인 예술가라는 의식을 누구보다도 강하게 가지고 있었으며, 자신의 음악적 주장을 과감하게 펼쳤다. 사람들이 그의 음악을 이해해야지, 그가 사람들의 기호에 맞는 음악을 만들 이유가 없었다. 그는 더 나아가서 자신의 음악을 통해 인류 일반에 호소하는 고상한 가치를 주장했다.

말하자면 모차르트는 하이든 시대에서 베토벤 시대로 나아가는 전환기에 살았던 셈이다. 그는 한편으로 궁정에 매여 있으면서도 자신의 음악을 자유롭게 펼치는 자유음악가를 추구하였다. 그러니 그의 삶이 편했을 리가 없다. 그의 지지자였던 귀족들이 그에게 등을 돌리고, 또 그의 인생의 방향을 잡아 주었던 아버지와 심한 갈등을 겪게 된 것도 다 이런 맥락에서 일어난 일이었다.

왜 '피가로의 결혼'을 선택했나

귀족들과 사이가 벌어지게 된 결정적 계기가 되었다는 오페라 '피가로의 결혼'은 이런 점에서 주목할 만한, 매우 흥미로운 사례이다.

'피가로의 결혼'은 보마르셰의 희곡에다가 모차르트가 곡을 붙인 오페라이다. 원작 희곡은 루소, 볼테르의 작품과 함께 프랑스 혁명을 예비한 작품으로 알려질 정도로 그 시대의 사회를 통렬히 비판하는 내용이다. 희곡과 오페라 모두 큰 줄거리는 거의 같다. 그 내용은 귀족과 하인 사이에 초

초야권의 폐지를 위하여

피가로와 수잔나는 알마비바 백작에게 선수를 치기로 한다. 마을 농민들을 불러모은 다음, 알마비바 백작에게 초야권을 폐지하고 자신들을 그 첫 번째 수혜자로 정하신 데 대해 감사를 드린다는 인사를 한다. 그러나 수잔나에게 흑심을 품고 있는 알마비바 백작은 조금 더 생각해 보자는 말을 해서 마을 사람들을 분개하게 만든다. 오페라의 여러 장면에서 알마비바 백작은 사람들에게 포위되어 있거나 반대로 고립되어 있어서 수세에 몰려 있음을 보여 준다.

야권(初夜權)을 놓고 벌이는 싸움이다. 초야권이란 귀족의 지배 아래 있는 사람이 결혼할 때 그 귀족이 신부와 첫날밤을 지낼 수 있다는 봉건적인 권리이다. 아마도 봉건적인 권리 가운데서도 인격적으로 가장 모욕적인 것이리라. 주인공 피가로는 이발사 출신으로서 알마비바 백작의 하인으로 일을 하다가 백작 부인의 시녀 수잔나와 결혼을 하려 한다. 백작은 계몽주의의 영향을 받아 초야권을 포기한다고 선언한 바 있지만, 수잔나가 마음에 들자 그녀에 대해서 초야권을 부활하여 행사하려고 하는 것이다. 실제

스토리는 꽤 복잡하게 가지를 치지만, 전체적인 내용은 수잔나와 백작 부인이 함께 계략을 꾸며서 백작이 속임수에 넘어가 창피를 당하고 결국 무릎을 꿇고 백작 부인에게 사과하며, 피가로와 수잔나는 행복하게 결혼한다는 것이다. 스토리 자체가 하층 신분과 귀족 신분 사이의 갈등, 또 남녀 간의 투쟁을 다루는 도발적인 내용이다.[*]

이 투쟁의 의미에 대해 여러 논란이 있을 수 있다. 과연 이것이 억압받는 사람들의 봉기를 부추기는 내용이라 볼 수 있을 것인가. 오히려 그런 갈등을 연극이나 오페라라는 놀이마당에서만 풀고, 그래서 갈등의 정도를 낮춤으로써 실제 사회의 압력을 완화시키는 안전판 역할을 하는 것은 아닌가. 그것도 아니라면 아예 별 의미 없는 한바탕 놀이에 지나지 않는 것인가. 사실 오페라 '피가로의 결혼'은 귀족들도 보고 웃었다는 점에서는 이 작품이 그렇게 심각한 도전 의식을 가진 것은 아니라고 해석할 수도 있을 것이다. 모차르트의 삶을 영화로 만든 '아마데우스'를 보면, 모차르트가 '피가로의 결혼'을 오페라로 만드는 데 대해 황제가 금지하려고 했을 때 모차르트가 이 작품은 아무런 정치적 의미가 없는 웃기는 이야기에 지나지 않는다고 말하는 장면이 나온다.

그러나 과연 그럴까?

---

[*] 유명한 5막 3장에 나오는 피가로의 독백 부분을 보라. "빌어먹을 백작놈, 편질 읽으면서 웃고 있었겠다? 내가 바보야. 아니 백작, 당신이 수잔나를 가질 순 없어. 안 되지, 당신이 성주라 해서 그럴 자격은 없어. 귀족, 재산, 지위, 신분, 그런 것이 당신을 자만하게 만들었지. 세상에 태어나기 위해 당신 어머니 배만 아프게 했고 나와서 운 것밖에 더 있소? 그 외에는 아무것도 아니지. 반면 나로 말하면, 제기랄, 태어나기가 무섭게 쓴맛 단맛 다 보고 목숨을 연명하기 위해서 왕이 스페인을 백 년간 다스리는 것 이상의 재주를 부려야 했지. 그런 나와 당신이 겨루겠다고?"

먼저, 하고많은 이야기 중에 당시 말 많고 탈 많은 이 희곡 작품을 가지고 오페라를 만들겠다는 모차르트의 의도가 정말로 웃기 위한 좋은 이야기이기 때문이라고 할 수는 없을 것이다. 봉건 귀족과 갈등을 겪고 있고 그에 반발하여 자신의 독자적인 세계를 열겠다고 나선 그가 다름 아닌 봉건 귀족을 골탕먹이는 하층민 주인공의 이야기를 고른 것이 정말로 아무런 의도가 없었다고 보기는 힘들다. 이는 음악적인 분석을 해 보아도 알 수 있다. 예컨대 이 오페라에서 가장 조화롭고 아름다운 노래인 '편지의 이중창'을 보자. 백작 부인과 수잔나가 함께 부르는 이 노래는 계급 관계가 다른 두 사람이 가부장적 남성이라는 공동의 적에 대해 함정을 꾸미는 장면에서 등장한다. 자신들을 괴롭히는 인간을 골탕먹이기 위해 함정을 파는 일이라……. 그 은밀한 즐거움은 말로 다할 수 없고 그것을 논의하는 그 순간 공모자들은 최고의 행복감에 젖어 있다.* 바로 그 순간을 노래하는 이 이중창은 가장 완벽한 하모니를 이루고 있다. 이에 비해 남성들은 노래든지 무대 위에서의 위치든지 서로 대립하거나 다른 여러 사람들에게 둘러싸여 마치 위협받는 듯한 분위기 속에 있다. 적어도 이런 점을 보면 여성은 조화롭고 아름다운 힘을 가진 반면 남성은 분산되고 무력한 상태에 있으며, 귀족들은 스스로의 힘을 믿고 아랫사람들을 억압하려다 오히려 곤경에 빠지고 패배하고 만다.

---

* 이 노래는 영화 '쇼생크 탈출'에서 아주 절묘하게 사용되었다. 주인공이 간수들이 없는 틈을 타서 마이크에다 대고 이 노래를 들려주는 것이다. 노래는 마치 새가 날아가는 것처럼 교도소 벽을 넘어 하늘을 날아다닌다. 그런데 하필 이 장면에서 '음모'를 꾸미는 노래가 사용된 것도 매우 상징적이다. 그리고 바로 그 다음부터 주인공은 본격적으로 탈옥을 준비한다.

케루비노

'피가로의 결혼'에 나오는 꼬마 케루비노(오른쪽)는 특히 흥미로운 인물이다.
막 사춘기에 들어서서 사랑에 눈뜬 그는 계급 구분을 무시하고 닥치는 대로 사랑에
빠진다. 본디 이 역할은 남성인데 여성 가수가 배역을 맡음으로써 남녀 간의
질서마저 뒤흔든다. 결국 그는 모든 기성 질서를 교묘하게 흔들어 놓고 교란시킨다.
케루비노는 아마도 모차르트 자신을 상징하는 것이 아니었을까?

　　모차르트가 혁명을 주장한 인물은 결코 아니다. 그럼에도 그는 '혁명적
인' 인물이다. 그는 시대의 흐름을 자신도 모르게 읽어 냈고, 그것을 가장
아름답게 표현했다. 혁명적인 변화의 씨앗은 춤과 노래 속에, 사람의 느낌
속에, 어쩌면 공기 속에 떠돌아다니며 발아할 곳을 찾고 있었던 것이다.

보마르셰의 '피가로의 결혼' 3막 5장 중에서

~~~~~~~~~~~~~~~~~~~~~~~~~~~~~~~~~

(……)

백작 : 너는 왜 이제 오느냐?

피가로 : (옷을 잘 다듬는 시늉을 하며) 창 밖으로 떨어진 옷이 더러워져서 갈아입느라고요.

백작 : 그게 한 시간이나 걸려?

피가로 : 시간이 걸립죠.

백작 : 이 집 하인들은 주인보다 옷 입는 시간이 더 걸려.

피가로 : 그건 당연하죠. 옷 입혀 주는 사람이 없으니까요.

(……)

백작 : (좀 누그러지며) 사실 난 그 말 하려 한 게 아니었으니 그만두지. 실은 나는 너를 문서배달부로 런던에 데려가려 했는데 잘 생각해 보니…….

피가로 : 생각을 바꾸셨나요?

백작 : 넌 영어를 모르잖아.

피가로 : 전 '갓댐(goddamn)'을 압니다

백작 : 뭐라구?

피가로 : '갓댐'을 안다구요.

백작 : 그래서?

피가로 : 영어는 좋은 말이죠. 많이 배울 필요는 없어요. '갓댐'만 알면 영국에서는 다 통한다니까요. 우선 나리가 살찐 영계를 잡수시기 위해서 요리점에 들어가면 보이한테 산적 가지를 돌리며 '갓댐' 하십니다. 그러면 소금 바른 넓적다리를 즉시 가져오죠. 질 좋은 부르고뉴 포도주를 마시고 싶을 때는 병을 여는 시늉을 하며 '갓댐' 하면 멋진 주석 컵에 거품이 솟는 맥주를 가져오죠. 멋지지 않아요? 아름다운 부인이 눈을

내리뜨고 사뿐사뿐 세련된 걸음걸이로 팔꿈치를 뒤로 하고 허리를 흔들면서 걸어올 때 애교 있게 손가락을 입에 대고 '아, 갓댐!' 하면 그녀는 힘차게 빰을 한 대 치겠죠. 그게 알았다는 뜻이에요. 영국 사람은 사실 이야기할 때에 여러 가지 말을 섞지만 거기에는 '갓댐'이라는 말이 바탕을 이루고 있다는 것은 누구나 알고 있어요.

(⋯⋯)

백작 : 나는 언제나 잘 돌봐 주고 선물도 주었는데.

피가로 : 물론 그러셨죠. 하지만 필요한 것은 뺏고 쓸데없는 것만 주시니 누가 만족합니까?

백작 : 너는 옛날에는 내게 말도 아주 잘하더니만⋯⋯.

피가로 : 지금도 숨기는 거라곤 아무것도 없습니다.

백작 : 너는 얼마나 받고 마님 일을 돌봐 주는 거냐?

피가로 : 마님을 의사 선생님 손에서 뺏을 때 나리는 얼마 주셨죠? 나리, 충실한 하인을 모욕해선 못씁니다. 그럼 자연 질이 나빠지고 마니까요.

백작 : 요사이 네가 왜 이렇게 이상해졌냐 말이야.

피가로 : 남의 결점만 보려 들면 결점밖에 안 보이는 법입니다.

백작 : 네 소문이 좋지 않게 나돌아!

피가로 : 하인 녀석이니 별 수 있겠습니까만, 그런 말씀 하는 나리께서는 떳떳하신가요?

백작 : 너는 수없이 행복을 타고나도 꼭 외도로 가거든.

피가로 : 그럼 어쩌란 말씀입니까? 누구나 행복을 잡으려고 애쓰는 게 인생 아닙니까. 서로가 뛰고 서둘고 밀고 치고 뒤집어엎고 있죠. 그러니 한 사람이 행복해지면 다른 한 사람은 거기에 짓밟혀 터지게 되죠. 그래서 저는 행복을 포기하고 있습니다.

백작 : 행복을? (독백) 처음 듣는데.

피가로 : (독백) 지금이 좋은 때다. (큰 소리로) 나리는 제게 성의 문지기 일

을 시켰습니다. 전 그만하면 행복하죠. 정보를 들고 뛰어다니는 문서배달부가 되고 싶지 않아요. 그보다는 안달루시아에서 제 아내와 행복하게 살고 싶어요.

백작 : 아내를 런던으로 데려갈 수도 있잖아?

피가로 : 하지만 어차피 헤어져야 하니 머릿속엔 아내 생각으로 꽉 차게 되겠죠.

백작 : 너의 성격과 재치라면 언젠가 서기관으로 승진이 될 거야.

피가로 : 재주가 있다고 승진하나요? 나리께서는 농담을 하시나요? 평범하게 그저 아첨만 잘하면 무엇이든 될 수 있죠.

백작 : 내 밑에서 정치학만 조금 배우면 되지.

피가로 : 정치학 같은 건 저도 잘 압니다.

백작 : 영어처럼 말의 근본인가?

피가로 : 네. 제가 자랑할 수 있는 점은 바로 그것이죠. 아는 것을 모르는 척하고 모르는 것을 아는 척하고 이해 못하는 것을 이해하는 척하고 들은 것을 못 들은 척하고, 무엇보다 중요한 것은 기량 이상의 것을 할 수 있는 것처럼 보여 주는 것이죠. 아무것도 아닌 것을 큰 비밀처럼 감추고 펜을 가는 일 따위도 방문을 잠그고 하고 속이 텅 비었으면서도 뭔가 있는 것처럼 보여 주죠. 때와 장소에 따라 좋은 사람도 되고 염탐꾼을 여기저기 보내고 배반자를 보호해 주고, 봉함을 몰래 열어 보고 편지를 가로채고 빈약한 내용을 중요하게 만들고 그런 것이 바로 정치학 아니겠어요?

백작 : 임마, 그건 권모술수라는 거야.

피가로 : 정치학이건 권모술수건 명칭은 아무래도 좋아요. 아무튼 그것들은 친척이라고 생각하니까요. 다른 사람을 택하시는 게 좋을 겁니다. 그보다는 훌륭한 왕의 노래에 있는 것처럼 나는 내 인생을 더 사랑해요. 아, 즐거워라.

30

옥수수와 감자, 그리고 기근

기근 시기에 빛을 발한 낯선 작물들

사람들은 새로운 음식에 대해서 호기심과 함께 두려움을 느낀다(서해안에 놀러 가서 '개불'을 처음 보았을 때, 음식점 할머니가 그 큼직한 '지렁이'를 칼로 죽죽 잘라서 주며 "총각 먹어 봐."하고 권했지만, 나는 차마 한 입도 먹지 못했다). 어떤 지역에 새로운 작물이 선을 보여도 대개 200~300년이 지나서야 사람들의 '주식' 범주에 들어가곤 한다. 이렇게 도입이 늦어지는 데에는 꼭 마음의 거부감 때문만이 아니라, 그 지역에 이미 성립되어 있는 음식과 농업상의 균형을 깨고 비집고 들어가서 새로운 균형을 이루는 것이 쉽지 않기 때문이기도 하다. 예컨대 우리나라의 어떤 농부가 갑자기 벼농사를 걷어치우고 아열대 작물인 카사바(고구마 같은 덩이 뿌리가 달리는 식물)를 키우고, 또 밥 대신 카사바를 먹겠다고 나서겠는가. 어떤 작물이 기존의 음식과 농사 체제 안으로 들어가는 때는 기존의 균형이 심각하게 깨지는 시기, 곧 기근의 시기이기 십상이다. 여태 멀리하던 이상한 작물이라 하더라도 굶어 죽게 된 때에는 어쩔 수 없이 먹어 주어야 한다!

유럽에서 새 작물들이 많이 선을 보인 때는 15~16세기를 전후한 시기이다. 유럽인들이 다른 문명 지역과 접촉하면서 여러 작물들을 접하게 되었던 차에, 인구가 늘고 식량이 부족하게 되자 새로운 작물들을 시험하게 된 것이다. 예컨대, 우리에게 가장 중요한 작물인 벼가 유럽에도 소개된 때가 이 시점이다. 벼는 아랍인들을 통해 스페인에 들어왔다가 이탈리아에 도입된 것으로 추정하지만, 정확한 이동 경로는 아직 분명하지 않다. 요즘에는 이탈리아에서 쌀을 꽤 많이 볼 수 있지만 그래도 주식이라고 할 수는 없다. 하물며 15세기 말에는 하찮은 부식이거나 소스의 재료 정도로 쓰였을 터이다.

이때 유럽에 들어온 가장 중요한 작물은 아메리카산 새 작물인 옥수수와 감자이다.

옥수수와 감자가 보편화되기까지

옥수수는 1493년에 콜럼버스가 들여왔으며, 그 후 16세기 초에 카스티야, 안달루시아, 카탈루냐, 그리고 1520년경 포르투갈에서 재배한 것을 확인할 수 있다. 그리고 다음 시기에 프랑스, 이탈리아, 판노니아, 발칸 북부지역 등지로 보급되어 갔다. 그러나 옥수수가 주곡으로서 재배된 적은 거의 없고, 휴경지에 심었다가 사료로 사용하거나 가끔 텃밭에서 재배하는 정도였다. 이런 식이었기 때문에 문서 기록이 많을 수가 없다. 문서 기록은 지주와 직접 관련이 있을 때 작성하는 법인데, 옥수수처럼 숨어 있는 곡물, 지주 몰래 농민들이 가외로 이익을 얻는 곡물의 경우에는 일부러라도 언급을 회피하였다. 그래서 초기에 어떻게 옥수수 농사가 퍼져 갔는지 자세히 알기는 힘들다.

농민들은 옥수수가 그야말로 엄청난 수확을 얻을 수 있고, 영양면에서도 매우 큰 가능성이 있다는 점을 곧 깨달았을 것이다. 그런데도 이 작물이 급속히 퍼지지는 못했다. 여전히 이 작물에 대해 사람들이 의심을 품고 있는 상황에서 16세기 후반에 인구 증가가 완화되자 새 작물을 본격적으로 확대해서 재배할 필요가 없어졌기 때문이다.

감자도 이와 비슷한 과정을 거쳤다. 감자는 1539년이라는 비교적 늦은 시기에 스페인 사람들이 페루에서 처음 보았고, 곧 스페인 본국으로 들여왔다. 초기에 감자에 붙여진 이름은 '타르투폴로', 곧 백색 송로버섯이었는데, 최고의 버섯에 비유한 이 이름은 그런대로 나빠 보이지는 않는다.* 그러나 이름만 그럴듯했을 뿐 실제로 사람들의 식탁에 쉽게 오르지는 못했다. 1573년 세비야의 상그레 병원 물품 구입 목록에 감자가 나오는 것으로 보아서 사람들이 전혀 안 먹은 것은 아니지만, 결코 환영받지는 못했다. 스페인의 용병들이 30년 전쟁(1618~1648) 시기에 독일로 출전했을 때 감자를 가지고 가서 말 사료로 쓰다가 '정 배고프면' 그들도 먹곤 했다. 전쟁 중에 배를 곯던 독일 농민들이 이 감자를 얻어먹었는데, 어떻게 먹으면 좋을지 몰랐던 이들은 날감자를 껍질도 안 벗기고 먹다가 배탈이 났다. 전시에 전염병이 유행할 수밖에 없었을 텐데, 감자와 이런 전염병이 사람들 마음 속에 엮여지게 되는 것은 당연한 일이다. 아마도 감자의 생김새, 또 땅 속에서 자라는 성질 같은 여러 부수적인 요인도 작용해서 감자는 늘 처음 보급되는 곳에서 나쁜 이미지를 갖곤 했다. 그 중에서도 가장 널리 퍼진 속설은 감자를 먹으면 나병에 걸린다는 것이었다. '문둥병'에 걸린다는 위험

---

* 송로버섯은 서구에서 최고의 버섯으로 친다. 우리나라의 송이버섯과 비슷하게 귀해서 이 버섯이 나는 곳이 아버지가 아들에게도 안 가르쳐 주는 것으로 알려져 있다. 유럽에서는 후각이 예민한 돼지를 이용해서 땅속에서 자라는 이 버섯을 찾아 낸다.

감자의 보급

빈민들에게 음식을 보시하는 이 그림을 자세히 보면, 그 음식이 다름 아닌
감자라는 것을 알 수 있다. 감자는 도입되자마자 빈민 구제용 음식으로
이용되었다.

을 안고서야 누가 감자를 먹겠는가.

감자의 보급과 관련해서 반드시 언급해야 할 인물은 파르망티에이다.
프랑스 군대의 약사였던 그는 7년 전쟁(1756~1763)에 참전했다가 독일군
의 포로가 되었다. 그곳에서 '카르토펠'이라는 이상한 작물(감자)을 먹게 되

었는데, 당시 독일군은 이것을 돼지와 프랑스 포로에게만 먹였다. 이때 파르망티에는 감자가 훌륭한 식량이 될 수 있다는 사실을 깨닫고 전쟁이 끝난 후에 귀국해서 평생 감자 보급에 정성을 다했다. 그러나 누구 하나 그의 이야기를 귀담아 들으려 하지 않았다. 브장송 학술원이 기아 문제 해결 방안을 공모했을 때에도 그는 감자 재배 방안을 제출해서 사람들의 주목을 받긴 했지만 역시 큰 성공을 거두지는 못했다. 그도 그럴 것이 그를 비롯한 감자 보급의 선구자들은 감자를 이용해서 빵을 만들려고 노력했기 때문이다. 글루텐 성분을 포함하지 않은 감자로는 빵을 만들 수가 없었지만 관습이란 끈질기게 작동하게 마련이다. 꼭 빵을 만들어 먹어야 한다는 생각을 버리고 다른 방법을 찾아야만 감자가 널리 보급될 수 있는 것이었다.

그러는 동안 감자는 아주 서서히 퍼져 갔다. 보급 속도가 가속화된 중요한 계기는 엉뚱한 데에서 나왔다. 루이 16세와 마리 앙투아네트는 어울리지 않게 낭만주의적인 구석이 있어서 농사꾼 흉내를 내느라고 베르사유 궁전 한구석에 텃밭을 가꾸었다(지금도 베르사유에는 그 아담하고 예쁜 텃밭과 농가가 보존되어 있다). 그리고 이곳에서 감자를 재배하다가 감자꽃을 모자에 꽂았는데, 그러자 모든 귀족들이 왕과 왕비의 흉내를 내야 직성이 풀렸던 것이다. 왕실에서 재배하는 작물이니 이미지가 많이 개선되었고, 그 와중에 배고픈 사람들이 몰래 그 감자를 훔쳐 가는 바람에 더 유명해졌다.

프랑스 혁명이 일어나자 이제는 선전을 할 필요도 없어졌다. 배고픔이 모든 문제를 한번에 날려 버렸다. 감자는 혁명 정부에 의해 전국에 보급되었다. 이제는 궁정의 정원에도 '반공화국적인' 장미를 뽑아 버리고 '애국적인' 감자를 심기에 이르렀다.

하층민의 음식이 되다

감자와 옥수수는 18세기 중에 널리 보급되었고, 일부 지역에서는 다른 작물들을 밀쳐 낼 정도가 되었다. 그 이유는 무엇보다도 인구 증가와 그에 따른 식량 부족 때문이었다.

18세기는 어떤 세기인가? 다른 어느 세기보다도 흉년이 빈번했던 때이다. 그렇다면 18세기에도 과거처럼 사람들이 굶어 죽었던가? 14~15세기에 기근과 전염병, 전쟁 같은 재앙이 겹쳤을 때 파국적인 인구 감소가 있었다는 것을 우리는 알고 있다(말이 그렇지, 진짜 먹을 게 없어서 수많은 사람들이 굶어 죽는 상황을 생각해 보라). 이 현상이 다시 일어났는가?

아니다. 농업 개선으로 사람들이 굶어 죽는 것을 막을 수 있었다. 오히려 18세기 이후 유럽의 인구는 증가했다. 흉년이 드는데 인구가 는다? 그렇다면 무슨 일이 일어난 걸까? 답은 많은 사람들이 영양 결핍에 걸렸다는 것이다. 다시 말해, 굶어 죽지 않을 만큼만 사람들의 배를 채우는 농업 개선이 이루어졌다. 바로 이 변화의 한가운데에 감자와 옥수수가 있었다.

문제의 감자와 옥수수가 드디어 논밭에, 그리고 식탁에 도입된 것이다. 300년 가까운 기간 문턱을 넘지 못하던 두 주인공은 이제 문화적 용인을 받아 일상적인 작물이 되었다. 그렇지 않을 수가 있겠는가? 18세기 판노니아(지금의 유고슬라비아 지역) 지방의 생산 비율(한 알의 씨앗을 파종하고 몇 알을 수확하는가 하는 것) 기록을 보면, 호밀은 6:1인데 옥수수는 자그마치 80:1인 것이다. 이런 곡물을 놔두고 굶어 죽을 수야 없지 않겠는가.

밀과 호밀 중심의 농업에 변화가 일어나서 옥수수와 감자의 비중이 커진 것은 사회 경제 구조의 변화를 가져왔다. 앞에서 이야기한 것처럼 이전에 옥수수는 농민들이 숨겨서 재배하는 작물이었다. 그런데 이제 거꾸로 지주들이 농민들에게 옥수수 재배를 강요했다. 농민들에게 옥수수를 먹이

아일랜드

아일랜드는 19세기 유럽에서 가장 못사는 나라 가운데 하나였다.

고 그 대신 밀은 수거해서 판매하려고 했기 때문이다. 이에 대해서 농민들
이 반대했으니, 상황이 바뀌어도 정반대로 바뀐 셈이다.

　이제 옥수수는 대표적인 하층민 작물이 되었다. 옥수수는 생산성이 높
은 장점은 있지만, 이것만 먹을 경우 영양소 결핍으로 펠라그라 병에 걸
리는 심각한 문제를 안고 있었다. 이 병은 온몸에 고름이 나는 상처가 생
기고 광기가 발작했다가 결국 사망하는 무서운 병이었다. 펠라그라 병은
1730년경 스페인의 아스투리아스 지역에서 나타났다가 곧 이탈리아 북부
로 퍼졌고, 이후에 옥수수의 소비가 확대되면서 여러 지역으로 퍼졌다. 일
부 가난한 지역에서는 20세기까지 이 병이 계속되었다.

　감자도 옥수수와 마찬가지로 기근의 영향으로 확산되었고, 처음에 하층
민의 음식으로 자리잡았다(당시 기록에 따르면, '감자는 짐승만이 아니라 사람에게

이민
유럽에서 가난에 시달리던
많은 사람들이 미국행 배를
타고 이민을 갔다.

도 아주 훌륭한 음식이다'). 그런데 옥수수와는 달리 감자만 먹을 때는 영양학적인 피해가 훨씬 덜했다. 감자는 사실 장점이 많은 음식이었다. 해발 3천 미터 지역에서도 잘 자라는만큼 재배도 쉽고 보존도 쉬운 편이었다(원산지인 안데스 산지에서는 감자로 '추뇨'라는 보존 음식을 만들었는데, 이것이 사람들의 생존에 크게 기여했다). 조리 방법도 워낙 쉬워서 아일랜드에서는 세 살짜리 아이도(!) 감자를 구워 먹을 수 있었다고 한다. 그리고 우유나 돼지고기 정도만 어느 정도 보충된다면 일 년 열두 달 감자를 먹으면서 살아갈 수 있었다. 그러나 역설적이게도 이것이 아일랜드에서 일어난 비극의 원인이 되었다.

감자만 먹고도 살 수 있다는 점이 오히려 지나치게 감자 한 가지 작물에만 의존하게 만들었다. 그러던 중에 감자마름병이 걷잡을 수 없이 퍼지자 갑자기 식량이 바닥나 버렸다. 단일 경작의 문제가 이런 것이다. 1845~1846년 아일랜드 인구의 3분의 1 정도가 사망하거나 이민을 갔다. 미국에 사는 맥도널드(McDonald), 맥아더(McArthur), 맥그리거(McGregor) 같은 맥(Mc 또는 Mac)씨 가문 사람들, 또는 오닐(O'Neill), 오코너(O'Connor), 오브라이언

(O'Brien) 같은 오(O')씨 가문 사람들은 굶주리다 못해 신세계로 건너간 아일랜드인의 후손일 가능성이 크다(Mc이나 O'는 '~의 아들, ~의 후손'의 뜻이니, 예컨대 McArthur는 'Arthur의 후손'이라는 말이다. 이것은 아일랜드계만이 아니라 스코틀랜드계의 성씨에도 해당된다).

감자와 옥수수가 마침내 유럽에 정착한 18세기에 대해 생각해 보자.

이 시기에 인구 증가에 따른 식량 수요를 만족시켰다는 점에서 일단 이때의 농업 개선을 성공이라고 말할 수도 있을 것이다. 14~15세기와 같은 파국적인 인구 감소를 피했다는 것은 결코 과소 평가할 일은 아니다. 18세기 말 유럽 인구는 1억 9500만 명이었는데, 50년 후 2억 8800만 명으로 증가하였다(이것은 유럽만이 아니라 전세계적인 현상이며, 지구상의 인구가 급속히 증가하는 시점이 바로 18세기이다). 그러나 단순히 사람 수가 늘어났다는 점에서는 농업 개선이 성공적이었다고 해도, 이것은 질적 악화를 동반한 절반의 성공이었다. 장기적인 영양 결핍과 극적인 질병 확산의 위험을 품고 있었고, 일부 지역에서는 오래잖아 아일랜드처럼 파국적인 비극이 벌어졌다.

18~19세기는 역사상 가장 못 먹은 시기 중 하나였다. 서민들의 음식 수준은 최하였으며, 그 결과 사람들의 평균 키가 작아질 정도였다. 160센티미터 안팎으로 알려진 나폴레옹이 당시에는 그렇게 키가 작은 사람이 아니었다는 것은 이런 맥락에서 나온 말이다.

그러므로 사람들이 못 먹으면서 인구가 증가하는 기이한 현상이 벌어졌다. 사회 현상이란 이렇게 모순에 차 있게 마련이다. 베르사유 궁전, 계몽사상, 프랑스의 미술, 오페라 따위 우리가 알고 있는 화려한 18세기의 활력은 비참한 굶주림이 도처에 만연해 있는 사회 속에서 나온 활력이었다는 점을 잊지 말자!

조너선 스위프트의 겸손한 제안

〈아일랜드 빈민층 아이들이 부모나 국가에 부담이 되는 것을 막고, 그들을 대중들에게 유익한 존재로 만들기 위한 제안〉(1729)

나는 이제부터 겸손한 마음으로 내 생각을 제시해 보려고 하며, 이 생각에 대해서는 최소한의 반대 의견도 제기될 가능성이 없으리라고 희망한다.

나는 런던에 살고 있는 아주 박식한 내 미국인 친구한테서 분명하게 다음과 같은 이야기를 들은 바 있다. 곧, 잘 양육되고 어리고 건강한 한 살배기 어린 아이는 스튜로 요리하건, 오븐에 굽건, 찌건, 끓이건 간에 아주 맛있고 영양가 많고 건강에 유익한 훌륭한 식품이 된다는 사실이다. 그리고 나는 이 아기가 프라카스 요리나 라구 요리에도 마찬가지로 훌륭하게 이용될 수 있다는 점도 의심하지 않는다.

따라서 나는 공공 대중들의 고려 대상으로 다음 제안을 겸손하게 제시하는 바이다. 먼저, 앞서 이미 계산했던 12만 명의 아이들 중에서 2만 명은 번식용으로 남겨 놓자는 것이다. 그런데 이 번식용 아이들 중 남자아이는 4분의 1만 남겨 놓으면 된다. 그 이유는, 우리나라의 천박한 평민들이 별로 신경을 쓰지도 않는 형편이긴 하지만, 이 아이들이 결혼의 산물인 경우가 별로 없기 때문이다. 따라서 남자 한 명이면 여자 네 명은 족히 감당할 수 있을 것이다. 그런 다음 나머지 10만 명의 아이들은 한 살이 되었을 때 전국에 있는 높은 지위와 재산을 지닌 인사들에게 판매용으로 제공할 수 있을 것이다. 나는 이 아이들의 어머니들에게 특히 아이들을 판매하기 직전인 마지막 열두 달째에 배불리 먹이라고 충고하려고 한다. 그래야 이들이 멋진 식탁에 어울리게 통통하게 살이 찌고 토실토실해질 수 있기 때문이다. 아기 한 명이면 친구들을 위한 접대용으로 두 접시의 요리는 충당할 수 있을 것이다. 그리고 가족들끼리만 식사할 때에는 앞다리나 뒷다리 하나면 꽤 괜찮은 요리를 만들 수 있을 것이다. 그리고 고기에 약간의 후춧가루나 소금으로 간을 맞추면, 특히 겨울 철에 나흘 정도 지나서 아주 맛있게 끓여 먹을 수 있을 것이다.

나는 평균 잡아서 갓 태어난 아기의 무게가 12파운드(약 5kg)쯤 나가며, 그 럭저럭 양육이 잘되면 1년쯤 지났을 때 28파운드(약 12kg)까지 는다고 계산 하고 있다.

이 식품이 어느 정도 고가라는 점은 나도 인정한다. 따라서 이것은 지주들에 게 아주 적합한 식품일 거라고 생각한다. 이미 이 아기들의 부모들을 게걸스 럽게 집어삼켜 먹어치우고 있는 이들 지주야말로 이 아기들을 먹어치우기에 가장 높은 자격을 지닌 자들로 보인다. (……)

좀더 검소한 사람들이라면(고백하지만 이것이야말로 우리 시대가 요구하고 있는 태도이다), 이 아기고기의 가죽도 벗길 것이다. 아기의 가죽은 인공적으 로 잘 다듬어진다면 멋진 숙녀용 장갑을 만들거나 고명하신 신사분들의 여름 용 장화를 만드는 데에도 사용될 수 있다.

우리 더블린 시만 놓고 말한다면, 이런 목적을 위하여 가장 편리한 지역에 도 살장들이 지정될 수 있을 것이다. 그리고 우리가 확신하는 바이지만 도축업 자들도 부족함이 없을 것이다. 물론 나는 아기들을 산 채로 구입하여, 우리가 마치 통돼지 바비큐 구이를 해 먹을 때 하는 것처럼, 칼로 바로 잡아서 따뜻 한 고기 상태로 조리해 먹을 것을 권장하겠다.

노파심에서 하는 말이지만, 조너선 스위프트의 이 글을 문자 그대로 받아들이지 는 마시기를…….

위의 글을 잘 읽어 보면, 저자가 아일랜드 상류층 사람들을 비꼬며 비판하고 있 음을 알 수 있다. "이미 이 아기들의 부모들을 게걸스럽게 집어삼켜 먹어치우고 있는 이들 지주야말로 이 아기들을 먹어치우기에 가장 높은 자격을 지닌 자들로 보인다."고 말하는 부분에서 힌트를 얻을 수 있을 것이다. 스위프트는 빈부 격차 가 너무 벌어져서 민중들이 극심한 기근에 시달리는 이 상황에 대해 통렬한 풍 자를 함으로써 비판의 칼날을 들이대고 있는 것이다.

31
기차의 철학
현대 문명의 상징

기차와 민족국가의 형성

기차는 가장 19세기적인 현상이다. 그리고 21세기 초인 현재의 사회에도 기본적으로는 19세기적인 현상이 많은 부분 지속되고 있다.

엄청난 힘으로 산과 들을 가로질러 전진하는 기차는 오로지 교통수단 발전의 한 양상 정도가 아니라 산업혁명 이후의 현대 문명을 가장 잘 나타내는 상징이다. 이런 점은 기찻길이 놓이기 전 시대의 여행과 비교해 보면 금방 드러난다.

"평야에 나 있는 길도 대개 그 자취를 겨우 알아볼 정도였지, 교통수단들이 매끄럽게 지나가는 리본처럼 쭉 뻗은 길은 아니었다. 그 길을 가는 사람들이 없다면 그것이 길인지 아닌지 한눈에 알아보기도 힘들 정도였다. (……) 길 한가운데에 있는 웅덩이는 물이 차 있고 기사는 오금까지 차오르는 물 속을 말을 끌고 간다. 마차는 힘들게 앞으로 가고 길은 진창이다. 행인, 목동, 돼지 들은 차라리 안전하게 길 옆 경사면을 따라 가는 것이 더 현명한 일이었다. (……) 북중국에서도 똑같은 광경을 볼 수 있었는데, 사정이 더 안 좋았다. 마차나 말, 행인들은 논밭 위로 길을 질러 가면서 새

1899년 9월 18일 노량진에서 열린 경인철도 개통식
'수레 속에 앉아 영창으로 내다보니 산천초목이 모두 활동하여 달리는 것 같고
나는 새도 미처 따르지 못하더라.' 독립신문에 난 이 기사를 보면 고작
시속 20~30km 정도로도 당시 사람들에게 기차가 얼마나 큰 놀라움을 안겨
주었는지 짐작할 수 있다.

로 좋은 길을 하나 냈고, 그럴 때 곡식이 여물었든 이미 다 익었든 개의치
않았다."(브로델, 『물질 문명과 자본주의』 중에서)

한마디로, 느리고 불편하고 불규칙하고 위험하기 짝이 없었다. 이런 상
황과 비교하면 기차 여행은 신기(神技)에 가까운 일이었다. 고속철도를 이
용하면 서울에서 부산까지 3시간 이내에 갈 수 있다. 초기의 기차 속도는
물론 이에 비하면 가소로울 정도였지만, 그래도 이전 시대에 비하면 현기
증 나게 빠른 속도였다. 영국의 초기 열차의 속도는 시속 32~48킬로미터
였는데, 이는 당시 마차 속도의 3배 이상이었다.

아주 단순화시켜서 이야기하면, 여행 속도가 3배 빨라졌다는 것은 국토가 3분의 1로 줄어든 것과 같은 효과를 냈다. 거꾸로 생각해 보면, 기차의 등장 이전에 국왕과 중앙 정부의 명령이 가장 먼 국토의 끝까지 전달되는 데 빨라야 열흘 걸리던 프랑스 같은 나라는 상대적인 비율로 환산하면 오늘날 미국에 맞먹는 덩치를 가지고 있던 셈이었다. 기찻길이 전국을 빠른 속도로 연결할 수 있다는 것은 상대적으로 국토가 좁아진다는 것을 의미했고, 특히 지방이 수도를 향해 밀착되는 효과를 냈다. 지방 도시 하나가 마치 수도의 골목 하나가 되는 느낌이 들지 않겠는가.

기차는 민족국가를 형성하는 데 물질적 토대로서 기능했다. 민족국가 또는 국민국가라는 것이 무엇인가? 쉽게 풀어서 설명하자면 무엇보다도, 각 지방이 그 나름의 독자적인 단위로 자립하는 것이 아니라 한 국가, 국민 전체가 하나의 단위, 하나의 정체성, 하나의 생활권을 형성해야 한다는 것이다. 그러기 위해서는 먼저 사람과 물자가 전국 어디로든 쉽게 이동할 수 있어야 하는데, 기차만큼 이것을 대규모로, 그리고 정확하게 수행할 수 있는 수단은 없었다. 또 기차와 함께 연결된 전신 시설은 전국 각지의 의사소통과 정보 교환을 원활히 해 주었다. 기차를 타고 갈 때 차창 밖으로 우리를 쭉 따라오는 전선, 이런 것이야말로 국가의 동맥과 신경의 상징으로 부족함이 없었다.

아주 다른 차원의 시장이 열리다

철도는 확실히 사람들의 삶을 근본적으로 변화시켰다. 이와 관련해서 특히 시장의 성격의 변화를 이야기해 보자.

예전에 사람들이 장에 간다고 할 때 그것은 오늘날 시장에서 물건을 사는 것과는 의미가 달랐다. 먼저 거기 모이는 사람들이 대부분 서로 알고

전통적 운송 수단
아버지는 나귀 타고 장에
가시고…….

있는 경우가 많았다. 예컨대 산골 마을 사람이 버찌를 가져와서 팔고 그 대신 아랫마을 사람이 만든 빗자루와 신을 사 가지고 오는 식이다. 내가 만든 물품이 구체적으로 누구에게로 가서 소비되는지 거의 알 정도였다. 이러할 때 장에 간다는 것은 단순히 경제 행위만을 의미하지는 않았다. 이 때의 시장은 사람들이 만나 서로 이야기 나누고 술 한 잔 같이 마시고, 때로 그곳에서 연극도 벌어지고, 또 때로는 흥분한 농민들이 격문을 돌리기도 하는 곳이었다. 다시 말해 상품만 오고 가는 것이 아니라 사회적·문화적·정치적 행위가 함께 일어나는 장소였다. 본디 교환 활동이라는 것은 이렇듯 총체적인 의미를 띤 종합적 행위였다.

　그런데 19세기 이후 '교환'은 극적인 변화를 겪기 시작했다. 시장 네트워크가 전국적인 수준으로 확대되고 이런 차원에서 상품이 오고 가게 되었다. 이제 누군가가 생산한 물품은 구체적인 어떤 사람에게 가는 것이 아니라 '시장'으로 팔려 간다. 생산자는 오직 가격에 맞추어 일한다. 가격이 높으면 더 만들고 가격이 낮으면 적게 생산한다. 소비자도 마찬가지이다.

그들은 이제 누군지 얼굴을 아는 사람에게서 물건을 사는 것이 아니라 '시장'에 가서 가격을 보고 물건을 산다. 싸면 더 사고 비싸면 안 사고……. 인간을 조정하는 것은 '가격'일 뿐이다. 이전에는 경제 행위가 정치·사회·문화 등 여러 인간의 의미 체계 중 하나 속에 묻혀 있는, 전체 중의 한 부분에 지나지 않았는데, 이제 경제는 인간 활동의 총체성에서 완전히 벗어나서 이것이 다른 모든 의미를 지배하게 되었다. 인간은 그야말로 경제인(호모 에코노미쿠스)이 되었다. 경제 행위가 모든 것을 지배하게 되었고 다른 가치들은 떨어져 나갔다. 폴라니는 이를 일컬어 '악마의 맷돌'이라고 했다. '전국 시장'은 사람을 잡아서 맷돌로 갈아서 가루로 만든다. 인간이 풍요롭게 누리던 모든 가치들은 맷돌질을 통해 떨어져 나가고 인간은 오로지 경제 활동만을 추구하는 원자화된 존재가 된 것이다. 기차는 이런 전국 시장이 형성되는 데 일등 공신이었다.

이를 조금 다른 각도에서 이야기해 보자.

예전에는 걷든가 나귀를 타고 대관령을 넘어 영동 지방의 양양에 이르러서야 그 지방 음식인 송이버섯을 맛볼 수 있었다. 이때의 송이는 지금보다도 더욱 진실한 의미에서 귀한 음식이었으리라. 다른 지방에 사는 사람들은 거의 일생 동안 구경조차 하기 힘들었을지 모른다. 그 음식은 '바로 그곳'에 가야만 먹을 수 있었을 테니까…….

그러나 요즘은 사정이 다르다. 어디에 있든 돈만 있으면 쉽게 송이버섯을 구한다. 극단적으로 말하면, 소비자가 볼 때 송이는 강원도 양양 지역에서 나는 게 아니라 기차역에서 생산된다. 강원도 양양이 서울역 옆으로 끌어들여진 것이다. "상품은 고향을 잃었다."

예전에는 각 지방은 그 나름의 풍취를 가지고 독자적인 생활을 하는 별개의 세계였다. 그러나 이제 전국은 하나의 유통망 속에 들어가 있고, 사람들은 거의 비슷한 상품을 소비한다. 물질적 상품만이 아니라 문화도 마찬가지이다. '전국 시장'의 논의를 더 확장해 보면 이제 각 지방의 문화라는 것은 의미가 옅어졌고, 모두 같은 전국적인 '문화 상품'을 소비한다. 이것을 조금 더 추상적인 차원에서 이야기하면 다시 이렇게 정리할 수 있다. 이제 사람들의 삶은 유용성은 얻었으나 대신 진정성(그곳, 그 상황에서만 일회적으로 존재하는 가치, 곧 아우라)을 잃었다.

기계 시대의 공간, 시간, 인간

모든 것은 어느 정도 속도와 관련이 있다. 기차로 대변되는 현대에 모든 것은 이전과는 비교할 수 없을 정도로 빨라졌다. 앞에서 말한, 기차가 생기기 전 시대의 여행에 대해서 다시 생각해 보자. 그때의 여행은 무척 느리고 불편한 것이 사실이었지만 여행의 '밀도'는 훨씬 컸다. 나귀를 타고 느린 속도로 여행을 해 보라. 우리는 모든 산과 들, 꽃과 나무, 집과 사람을 차분히 보게 된다. '본다'기보다 차라리 '겪는다'는 표현이 더 맞을 것 같다. 삶 자체를 겪으면서 알게 되는 것이다. 괴테의 여행기를 보라. 또는 정약용이 여행할 때 일부러 갈 때와 올 때 다른 길을 걸으면서 견문을 넓혔다는 이야기를 생각해 보라. 그리고 무엇보다도 일부러 고행을 하며 여행하는 성지 순례를 생각해 보라. 이에 비해 기차나 승용차, 더 극단적으로는 비행기를 타고 여행을 하는 것은 완전히 다르다. 이때 여행자는 중간의 모든 지역들을 그냥 스쳐 갈 뿐이다. 우리는 그곳을 지나갔지만 그곳은 우리에게 거의 아무런 의미가 없다. 다만 차창 밖으로 스쳐 지나가는 파노라마의 풍경으로 보일 뿐이다. 획획 사라져 가는 풍경들은 바로 그 때문에 독특한(애수에 젖은) 아름다움을 보이기도 하지만 그 속에 우리의 자리는 없

다. 그런 점에서 보면 하이네가 말한 대로 '공간은 살해당했다.' 또는 위고
가 말하는 대로 기차에서 바라보는 바깥 세계는 '꽃이 더 이상 꽃이 아닌'
상태가 된다. "들가에 피어난 꽃들은 더 이상 꽃이 아니라 그저 얼룩일 뿐
입니다. 아니 오히려 그보다는 그저 빨갛고 흰 줄무늬일 뿐이지요. 점이라
고는 없고, 모든 것은 선이 되어 버립니다."

그 속에서 시간도 마찬가지로 생명력을 잃게 된다. 시간은 사회·문화적
의미를 잃고 오직 양적인 시간, 벌거벗은 시간이 되어 버리고 만다. 기차
안에서는 플로베르처럼 '너무 지루해서 5분마다 울부짖고 싶어지게' 된다.

결국 시공간이 변한 것이다. 모든 것이 빨라졌다. 사람의 이동도, 상품의
유통도 빠른 순환 속에 들어가 버린다. 자연적이란 것은 울퉁불퉁하고 불
규칙적일 수밖에 없는데, 이제 기계 시대에 들어와서는 그런 것이 용납되

지 않는다. 철도 자체가 그런 속성을 가진다. 기차 노선은 기술적인 이유로 급커브를 돌 수도 없고 너무 급한 경사도 안 된다. 따라서 산이 있으면 터널을 뚫고, 강이 있으면 다리를 놓아서 강제로 평평하게 만들어야 하다. 이런 길을 따라 모든 것이 급하게 지나가는 것이 현대의 특징이다. 그러나 바로 그 때문에 우리는 예전의 그 인간적인 공간과 시간을 상실하였다. 우리는 스쳐 지나갈 뿐 그 속에 있지 않다. 모든 것은 파노라마일 뿐이다.

기차는 분명히 민주주의의 진전을 가져왔고 문명화를 촉진시켰다. 이전의 고통스러운 인간의 노력을 많이 줄여 준 것이 사실이다. 지방에서 기근을 겪을 때 식량을 공급해 주고 산간벽지의 사람들을 다른 지방과 연결시켜 주었다. 인간을 해방시키는 기계적인 힘의 긍정적 결과를 아무도 부인하지 못한다.

그러나 모든 것은 양면적이다. 얻은 것이 있으면 잃는 것이 있게 마련이다. 기계는 인간을 해방시켰지만 그 자체가 다시 새로운 억압으로 기능한다. 기계 시대에 들어선 이제, 사람은 생체 리듬을 포기하고 오히려 기계의 리듬에 맞추어야 한다. 현대의 핵심은 순환이다. 그 순환 속에 우리의 몸과 마음을 맞추어야 한다. 그 속에서 우리는 피곤하다. 현대의 가장 큰 특징 중 하나는 바로 피로이다. 그것은 과거 농경 시대의 피로와는 성격이 다르다. 흙 가운데서 하루 일을 마치고 집으로 돌아갈 때의 그 기분 좋은 피로가 아니다. 똑같은 기계적 반복을 견뎌 낸 우리는 육체와 영혼이 마모되는 듯한 종류의 피로를 느낀다. 오래 사용한 기계가 원래의 기능을 조금씩 잃게 되는 것을 두고 '피로 현상'이라고 말하는데, 사회·정치 시스템도 지나치게 되면 사람들이 피로 현상을 느낀다고 한다. 다시 말해, 인간과 사회 모두가 기계적으로 되어 가고 기계적인 피로에 빠지게 되는 것이다.

게다가 기계 시대의 또 하나의 특징은 위험성이다. 기차가 충돌하거나 탈선할 경우 엄청난 인명 피해가 난다. 이 위험성이 어디에서 유래하는지를 생각해 보면, 놀랍게도 바로 그 시스템 내부라고 할 수밖에 없다. 기술 집적이 많으면 많을수록 한번 문제가 생기면 엄청난 피해를 가져온다. 이에 비해 과거의 위험이라는 것은 홍수, 지진, 번개처럼 인간 사회의 외부에 있었다. 우리를 해방시키는 기계적 힘은 자칫 그 자체가 난폭하고 파괴적인 힘으로 인간을 위협할 가능성을 내포하고 있다.

따라서, 문화 발달의 극단에서 사람들이 오히려 자연을 그리워하는 것은 자연스러운 일이다. 그리고 때로 '게으름'을 찬양하는 사조가 유행하기도 하고, 과학·기술과 거리가 먼 사이비 종교나 신비주의적 운동 같은 것들이 큰 인기를 누리는 것도 기계 시대에 자칫 인간의 존재에 위협감을 느끼는 데 대한 반응으로서 이해할 수 있다.

중국인 쿨리, 철도 부설 노동자의 삶

철도가 경제적, 사회적으로 커다란 영향을 미친다는 점에서 현대 문명의 중요한 요소인 것은 사실이지만, 이에 더하여 기억해야 할 점은 철도 건설 과정에서 수많은 사람들의 희생이 있었다는 점이다. 미국에서 철도가 부설될 때 많은 중국인 쿨리(중국이나 인도 출신의 노무자)들이 집단으로 동원되었다. 아래 글은 존 스타인벡의 소설 『에덴의 동쪽』에 나오는 주인공 아담과 중국인 하인 리 사이의 대화 가운데 리의 이야기를 모아 번안한 것이다.

"내 첫 기억은 감자밭 가운데 있는 작은 오두막에서 아버지와 둘이 살고 있었다는 것, 그리고 아버지가 어머니 이야기를 해 주던 것입니다. 아버지는 광동어를 사용했지만 그 이야기를 할 때에는 언제나 아름다운 만다린어를 썼지요.

먼저 말씀드려야 할 것은, 미국 서부의 철도를 놓을 때 땅을 고르고 침목을 놓고 레일을 까는 고된 일을 중국인들이 많이 했다는 것입니다. 중국인들은 노임이 싸고 열심히 일하는 데다가 혹시 죽더라도 걱정을 할 필요가 없기 때문입니다. 이 사람들은 대부분 광동에서 모집해 왔는데 광동인들은 체구가 작지만 힘이 세고 끈덕지면서도 싸움을 좋아하지 않았거든요.

철도 회사의 노무자 모집원은 계약을 맺고 그 자리에서 돈을 지불해 주었지요. 그래서 빚더미에 앉은 많은 사람들을 모은 겁니다. 우리 아버지는 갓 결혼한 청년이었는데 아내를 깊고 따뜻하게 사랑했지요. 어머니도 아버지를 정말로 사랑했습니다. 남자들은 동물처럼 떼를 지어 컴컴한 배 밑바닥에 실려 6주를 항해한 끝에 샌프란시스코에 도착했지요. 1주일을 바다에서 지낸 후에야 아버지는 어머니를 발견했습니다. 어머니는 남자 옷차림을 하고 변발을 하고 있었어요. 꼼짝 않고 앉아서 말도 하지 않았기 때문에 발각되지 않았던 겁니다. 아버지는 어머니가 말을 듣지 않고 따라왔다고 화를 냈지만 기쁘기도 했을 거예요. 두 사람은 5년 동안 중노동을 하도록 되어 있었어요. 그런데 어머니가 아버지에게 말하지 않은 점이 하나 있었는데, 임신을 하고 있었다는 겁니다.

샌프란시스코에서는 살과 뼈만 가진 인간들이 홍수처럼 가축 화차에 실려 산 위로 올라왔어요. 그리고는 시에라 산맥의 작은 언덕을 깎아 내고 산정 밑에 터널을 파는 일을 했습니다. 두 사람은 산 위의 캠프에 가서야 다시 만나게 되었습니다. 푸른 풀밭과 꽃들이 있고, 눈 덮인 산이 보이는 그곳은 정말로 아름다운 곳이었지요. 그때서야 어머니는 뱃속의 아기 이야기를 했습니다. 아버지는 어머니를 조카라고 속여서 늘 함께 일을 했지요.

여자의 근육도 남자처럼 단단하게 되는 법이에요. 그리고 내 어머니는 근육질의 정신력을 가지고 있었어요. 어머니는 곡괭이질과 삽질을 했는데 그건 정말 끔찍한 일이었겠지요. 그러다가 아버지가 한 가지 계획을 생각해 냈어요. 산달이 되면 높은 산 속의 목초지로 도망가서 호숫가에 굴을 파고 그곳에서 아이를 낳은 다음 아버지가 되돌아와 벌을 받는다는 것이었지요. 5년 간 일을 더 한다는 서약을 할 생각이었거든요.

어느 날 큰 돌이 언덕에서 굴러 내려와 아버지의 다리를 부러뜨려 놓았어요. 사람들은 뼈를 맞춰 주고는 절름발이라도 할 수 있는 일을 맡겼어요. 헌 못을 바위 위에 놓고 망치로 펴는 일이었지요. 걱정 때문이었든지 고된 일 때문이었든지 어머니는 달이 차기도 전에 산기가 일어났어요. 남자들은 이를 알고 모두 미쳐 버렸어요. 하나의 허기는 다른 허기를 낳고 하나의 죄는 이전에 지은 죄를 잊어먹게 만드는 법입니다. 굶주리던 사내들이 저지른 작은 죄들이 하나의 커다란 광적 죄악으로 불타올랐지요.

아버지는 "여자다." 하고 소리치는 고성을 듣고 모든 것을 알게 되었지요. 아버지는 뛰어가려다가 다리를 다시 부러뜨렸지만 울퉁불퉁한 비탈길을 기어올라 그 일이 일어나고 있는 곳으로 갔지요.

아버지가 그곳에 도착했을 때는 이미 슬픔이 하늘을 뒤덮고 있었습니다. 광동 사나이들은 인간이 이렇게까지 될 수 있다는 것을 감추고 잊기 위해 슬금슬금 도망치고 있었지요. 아버지는 혈암(頁巖) 더미에 있는 어머니에게로 갔지요. 어머니는 눈을 뜰 수도 없는 형편이었지만 그래도 입을 움직여 지시를 했습니다. 아버지는 넝마처럼 된 어머니의 몸에서 손톱으로 나를 끄집어 냈어요. 어머니는 오후에 혈암 위에서 세상을 떠났지요.

그들을 증오하기에 앞서 이것을 아셔야 해요. 아버지는 늘 마지막엔 이렇게 말씀하셨어요. 나처럼 보살핌을 받은 아이도 없을 거라고요. 캠프 사람들 모두 나의 어머니가 되었지요. 이것은 하나의 미(美)예요. 두려운 종류의 미라고나 할까요. 이제 주무시지요. 더 이야기를 할 수가 없군요……."

32

카지모도·프랑켄슈타인·에일리언

괴물의 계보

괴물의 탄생

19세기에 산업화와 도시화가 진행되면서 자연스럽게 수가 늘어나고 세력이 커져 가던 민중 계층은 중산층과 상층 부르주아에게는 혐오감의 대상이자 불안의 원천이었다. 도대체 이들은 누구란 말인가?

도시 민중만이 아니었다. 이 시대 유럽의 엘리트들은 시골 지역을 돌아다니면서 '놀라운 발견'들을 하였다. 산 속에서 살아가는 천치 같은 목동들(작가들이 모두 알퐁스 도데의 「별」처럼 목동을 아름답게 그린 것은 아니었다), 거칠기 짝이 없는 농민이나 어부들, 늪지대에 사는 우울한 사람들……. 엘리트들은 이 '야만인'들이 동물과 거의 다를 바 없는 존재라고 생각했다.

게다가 대중 신문에 등장하는 온갖 엽기적인 사건들(친속 살해 사건, 어린 소녀의 심장을 꺼내 먹은 사건 따위)은 흉악한 사람들에 대한 불안감을 더욱 악화시켰다. 그 결과, 일반 대중에 대한 이미지는 동물을 넘어서서 괴물로 바뀌어 갔다. 이런 괴물은 문학 작품에서 구체적으로 모습을 드러냈다. 가장 대표적인 예는 1831년에 나온 빅토르 위고의 『파리의 노트르담』에 등장하는 카지모도였다.

성당 앞뜰에 박아 놓은 침대틀 위에 웬 살아 있는 물체가 하나 놓여 있었다.
세상 사람들의 자비심에 맡기기 위해서 버린 아이들을 이 침대틀 위에 갖
다 놓는 것은 관례가 되어 있었다. 원하는 사람은 거기서 아이들을 주워 가
는 것이었다. 침대틀 앞엔 동냥돈을 넣기 위한 구리 접시 하나가 있었다.

"이게 도대체 뭐죠, 언니?" 한 여자가 나무 침대 위에서 몸을 비틀며 우는,
그 버려진 조그만 생물을 들여다보면서 말했다. 그러자 나머지 여자들도 저
마다 감상을 털어놓았다.

"이건 원숭이가 되다가 만 거군요."

"저 우는 소리엔 성가대원도 귀가 아프겠어."

"내 생각엔 이건 짐승이야. 유대교도가 암돼지하고 만들어 놓은 거야. 요컨

대 물에나 불에 던져 버려야 할 거예요."

"고아원의 그 가엾은 유모들에게 젖을 먹이라고 누가 이 새끼괴물을 가져다 줄 사람은 없을까! 나 같으면 차라리 흡혈귀에게 젖을 빨리겠어."

"어쩜 저렇게도 순진할까. 이 새끼괴물은 적어도 네 살은 되었겠는걸. 이 앤 언니의 젖꼭지보다 꼬치구이를 더 먹고 싶어하겠수."

아닌 게 아니라 이 새끼괴물은 갓 낳은 게 아니었다. 거기 보이는 것이라곤 붉은 더벅머리와 한 개의 눈, 입, 그리고 이빨뿐이었다. 눈은 울고 있고, 입은 외치고 있으며, 이는 물어뜯으려고만 하는 것 같았다. 이 모든 것이 자루 속에서 버둥거리고 있어서 끊임없이 주위에 모여들어 자꾸 불어나기만 하는 군중은 그것을 보고 놀라 자빠질 지경이었다.

15세기를 배경으로 하지만 이것은 분명히 19세기 '새끼괴물'의 탄생을 나타내고 있다. 이 작품이 쓰여진 시기가 1830년 7월 혁명과 1848년 2월 혁명의 중간 시기임을 염두에 두어야 한다. 1789년에 프랑스 혁명이 일어난 후 파리는 혁명의 수도가 되었다. 19세기 전반기에 전 유럽에 걸쳐서 사회적·정치적 갈등이 고조될 때마다 파리에서 혁명이 터지면 곧 각국에 그 불꽃이 튀어서 연쇄적으로 봉기가 일어났다. 1830년과 1848년이 그와 같은 혁명의 해였다.

이 소설의 주인공 카지모도는 근대 세계의 발전 과정에서 형성된 민중을 상징한다. 그는 몸이 심한 기형이고 잘 듣지도 못하며 벙어리이지만 엄청난 괴력을 가지고 있다. 지능은 낮지만(또는 낮아 보이지만) 속에 고결한 덕을 갖추고 있다. 그리하여 미래는 아직 미성숙한 어린아이 같은 그에게 속해 있다. 불쌍한 그를 품어 안아 키운 것은 성당이었으나, 결과적으로 그는 파리 민중들과 함께 그 성당을 부수는 데 일조한다. 그러므로 카지모도는

'중세적' 압제에 대해 눈을 뜨는 '근대적' 민중을 나타낸다. 카지모도의 흉악함과 고결함을 모두 포착하는 빅토르 위고의 시선은 이중적이다.

프랑켄슈타인을 보는 시각의 이중성

같은 시기에 탄생한 또 하나의 괴물로서 전세계적으로 가장 널리 알려진 것은 메리 셸리의 『프랑켄슈타인』(1818)에 등장하는 인조인간이리라. 이 괴물도 여러 측면에서 무척 흥미로운 요소들을 가지고 있다. 먼저 사람이 괴물을 창조해 낸다는 점, 그 괴물이 다만 흉악한 존재이기만 한 것이 아니라 독자의 동정을 사는 긍정적 측면도 있어서 해석의 여지가 크다는 점, 또 이 작품이 그 후에 계속 차용되어 다른 해석을 낳음으로써 '괴물성'에 대한 사회 인식의 변화를 알아볼 수 있다는 점 들이 그런 것이다.

사실 『프랑켄슈타인』은 작품성이 아주 뛰어난 것은 아니다. 비평가들이 자주 지적하는 바와 같이 플롯이 탄탄하지 않아서 우연한 사건에 의해 이야기가 전개된다. 또, 무서운 이야기라고 하지만 사실 전혀 공포를 주지 못한다. 공포? 이 소설을 읽다 보면 오히려 19세기 여성 작가 특유의 섬세하고 예쁜 정서를 느끼게 될 것이다. 과학적 근거 자체야 결정적으로 중요하지는 않지만, 그래도 그렇지, 시체 조각을 모아서 짜깁기한 다음 전기를 흘렸더니 그것이 살아났다는 식의 이야기는 현재의 기준으로는 우스울 정도이고, 조금 너무하다는 느낌도 든다. 이런 점들은 그 시대의 한계려니 생각하고 넓은 마음으로 받아들이도록 하자. 우리가 여기에서 주목하려는 바는 이 작가와 그의 동시대 사람들이 괴물의 형상을 빌려서 무슨 이야기를 하려고 했는가 하는 점이다.

그러기 위해 먼저 줄거리를 간략하게 정리해 보자. 그런데 오해를 피하기 위해 미리 말해 두어야 할 점이 하나 있다. 많은 사람들이 흔히 프랑켄슈타인을 괴물의 이름으로 오해하지만, 사실 원작에서는 괴물을 창조한 사람의 이름이 프랑켄슈타인이고 괴물은 이름이 없이 그저 '그놈', '괴물' 식으로 일컬어진다는 점이다(이 글에서도 물론 '프랑켄슈타인'은 괴물을 만든 사람을 가리킨다).

빅토르 프랑켄슈타인은 엘리자베스라는 소녀와 행복한 어린 시절을 보내고 그녀와 결혼을 약속한 사이이다. 그는 제네바에 유학 가서 과학을 공부하면서 생명의 신비를 풀겠다고 다짐한다. 그리하여 시체 조각들을 모아서 실험을 하여 장신의 생물체를 만든다. 그러나 불행하게도 그것은 너무나도 흉측한 외모를 가지고 있었다. 이에 실망한 프랑켄슈타인이 자리를 뜬 사이 이 괴물이 사라지고 만다. 괴물은 2년 뒤에 프랑켄슈타인의 어린 동생을 살해하고 그 혐의를 이 집안의 착한 하녀인 저스틴에게 뒤집어씌운다. 프랑켄슈타인은 괴물이 이 사건의 범인임을 직감한다. 과연 얼마 후 프랑켄슈타인은 괴물과 만나는데, 그 괴물은 자신이 그동안 온갖 노력을 했는데도 미움을 받으며 살아왔음을 이야기하고 자신이 인간적인 삶을 살 수 있도록 여자 생명체를 만들어 줄 것을 부탁한다. 그러나 프랑켄슈타인은 다시 한번 끔찍한 괴물을 만든다는 생각에 진저리를 치고 여자 생명체를 만들겠다는 약속을 지키지 않는다. 이에 분노한 괴물은 프랑켄슈타인의 친구인 클레르발을 살해하고, 이에 더해 프랑켄슈타인의 결혼식날 밤에 그의 신부인 엘리자베스마저 죽인다. 증오심을 품은 프랑켄슈타인은 괴물을 죽이기 위해 북극 지방까지 쫓아갔다가 그곳에서 죽고 괴물은 사라져 버린다.

메리 셸리는 급진주의 철학자인 윌리엄 고드윈과 페미니즘의 선구자인 메리 울스턴크래프트 사이에서 태어난 딸이며, 낭만주의 시인 중 가장 급진적이라는 퍼시 셸리의 부인이었다. 대충 짐작했겠지만 작가는 '급진적' 이지 않을 수 없는 분위기에 둘러싸여 있었다. 그러나 당시 유럽 사회는 프랑스 혁명 이후 전반적으로 보수주의로 회귀해 있었다. 이 작품은 따라서 보수적 사회 분위기에 대한 급진적 작가의 코멘트라는 성격을 띠고 있다. 그와 같은 급진과 보수 사이의 갈등에 대해 저자가 어떤 입장을 취하느냐 하는 점은 괴물을 어떻게 그리느냐에 잘 나타난다.

문제의 괴물은 프랑스 혁명 당시의 민중을 나타낸다는 견해가 일찍부터 제시되었다. 위협적인 군중은 흔히 괴물로 비유되곤 했다는 점, 그리고 프랑켄슈타인이 제네바 출신이며 생명 창조의 연구를 시작한 곳이 잉골슈타트라는 점을 보면, 이 소설이 프랑스 혁명에 대한 비유라는 것이 반드시 억측이라고만 할 수는 없다.*

프랑켄슈타인이 원래 새 생명체를 만든 것은 인류를 죽음으로부터 해방시키겠다는 좋은 의도에서였다. 그렇게 만들어진 생명체는 잠재성으로 보면 평균적 인간 이상의 능력을 가지고 있는 것도 사실이다. 또 소설에서 묘사된 바에 따르면 그의 심성은 본디 아주 고왔다. 알프스 산중에서 만나게 된 가족에 대해서 호감을 가지고 돕는 장면, 특히 눈먼 할아버지와 대화를 하는 장면을 보면 그는 전혀 흉악한 존재가 아니다. 바로 이곳에서 그는 언어와 문자를 스스로 익힌다(정말 말이 안 되는 부분이지만 일단 그러려니

---

* 제네바는 혁명의 도화선이 된 급진적 사상가인 루소의 고향이며, 잉골슈타트는 프랑스 혁명을 일으킨 음모가 계획된 곳이라는 견해가 널리 퍼져 있었다. 이 음모론은 잉골슈타트를 거점으로 하는 비밀 결사 조직 일뤼미나티가 프랑스 혁명의 도화선이라는 바뤼엘 주교의 해석을 바탕으로 하고 있는데, 이런 해석은 말이 안 되어 보이지만 당시 보수 진영에서는 사실로 받아들였다고 한다.

하고 넘어가도록 하자). 그리고 이를 통해 그의 정체성을 정립하고 인간성을 함양하며 고귀한 인간으로 발전해 나간다. 괴물이 읽은 책은 모두 다섯 권으로서, 『젊은 베르테르의 슬픔』을 통해 인간의 감성을 익히고, 프랑켄슈타인의 실험 일지와 함께 『실낙원』을 통해 자신의 창조자에 대한 생각을 읽으면서 자기 정체성을 확립한다. 더 나아가서 『플루타르코스 영웅전』을 읽고 공화주의자가 되며, 『제국의 폐허』를 읽고 혁명 이념에 한 걸음 다가간 것이다(초판본에서는 이렇게 다섯 권이지만, 재판에서는 책 종류가 일부 바뀐다). 참으로 놀랍지 않은가! 괴물이 프랑스 혁명에 호의적인 급진 공화주의자가 된 것이다.

다만 문제는 의도와는 달리 그가 흉측하게 생겼다는 한 가지뿐이었다. 그는 본디 괴물이 아니었으나 사람들이 그를 괴물로 보고 배척했기 때문에 진짜 흉악한 존재가 되었다고 할 수도 있다. 마침내 어린아이를 죽이고 살인죄를 다른 사람에게 뒤집어씌우는 행위까지 하기에 이른다. '인간의 해방'이라는 선한 의도를 가지고 시작한 혁명이 '인민의 면도날(단두대)'을 작동시키는 공포 정치와 나폴레옹 독재로 나아간 것과 상통하는 점이다.

괴물에 대한 보수적 시선

원작 소설의 괴물은 이처럼 매우 선하고 유능하며, 동정을 살 만한 측면이 충분히 있다. 이 점을 놓고 보면 19세기의 작가들이 민중을 괴물 이미지로 그리면서도 그들을 늘상 흉포한 존재로만 여긴 것이 아니라 매우 긍정적인 측면을 인정하고 있었음을 알 수 있다. 그런데 그 후 『프랑켄슈타인』이 수도 없이 번안되면서 본디의 그런 긍정적인 측면들이 탈색되고 아주 보수적인 방식으로만 해석되었다. 이때부터 이 인조인간은 일말의 동

정의 여지도 없는 흉악한 괴물이
되어 버렸다. 그는 정상적인 '우리'
를 위협하는 두려운 존재, 일고의
여지 없이 제거해 버려야 마땅한
악의 존재가 되고 만다. 그러기 위
해서 괴물과 '우리' 사이의 소통을 완전히 단절시킬 필요가 있었다. 원작에
서 괴물은 언어를 습득하고 자신의 창조주를 비롯해서 여러 사람들과 대
화를 나눈다. 그러나 셸리 이후의 번안물에서는 괴물은 대개 벙어리로 그
려진다. 그런만큼 더 위협적이고 더 야만적으로 보인다. 관객들은 괴물의
등장으로 공포감을 느끼고, 괴물이 마침내 제거될 때 안도감을 느끼게 된
다. 이런 경향은 특히 20세기에 이를 영화화하면서 더욱 강화되었다.

프랑켄슈타인의 가장 고전적인 영화는 제임스 웨일이 만든 영화 '프랑
켄슈타인'이다. 보리스 칼로프의 명연기로 형성된 이 영화의 괴물 이미지
는 그 후 사람들의 마음속에 거의 굳어져 버렸다. 이 영화에서 괴물은 조
수의 실수로 처음부터 범죄자의 뇌를 가지고 태어난 것으로 설정되어 있
다. 괴물의 이미지가 갈수록 더 악마적인 것으로 만들어진다는 것은 곧 중
산층의 불안이 점점 더 심화되었다는 것을 의미하지 않을까? 19세기에 차

츰 노동 계급의 힘이 강화되어 가고 몇 차례의 위협적인 봉기를 일으키는 것을 지켜본 데다가, 20세기에 들어와서 공황기와 냉전기를 거치면서 불안이 더욱 심화되어 갔기 때문이다.

이제 이런 괴물을 만들어 낸 인간은 세상을 멸망시키려는 미친 과학자로 매도되기에 이른다. 이 점도 원작과 크게 다른 점 중의 하나이다. 원작에서는 괴물만이 아니라 그 괴물을 만들어 낸 사람에 대해서도 더 세심하게 조명하고 있지만 이후 작품에서는 그렇지 않다. 이와 관련해서 지적할 사항은, 원작이 액자소설 구성으로 되어 있는 데 비해 이를 각색한 작품들은 그렇지 않다는 점이다. 셸리의 소설에서는 북극 탐험을 떠난 월튼이 그의 누이 사빌에게 편지를 보내는데 그 안에 프랑켄슈타인을 구출한다는 내용이 들어 있다. 그리고 프랑켄슈타인이 월튼에게 자신의 이야기를 하며, 그 과정에서 다시 괴물이 자전적 서술을 하고 있다. 월튼이 보는 프랑켄슈타인, 프랑켄슈타인이 보는 괴물, 그리고 괴물 자신의 이야기, 이런 방식으로 우리는 모든 것을 복합적, 반성적으로 사고하며 봄으로써 프랑켄슈타인과 괴물을 훨씬 동정적으로 이해하게 되는 것이다. 그러나 영화에서는 대부분 이런 점들이 증발되어 버렸다.

왜 괴물이 동정을 받는가?

그러나 설령 괴물 영화가 보수적인 색깔을 가지기 십상이라고 해도 정말로 그렇게 획일적이고 단순하게 그런 기능을 담당한다고만 말할 수도 없다. 작품은 그것을 만든 사람의 원래 의도를 배신할 수도 있기 때문이다. 괴물성이라는 것이 사회에서 제거해 버리고 싶은 요소들과 분노의 대상을 은유적으로 표현한 것이라고 흔히 지적하지만, 다른 한편 그런 것의 억압에 대해 모두가 동의한다는 보장은 없다. 오히려 괴물의 제거에 대해 불편해하고 괴물에게 동정적일 수 있다. 웨일의 영화에서 증오의 대상으로 설정된 괴물이 풍찻간에 갇혔을 때 여기에 불을 붙여 태워 죽이는 '정상적인' 마을 사람들의 행동을 유심히 보면, 이들이야말로 괴물성을 여실히 표출하고 있다는 느낌을 받게 되고 오히려 괴물이 측은해 보이기까지 한다. 이처럼 정상과 괴물 사이에 실질적으로 별 차이가 없다는 점을 지적하면서 어떤 질서의 가장 정상적인 특질을 과장한 것이 괴물성으로 나타난다는 주장도 제기되고 있다.

최근 영화에서 가장 유명한 괴물인 에일리언을 예로 들어 보자. 이 영화는 우주선 내부에 괴물이 침입한 것으로 설정되어 있는데, 이 우주선은 성적 억압, 서열화, 노동 착취 등을 특징으로 하는 '회사'를 대변한다. 자본주의 질서는 겉으로는 매우 매끄럽게 돌아가지만 그 자체가 몹시 억압적이다. 사실 이 영화에서 정말로 위험한 것은 괴물 자체라기보다 그 위험한 존재를 이용하기 위해 우주선을 보내 그것을 조사하도록 하고, 또 그것을 지구로 들여오기 위해 사람들의 생명까지 희생시키려는 회사이다. 그렇게 회사가 강요하는 위험은 결국 우리한테 들이닥친다. '사람들의 몸 속에서 뛰쳐나오는 괴물'이 가진 상징성을 생각해 보라. 괴물이 바로 우리 몸에 그대로 체현된 것이 아닌가. 우리를 괴물의 희생자로 만든 것, 더 나아가서 우리 자신을 괴물로 만든 것은 다름 아닌 자본주의 질서이다. 따라서 괴물은 바로 이 '억압적인 정상성'이 과장된 형태로, 그리고 역설적으로 투사된 것이라 할 수 있다.[*]

대체로 보수주의 진영에서 일반 대중들의 잠재적 야만성을 나타내기 위해 괴물성을 활용하려는 데 비해, 진보주의 진영에서는 부르주아적 정상성이야말로 억압적이고 위험하다는 점을 나타내기 위해(또는 정상의 이면에

에일리언

20년 이상의 시간 간격을 두고 최고의 흥행 감독 네 명을 투입하여 제작한
'에일리언' 시리즈는 아마도 현대 대중 문화의 가장 영향력 있는 괴물 가운데
하나를 창조해 냈다. 이 흉측한 괴물이 죽지 않고 계속 우리에게 돌아오는 이유는
아직 우리에게 이야기할 것들이 많이 남아 있어서일까?

괴물성이 숨어 있으며, '평범한 미국인이 사실은 괴물'이라는 식의 주장을 하기 위해) 괴
물성을 활용하는 경향이 있다.

● 이윤을 위해서는 그 어떤 짓도 서슴지 않는 회사와 국가는 모든
사람들의 행동을 철저히 억압한다. 우주선 안의 승무원들은 이윤
창출을 위해서 극도의 금욕 생활을 강요당하는데, 그 결과 우주선
은 범죄자들을 수용한 형무소와 같은 분위기를 띠게 된다. 이 체제
를 공격하는 끈적끈적하고 징그러운 모습의 괴물은 강제로 억눌린
사람들의 본능을 나타내는 듯하다.

우리는 무엇을 무서워하는가?

괴물은 우리를 두렵게 하는 존재이다. 19세기에 민중이 바로 그런 괴물 같은 존재로 그려졌다. 그러나 그 괴물은 오히려 덕성스럽고 현명한 측면을 가지고 있었으며, '해방'의 요소를 품고 있었다. 그러나 갈수록 그 괴물은 그야말로 괴물스럽게만 묘사되는 경향이 짙어졌다. 민중 또는 일반 대중은 무식하고 범죄와 관련이 있고 흉포하며, 그래서 '우리'를 위험에 빠뜨린다는 식이다. 그러나 이런 보수화가 오히려 역풍을 낳기도 한다. 괴물이 동정을 사기도 하고 더 나아가 우리가 바로 흉악한 괴물이 될 수밖에 없다는 점에 직면하면서('에일리언 4'에서는 마침내 주인공 리플리가 또다른 자신의 복제물, 곧 '나=괴물'을 본다. 이렇게 되면 이제 가장 무서운 대상은 괴물이 된 '나'이다) 괴물을 만들어 내는 이 사회 전체를 비난하는 결과를 낳은 것이다.

33
노예

희생자 이미지에 가려진 아프리카의 역사와 문화

근대 세계사는 '진보와 해방'의 역사인가? 분명히 그런 점이 있다는 것을 부인하기 어렵다. 그러나 그것은 일면적인 주장일 수 있다. 유럽과 미국의 발전을 위해 천만 명 이상의 흑인들이 죽음의 항해를 겪고 대서양 너머에서 짐승만도 못한 삶을 살아야 했던 점을 보면, 근대사는 오히려 '야만과 억압'의 역사라고 해야 할지 모른다.

과연 근대 세계의 발전과 노예 무역을 어떻게 이해해야 할 것인가? 과거에 서구의 학자들은 유럽의 근대적 발전이 오늘날 우리가 살고 있는 이 발전된 세계를 가져온 원동력이며, 유럽의 역동적인 해외 팽창으로 전세계에 유럽식의 발전이 퍼졌다고 설명했다. 물론 그 과정에서 노예 무역과 같은 비극적인 사태가 발생했으나 길게 보면 그런 아픔을 딛고 아프리카와 같은 사회가 유럽인들에 의해 근대화되었으며, 또 흑인들도 아프리카에서 비참하게 사는 것보다는 신대륙에서 노예로 사는 것이 차라리 더 낫다는 주장을 했다. 이것이 이른바 유럽중심주의적 해석이다.

이에 대해 1960년대 말~1970년대 초에 비판적인 주장들이 제기되었

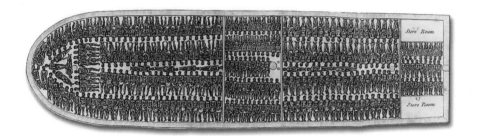

중간 항해

아프리카에서 노예들을 싣고 대서양을 건너는 중간 항해는 흑인 노예들에게 최악의
육체적·정신적 고통을 안겨 주었다. 노예들은 배 밑바닥에 포개진 채 대서양을 건넜다.
물이 부족하고 환기가 잘 안 되는 환경은 결국 높은 사망률로 이어졌다.

다. 유럽은 침략자이며, 후진 사회를 근대화시켰다는 것은 거짓이라는 주
장이다. 이들은 '유럽인들이 못된 짓만 골라 했다.'는 점과 '비유럽 세계의
사람들에게 너무나 큰 피해를 입혔다.'는 점을 매우 감정적으로 강조했다.
그런데 이 주장은 참으로 역설적인 결과를 가져왔다. 아프리카의 희생을
강조하다 보니 여전히 유럽인들은 '역동적'이고 '주체적'으로 그려졌고, 아
프리카를 비롯한 비유럽 사람들은 '수동적' 희생자로 그려졌던 것이다. 처
음 의도는 유럽만이 근대 발전의 주체라는 유럽중심주의를 극복하자는 것
이었으나, 노예 무역으로 인한 희생을 강조하면 할수록 거꾸로 비유럽 세
계를 부정적으로 보게 되는 것이다.

　그러자 이제 관점을 바꾸어서 아프리카가 대서양 세계의 형성과 발전에
기여한 바를 강조하고, 또 아프리카가 노예 무역 때문에 큰 고통을 당했다
는 점보다는 그런 희생을 얼마든지 감내할 정도로 탄탄한 사회였다는 점
을 강조하기 시작했다.

팀북투

이슬람교의 전파와 함께 팀북투에 사원들이 들어섰으며,
아울러 팀북투는 학문의 중심지가 되었다.

여기에서는 마지막에 말한 관점을 조금 자세히 살펴보고자 한다.

우리는 알게 모르게 유럽중심주의를 따를 수도 있고, 어쩌면 의식적으로는 아프리카나 아메리카 세계에 호의적인 입장을 가지려고 하더라도 우리도 모르게 그들을 업신여기는 서술을 하는지도 모른다. 실제로 아프리카의 역사와 문화에 대해서 우리는 얼마나 알고 있는가? 당신이 생각하는 아프리카와 아프리카인의 이미지는 무엇인가? 혹시 서구 세계에서 이미 만들어진 내용을 그대로 받아들이고 있는 것은 아닐까?

단순한 예를 들어 보자. 유럽의 근대 발전에서 중요한 주제 중 하나가 르네상스이다. 이는 14~15세기에 고전 연구를 통해서 학문과 예술이 크게 발전한 현상을 말한다. 그런데 이것이 유럽에만 한정된 일이었을까?

사실 그 시기에 세계 최대의 대학 도시를 들라면 아마도 유력한 후보 중 하나가 아프리카의 팀북투일 것이다. 이곳에는 180여 개의 신학교가 있었고, 여기에서 문법, 수사학, 논리학, 신학, 법학 등의 교과목을 가르쳤다. 이 도시의 인구 5만 명 중 절반이 아프리카 전역에서 모여든 교수나 학생들이었다(당시 유럽에서는 인구 5만 명 정도의 도시가 몇 개 되지 않았으며, 하물며 교수와 학생 수가 2~3만 명인 대학 도시는 찾아 볼 수 없었다). 이 대학 도시는 북쪽의 모로코인들의 침략을 받아 멸망했으며 많은 학자들이 끌려가는 비운을 맞았다. 그 가운데 한 사람인 바바라는 학자는 팀북투에 대해, "정치적으로 자유롭고 도덕적으로 순수한 곳으로서, 외국인에 대한 배려와 동정을 느낄 수 있으며, 학자들과 학생들에 대한 존경심이 있었다."고 회고했다. 이런 점을 보면, 아프리카 전체를 벌거벗은 야만인들이 창을 들고 날뛰는 곳으로만 상상하는 것이 얼마나 잘못된 일인지 깨닫게 된다.

경제 · 정치적 편견을 넘어서

경제도 마찬가지이다. 우리의 고정관념에 따르면 아프리카는 원시적인 경제 상태였으며, 그래서 경제력이 크게 앞선 유럽인들과 접촉하게 되었을 때 압도당했으리라고 생각하게 된다. 유럽의 발전된 공산품을 수입하는 데 따른 마땅한 대응 상품이 없었으므로 노예를 송출했다는 의견도 제시되었다. 때로는 경멸적인 뉘앙스까지 담아서, 유럽에서 들어오는 싸구려 유리 제품, 구슬, 팔찌 따위를 얻기 위해 자기 가족과 동료들을 팔아치우는 추장을 그리기도 했다. 따라서 전반적으로 대서양 무역은 아프리카 경제에 커다란 영향력을 행사했다는 것이 이러한 견해의 결론이다.

그러나 이런 주장은 대개 맞지 않든가, 또는 지나치게 과장되어 있다.

결론적으로 말한다면 대서양 무역은 아프리카의 경제 발전에 결정적인 영향을 미치지 못했다. 아프리카 경제는 일반적으로 믿는 것보다 더 다양하고 생산적이었다. 아프리카 안에서 충분히 자급자족할 수 있는 생산을 유지했으며, 수입은 다만 이를 보충하는 사치품 위주였고 그나마 아프리카의 사치품을 완전히 대체하지도 못했다. 가장 대표적인 수입 물품은 직물이었지만, 이를 두고 아프리카의 직물 공업이 발달하지 못했다고 판단해서는 안 된다. 아프리카가 많은 직물을 수입한 데에는 아프리카 특유의 문화적 현상이 작용하였다. 많은 부족 지도자들은 여러 종류의 옷감을 소유하는 것이 위신을 유지하는 특유의 방식이었기 때문에 유럽과 아시아의 다양한 직물들을 수입했던 것이다. 한편, 제법 많은 양의 아프리카 직물들이 유럽으로 수출되었다는 점은 그동안 거의 주목받지 못했다.

군사·정치적 측면에서 보면, 유럽인들이 아프리카인들에게 어느 정도 강제력을 행사할 수 있었는가가 문제가 된다. 이전의 주장에 따르면, 유럽인들이 총을 가지고 와서 아프리카인들에게 노예 송출을 강요했으며, 더 나아가 총을 아프리카 지배층에게 지급함으로써 아프리카의 노예화를 더욱 부추겼다. 다시 말해, 총과 노예의 악순환(총으로 노예를 얻고 그것으로 총을 사서 또 노예를 얻음)을 통해 아프리카에 폭력을 행사했을 뿐 아니라 더 나아가서 아예 폭력성을 심었다는 것이다. 그러나 최근 역사 서술은 이를 부정한다. 백인들은 기껏해야 일부 해안 지역에만 들어올 수 있었다. 이곳에서 그들이 한 일은 다만 내륙 지방에서 보내 오는 노예를 사들이는 것이었다. 그러므로 노예를 외부 세계에 파느냐 안 파느냐 하는 것은 전적으로 아프리카 자체의 문제였다. 이 설명에 따르면, 노예 무역은 유럽인들의 강제에 의해서 했다기보다 전적으로 아프리카인들의 자발적인 행위였다.

아프리카에서 노예제와 노예 무역은 언제나 있었고, 노예 획득, 이송, 판매 등은 아프리카 국가와 현지 엘리트들이 통제해 왔기 때문에 노예 무역으로 인구가 급격히 줄어드는 상황을 맞지는 않았다. 다시 말해 아프리카 사회는 스스로 감당할 수 있는 정도의 노예 판매를 했다는 것이다. 다만 문제는 아프리카에서 노예는 다른 지역과는 아주 다른 성격의 것이었으나 (최소한 『톰 아저씨의 오두막집』에서 묘사된 바와 같은 가혹한 종류는 아니었다),* 국제 노예 무역과 연결되어 이 흑인들이 아메리카 대륙의 플랜테이션에 가서는 뜻하지 않게 인류 사상 최악의 고통을 당하게 되었다는 점이다.

아메리카 문화에 큰 영향을 미치다

다음으로 살펴볼 문제는 흑인 노예의 이동이 아메리카 세계의 형성에 어떤 영향을 미쳤는가 하는 점이다. 기존의 설명은 유럽의 문화가 아메리카에 옮겨져서 그것이 모델이 되었으며, 아프리카 노예는 백인 문화가 운영되는 데 이용만 되고 희생되었다는 점을 강조했다. 그러나 최근에는 아프리카 문화 요소들을 매우 적극적으로 해석하여 이것이 다른 문화 요소들(유럽이든 아메리카 선주민이든)과 합쳐져서 새로운 문화 창출에 기여했다는

---

* 이것은 현실의 문제이자 언어의 문제이기도 하다. 아프리카에서 다른 인간에 대한 지배·소유 체제는 사실 다른 지역과 매우 다른데, 이것을 겉으로 보기에 비슷하다고 '노예'라고 일단 부르게 되면, 다른 지역 역사로부터 추출해 낸 개념을 그대로 적용시켜 이해하는 경향이 생긴다.
이와 유사한 문제로서 미국의 어떤 역사가가 조선 시대 우리나라를 노예제 사회라고 말했는데, 그 근거는 우리의 노비가 사실상 노예와 같다는 것이다. 다른 점을 차치하고 조선 시대 노비가 과연 서구에서 말하는 노예와 같다고 할 수 있을지 의문이다.

측면을 더 부각시키고 있다. 이에 따르면, 흑인의 언어, 종교, 미학으로부터 일상의 여러 다양한 측면까지 많은 요소들이 대서양 문화의 형성에 매우 능동적인 방식으로 기여했다.

구체적인 사례를 한 가지 보도록 하자. 18세기 말, 사우스캐롤라이나는 세계 최고 수준의 농업 지역이 되었다. 그 기반은 벼농사로서, 이것은 1690년대부터 급속히 발전했다. 그런데 이에 필요한 지식과 기술은 어떻게 얻은 것일까? 그것은 영국과 프랑스 출신 이주민들이나 바르바도스 플랜테이션 이주민들이 아니라 바로 아프리카 출신 흑인들이 가르쳐 준 것이었다. 특히 서아프리카 토착 벼의 원산지인, 세네갈에서 아이보리코스트 사이 지역 출신 노예들이 많은 공헌을 했는데, 사우스캐롤라이나에 들어온 흑인 노예의 40퍼센트가 이 지역 출신이었던 것이다.

서아프리카 지역은 오늘날에도 벼를 많이 재배하는 곳이다. 이 지역의 벼농사는 물을 어떻게 확보하느냐에 따라 크게 세 종류로 나뉜다. 첫째, 고지대 방식은 원래 기니 고원 지대에서 시작된 것으로서 순전히 강우에 의존하는 방식이다. 둘째, 늪지 방식은 습기를 품은 진흙땅과 저수지의 물을 이용하는 방식이다. 셋째, 조수(潮水) 관개 방식은 조수가 드러나는 넓은 강어귀에서 벼를 재배하는 방식이다. 각각의 방식은 노동 수요, 수확 시기, 잡초 제거, 비료 주기 등이 다 다르므로, 이 세 가지를 모두 운영하기 위해서는 매우 정교한 농업 지식 체계를 알고 있어야 한다. 서아프리카 주민들은 이 점에서 성공적이었기 때문에 식량 문제를 해결하고, 그 결과 높은 인구밀도를 유지하였다. 이곳 주민들은 조수의 흐름, 습도, 지력(地力), 짠물의 흐름, 지형의 다양성 등에 대한 지식을 골고루 가지고 있었다. 바로 이런 지식과 기술이 아메리카에 전달된 것이다.

사우스캐롤라이나는 노예를 기반으로 하는 농축(農畜) 경제로서 노예

사우스캐롤라이나의 벼농사하는 노예

사우스캐롤라이나의 벼농사 플랜테이션에서 한 노예가 밴조와 드럼에 맞추어
춤추는 모습을 그린 18세기의 그림. 이처럼 많은 공동체에서 아프리카 출신
흑인들은 고향의 문화를 어느 정도 유지할 수 있었다.

들을 부려서 개간을 하고 농사를 지었다. 그러나 벼 재배는 유럽인들이 잘
모르는 분야였으며, 특히 벼 재배와 축산 사이의 순환 같은 것은 특수한
지식과 기술이 필요했다. 그런데 바로 이것이야말로 기니 지역에 널리 퍼
진 방식이었다. 17~18세기 초 노예상들이 데리고 온 이 지역 흑인 노예들
이 서아프리카의 벼농사 기술을 가지고 옴으로써 조수를 이용하여 재배한
벼는 사우스캐롤라이나에서 가장 중요한 곡물이 되었다. 그 때문에 기술
자 흑인 노예의 도입이 더욱 절실해졌다. 1750년에서 1770년 사이에 들어
온 흑인의 수가 3만 9천 명에서 7만 5천 명으로 2배 정도 증가한 것이 이
런 경향을 잘 말해 준다.

여기서 이런 질문을 할 수 있다. 흑인 노예들은 왜 그들의 기술을 전해 주었는가? 사실 이런 유형의 벼농사는 꽤나 정교한 방식이어서 적극적으로 전하려고 마음을 먹어야만 기술을 전수할 수 있다. 또 진흙밭에서 하는 이 작업은 아주 고달픈 일이어서, 노예 신분에서 해방된 사람들은 곧바로 이 일을 집어치우려고 할 정도이다. 그런데도 왜 기꺼이 이 일을 해 주었단 말인가?

바로 이런 점 때문에 노예제의 성격을 재고해야 한다. 우리는 노예들의 삶에 대해 생각할 때 기계적으로 비참함만을 떠올리기 십상이지만 현실은 훨씬 더 복잡하다. 강제와 동의 같은 문제는 매우 세심한 접근이 필요한 문제이다. 사우스캐롤라이나에서 노예들은 그들이 주도권을 잡을 수 있는 흔치 않은 기회를 이용하여 그들의 생활 조건을 흥정하고 개선한 것이다.

그렇게 될 수 있었던 기본 조건으로는, 이곳에 흑인 노예들이 계속 도착해서 1720년에는 흑인이 백인보다 수가 많아진 점을 들 수 있다(지역에 따라서는 심지어 10 : 1이 되기도 했다). 게다가 흑인들은 단순한 집단을 이루고 있는 것이 아니라 작업 체제를 이루고 있었다. 이 체제에서 노예는 날마다 부여되는 일정한 노동을 다 하고 나면 자기 일을 할 수 있었다. 그래서 텃밭을 재배하고 사냥과 낚시도 할 수 있었으며, 그 결과물을 가지고 생활을 개선하거나 심지어 내다 팔기도 했다(어떤 집단의 사람들이 늘상 남이 시키는 일만 하는 것이 아니라 자신의 경제 활동을 '경영'해 보았다면 그 경험은 사회적 발전의 중요한 기반이 된다).

실제로 이런 방식은 이미 아프리카에 널리 퍼져 있었던 것 같다. 아프리카에서도 노예들은 '노예의 권리'를 가지고 있었다. 우리는 아프리카의 노예 상태에 대해서도 더 자세히 알 필요가 있다. 여러 기록들을 보면, 가내 노예들은 1주일에 하루는 자기 일을 할 수 있다든지, 기니에서는 노예들이

1주일에 5일 동안 아침 일찍부터 오후까지 일을 하되 이틀은 자기 밭에서 일한다고 되어 있다.

그렇다면 사우스캐롤라이나에서는 어땠는가? 1751년의 기록을 보면, 이곳에서도 마찬가지로 "흑인들이 재주가 있고 근면하다면 하루 일이 끝난 후 자신을 위한 작물을 심는다."고 되어 있다. 이 지역에서 흑인 노예는 무능하고 미약한 존재가 아니라 제법 큰 책임을 지고 있고, 심지어는 무기를 들고 영국에 대해 식민지 방어까지 감당했다. 이렇게 된 까닭은 그들이 늪지를 옥토로 만드는 역할을 했기 때문이다. 그래서 노예들이 자신들의 조건을 개선하고 노예제를 그나마 덜 잔인한 체제로 만들 수 있었다. 흑인 노예는 단순한 노동력 공급자를 넘어서 교사 노릇을 했던 것이다.

인류사의 가장 비참한 현상 중 하나인 노예제와 노예 무역에 대해서 되도록 긍정적인 측면을 부각시키려고 하는 것은 백인들의 책임을 면해 주기 위해서가 아니다. 19세기에도 대부분의 흑인들은 여전히 극도의 비참한 상태에서 고통받고 있었다는 것은 명백한 사실이다. 그럼에도 사우스캐롤라이나의 벼농사 사례와 같은 것을 보고자 하는 이유는, 지나치게 천편일률적인 백인 중심의 역사 서술을 수정할 필요가 있기 때문이다. 흑인 노예들이 극도의 고통을 겪었다는 점이야 두말 할 나위가 없으며, 그 점을 잊어서는 안 된다. 그러나 흑인 노예들은 때리면 맞고 팔아치우면 팔려 가고 그러다가 파리처럼 죽어 간 존재인가? 그들은 정말 아무런 의미가 없는 존재였던가? 늘 역사 서술의 뒷전으로 밀려나 있는 수동적 존재, 희생과 고통만 당하는 무력한 존재로 파악했던 흑인 노예들을 역사의 당당한 시민으로 복권시킬 필요가 있다. 흑인 노예들은 비록 처참한 고통을 당했지만 그들이 본디부터 가지고 있던 정신적·물질적 문화를 가지고 새로운 세계의 문화를 만들어 내는 데 당당히 기여한 점도 있다는 것을 잊지 말자.

노예의 노예, 라이베리아의 비극

1816년에 미국 워싱턴의 퀘이커교도들과 노예 소유주들이 주축이 되어 미국식 민협회(American Colonization Society, ACS)가 결성되었다. 퀘이커교도들은 노예제에 반대했고, 노예 소유주들은 흑인들의 해방에 반대했다. 그러나 이들은 흑인들을 아프리카에 되돌려보내는 데 합의했다. 퀘이커교도들은 흑인들이 아프리카에 가서 진정한 자유를 찾고, 아프리카의 기독교 선교에 기여하리라고 희망했다. 반면 노예 소유주들은 다만 하이티에서와 같은 노예 봉기를 피하자는 생각이었다.

이 협회의 후원으로 1822년에 흑인 86명이 아프리카의 '곡물 해안'이라는 곳에 도착했고, 그 뒤 많은 흑인들이 들어왔다. 그들은 땅을 사기도 하고 현지민들한테서 빼앗기도 하면서 거주지를 확대했다. 1824년에 이 땅은 당시 미국 대통령(제임스 먼로)의 이름을 따 먼로비아라고 했으며, '라이베리아 공화국'으로 독립했다.

이 나라의 가장 큰 역설은, 해방된 흑인 노예들이 세운 자유 공화국을 자부하면서 실제로는 미국 출신의 지배자들(아메리코 라이베리안)이 현지민들을 노예화했다는 점이다. 이주민들은 이곳에 미국 사회를 재창출하려고 했다. 남부 플랜테이션과 비슷한 집과 교회를 짓고 영어를 사용했다. 미국 국기와 거의 똑같은 모양을 한 라이베리아 국기를 보면 이 점을 잘 알 수 있다. 그리하여 5퍼센트에 불과한 이주민들이 현지민들의 땅을 빼앗고 지배하는 국가가 되었다.

19세기 후반 이후 이 나라의 경제가 쇠퇴하면서 큰 곤란을 겪게 되었다. 미국식 민협회가 이미 손을 뗀 데다가 각국에서 빌린 외채가 눈덩이처럼 불어서 마침내 국가가 파산하기에 이른다. 그나마 국가를 유지한 데에는 미국의 도움이 결정적이었다. 미국의 투자 가운데 가장 큰 것은 파이어스톤사의 플랜테이션 투자였다. 타이어를 제조하는 이 회사는 아프리카에서 고무 농장을 운영할 필요가 있었던 것이다. 이 상황에서 현지민들은 사실상 노예로서 혹사당했다.

1980년대 이래 쿠데타와 내전을 거치면서 수십만 명이 살해당한 처참한 비극의 이면에는 이런 비극적인 역사가 배경으로 깔려 있다.

34

알코올

사람들은 왜 술을 마실까?

유럽의 대표적인 음료는 포도주와 맥주이다. 우리가 포도주와 맥주에 대해 '음료'라는 말을 쓸 때에는 알코올 도수가 약하다는 뉘앙스를 풍긴다. 실제로 유럽에서 포도주와 맥주는 취하기 위해서라기보다 수분 보충을 위해서 마신다는 의미가 강하다. 유럽의 음식에는 우리 음식과 달리 국이 없으므로 음료수를 따로 준비해야 하는데, 대체로 유럽 지역들은 물이 좋지 않기 때문에 이처럼 알코올 도수가 약한 술들이 바로 음료수로 사용되는 것이다. 마치 중국의 차와 같은 역할을 한다고 볼 수 있다.* 그런데 술에 아주 약한 여성들이 식사할 때에는 어떻게 하는가? 프랑스의 경우를 보면 포도주에 물을 타서 도수를 더욱 약하게 하여 마신다. 물론 이런 용도의 포

---

* 우리나라는 화강암 지대이기 때문에 세계적으로 가장 물이 좋은 곳에 속한다. 이에 비해 유럽과 중국에는 물이 아주 안 좋은 곳이 많다. 특히 석회암 지역에서는 허연 석회 성분이 물에 짙게 녹아 있는 경우가 많다. 심한 곳에서는 수도에서 나오는 물이 거의 우유처럼 보일 정도인데, 이러한 점을 보면 차나 포도주가 발달하지 않을 수가 없겠다는 생각이 든다.

도주로는 질 좋은 고급 포도주를 쓰지 않고 식탁용 포도주를 사용한다.

또 한 가지 술의 기능은 열량 공급이다. 술 속에 들어 있는 에탄올은 화학적 에너지, 곧 열량을 보유하고 있다. 1그램당 7칼로리의 열량을 가지고 있으므로 술을 마시는 것만으로도 어느 정도의 열량을 보충하게 된다. 육체노동을 하는 사람들이 일하는 중간에 막걸리나 맥주를 마시는 이유 중 하나는 수분 섭취 외에 필요한 열량을 보충하는 의미도 있다.

옛날로 거슬러 올라가면 사람들이 엄청난 양의 술을 마시는 것을 보게 되는데, 이는 대체로 이런 두 가지 기능, 곧 수분 섭취와 열량 보충 때문이었다. 예컨대 16세기에 스웨덴에서는 오늘날보다 40배 이상의 맥주를 소비하였으며, 영국 가정에서는 하루 3리터의 맥주를 마셨다(이는 어린이까지 포함한 평균이므로 어른들만 치면 날마다 4리터 정도의 맥주를 마신 셈이다). 앞에서 말한 대로 이 지역들은 물이 좋지 않고 또 맥주가 쉽고 즉각적인 칼로리원이라는 점이 작용한 데다가, 이 시기에 소금을 이용한 식품 저장법이 널리 퍼져 있어서 그만큼 갈증이 컸기 때문일 것으로 추정된다.

그러나 술을 마시는 또다른 중요한 이유는, 물론 취하기 위해서이다. 여기에서는 특히 이 점에 주목하여 보고자 한다.

가장 먼저 지적할 점은 과거의 음주 행위가 거의 대부분 공동체적 · 의식적 성격을 띠었다는 것이다. 홀로 고독하게 술을 마시는 행위는 현대에 와서나 볼 수 있게 된 특이한 현상이고, 옛날에는 음주가 철저히 집단적인 행위였다. 그리고 더 거슬러 올라가면 음주는 종교 제의의 성격을 가지고 있었다. 술을 마시고 취하는 것은 원래 신비주의적 지평을 향한 황홀경의 여행이었던 것이다. 디오니소스 축제의 황홀경이 대표적인 예이다. 이것은 유럽이 기독교화되고 난 뒤에도 꽤 오랫동안 그 흔적이 남아 있었다. 초기 기독교의 여러 설화 중에 이런 점을 엿볼 수 있는 것들이 있다. 7세기 초에 복자(福者) 콜롬바누스가 이교도인 슈바비아인들과 함께 머무르고 있을 때 겪었다는, 맥주와 관련된 설화를 보자.

그는 이 사람들이 불경스러운 희생을 준비하고 있으며, 이를 위해 약 20모두스(180리터)의 케르비시아(맥주)가 든 큰 통을 갖다 놓은 것을 보았다. 그는 그들에게 다가가 무엇을 하려느냐고 물었다. 그들은 보탄 신에게 드리는 희생을 위한 것이라고 답했다. 콜롬바누스는 이 통에 큰 바람을 불어넣었는데 그러자 통이 무서운 소리를 내면서 수천 조각으로 깨지고 그 케르비시아와 함께 사악한 영이 튀어나왔다. 그 통 안에는 악마가 숨어 있어서 그 불경스러운 음료수를 가지고서 희생제에 참가하는 사람들의 영혼을 빼앗으려고 했던 것이다.

성직자들이 신자들에게 절제하여 술을 마시라고 충고하는 본디 이유는 비기독교적이거나 이교적인 전통을 경계하기 위해서이다. 성직자들의 입장에서는 술 마시는 것이 악마적, 마술적 전통과 관련이 있어 보였기 때문이다. 아래에서 다시 설명하겠지만, 근대에 들어와서도 술을 마시는 행위에는 조금 다른 맥락이지만 그와 비슷한 종교적 의미가 잠재해 있었다.

술 권하는 사회

음주 행위가 사회적으로 유별나게 큰 주목을 받게 된 때는 19세기 말 이후이다. 그리고 그 주인공들은 노동 계급과 문인들이었다. 전혀 다른 집단에 속하는 이 두 부류의 사람들은 사회의 지배 집단과 지배 문화에 속하지 못하며, 그래서 사회가 이들을 그냥 두지 않고 음주를 부추긴다는 공통점

19세기 말의 포스터

노동 시간이 늘면, 낮은 임금을 받게 되고 실업이 늘며 결핵이 퍼지고 사람들은 불행하게 되어 결국 술만 마시게 된다(왼쪽). 반대로 노동 시간이 줄면, 높은 임금을 받고 실업이 줄며 건강해지고 행복해져서 집으로 돌아오게 된다(오른쪽).

을 가지고 있었다. 이들은 당시 지배 계급인 부르주아처럼 절제된 여가 생활을 할 수가 없었다.

노동자들은 공장일을 마친 후 근육을 풀어 주고 하루의 노고에 대한 보상을 받을 필요가 있었다. 육체적·정신적 스트레스를 손쉽고 빠르게, 또싼 가격으로 해소할 수 있는 길은 알코올밖에 없었다. 도시화와 산업화가 진행된 사회에서 소외된 채 서로 어울려 술 마시고 취해 있는 이 사람들은 그리하여 알코올 중독으로 몰리게 되었다. 19세기에 술꾼 노동자들은 '인간이 아니라 잡종'이라는 평가를 받았다. 이들은 기계의 톱니바퀴인 동시에 동물과도 같아 보였다. 노동자들은 술이 순간적인 힘을 내게 하는 역할을 했기 때문에 그 기운으로 일을 했으며, 또 그러다 보면 술에 취해 아주 폭력적으로 변했다. 많은 지식인들이 노동자들의 이런 상태를 개탄하면서 '술이 민중을 잡아먹고 있다.'고 이야기하였다. 자유주의자들이 신체를 건강하게 유지하고 돈을 절약하여 가정에 충실하자는 운동을 벌일 때에도, 또 사회주의자들이 노동 계급의 역량을 키우고자 할 때에도 가장 먼저 내건 구호 중 하나는 술집에서 벗어나자는 것이었다.

20세기에 들어와서 등장한 알코올 중독자는 지난 세기의 술꾼과는 성격이 달랐다. 이들 가운데에는 중산층 출신도 많았고, 폭력적으로 되기보다는 오히려 육체를 둔하게 만들었다. 파리와 같은 유럽 대도시에 가 보면 길거리에서 수많은 알코올 중독자들을 만나게 된다. 우리에게는 낯선 이 사람들을 보면 조금 두려움을 느끼게 마련이지만, 이들은 육체적으로 무척 쇠약해서 폭력적 위험은 거의 없다. 사실 알코올 중독자들은 의식적이든 무의식적이든 스스로를 약한 존재로 만드는 경향이 있다. 이들의 내면 세계를 보면, 스스로 고통 속에서 속죄를 하려 하고, 그래서 상징적으로 타인들의 폭력(예컨대 질시하는 눈초리)에 자신을 내맡기는 것이라고 한다.

작가들의 음주는 이와는 성격이 조금 다르다. 19세기 말에 작가도 노동자와 비슷하게 지배층으로부터 소외되고 지위가 실추된 사람들이었다. 이들은 그런 점을 더욱 예민하게 느끼고 있었기 때문에 그러한 지위 실추를 자인하고 그것을 더욱 드러내기 위해 '취한 인간'이 되었다. 다시 말해 더 도발적이 되어 자기 자신을 괴물처럼 만드는 것이다. 왜 그렇게 하는가?

'세기말'의 작가들 또는 '세기말적인' 작가들은 뭔가 망가진 듯한 이 사회 속에서 세계의 극단을 탐험하였다. 그리고 그 행위는 차분한 것이 아니

라 미치는 것으로 나타났다. 스스로의 한계를 뛰어넘어야 하는 그 행위는 터질 듯한 환상으로 가득 찬 긴장의 행위였다. 그것을 달리 이야기하면, 표면의 나(세상에 적응하며 그럭저럭 살아가는 나)와는 다른 저 심층의 나를 찾는 일이었다. '현재의 나'가 그대로 멀쩡하게 존재하는 한 '심층의 나'를 만날 수는 없다. 그를 만나기 위해, 또는 그의 방문을 받기 위해서는 유기체의 기계 장치를 살짝 고장내야 한다. 곧, 내 몸을 일부러 약간 망가뜨리고 내 영혼을 교란시켜 놓아야 한다.

뒤라스의 작품을 보라. 거의 모든 페이지에서 주인공들은 포도주를 마시고 있다. 실제로 작가 자신이 엄청난 양의 술을 마셔 대며 소설을 썼다고 한다. 그녀는 하루 6리터(!)의 포도주를 마시며, 그리고 자신을 혐오하며 글을 썼다. 왜 그렇게 술을 마시고 싶어했을까? 신이 존재하지 않는 이 세상에서 균형을 잡아 주며 아울러 초월을 가능케 하는 무엇인가가 필요하다. 술은 고독의 극한에 처했을 때 초월의 길을 일러 준다. 극도로 나를 버리고 그럼으로써 오히려 진짜 내 자신이 되기 위해서 그녀는 '수도사적인 자세'로 술 마시기에 임한 것이다. 음주가 과거의 종교적 제의와 연관된 행위임을 느끼게 하지 않는가?

그런데 이런 세기말적 음주 행위는 1960년대쯤부터 적어도 유럽과 북미 지역에서는 많이 사라져 갔다. 이제 음주는 옛날과 달리 신비한 힘을

뒤라스
소설가 뒤라스는 술을 통해 초월의 길이 열리기를 희망했다.

많이 상실했다. 알코올 중독은 과학적·전문적 관리의 대상이 되었다.

그러면 오늘날 사람들은 어떻게 술을 마시는가? 첫 번째는 홀로 술 마시기이다. 현대인들은 대부분 자기 자신에게조차 수수께끼 같은 존재이다. 많은 현대인들은 술에 취하면 자기 내면으로 빠져든다. 바에 홀로 앉아, 또는 포장마차 빈자리에 쭈그리고 앉아 술잔을 기울이는 사람은 역사상 정말로 독특한 모습을 연출하고 있는 셈이다. 고독한 행위로서의 음주는 매우 현대적인 일이다. 이것은 사회적 도취가 아니라 알코올에 의한 마비이다.*

두 번째는 여전히 태고적 신비에 가득 찬 집단 종교 의식으로 술을 마시는 행위이다. 이때 술 마시기는 공동체적 행위이다. 다 같이 마시고 다 같이 취해서 하나로 녹아 들어가는 상태……

* 이런 현상이 예전에는 전혀 없었다고 말할 수는 없다. 흔히 공동체가 붕괴되었을 때 살아남은 '잉여인간'들이 이런 양태를 보이곤 했다. 백인에게 몰살당한 대서양 섬들의 부족이나 인디언 부족의 최후 생존자들은 대개 하루 종일 취해 알코올 중독자로 남은 여생을 살았다. 백인들은 강건한 인디언 부족의 저항을 무디게 하기 위해 일부러 위스키를 싼 값에 제공하기도 했다.

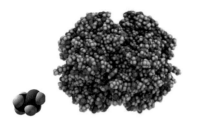

이와 관련하여 흥미 있는 점은 최근에 우리나라에서 술을 마시며 다 함께 '위하여!'를 크게 외치는 행위이다. 예전에는 '건강을 위하여!'든지 '행운을 위하여!' 식으로 억지로라도 이유를 갖다 대고 술을 마셨으나, 이제는 아예 그런 최소한의 양식마저 생략해 버렸다. '위하여!'는 곧 '술 마시기 위하여' 술 마시는 행위이다. 그 자체가 목적인 이 음주 행태는 오로지 집단 전체가 하나가 된다는 의미만을 가진다.

그런데 눈여겨보면 이 두 가지 양태가 기묘하게 섞여 있음도 알 수 있다. 모두 모여 집단적·공동체적 음주를 하는데, 그 가운데 일부는 '여럿이 고독하게' 술을 마신다. 참으로 복잡한 현상이라 하지 않을 수 없다.

술은 인류 역사와 함께해 온 중요한 물질이다. 한편으로는 수분과 열량을 공급하고 우리의 마음을 고취시켜서 현재의 삶을 더 원활하게 만들기도 하고, 다른 한편으로는 고통스러운 이 세상을 잠시나마 잊고 뛰어넘게 만들기도 한다. 술에 취하면 평상시의 상태에서 벗어나서 새로운 세계로 들어가는 듯하다. 원래 알코올이 종교적 기능과 연결될 수 있는 것이 이런 연유에서이다. 역사적으로 보면 알코올은 무엇보다도 나를 초월하여 집단과 하나가 되는 기능을 하였다. 그러나 오늘날에는 불안과 스트레스에 시달리는 고독한 사람들의 치료제로서 애용되는 경향이 있다. 역사상 거의 모든 사회는 '술 권하는 사회'였다.

술과 영혼

술을 마시면 우리 몸 속에서는 어떤 일이 일어나는 것일까?

에탄올 분자는 크기가 매우 작고 물에 쉽게 녹는 성질을 가지고 있기 때문에 소화기관에서 빠르게 흡수된다. 게다가 지방에도 용해되기 때문에 세포막을 자유롭게 통과한다. 이런 성질 때문에 에탄올은 우리 뇌 속으로 들어가서 특정한 단백질 분자와 결합함으로써 매우 독특한 효과를 발휘한다.

소화기관을 통해 우리 몸 속으로 흡수된 에탄올 성분은 우선 간으로 가서 그곳에서 분해된다. 이 단계에서 아세트알데히드가 생산되는데, 대부분의 사람들에게는 이 유독성 아세트알데히드는 알데히드 탈수소 효소에 의해 무해한 아세트산으로 재빨리 전환된다. 그런데 아주 일부의 사람들은 이 효소가 선천적으로 무력하게 되어 있다. 그런 사람들은 약간의 술만 마셔도 혈중 아세트알데히드 농도가 급증하여 이른바 알코올 홍조 반응이 나타난다. 이런 사람들은 소주 한 잔에도 얼굴이 붉어지고 심장이 쿵쿵거리며 현기증을 느끼는데, 당사자들은 몹시 괴로워하므로 이런 사람들에게 억지로 술을 권하는 것은 지독한 폭력이며 매우 큰 실례가 아닐 수 없다.

간에서 일부 분해되었다지만 대부분의 에탄올 분자는 파괴되지 않고 뇌로 이동한다. 그럴 수밖에 없는 것이 우리 몸은 자체적으로 생겨나는 미량의 에탄올 분자를 간에서 처리하는 정도로만 준비되어 있지, 소주와 위스키에 포함된 다량의 에탄올이 들이닥쳤을 때 그것을 모조리 분해할 준비는 되어 있지 않기 때문이다. 이제 뇌 속에 들어간 에탄올 성분 때문에 우리는 취하게 된다. 도대체 뇌 속에서 무슨 일이 일어나는 것일까?

1990년대 이후 뇌에 대한 연구가 활발히 진행되면서, 취한다는 것이 이전에 생각했던 것보다 훨씬 더 복잡한 현상이라는 점이 밝혀졌다. 에탄올은 뇌의 거의 모든 회로, 거의 모든 체계를 그냥 두지 않으며, 따라서 생화학자들은 이를 두고 뇌 속에 화학 폭탄이 터진 것 같다고 표현할 정도이다. 그만큼 술이 우리 뇌에 미치는 효과가 복잡 다양할 수밖에 없는 것이다(술 마신 후 우는 사람, 웃는 사람, 떠드는 사람, 싸우는 사람, 또는 울다가 웃다가 떠들다가 싸운 후 어디론가 뛰어가는 사람 등 가지가지이다).

음주의 가장 대표적인 효과는 불안의 경감이다. 현대인에게 가장 보편적인 심리 상태 중 하나는 불안이다. 이를 진정시키는 약물로는 밸리엄이 있는데, 이를 적당량 사용하면 다른 뇌 체계를 손상시키거나 교란시키지 않으면서 불안을 경감시킨다. 이것은 다시 말하면 뇌에 적절한 브레이크를 걸어 주는 것과 같다. 그런데 알코올이 이와 비슷한 방식으로 작용한다는 점이 밝혀졌다. 사람들이 술을 찾는 중요한 이유 중 하나가 이처럼 불안감을 줄이는 음(陰)의 효과 때문이다.

그러나 알코올의 효과는 그 정도에 그치는 것이 아니다. 고도의 고조감과 도취감을 진작시키는 양(陽)의 효과가 있다. 곧, 뇌의 행복감 회로에 작용하는 것이다.

우리 뇌에는 우리의 생존에 도움이 되도록 보상 회로와 처벌 회로가 있다. 우리 몸에 해가 되는 행위를 하면 괴로움을 주고, 몸에 이로운 행위를 하면 즐거움을 주는 것이다. 잘 먹고 난 후에 느끼는 포만감이나 성행위 때의 극치감(오르가슴) 같은 것이 보상 회로가 작동하는 대표적인 예인데, 이는 뇌 속에서 특별한 화학 물질이 방출되는 것이다. 코카인, 헤로인, 암페타민, 니코틴 따위 쾌락 중추에 접근하도록 만드는 물질이 여럿 있는데, 그 중 알코올과 관련된 대표적인 것으로는 도파민과 엔도르핀이 있다.

술을 마시면 도파민 수치가 조금 올라간다. 음주 초기(약 20분 정도)에 나타나는 기분 고조, 활력의 증대가 이런 상태이다.

엔도르핀은 심한 스트레스나 상해를 입었을 때 뇌하수체에서 분비되는 물질로서, 고통 메시지를 차단하는 역할을 한다. 마라톤을 즐기는 사람은 10킬로미터 정도 뛰면 알 수 없는 도취감 같은 것을 느낀다고 하는데, 사실 이는 몸에 들이닥친 엄청난 '시련'에 대해 뇌가 생존 차원에서 고통을 느끼지 못하도록 이런 화학 물질을 방출하기 때문이다. 그런데 술을 마실 때에 바로 이 효과를 내는 엔도르핀이 분비되는 것이다. 엔도르핀은 다른 한편으로 도파민 분비를 유발하는데, 이렇게 되면 이 물질은 고통을 경감하면서 쾌락을 증대시키는 이중의 효과를 내는 셈이다.

뇌 속에서 에탄올이 작용하는 방식 중 널리 알려진 것이 이런 정도이며, 그 밖에도 수많은 신경 전달 물질들과 관계한다는 것이 알려졌다. 앞으로도 이에 대한 연구가 진행되면 술이 우리 몸에 미치는 복잡한 현상을 과학적으로 더 자세히 알게 될 것이다.

그런데 이와 같은 과학자들의 설명을 좇아가다가 매우 흥미로운 사실을 알게 되었다. 이 모든 일들이 일어나는 곳은 우리의 뇌 속이다. 뇌에는 1천억 개의 뉴런이 있고 각각의 뉴런들은 5만 개의 다른 신경 세포들과 소통할 수 있다. 그런 접합부들을 시냅스라 부르는데 이는 뇌의 정보 처리 능력에서 매우 중요한 단위이다. 뇌에서 정보 처리가 이루어지는 것은 1천억 개의 뉴런에다가 1천(각 뉴런이 서로 간에 만드는 접합부의 수)을 곱한 수, 곧 1백 조 개의 시냅스 또는 1백조 개의 기능 단위이다. 1백 조! 이 정도면 "영혼을 담고도 남는다." 우리가 느끼는 모든 신비스러운 느낌, 생생한 기억, 안타까운 마음 같은 것들이 사실은 모두 이런 뇌의 기능이라는 것이다.

우리 영혼에도 생화학 법칙이 작용하는 것일까?

35
나치와 청소년 문화

왜 나치즘이 나타났는가?

나치즘은 현대사에서 가장 이해하기 어려운 현상 중 하나이다. 한 민족 전체가 집단 광기에 휩싸였던 것일까? 조직적이고 체계적으로 수백만 명의 목숨을 빼앗는다는 것이 어떻게 가능했을까? 히틀러라는 악마 같은 한 인간에게 책임이 있는 것일까? 괴테와 베토벤의 나라인 독일이 어떻게 두 번씩이나 세계대전을 일으키며 이토록 무참한 일을 저질렀을까? 나치즘은 여전히 이해할 수 없는 수수께끼 같은 측면을 가지고 있다.

그러나 나치즘에 대하여 이런 식으로 악마성만을 강조한다고 해서 될 일은 아니다. 나치즘의 죄과에 대해서야 백번 강조하는 것이 타당하지만, 그것이 어떻게 해서 나타나게 되었는가를 최대한 명확하게 파악하는 것이 역사가의 임무이다.

독일 역사 또는 유럽 역사가 정상적으로 발전해 오다가 어느 순간 궤도에서 이탈하여 광기의 역사가 전개되었다가 제2차 세계대전 후 다시 원래의 역사 진행 상태로 되돌아갔다는 식의 이야기는 좋은 설명 방식은 아니다. 최근의 역사학계에서는 나치즘에 대해서 '비정상', '이탈', '불연속'의 측면을 강조하기보다는 '근대화'의 큰 맥락에서 보려는 것이 주류이다. 나치즘이 완전히 예외적인 일만은 아니고, 서구의 전반적인 역사 발전 도상의 위기 국면에서 나타난 한 가지 현상이라는 것이다. 이 말은 바꿔 이야기하면, '근대화'라는 것이 꼭 해방만을 가리키는 것이 아니라 억압의 측면도 함께 가지고 있으며, 나치즘과 같은 극단적인 측면을 속에 품고 있다는 뜻이 된다. 이 말은 또 나치즘이나 파시즘을 직접 겪지 않은 다른 국가와 사회에도 이와 비슷한 요소가 잠복해 있을 개연성을 말해 주는 것이다.

또 한 가지 많이 거론되는 것은 나치즘을 '운동'의 관점에서 보아야 한다는 견해이다. 무슨 말이냐 하면 나치즘이 완전히 조직되고 수미일관된 체제로서 존재했던 것이 아니라는 것이다. 막연한 전체적 이념이라 할 만한 것이 없지 않았지만 그것을 추구하는 분산된 힘들이 제각각 경쟁하는 다극적 체제였고, 이것들이 단기적인 '상황의 압력'으로 움직였다는 것이다.

이를 정리하면 나치즘은, 몽상가의 꿈은 있을지 몰라도 그것을 구체적으로 실천, 실현할 수 있는 능력을 갖추지 못한 근대화 과정이었다. 당시 독일은 현실을 재편할 프로그램은 갖추지 않은 채 오직 유토피아적 이상만을 떠들고 있었다. 그리고 그것을 추구하는 경쟁적인 엘리트들은 그 이상을 제각각 해석하는 가운데 방향감각을 상실하고 혼돈에 빠졌다. 이런 상황에서 침몰하지 않으려면 오로지 강력한 힘으로 밀어붙이며 앞으로 전진해야만 했다. 이렇게 해서 만들어진 전체주의 체제는 극히 파괴적인 성격을 띠지 않을 수 없었다.

그러나 이 글에서 강조하려는 바는 이 '체제'가 아무리 강력한 힘을 가진 것처럼 보인다고 해도 결국 사람들의 삶을 다 장악하지 못했다는 사실이다. 체제에 대항하는 '일상'의 세계에 주목하려는 것이 이런 맥락에서이다. 체제의 지배를 받는 '작은 사람들'이 압박의 틈새에서 어떤 기대를 하고 어떻게 순응했으며 어떤 저항을 했는가를 보고자 하는 것이다. 그 중에서도 최근에 많은 주목을 받은 대상은 나치 치하의 청소년들이다.

나치의 청소년 정책

나치는 청소년들에 대해 매우 강하게 집착했다. 나치는 청소년들을 그들의 이상에 맞추어 교육할 수 있다고 믿었다. 그들의 정책은 히틀러청소년단, 제국노동봉사단, 군대 같은 기관에 청소년들을 잇따라 동원, 배속시켜서 철저한 이데올로기 교육을 하고 명령에 철저히 복종하도록 만든다는 것이었다.

아닌 게 아니라 청소년들은 차츰 의식적, 무의식적으로 나치에게 동화되어 갔다. 나치즘에 동화될 것 같지 않던 사람들이 서서히 나치가 주장하는 개념과 규칙들을 받아들이는 방향으로 나아가고 있었던 것은 분명하

다. 체육과 체조를 통해 '전사(戰士)' 인간을 만들겠다는 나치의 학교 교육은 학생들이 육체적 힘의 성장과 질서에서 기쁨을 느끼는 가운데 서서히 관철되는 듯했다.* 제1차 세계

나치의 청소년 정책
나치즘은 특히 청소년들을 장악하려고 했다. '유스호스텔과 집을 짓자'는 나치 포스터.

대전의 경험을 기록한 책이나 단체 관람 영화 등을 통해 학생들은 자발적으로 총알받이로 자라고 있었다. 대부분의 청소년 단체가 금지되든지 아니면 나치화되었다. 나치 체제에서 가장 중요한 단체는 물론 히틀러청소년단이었다. 청소년단 제복은 선생이나 아버지에 대해 때로는 공격적으로 대항할 수 있는 힘을 주었다. 이런 것들이 청소년들에게 어느 정도 해방감을 주었던 것은 분명하다.

그러나 이와 같은 나치의 청소년 정책은 결코 완전하게 성공하지는 못했다. 히틀러청소년단만 해도 갈수록 대원들의 불만을 초래하고 있었다. 이 단체는 규율과 감시 위주의 방식을 강조하는 한편 청소년들 사이의 모임과 놀이를 범죄시하였고, 활동은 갈수록 군사훈련 위주로 변질되었다. 강제로 농촌 봉사 활동을 실시했지만 수백 명이 도망치다가 잡혀서 트럭에 실려 왔다. 한참 신나게 놀고 싶을 나이의 소년 소녀들이 뭐가 좋다고 몇 년 위의 선배가 통제하는 군사훈련에 참여하여 줄 맞춰서 '핫둘핫둘' 하며 행진하려고 하겠는가?

체제에 저항한 청소년 하위 문화

전체적으로 나치의 정책 목표는 서로 모순되기도 했고, 그 목표를 실현하는 방법들이 충돌하기도 했다. 그 결과 나치는 청소년들을 완전히 장악하지 못했고, 그 틈새를 이용하여 청소년들은 나치와 어른들의 세계 일반

● 체육과 체조가 늘 학생들을 파쇼로 만드는 것은 물론 아니다. 오히려 풍성한 삶을 살아가는 데 기초를 마련해 주고, 인격적 완성의 첫걸음이 될 수 있다. 문제는 '어떤 방향으로, 어떻게 가르치느냐'인 것이다.

에 대해 저항할 수 있었다. 그리고 그것은 나치에 순응하기를 거부하는 그들만의 하위문화를 만드는 방향으로 나아갔다. 그것은 노동자 계층의 자제들이나 꽤 잘사는 중산층 자제들이나 마찬가지였다. 대표적인 집단이 에델바이스해적단과 스윙클럽이었다.

1930년대 말에 서부 독일에서 모습을 드러낸 에델바이스해적단은 지역마다 독자적으로 만들어졌지만 기본적인 공통점을 가지고 있었다. 이들은 주변의 휴양지로 주말여행을 떠나서 다른 그룹들과 만나 야영하고 노래 부르고 토론하는 한편, 히틀러청소년단의 순찰대를 '물먹이는' 일을 주로 했다. 어떻게 보면 대단한 집단이라기보다는 오히려 국가나 학교에서 하라는 대로 말 잘 듣는 '범생이 집단'에 저항하는 불량기 농후한 놀이패에 가까운 것이었다.

이들은 주로 14세에서 18세 사이의 청소년들로서 학교를 떠나서 막 직업 세계에 들어간 청소년들이었다. 학교를 떠났으니 굳이 히틀러청소년단에 들어가지 않아도 되었고, 그런 그들이 저녁 시간이나 주말에 모여서 자유 시간을 즐기는 가운데 저절로 끼리끼리 모이게 된 것이다. 그런데 나치 당국의 입장에서 보면 이들이 그냥 노는 정도가 아니라 매우 저항적인 기운을 띠고 있다는 것이 문제였다. 이들의 구호가 '히틀러청소년단에게 영원한 투쟁을!'이라는 점부터 심상치 않았다. 게다가 그들이 부르는 노래가 당국의 심기를 불편하게 만들기에 충분했다. 그렇다고 이들이 공산주의나 사회주의 노래를 부르는 것은 아니었다. 그저 성인들의 유행가, 술과 향락의 내용이 들어가 있는 모험의 노래 정도였다. 그런데 그 중간에 가사를 슬쩍 바꾸어서 부른 것이다. 원곡에 등장하는 적의 자리에 나치, 게슈타포, 히틀러청소년단을 집어넣는 식이었다. 이미 인기를 누리고 있는 노래에 가사를 슬쩍 바꾸어 저항 의식을 표출하는 것은 익히 알려진 수법이다.

에델바이스해적단

1940년 쾰른의 '야생 동아리'. 이들이 부르는 노래 중에는 "히틀러의 권력은 우리를 오그라들게 만들고 / 우리는 아직 사슬에 묶여 있어 / 그러나 언젠가 우리는 다시 자유롭게 되리 / 사슬을 부수게 되리"와 같은 구절이 들어 있었다.

예를 들면, '비가 오면 생각나는 그 사람, 언제나 말이 없던 그 사람'이라는 가사를 '유신 하면 생각나는 박○희, 언제나 말이 없던 김○규'라고 바꾸는 식이다.

이런 것은 꼭 나치 당국만이 아니라 기성세대 일반에 대해서도 마찬가지로 도발적이었다. 철저히 남성과 여성을 구분하여 성적인 접촉을 막는 히틀러청소년단과는 대조적으로 에델바이스해적단이 주말에 캠핑을 갈 때에는 대개 남자와 여자가 적당히 섞여 있는 경우가 많았고 그러다 보니 성적인 접촉도 꽤 많았던 것으로 알려져 있는데, 이는 기성세대의 근심거리가 아닐 수 없었을 것이다. 더 나아가서 이들의 태도는 삶의 기쁨을 누리자는 것이었으며 노동, 특히 임금 노동을 경시하는 풍조를 띠고 있었다.

그런 데다가 히틀러청소년단, 특히 그 순찰대를 두들겨 패고, 제복 입은 자를 덮치고, 나치 당직자에게 창피를 주고 모욕하는 일을 모험적인 행위로 즐기고 있었다.

　게슈타포와 히틀러청소년단은 곧 이들에 대해 철저한 탄압에 들어갔다. 주말 구금, 훈육 기관 송치, 청소년 수용소 수감, 심하면 형사재판에 넘겼다. 때로는 일제 단속을 벌여서 한 번에 수백 명을 잡아들이기도 했다. 그렇지만 청소년들이 캠핑을 가고 불량스러운 노래를 불렀다는 이유로 유대인들처럼 전부 절멸시킬 수는 없는 일이다. 무엇보다도 군수 노동자와 미래의 군인들이 계속 필요했기 때문이다. 따라서 당국은 이들을 분류, 선별해서 처리할 수밖에 없었다. 이 패거리들이 워낙 조직적인 성격이 아니었기 때문에 딱히 수괴라고 할 만한 지도자가 그리 많지 않았을 터인데도 나치는 일부 지도급 청소년들을 처형하기도 하였다. 심지어 16세의 '수괴'를 공개 교수형에 처하기도 했다. 우리나라에도 불량 서클들이 꽤 있지만 그렇다고 국가가 나서서 '짱'들을 사형에 처하지는 않는다.

에델바이스해적단의 의미는 사회 규범으로부터 벗어나는 행위가 나치즘에 대한 정치적 거부와 연결되었다는 것이다. 그러나 그들의 자기 규정은 나치를 거부하고 그 대신 자신들만의 스타일을 추구한다는 점, 다시 말해 일탈적인 하위문화적 규범을 만들었다는 데에 있지 그 이상의 어떤 정치적 개념을 가지고 있는 것은 아니었다. 불량기 농후한 청소년들이 무슨 새로운 사회를 건설하겠다는 생각에 투철하지는 않았으리라. 그러나 최소한 억압적인 체제의 공범자가 되지 않았다는 데에 의미를 부여할 수 있을 것이다. 차라리 기타줄 퉁기며 노래를 부르면서 놀면 놀았지 파쇼의 하수인이 되지는 않았던 것이다.

에델바이스해적단이 대부분 프롤레타리아 계층의 청소년들이었다면, 중산층 청소년들 사이에 형성된 이와 비슷한 일탈적 청소년 모임으로는 스윙클럽이 있었다. 이들은 히틀러청소년단이 그토록 싫어하는 재즈와 스윙을 굳이 들으려 했다. 본디 재즈와 스윙은 미국 문화의 산물, 그것도 '검둥이 음악'이었기 때문에 나치에 의해 금지되었다. 그럴수록 청소년들은 이런 음악을 즐겼고, 그 가운데에서도 격렬한 재즈를 선호했다. 하지 말라고 하면 더 재미있는 법이다!

공연이 금지되자 스윙 운동은 지하로 이동했고, 그곳에서 공연은 더 강렬해져 갔다. 스윙클럽은 함부르크, 킬, 베를린 같은 대도시에 있었다. 이곳을 드나드는 청소년들은 대부분 중급 이상의 학교 교육을 받은 덕분에 영어 가사와 영미의 일상어 회화와 슬로건을 읊조릴 수 있는 중간층 가정 출신이었다. 그들은 음반을 가질 수 있었고 격자 무늬의 영국식 옷을 입고 영국식으로 온갖 멋을 다 부렸다. 이들을 감시하는 당국의 보고서를 따르자면 결론은 이렇다. '이 청소년들의 이상은 백수건달이었다!' 그러니 이들이 무슨 거창한 정치적 이념을 가졌을 리는 만무하다. 이들은 전반적으로 비정치적이며 냉소적이었다. 늘어진 태도, 성적인 자유로움, 개인주의, 그리고 민족주의적 구호에 대한 불신 등, '한심한 애들'이라고 불러 마땅했을 것이다. 한마디로, 이들의 태도는 매우 반사회적인 문화적 도발이었다.

비정상적 체제에 대한 불순종의 의미

앞에서 이야기한 것처럼 나치즘을 19세기 이래 서구 부르주아 사회 일반이 겪은 근대화의 구조적 위기 속에서 보려는 것이 요즘 역사학계의 주류이다. 생산 과정의 합리화에 따른 노동 과정의 변질(장인들의 생산 방식이 아니라 사람이 공장에서 기계의 나사못처럼 변한 과정을 생각해 보라), 남녀 간 분업의 변화, 사회구조의 변화(옛 귀족 대신 산업자본가와 금융가가 성장하고 중간층이 몰락하는 큰 변동), 청소년 운동의 폭발적 분출과 세대 간의 갈등, 예술계에서 나타난 변화의 폭풍(미술과 건축 등에서 이전의 전통에서 급격히 멀어진 모더니즘을 보라)……. 20세기 전반기 독일 사회는 갈등이 최고조에 이르고 있었다. 한마디로 이 사회는 정상이 아니었다! 나치가 '정상성'을 되찾아 주겠다는 약속을 하며 권력을 잡았다는 것을 유념해 두자. 그 정상성은 구체적으로는 '일자리'와 '질서'였다. 그러나 나치즘은 이 급변하는 사회 현실을 합리적으로 변혁시킬 능력을 가진 체제는 결코 아니었다. 비정상적인 방법으로 정상성을 찾으려 하고, 폭력적인 방법으로 질서를 잡으려 하며, 야만적인 방법으로 문명을 지키겠다는 모순에 빠진 것이다. 이런 상황에서 나치가 무엇을 할 수 있었겠는가?

군이 답하자면 대략 세 가지 일을 하였다. 첫째, 선전·선동을 통해 사람들을 세뇌시킬 것. 둘째, 적을 만들어서 사람들의 주의를 돌릴 것(이것이 유대인과 집시라는 희생양을 만든 비겁하면서도 처절한 방식이었다). 셋째, 대중들에게 여가와 유흥을 줄 것.

나치는 이런 방식으로, 특히 청소년들을 장악하여 체제 안으로 끌어들이려고 했다. 그러나 청소년들은 거기에 곧이곧대로 말려들어가지 않았다. '질서·규율·노동' 하는 식의 나치 논리가 캠핑 가서 기타 치고 노래 부르고 행패를 부리는 백수건달들에 의해 무참하게 깨져 버린 것이다. 백수건달들이 이처럼 긍정적인 의미를 가지고 역사 서술의 주인공이 되어 본 적은 별로 없을 것이다.

이 '백수건달의 저항'의 의미를 찾는다면 어떻게 될까?

제3제국(나치 체제의 별명)이 패전으로 몰락하기 이전에 이미 나치 사회

나치즘의 끝

죽음의 수용소. 나치는 독일 사회의 이상을 구현할 수단을 제대로 찾지 못했다.

정책의 핵심 목표가 실패로 끝났음을 보여 준다는 점이다. '민족'을 앞세워 비참한 계급 현실을 호도하려 했던 것은 여지없이 실패로 끝났다. 세계 그 어느 민족보다도 우월한 아리아인의 위대성 운운해 보았자 한낱 위선적인 구호일 뿐이며, 많은 노동자들이 가난에 시달리는 차가운 현실에서 나치 체제에 순응하지 않는 부류의 사람들은 그 나름의 하위문화를 만들어 냈던 것이다.

나치의 힘은 노동자 문화와 부르주아 문화의 전통적인 형식들을 파괴하기에는 충분했다. 나치즘은 그 빈자리를 군사훈련과 시대착오적인 이데올로기의 질식할 듯한 관료제로 채워 나갔으나, 그것은 결코 근본적인 해결책이 될 수 없었다.

나치즘은 독일 사회의 현실을 표현하고 구현하는 문화적 역량이 없었다. 곧, 사람들의 삶을 담아 낼 적절한 그릇들을 준비하지 못했다. 그들의 행로는 '죽음에 이르는 길'이었다.

36

디즈니

자본주의적 동화 주인공

디즈니, 꿈의 세계를 점령하다

월트 디즈니(1901~1966)의 세계를 모르는 사람이 있을까? 한번 실험을 해 보자. '백설 공주'라는 말을 들었다고 하자. 당신 마음속에 어떤 모습이 그려지는가? 혹시 망토를 휘날리며 새와 희롱하는 소녀의 모습이 떠오르지 않는가? '피노키오'라는 말을 들었을 때 그 나무 인형의 모습은 어떻게 그려지는가? 당신의 뇌는 이미 디즈니의 마법에 걸려들었다. 오랜 세월 할머니가 아이들을 재우며 들려주던 이야기들은 이제 디즈니판 비디오를 통해 어린이의 마음속에 정형화된 이미지로 각인되었다.

디즈니는 만화영화를 만들기 시작한 초기부터 대부분 기존 동화를 소재로 썼다. 1922~1923년에 그가 동업자 어브 이웍스와 제작한 것들은 '브레멘의 네 음악가', '빨간 모자', '잭과 콩줄기', '골디록스와 곰 세 마리', '신데렐라' 등이었다. 그 후에도 동화를 소재로 한 많은 장편 영화를 성공시켜서 이제 동화라는 이름과 디즈니가 거의 동일시될 정도가 되었다.

그가 왜 그토록 동화에 집착했을까? 아마도 그의 삶이 동화 속 주인공과 비슷한 점이 있었고 자신도 그 점을 의식했기 때문일 것이다. 미국 중서

부에서 가난한 농민의 아들로 태어난 디즈니는 아버지의 사랑을 거의 받지 못하고 어린 나이에 집을 나와 자수성가한 인물이다. 대공황 시기에 어린 시절을 보낸 그는 하루하루가 힘겨운 투쟁의 연속이었지만, 열심히 노력하여 꿈에 그리던 대산업(만화영화)의 지배자가 되었다. 그런 그가 자신을 하층 출신으로부터 왕자로 변하는 주인공으로 생각하는 것도 무리는 아닐 것이다. 그는 고전 동화를 완전히 각색하여 자신의 이야기로 만들어 갔다.

디즈니의 초기 만화영화 사업의 결정판은 분명 '백설공주와 일곱 난쟁이'일 것이다. 1937년에 완성된 최초의 장편 만화영화인 이 작품은 디즈니사의 발전에서 가장 중요한 전기가 되는 작품이다. 이것은 다만 단편 작품을 시간만 늘인 것이 아니라 장편이 갖추어야 할 요소들을 가미하여 새로운 형태로 제작한 애니메이션 뮤지컬이다. 디즈니는 장편을 기획하면서 긴 시간 속에 관객을 끌어들여 함께 울고 웃으며 감동해야 한다는 생각을 했고, 거기에 맞는 기술적인 요소들을 개발했다. 예컨대 이 작품을 제작하면서 멀티플레인 촬영 기법을 개발했는데, 배경을 여러 개 그려 거리를 다르게 배치하여 촬영함으로써 그림에 원근감을 부여한 이 기법은 당시로서는 놀라운 진보의 산물이었다.* 이때쯤 그의 회사는 제작팀을 여러 부서(애니메이션, 레이아웃, 사운드, 음악, 스토리 텔링 등의 부서들)로 나누고 그가 이 모든 것을 총감독하는 시스템을 운영했으며, 당시 기술적으로 힘든 요소들을 해결하기 위해 엄청난 비용을 들여 장비를 구입하는 등 온 힘을 쏟았다. 이 방식은 앞으로 그의 작업, 더 나아가서 그가 죽은 뒤에도 디즈니

---

* '백설공주'는 오늘날의 기준으로 보아도 구식이라는 느낌이 들지 않을 정도로 세련되었고, 또 셀 하나하나 모두 수작업을 한 결과 요즘의 화려한 컴퓨터 그래픽으로도 도저히 따라갈 수 없는 수려한 아름다움을 자랑한다.

사가 계속 이루어 나갈 작업의 모델이 되었다. 그리고 이 작품은 흥행에도 커다란 성공을 거두어서 경영이 어려웠던 디즈니사가 기사회생했으며, 그 여유 자금으로 장편 만화영화를 계속 제작하게 되어 그야말로 디즈니 만화 왕국 건설의 기초가 되었다. 하여튼 이런 과정을 거치면서 '백설공주'는 문자 그대로 '그의 것'이 되었다고 해도 과언이 아니다. 그는 이제 그림 형제 대신에 '백설공주'의 정본(正本)을 차지하게 된 것이다.

그림 형제 판본과 디즈니 판본의 차이를 정리하면 다음과 같다.

1) 디즈니 판본에서 백설공주는 고아가 되었다. 그리고 일종의 신데렐라가 되어서 성을 청소해야만 했다.

2) 왕자는 영화 첫 부분에 백마를 타고 나타나서 공주에게 사랑의 노래를 부른다. 동화에서는 그의 역할이 미미하였다.

3) 왕비는 단순히 백설공주가 아름답다는 데에 대해 질투하는 것이 아니라 왕자가 그녀를 사랑하는 것을 보고 더 질투심을 느낀다.

4) 숲 속의 동물들은 말은 못하지만 인간의 행동을 따라한다.

5) 난쟁이들은 열심히 일할 뿐 아니라 부자이며, 모두 이름을 가진 개별화된 존재들이다. 동화에서는 이들이 하찮은 존재인 반면, 만화영화에서는 이들이 스타가 되었다.

6) 왕비는 세 번 오는 것이 아니라 한 번만 오며, 커다란 돌덩어리를 굴려서 난쟁이들을 파멸시키려다가 죽는다.

7) 백설공주는 마차가 덜컹거리는 바람에 깨어나는 것이 아니라 왕자의 마법의 키스 한 방에 살아난다.

이런 변화 과정에서 일어난 의미의 뒤바뀜을 살펴보도록 하자.

디즈니화의 문제들

원래 그림 동화에서도 이 이야기는 남성의 승인을 놓고 모녀 간에 갈등이 벌어지는 것이 주요 테마라는 점에서 성차별이라는 점이 흔히 지적된다(누군가로부터 아름답다는 이야기를 들어야 한다는 것은 남성의 시각으로 자신을 찾으려는 여성을 가리키며, 더구나 그것을 직접 사람한테서 듣는 게 아니라 거울한테 듣는다는 것은 그런 이데올로기가 여성의 내면에 각인되어 있다는 것을 뜻한다). 그런데 디즈니 판본에서는 이런 남성 중심적 이데올로기가 또다른 모습으로 변형, 강화되어 나타난다. 곧, 영화에서는 '여성 길들이기'와 짝을 이루어 인내심, 노동, 헌신, 충성, 정의 같은 남성 신화가 함께 강조되어 나타난다. 사실 이 영화만이 아니라 그 후의 다른 대부분의 디즈니 만화영화에서 주인공들은 여성이고, 그 여성들의 성격은 청순가련형이다('신데렐라'(1950), '잠자는 숲 속의 미녀'(1959), '인어공주'(1989) 등이 다 그렇다). 젊은 여성들은 모두 보호가 필요하며 무기력한 장식품 같은 존재들이다. '백설공주와 일곱 난쟁이'에서 영화가 활기를 띠는 것은 난쟁이들이 등장하면서부터이다. 이들은 힘든 노동과 단결을 통해서 이 세상의 정의를 지키고 조화를 가져오는 신비한 존재들이다. 이들은 대공황기 미국의 노동자들을 연상시킨다. 이에 비해 여성은 집을 깨끗이 지키며 가사를 돌보는 것이 최고의 미덕이다. 그런 가운데 남성들이 맡은 바 일을 열심히 수행하면 이 세상의 질서가 정상적으로 돌아가게 된다.

그런데 특기할 점은 이 모든 것을 처음부터 통제하고 이야기의 틀 자체를 제공한 것이 그림 동화나 그 이전의 판본에서는 거의 나타나지 않는 왕자라는 점이다. 공주는 왕자가 나타나서 마법의 키스를 할 때에 가서야 구원을 얻는다. 왕자는 처음에 동기를 부여하고 뒷전에서 모든 것을 보며 기다리고 있다가 결정적인 순간에 나타나서 문제를 해결하고 그 성과를 가

'인어공주'
디즈니 만화영화의 여주인공은 대부분 '청순가련형' 캐릭터이다.

져간다. 이에 비해 난쟁이들은 숲 속에 남겨져 다시 열심히 일하게 된다. 왕자가 공주를 데리고 가는 황금의 성은 왕비의 칙칙한 성보다 훨씬 아름답다. 그것은 모든 여성들이 고대하는 이상향이다.

　고전 동화를 자신의 것으로 만드는 그 과정 뒤에는 디즈니 자신의 형상화가 짙게 깔려 있다. 그에게 그림 동화는 인간 내면의 심층을 탐사하는 소재가 아니라 그가 무엇을 할 수 있는가 보여 주는 소재일 뿐이다. 스토리 자체는 중요하지 않기 때문에 왜곡시켜도 되고 플롯상의 모순이 있어도 문제가 되지 않는다. 중요한 것은 최신의 기술을 가지고 마법의 세계를 창조해서 사람들을 매혹하는 것이며, 그 가운데 정말로 중요한 초점인 왕자의 무한한 능력을 보여 주는 것으로 만족했다. 그가 원하는 것은 세상을 자신의 뜻대로 디자인하고 만들어 내는 힘을 수중에 장악하는 일이다. 디즈니사 직원들이 파업에 들어갔을 때 월트 디즈니와 직원들이 충돌한 원인 중 하나는 작품의 타이틀 롤에 오직 그의 이름만이 들어가고 다른 모든 사람들의 이름은 빠져 있다는 점이었다. 이것은 디즈니의 성격과 문제점을 상징적으로 잘 보여 준다. 만화영화는 여러 기술자들이 아이디어를 내놓고 수많은 사람들이 그림을 그리고 색을 입히는 대표적인 노동 집약적인 산업이다. 그러나 디즈니는 이 모든 것을 전적으로 자신의 지배 아래 두었다. 그 자신이 만화영화 '백설공주와 일곱 난쟁이'의 왕자와 같은 지위를 차지하고 있는 것이다. 그러는 가운데 "원작의 개성이나 영혼을 짓밟아 버리고 그 자리에 농담과 노래, 놀라움을 일으키는 효과를 집어넣었다. 그래서 그가 손댄 세계는 모두 축소되고 만다. 그는 늘 세상의 정복자로서 등장하지 봉사하는 사람은 아니었다."

디즈니가 성공적으로 작품을 만드는 기본 요소는 기술을 통한 이미지의 조작이라 할 수 있다. 아름다운 장면, 재미있는 주인공들, 재치 있고 에로틱한 장면들을 보여 주어서 관중들을 매혹하는 것이다. 그런 가운데 원작의 의미와 정신은 대개 희생당하고 만다. '정글북'을 만들 때의 일화를 보자.

우리(디즈니사의 작곡·작사 팀)가 월트의 사무실 의자에 앉자마자 "자네들, 키플링의 『정글북』을 읽어 보았나?"라고 물었다. 우리는 아직 읽어 보지는 않았지만 새부가 주인공으로 나온 코르더의 영화는 보았다고 대꾸했다. 그러자 그는 "좋아. 그 정도면 충분해. 기본 줄거리를 알고 있으니까."라고 하면서 계획을 설명하기 시작했다. 그는 이미 전체적인 기법, 각본, 스토리보드, 그리고 노래들을 모두 준비했지만 크게 실망했다고 했다. 스토리가 원작에 너무 충실하고 음울하며 강렬하다는 것이 문제였다. 게다가 재미도 없었다. 월트는, 우리가 스토리 작가와 애니메이터 팀에 합류하여 스토리를 좀더 밝게 만들어 주기를, 다시 말해 '디즈니화'해 주기를 바랐다.

_데이비드 코에닉, 『애니메이션의 천재 디즈니의 비밀』 중에서

사실 디즈니를 찬미하는 책에서 끄집어 낸 이 인용문에서 '디즈니화'의 문제가 무엇인지 명확하게 드러난다. 원작의 의미와 정신은 중요하지 않다. 오히려 원작에 너무 충실하면 단점이 되기 십상이다. 주제가 강렬하거나 특히 음울하면 용서할 수 없다. 결국 그가 원하는 것은 밝게, 그리고 재미있게 만든다는 것이다.

그렇다면 '디즈니화'의 구체적인 요건은 무엇인가?

약간 길지만 그의 방법을 설명하는 증언을 그대로 인용해 보겠다.

디즈니의 고전 만화영화 요리법은 그다지 복잡해 보이지 않는다. 요리의 첫 번째 재료는 꿈과 딜레마를 갖고 있는, 매력적이며 영웅적인 젊은이들을 묘사하는 고전 이야기이다. 여기에 유머의 맛을 살리기 위해 장난을 좋아하는 친구들, 그 중에서도 특히 털복숭이 캐릭터들을 양념으로 첨가한다. 악한은 더 이국적으로 만든다. 물론 약간의 로맨스를 가미하는 것은 필수이다. 그리고 사람의 마음을 끌며 쉽게 기억에 남는 음악의 도움을 받아야 한다. 마지막으로 아름다운 애니메이션으로 요리를 완전히 익힌다. (……)

그 처음 비결은 사장인 월트 디즈니였다. 그는 일반 대중들과 똑같은 입맛을 가지고 있었으며, 무엇이 그들을 흥분시키며 웃고 울고 한숨짓게 만드는지를 잘 알고 있었다. (어떠한 대가를 치르고서라도 대중의 입맛을 만족시키고자 하는) 완벽주의자다운 추진력이 바로 그의 천재성의 본질이었다. 장편 만화영화를 제작하기 위해서 그 요리의 명인은, 시청자들이 익히 잘 알고 있는

동화나 옛날이야기 같은 원작 이야기를 요리의 첫 번째 재료, 즉 일종의 기준점으로 선택하곤 했다.

그런데 그 이야기들은 일단 디즈니의 가슴속에 들어가기만 하면 완전히 디즈니의 이야기로 탈바꿈되어 나왔다. (요즘 사람들은 오히려 원작 이야기보다는 변형된 디즈니식 이야기에 익숙해져 있다). 월트는 제일 먼저 이야기의 알맹이가 쉽게 드러날 수 있도록, 또는 그런 요소가 결여되어 있다면 그것을 만들어 내기 위해 이야기의 내용을 과감하게 개작했다. 그 결과 디즈니의 만화영화들은 한결같이 정직성, 책임감, 우정을 비롯해서 핵심적인 가치관에 대한 삶의 교훈을 재미있는 방식으로 가르쳐 주게 되었다.

오랜 세월 이어져 온 문명의 이야기들이 디즈니(사)의 수중에서 완전히 난도질당한다. 디즈니에게는 스토리보다 시각적 영향력이 더 중요했기 때문에, 심지어는 논리의 일관성이나 플롯의 일치 같은 것마저 무시하고 오직 재미만을 추구했다. '장애가 되는 논리가 있다면 그것을 무시하고 엔터테인먼트를 구하라.'가 디즈니의 신조였다.

환상의 세계를 움직이는 자본과 권력

그런데 과연 디즈니의 영화는 밝고 재미있다는 것만으로 끝나는 것일까? 그 뒤에는 무엇이 있는 것일까?

여기에서 우리가 주목하려는 점은 디즈니의 그런 작업이 전적으로 개인 행동의 결과만이 아니라는 점이다. 그의 작품이 미국의 관객들에게 그토록 어필할 수 있었던 것은 그만큼 그가 전형적인 미국인들을 대변했기 때문이다. 디즈니가 그리는 세계는 아름다운 환상의 세계이다. 그곳에서는 모든 것이 너무나 질서정연하다. 디즈니는 폭력, 정치, 성, 투쟁 등을 완전히 지워 버림으로써 모든 것을 깨끗이 소독했다. 오죽하면 그의 별명이 '대살균제' 또는 '미스터 클린'일까.

그에게는 검열이 따로 필요 없다. 그가 미국 대중들의 가치, 미국의 정치, 특히 공화당 우파의 정치 신념을 완전히 체화했기 때문이다. 이렇게 그가 미국의 보수적인 이데올로기를 구현하고 있다는 점은 그의 개인적인 이력에서 명백하게 읽을 수 있다. 그가 미국의 가장 보수적 정치가에 속하는 레이건을 일찍부터 지원했다는 점, 오랫동안 FBI의 비밀 요원으로 활약했다는 점은 널리 알려진 사실이다(흥미로운 점은 월트 디즈니가 그처럼 보수적이고 또 FBI에 협조를 아끼지 않았는데도 FBI는 늘 그를 감시했다는 것이다).

누적된 불만으로 직원들이 노조를 결성하여 파업에 돌입하자 디즈니는 그들을 해고하면서 노동자들과 대결하여 정부의 전폭적인 지지를 받았다. 그는 남아메리카에 문화 대사로 파견될 정도로 정부와 긴밀한 관계를 맺고 있었고, 그의 사업이 위기를 맞았을 때에도 정부의 도움으로 살아남을 수 있었다. 특히 주목할 만한 것은 제2차 세계대전 당시 그가 만든 작품들이다. 그 중 '공군력에 의한 승리'는 세바스키 소령의 공군 전략을 애니메이션으로 만든 것으로서, 전장뿐 아니라 적국의 대도시를 폭격하는 것이 필요하다는, 무시무시하고 비인도적인 내용을 재미있게(!) 그리고 있다.

디즈니의 만화영화는 이 세상의 모든 고통이 사라지고 아름다운 향연만이 있을 뿐이며 모든 것이 해피엔딩으로 끝나는, 한마디로 너무나도 아름다운 세계를 보여 준다. 본디 동화가 갖는 성과 폭력을 주제로 한 잔인성은 우리에게 인생에 대한 고통스러운 질문을 던지는 역할을 하고 있었다. 그러나 디즈니의 작품은 우리에게 웃고 잊어버리라고 말한다. 더 나아가서 엉뚱한 가치를 던져 주기도 한다. 꼭두각시처럼 살지 말고 고통을 통해

만화
디즈니의 만화는 때로는 노골적으로, 때로는 음흉한 방식으로 제3세계를
경멸적으로 그리거나 위험한 곳으로 그리고, 그곳 주민들은 난폭하고
지능이 떨어지는 것으로 묘사한다.

진정한 어른으로 성장하라는 원작 『피노키오』의 의미는 어른들을 즐겁게
해 드리는 것만이 참된 길이라는 의미로 바뀜으로써 오히려 더 꼭두각시

처럼 살라고 말한다. 『인어공주』에서 드러나는, 자신의 목소리를 내지 못하는 여성의 신분 상승 문제 같은 사회적 갈등은, 공주와 왕자의 사랑 이야기, 왕자의 사랑을 차지함으로써 행복한 결말을 맺는 이야기로 변해 버린다. 야수와 같은 남성의 폭력성에 대해 젊은 여성이 어떻게 성과 사랑의 문제를 조화롭게 풀어 가야 하는가를 질문하는 '미녀와 야수'의 주제는 거꾸로 야수의 시각에서 어떻게 미녀를 차지하는가가 강조된다.

디즈니의 세계에서는 재미와 익살을 즐기는 동안 심층적인 문제들은 사라져 버리고 가치는 전도되어 버린다. 전세계의 문화권에서 태곳적부터 전해져 오던 이야기들, 우리 내면의 심층적인 문제들에 대해 질문하고 답하는 가운데 해당 문화권마다 독특한 풍취를 전하던 동화와 민담들은, 이제 디즈니의 만화영화 제국에서 정형화된 하나의 이미지로 영원히 굳어 버린 채 오직 재미와 즐거움만을 선사하는 존재가 되었다. 그림에 '삶'을 불어넣는다는 뜻의 애니메이션은 이런 의미에서 세계 문화의 생동감을 '죽인' 결과가 되었다.

천진난만해 보이는 미키 마우스와 도널드 덕은 사실 냉혹한 이해관계와 지배 관계에 의해 움직이는 것이다. 그 뒤에는 디즈니의 이데올로기와 마법이 있다. 이 마술은 디즈니의 만화영화를 보는 수많은 사람들의 마음속에 내면화된다. 디즈니는 미국을 지배하는 아주 중요한 문화적 자원이며 미국을 대변하는 상징이 되었다. 미국의 문장(紋章)인 대머리 독수리는 거의 미키 마우스로 대체될 정도이다. 이들이 오직 아름다운 색깔로만 그려 놓고 있는 멋진 환상의 세계 뒷전에서는 미국의 힘, 자본의 힘, 남성의 힘이 부드럽게 뇌 속에 들어와 자리잡는다. 이러한 디즈니의 세계는 사람들의 마음속에 깊이 뿌리내리고 있어서 더 이상 지우기 힘든 제국이 되었다.

1   재레드 다이아몬드, 김진준 역,『총·균·쇠:무기, 병균, 금속이 어떻게 문명의 불평등
    을 낳았는가』, 문학사상사, 1998
    김창성,『사료와 그림으로 보는 세계사 산책:서양 고대』, 솔, 2003
    브라이언 페이건, 최몽룡 역,『인류의 선사시대』, 을유문화사, 1987

2   샌다스 판독, 이현주 역,『길가메시 서사시』, 범우사, 1985
    http://www.ancienttexts.org/library/mesopotamian/gilgamesh
    http://www.wsu.edu/~dee/MESO/CODE.HTM

3   크리스티앙 자크, 김진경 역,『이집트 상형문자 이야기』, 예문, 1997
    Agyptisches Museum, *Egyptian Museum Berlin*, Berlin, 1985

4   장-피에르 베르낭, 문신원 역.『베르낭의 그리스 신화:우주·신·인간의 기원에 관하
    여』, 성우, 2004
    Jean-Pierre Vernant, *Les Origines de la pensée grecque*, PUF, 1997

5   윌리엄 포레스트, 김봉철 역,『그리스 민주정의 탄생과 발전』, 한울아카데미, 2001
    조우현 외 역,『희랍비극』I, II,『희랍희극』, 현암사, 1994

6   플루타르크, 이성규 역,『영웅전 전집』,「리쿠르고스」, 현대지성사, 2000
    김진경 외,『서양고대사 강의』, 한울아카데미, 1996
    윤진,『스파르타인, 스파르타의 역사』, 신서원, 2002

7   마이클 우드, 남경태 역,『알렉산드로스, 침략자 혹은 제왕』, 중앙M&B, 2002
    폴 카트리지, 이종인 역,『알렉산더, 위대한 정복자』, 을유문화사, 2004
    플루타르크, 이성규 역,『영웅전 전집』,「알렉산드로스」, 현대지성사, 2000

8   월뱅크, 김경현 역,『헬레니즘 세계』, 아카넷 대우학술총서, 2002

9   허승일,『로마사 입문』, 서울대학교출판부, 1993
    허승일,『로마공화정 연구』, 서울대학교출판부, 1995
    최병조,『로마법 강의』, 박영사, 1999

10   피터 브라운, 정기문 역, 『성인숭배』, 새물결, 2002

11   James Graham-Campbell ed., *Cultural Atlas of the Viking World*, New York 1994
      Gwyn Jones, *Eirik the Red, and Other Icelandic Sagas*, Oxford University Press,
      1980
      Gwyn Jones, *A History of Vikings*, Oxford University Press, 984

12   Jean Delumeau, *History of Paradise:The Garden of Eden in Myth and Tradition*,
      New York, 1995
      Christopher Columbus, R. H. Major translated and ed., *Four Voyages to the New
      World*, New York, 1942

13   김호동, 『동방기독교와 동서문명』, 까치, 2002
      마르코 폴로, 김호동 역, 『동방견문록』, 사계절, 2000
      John Mandeville, *The Travels of Sir John Mandeville*, Penguin, 1983
      Robert Silverberg, *The Realm of Prester John*, Ohio University Press, 1972

14   아론 구레비치, 이현주 역, 『개인주의의 등장』, 새물결 2002
      아벨라르, 엘로이즈, 정봉구 역, 『아벨라르와 엘로이즈』, 을유문화사, 1999

15   요한 호이징하, 김윤수 역, 『호모 루덴스:놀이와 문화에 관한 한 연구』, 까치, 1993
      Jacques Marseille ed., *Les Grands Evénements de l Histoire de France*, Larousse,
      1991

16   다니엘 J. 부어스틴, 이성범 역, 『발견자들:세계를 탐험하고 학문을 개척한 창조정신
      의 역사』, 범양사, 1987
      페르낭 브로델, 주경철 역, 『물질문명과 자본주의』, 까치, 1995-1997

17   에릭 에릭슨, 최연석 역, 『청년 루터』, 크리스챤다이제스트, 2000
      올리비에 크리스텡, 채계병 역, 『종교개혁:루터와 칼뱅, 프로테스탄트의 탄생』, 시공
      사, 1998
      S. 오즈맹, 박은구 역, 『프로테스탄티즘:혁명의 태동』, 혜안, 2004

18   Geoffrey Scarre, *Witchcraft and Magic in Sixteenth and Seventeenth Century
      Europe*, Macmillan, 1987
      Edward Peters, Inquisition, University of California Press, 1989

19   브루노 베텔하임, 김옥순 외 역, 『옛이야기의 매력』, 시공주니어, 1998
     로버트 단턴, 조한욱 역, 『고양이 대학살:프랑스 문화사 속의 다른 이야기들』, 문학
     과지성사, 1996

20   히라카와 스케히로, 노영희 역, 『마테오 리치』, 동아시아, 2002

21   이영림, 『루이14세는 없다』, 푸른역사, 2009
     Alain Decaux, *C'etait Versailles*, Tempus, 2007

22   Geoffrey Parker, *The Military Revolution:Military Innovation and the Rise of the
     West, 1500-1800*, Cambridge University Press, 1996
     William McNeill, *The Pursuit of Power, Technology, Armed Force, and Society
     since A.D. 1000*, Basil Blackwell, 1983
     박상섭, 『근대국가와 전쟁:근대국가의 군사적 기초, 1500~1900』, 나남출판, 1996

23   Jean-Louis Flandrin, *Families in Former Times : Kinship, Household and Sexuality
     in Early Modern France*, Cambridge University Press, 1979

24   필립 아리에스 외 편집, 이영림 역, 『사생활의 역사』, 3권, 『르네상스부터 계몽주의까
     지』, 새물결, 2002
     필립 아리에스, 문지영 역, 『아동의 탄생』, 새물결, 2003

25   맛시모 몬타나리, 주경철 역, 『유럽의 음식문화』, 새물결, 2001
     마귈론 투생-사마, 이덕환 역, 『먹거리의 역사』, 까치, 2002
     아말 나지, 이창신 역, 『고추 그 맵디매운 황홀』, 뿌리와이파리, 2002

26   다니엘 디포, 김병익 역, 『로빈슨 크루소』, 문학세계사, 2004
     미셸 투르니에, 김화영 역, 『방드르디』, 민음사, 2003
     이언 와트, 이시연 외 역, 『근대 개인주의의 탄생』, 문학동네, 2004

27   앨프리드 크로스비, 안효상·정범진 역, 『생태 제국주의』, 지식의풍경, 2000
     John Parker, *The World for a Marketplace*, Minneapolis, 1978

28   린 헌트, 조한욱 역, 『프랑스 혁명의 가족 로망스』, 새물결, 1999
     토끄빌, 이용재 역, 『구체제와 프랑스 혁명』, 일월서각, 1989

29   폴 맥가, 정병선 역, 『모차르트:혁명의 서곡』, 책갈피, 2002
     노베르트 엘리아스, 박미애 역, 『모차르트』, 문학동네, 1999

보마르셰, 민희식 역,『피가로의 결혼』, 문예출판사, 1972
밀로스 포만 감독, 영화「아마데우스」

30 래리 주커먼, 박명준 역,『악마가 준 선물 감자 이야기』, 지호, 2000
맛시모 몬타나리, 주경철 역,『유럽의 음식문화』, 새물결, 2001
조나단 스위프트, 류경희 역,『책들의 전쟁』, 미래사, 2003
J. Bouillon, *1848/1914 Histoire*, Bordas, 1981

31 볼프강 쉬벨부쉬, 박진희 역,『철도여행의 역사:철도는 시간과 공간을 어떻게 변화시
켰는가』, 궁리, 1999
박천홍,『매혹의 질주 근대의 횡단:철도로 돌아본 근대의 풍경』, 산처럼, 2003
존 스타인벡, 이성호 역,『에덴의 동쪽』, 범우사, 1998

32 박희진 외,『페미니즘 시각에서 영미소설 읽기』, 서울대학교출판부, 2002
메리 셸리, 정혜경·신경숙 역,『프랑켄슈타인』, 파피루스, 1993
영화「에일리언」시리즈

33 Patrick Manning ed., *Slave Trades, 1500-1800:Globalization of Forced Labour*,
Variorum, 1996
John Thornton, *Africa and Africans in the Making of the Atlantic World, 1400-
1800*, Cambridge University Press

34 스티븐 브라운, 박웅희 역,『한잔의 유혹:알코올과 카페인, 활력과 중독의 두 얼굴』,
코기토, 2003
알렉상드르 라크루아, 백선희 역,『알코올과 예술가:예술은 술에 얼마나 빚을 지고
있을까』, 마음산책, 2002

35 데틀레프 포이케르트, 김학이 역,『나치 시대의 일상사:순응, 저항, 인종주의』, 개마
고원, 2003
티모시 메이슨, 김학이 역,『나치스 민족 공동체와 노동계급:히틀러, 이데올로기, 전
시 경제, 노동계급』, 한울아카데미, 2000

36 데이비드 코에닉, 서민수 역,『애니메이션의 천재 디즈니의 비밀』, 현대미디어, 2000
아리엘 도르프만 외, 김성오 역,『도널드 덕 어떻게 읽을 것인가:디즈니 만화로 가장
한 미 제국주의의 야만』, 새물결, 2003
Elizabeth Bell et. al, *From Mouse to Mermaid*, Indiana University Perss, 1995